U0933796

珍藏本
纪念版

汉译世界学术名著丛书

英吉利教会史

〔英〕比德 著

陈维振 周清民 译

2017年·北京

Bede

ECCLESIASTICAL HISTORY OF
THE ENGLISH NATION

With An English Translation by
J. E. King, M. A., D. Litt

In Two Volumes

Cambridge, Massachusetts Harvard University Press
London William Heinemann Ltd. 1979

根据美国麻省剑桥哈佛大学出版社
伦敦威廉・海涅曼有限公司 1979 年版译出

汉译世界学术名著丛书
（120年纪念版·珍藏本）
出 版 说 明

2017年2月11日，商务印书馆迎来120岁的生日。120年前，商务印书馆前贤怀揣文化救国的理想，抱持“昌明教育，开启民智”的使命，立足本土，放眼寰宇，以出版为津梁，沟通中西，为中国、为世界提供最富智慧的思想文化成果。无论世事白云苍狗，潮流左右激荡，甚至战火硝烟弥漫，始终践行学术报国之志，无改初心。

迻译世界各国学术名著，即其一端。早在20世纪初年便出版《原富》《天演论》等影响至今的代表性著作，1950年代后更致力于外国哲学和社会科学经典的译介，及至1980年代，辑为“汉译世界学术名著丛书”，汇涓为流，蔚为大观。丛书自1981年开始出版，历时三十余年，迄今已推出七百种，是我国现代出版史上规模最大、最为重要的学术翻译工程。

丛书所选之书，立场观点不囿于一派，学科领域不限于一门，皆为文明开启以来，各时代、各国家、各民族的思想与文化精粹，代表着人类已经到达过的精神境界。丛书系统译介世界学术经典，引领时代思想，为本土原创学术的发展提供丰富的文化滋养，为推动中国现代学术和现代化进程做出了突出的贡献。

为纪念商务印书馆成立120周年，我们整体推出“汉译世界学术名著丛书”120年纪念版的珍藏本，寄望既利于文化积累，又便于研读查考，同时向长期支持丛书出版的译者、编者和读者致以敬意。

两甲子后的今天，商务印书馆又站在了一个新的历史时间节点上。我们不仅要铭记先辈的身影和足迹，更须让我们的步伐充满新的时代精神。这是商务人代代相传的事业，更是与国家和民族的命运始终紧密相连的事业。我们责无旁贷，必须做好我们这代人的传承与创造，让我们的努力和成果不仅凝聚成民族文化的记忆，还能成为后来人可以接续的事业。唯此，才能不负前贤，无愧来者。

商务印书馆编辑部

2017年10月

中译本序言

享有“可尊敬的”称号的比德是最早出现在英国历史上的卓越学者、历史家。他在中世纪早期极其艰难的条件下奋力撰述，著作等身，为英国留下珍贵的文化遗产，确实是值得尊敬的。

比德诞生于公元672或673年，正值英国历史上的“七国时代”。他的故乡在韦尔河畔，属于七国中的北方大国诺森伯利亚。在七岁时被送入建立在他家乡的韦穆修道院，托付给修道院长比斯克普扶养。不久他转入与韦穆修道院结为一体而且相距不远的贾罗修道院，在此后的五十多年里一直居住于此。

比德在贾罗修道院的生活，除了研习宗教经典，奉行宗教仪式以外，经常以“攻读、教授和写作为乐”。修道院里有一个图书室，经最初几任修道院长的热心搜集，藏有大量的基督教典籍和异教的古典作品。比德自幼受到良好的修道院教育，精通希腊文和拉丁文，并略通希伯来文，可以在这所图书室里尽情浏览。他深入研究《圣经》和教父著作，沿袭爱尔兰教会传统对这些典籍进行注释。这项工作占用了他一生大部分时间。他广泛涉猎古典著作，柏拉图、亚里士多德、西塞罗、维吉尔等人的作品都曾在他的著作中被援引。他担任的一项繁重工作是主持修道院所属的一所学校并从事授课。修道院中有修士六百人，另外还有大量外来者前来受业。

比德为此也付出了大量辛劳。

然而，比德始终以极大兴趣从事写作。他在教会史第5卷第24章中列举了自己毕生的著述成果，计三十六种（一说三十七种）。著述的大部分是对《圣经》的阐释，有些是对圣徒的记述，还有一些以天文、历法、音乐、哲学、语法、修辞、算术、医药等为内容的作品，则是供听课者学习的教材。历史著作主要有两种，一是《英吉利教会史》，另一是《修道院长列传》，另外还有一封给埃格伯特的信，在比德著述中都成为传世之作。

比德的辛勤工作，取得了丰硕的成果。他以多方面的成就被后人誉为"英吉利学问之父"。他的讲学和著述推动了当地的学术风气。诺森伯利亚成为欧洲在七八世纪时文化水平最高的地区。

《英吉利教会史》是比德最重要的成果，撰于暮年，此时他在各方面都已成熟。此书除以开头的半卷篇幅追记罗马不列颠时期外，下余部分叙述盎格鲁-撒克逊人入侵以后的历史，直到731年为止。这段历史虽然距离比德生活的时代并非遥远，而且最后几十年还属同时，但因时局混乱，地区阻隔，文化衰微，史料很少流传。作者为搜集材料，煞费周章。他在书的前言中列举了许多教会人士从不列颠各地区，甚至远自罗马教廷为他提供资料。作者本人除利用前人著作之外，也尽力在本地区征集口头或文字材料。这就使得大量珍贵史料凭借这本名著保存下来。

本书以罗马天主教会在不列颠的布教为主要内容，记述自奥古斯丁受命来不列颠布教开始直到罗马天主教在各国相继取得胜利前后一百余年的历史。全书五卷，如金氏在英译本序言中所指出，主要是依据教会的重大事件来划分的。对于七国的政治史，叙述则较简单。至于这一时期的社会状况，作者并未在意，只是在字里行间透露出少量消息。

基督教早在罗马不列颠时期传入，与当地的多神教并存。罗马军团撤出以后，基督教在岛上逐渐销声匿迹，只在威尔士地区继续传播，后来传入爱尔兰。盎格鲁-撒克逊人到来后，带来的是崇拜偶像的沃丁教。6 世纪末教皇格雷戈里在位时，罗马教会在扰攘不安的西欧已形成强有力的组织。大量的传教士被派到日耳曼各族的国家和地区进行传教活动，并取得成就。596 年格雷戈里派遣奥古斯丁赴不列颠传教，以后续有教士前往，传教取得进展。由于一些国王信仰未深，时常出现反复，教士往往被逐。幸赖此时教士信仰甚坚，不畏艰险，坚持传播，终于使各国君民皈依于罗马教皇的教座之下。在此期间，罗马教会的传教士不但要同沃丁等异教教派争夺，也要同由爱尔兰经苏格兰传回的原先流传于威尔士的基督教派竞争。比德的老师比斯克普属于罗马教会，比德在教会史中对这一派取得胜利的记载是不惜笔墨的。

书的第 3 卷第 25 章以“与来自苏格兰的那些人在复活节日期的问题上所进行的争论”为标题，以很长的篇幅记述了在英吉利宗教历史上具有重要意义的 664 年惠特比宗教会议。“来自苏格兰的人”指信奉爱尔兰教派的教士。该教派在艾奥纳岛上建立中心，称艾奥纳派，在诺森伯利亚颇有影响。这个教派主张清修，与世隔绝，不理睬罗马教皇诫令。辩论的对方则是遵信罗马教廷训令、隶属于坎特伯雷大主教的教士。辩论的焦点表面上只是无关宏旨的复活节时间和削发式的争执，但实质上却是在教派信奉上何去何从的重大问题。坎特伯雷派由于得到深受王后影响的诺森伯利亚

国王的支持，获得辩论的胜利。此后罗马教会逐步扩大其在不列颠的组织，积极干预世俗事务，使英吉利成为西方基督教世界的一员，对此后英国历史的发展产生重大影响。

奥古斯丁到来之前，不列颠并无主教管区的设置。在比德书中提到此时的主教管区达十七个。坎特伯雷已成为大主教教座所在地，约克在众主教城市中也脱颖而出，就在比德修史搁笔的那一年，它也升格为大主教管区。长期存在于英国的主教管区制此时已初具规模。修道院的建立由来已久，书中更记述了许多新修道院的建立。这类有关教会组织创建的材料同样十分珍贵。

令人感兴趣的是，这位虔诚的修士在记述教会业绩的同时也记录了教士的丑闻。第3卷第7章提到一位被赶下台的主教用钱购买伦敦城主教的职位。他在《给埃格伯特主教的信》中对于一些修道院的丑闻揭露得更是淋漓尽致(第12节)。作者指出：这些俗人送钱给国王，以创建修道院为借口为自己买下他们能够更加自由纵欲的地方。把土地变成世袭财产，谋取特许状，攫取土地或村庄，收容乌七八糟的人滥充修士，让妻子住在修道院，或者为并非修女的妻子另造修道院等等。看来教会的这些痼疾竟是与开创而俱来的。

《教会史》中政治方面材料不多，但对于七国并存局面仍能勾画一清晰轮廓。书中记载了5世纪中期盎格鲁人、撒克逊人、朱特人迁来岛上的分布和所建的国家。新来的部族受到岛上居民，包括不列颠人、皮克特人和苏格兰人的强烈反抗。书中于此记载颇多，特别是德格沙斯坦一役尤为详细。诺森伯利亚人在此役中击败苏格兰人之后便在岛上建立起霸权。对于不列颠人的英雄国王卡德瓦龙也有不少的记载。七国之间为争夺霸权的战争连绵不断。书中记载了最初称霸的肯特国王埃塞尔伯特的“明智”统治。但更多记载的则是作者长期居住的诺森伯利亚。这个王国在6世纪末到7世纪末执掌霸权约一百年。爱德文国王在位时，国内安定，比德记下一个传说，“即使有一位妇女想抱着她新生的婴儿，从这一海边走到那一海边，走遍了全不列颠，她也不会遭到任何人伤害。”但进入7世纪后，麦西亚兴起，开始同诺森伯利亚争雄。比德详细地记述了633年的希思菲尔德战役，诺森伯利亚王爱德文被麦西亚王彭达的军队杀死，全军覆没。655年的温沃伊德战役中，诺森伯利亚国王奥斯维又打败麦西亚并斩杀其王彭达。但在奥斯维死后，霸权终于转入麦西亚之手。

在这些不大的国家中，政府机构是十分简单的。国王是最高统治者，其人的贤愚强弱影响着国家的命运，而其宗教信仰也决定着臣民的皈依。在国王身边共商大计的是贤人会议。前面提及的埃塞尔伯特国王曾接受这一机构的建议，效法罗马人制定法令。书中提及国王的臣属，主要有贵族、顾问官、亲兵、侍从等。贵族被国王尊为“朋友”，地位较高。此时的亲兵似乎已不是过去专门随同国王作战的战士，而是一种供国王派遣的职务，[①]这种简单的政权机构正表明了这是一些刚刚脱离部落联盟阶段，伴随征服和战争而形成的初始的封建国家。

比德无意记述此时不列颠的社会经济状况，但是书中吉光片

① 本书第5卷第13章原文可译作“一个被安置在亲兵职位(office)上的俗人，以其处理世俗事物的敏捷颇得国王赏识”，可以说明此时亲兵的身份。

羽的材料依然传递了这一方面的信息。大土地占有现象业已出现，这是入侵和征服的结果。各国国王将土地封赠给从征的贵族、亲兵。诺森伯利亚国王奥斯维在击溃麦西亚国王军队之后，将住有五千户的麦西亚南部授予姻兄弟皮达，而将住有七千户的北部交由自己的官员治理，可以视为征服以后分封的例证（第 3 卷第 24 章）。亲兵也拥有自己的庄园，第 5 卷第 4 章中的普奇即是一例。书中关于教会获得地产的记载颇多。奥斯维在战胜彭达以后，献给修道院十二块小册封地，有住家一百二十户。圣彼得修道院修建之初，从埃格弗里德国王处获得七十海得土地。圣保罗修道院于切奥尔弗里德院长在任时，共获得三十海得土地。威尔弗里德主教曾从埃塞尔沃尔奇国王处接受八十七海得土地，后来又从阿尔奇弗里德国王手中获得四十户住家大小的土地。这些还只是来自赠赐，另外还出现了比德所谴责的"攫取土地或村庄"的现象。从这里，人们看到大土地占有制度正在形成和发展。

比德在著述中也为此时不列颠的社会阶级结构勾画出一幅草图。国王及其臣属是不同规模的大土地占有者，构成统治阶级。这个阶级在继续扩充。比德在《给埃格伯特主教的信》中有一节指责正常等级制度被破坏，于是便有许多人自称修道院长、地方官员、国王亲兵或侍从。这表明陆续又有大量获得财势的人进入了统治阶级的行列。作者无意记述被统治阶级的活动，但在书中也有时出现诸如主教的"人"、亲兵的"仆人"的字样，他们的身份可能即是奴隶。由于大批土地转入教俗领主之手，与土地同时转移的住家也不免归附于主人，成为依附农民。这个队伍也在不断扩大。值得注意的是处于这两大社会集团之间的自由农民，这一阶层在盎格鲁-撒克逊人进入不列颠以后曾经大量存在。随着封建化的进展，这一阶层的人数在逐渐减少。但是由自由农民结成的村社组织比较牢固，它对村民的自由起着保护作用。书中一再提及村庄里的晚宴，参加者都是些村民或在修道院里服务的下层人物。这反映了村民的生活还过得去，所以有时还可举行酒宴活动。然而这种好日子已经无多，就在比德《教会史》停笔以后不久，来自北欧的丹麦人就开始了对不列颠的侵犯，以后更是每况愈下，到诺曼征服时绝大部分自由农民走向破产，进入了威兰（农奴）的队伍。

从这些材料中，人们可以朦胧地看到这一时期不列颠社会经济的变化，可以看到岛上一些早期封建国家的统治和斗争，还可以清晰地看到经过罗马教廷的振兴，业已适应于封建制度并为之服务的基督教在英吉利国家的积极活动。这部教会史为人们展示出一幅英国正在循着封建化道路行进的画卷。

关于比德的治史态度，人们对于他在临终前说的那段话“我绝不愿意在我死后让我的子孙后代读到谎言”往往津津乐道，对于他在书的《前言》中表示的对待史料的严谨态度也是倍加称许，因之对于书的大部分内容是许为信史的。但是作为中世纪早期的虔诚修士，是无法超脱其宗教世界观的。他接受了当时盛行的圣徒显灵、救灾、医病等“神迹”的传说，并且纳入书中，使得这部巨著玉石混杂，泥沙俱下。金氏在英译本序言中的开脱之词，并不能取信于今天的读者。这些瑕疵在同时代其他国家的史书中（例如〔法兰克〕格雷戈里的《法兰克人史》）也出现过，这正是作者们所受的时代和阶级的局限所致。抛开这些迷信内容，这部教会史所记述的教会活动和所收集的教皇信札、宗教会议纪实等文献，仍然是十分

珍贵的资料。

人们在阅读比德此书时，往往在脑中泛起这位学者的老年身影。他在垂暮之年为给后人留下一部信史而奋力撰述，直到生命的末刻。而这部教会史却成为他毕生耕耘所获得的永存的硕果。自从盎格鲁-撒克逊人迁入以后，不列颠几乎没有留下历史记载。在比德之前曾有吉尔达斯（约死于570年）撰写的《哀诉不列颠的毁灭》，但内容只是对入侵的控诉，缺乏具体人物和时间，不被认作一部严肃的历史。比德的《教会史》成为5世纪中期到731年这段时间唯一的记录，为英国保存了这段珍贵的历史。这部史书长期以来被视为英国文化遗产中的瑰宝。早在阿尔弗雷德大王时（871—899年）已被译成古英语，成为英国人的读物。后世的史家对本书继续进行考订、注释和译成现代英语的工作，并陆续出版了多种版本，详见英译本序言。

比德长期以来受到英国人的尊敬，被称为“英国历史之父”。英国老一辈的史学大师格林评价比德时说：“作为英国学者的第一位、英国神学家的第一位和英国历史家的第一位，正是在这位贾罗修士的身上，英国的学问赖以植根。”美国著名的史学史专家T. W. 汤普森评价这部书时说：“在材料的深度与广度以及写作技巧方面，在所有中世纪早期文献中，没有任何其他作品可以比得上它。这是蛮族时期写出的一部最伟大的著作。”可以认为，其人其书都是当之无愧的。

戚国淦

1990年12月

总　目　录

各　卷　目　录

上　集

第二卷

第 三 卷

下　集

第　四　卷

第五卷

英译本序言

635至804年间相继出现了三位伟大的学者：奥尔德赫尔姆、比德和阿尔昆。他们的声名远远超越出本国的国界，使英吉利教会生色增辉。奥尔德赫尔姆来自威塞克斯，是马姆斯伯里修道院院长、舍伯恩（Sherborne）的主教；比德和阿尔昆来自诺森伯里亚，阿尔昆是约克学校校长，后来转至查理曼手下供职。

富勒[①]指出，比德是"他同时代人中在拉丁语、希腊语、哲学、历史、神学、数学以及音乐等所有方面造诣最深的学者"。比德在《教会史》末尾[②]不仅列出自己的各种著作，而且还阐述了自己一生的简单经历。他诞生于672或673年，他的出生地不久后被送给本尼狄克·比斯科普[③]用于修建韦穆修道院。比德在七岁时"由他的亲属托付给本尼狄克院长抚养"。他此后的一生全都在修道院里度过：先是在韦穆，此后，即在被接收的一年后，他便到贾罗——其第一任院长切奥尔弗里德收留了他。毫无疑问，他是在修道院学堂里接受教育的。但是，在教授过他的兄弟中，他只提到特朗伯特一人的名字[④]。"他绝不是一个四处游逛的人"，虽然我们可以发现他拜访林迪斯凡和约克的足迹，但他走出修道院的次数很可

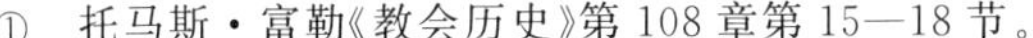

① 托马斯·富勒《教会历史》第108章第15—18节。

② 第5卷第24章。

③ 第4卷第18章。

④ 第4卷第3章。

能极少。正如他自己所说的那样,“我专心致志于《圣经》的研究。在修行和负责教堂日常唱诗的同时,我总是以攻读、教授和写作为乐趣”。所以,根据本笃会会规,他很可能被免于从事耕地、簸扬、制作面包、园艺、炊事以及其他落在他的那些学问较差的同伴身上的工作②。韦穆修道院建于674年,贾罗修道院建于681或682年。两座修道院之间虽然有着一段距离,但是,它们还是组成了一所修道院。比德在他的《修道院长列传》一书中叙述了在他的一生中共同或分别管理过这两座分院的诸位院长的生平。他的著作给我们描绘了一幅他心目中的修道院生活的图画。

在比德所在的修道院里,图书室藏书丰富,使他获益匪浅。他激动地谈到了本尼狄克·比斯科普访问罗马时所带回的那些书籍。在切奥尔弗里德③院长的关照下,藏书量增加了一倍。修道院之间还可以互相借阅图书。比德懂得拉丁语和希腊语,很可能还略懂希伯来语。他的各类著作概述了当时的西欧所积累的各类知识,因此使得他的同胞能够加以利用。他的著作以神学为主,大多以四位伟大的教父奥古斯丁、哲罗姆、安布罗斯以及格雷戈里的作品为根据,采用的多是评论的形式。当然,这绝不意味着他的阅览范围只限于这些人的作品。在比德的著作中,我们会发现一些古典作家例如维吉尔的言论,少许也出现过奥维德和贺拉斯的言论。但是,这些言论很可能是从他发现的其他著作中所转引的,因为比德绝不会认为花费大量时间来研究这些异教徒的著作会有什

① 天眉钉口处系原书页码。如:I53—55即上集第53—55页;II53—55即下集第53—55页,正文中脚注和索引条目后列本书页码均以此为据。——编者

② 《修道院长列传》,8。

③ 《修道院长列传》,6,9,15。

么益处[①]。除了神学著作外，比德还为他的门徒写了正字法、韵律和修辞法等著作。他还写了一本有关自然现象的书，这本书总结了罗马帝国的自然科学。此外他还写了关于时令和计时法的专题论文。他的历史著作除了用诗歌和散文写成的圣卡思伯特传记外，还包括《教会史》、《修道院长列传》以及《给埃格伯特主教的信》。

这里的几卷书是比德的历史著作。他广博的知识、孜孜不倦的精神、朴素的风格和求实的态度博得了评论家们的一致赞赏。他仔细地为他所陈述的一切提供典据，“我绝不愿意让我的子孙后代读到谎言”是他临终遗言之一。如果有文件依据，他必定从中引用。他对于自己所叙述的事情，不管是普通的还是非凡的都尽可能地提供第一手材料；如果没有第一手材料，如果材料的来源除了一般的传说外别无可靠的依据，他就会坦率地申明这一点。引人瞩目的是，在比德所记载的许多奇迹中，没有一件是他亲身的见闻。在他所撰写的他所在修道院的最初五个院长的传记里，连一件奇迹也没有谈到。他还费尽苦心，力求年代的精确。评价比德对他所描写的年代的价值，最好的办法是，把他的作品同他的前辈吉尔达斯[②]的作品相比较。比德所记载的许多早期英吉利历史，不得不依赖吉尔达斯的著作，而在使用模棱两可修辞方法的吉尔达斯的书中是很难找到可靠的事实根据的。如果有一位具备比德性格的学者清楚而忠实地记下不列颠居民的世俗交往并描写出他们的社会、政治生活及其风俗习惯的话，那么历史学家们定然不胜

---

① 梅特兰(Maitland)的《欧洲中世纪》(Dark Ages)，No. XI。

② 上集第 56 页及奥曼的第 186 页。

感激。但是，比德所关心的只是那些与基督教输入不列颠以及与该国教会的发展有关的战争、政略和国会。有关那些被基督教取而代之的各种信念和偶像崇拜，他只提供了很少的资料。它们对百姓控制似乎并不十分有力。从科伊弗的言行[①]中我们可以断定，当时的祭司们并不占有重要地位，他们对旧的礼拜仪式也不是一心一意地奉行。虽然基督教的传教士们有时遭到驱逐，但他们似乎并未受过真正的迫害，没有记载表明他们中间有人被处死，甚至连冷酷无情的彭达也未进行过迫害。彭达不愿成为一个基督教徒，但对那些虽接受基督教却没有表现出基督徒德行的人十分鄙视[②]。国王对新教义的态度是极其重要的，因为百姓是仿效他们的，有时候是被迫的[③]。国王总是主持各种决定教会问题的会议，奥斯维在惠特比[④]所做的就是这样。主教的任命即使不由国王具体决定，也要征求国王的意见[⑤]——主教原先都是国王的神父。威尔弗里德的动荡生涯说明，尽管他有罗马的支持[⑥]，但国王的不友好态度还是起着至关紧要的作用。有关当时经常发生的战争，比德告诉我们的是那些对教会命运有决定意义的战役，如奥斯瓦尔德战胜卡德瓦龙[⑦]、奥斯维战胜彭达[⑧]的战役。

比德绝不是个乏味的编年史者，他所记载的历史充满了由于

① 第2卷第13章。
② 第3卷第21章。
③ 第3卷第8章。
④ 第3卷第25章。
⑤ 第3卷第7和第28章。
⑥ 布赖特，417。
⑦ 第3卷第2章。
⑧ 第3卷第24章。

他所倾注的同情和激情而变得极为生动的故事。他笔下的人物形象鲜明，栩栩如生。比德运用一些富有启发意义的事件或谚语，使得他笔下的人物真实地展现在我们面前：他在爱德文被流放及其与波莱纳斯[①]的交往、奥斯温狩猎一天之后与艾丹在国王殿堂会面的故事[②]中，就使用了这样的事件或谚语。比德在著作中除了着重描述那种诸如有关庆祝复活节的正确日期而时起时落的争论（有时我们会感到这方面的内容实在是太多了些）外，主要描述了传教事业和教会组织的历史，描述了隐居修士的清苦、各修道院的生活、修士、修女们所见到的异象、奇迹般地保存下来的圣徒尸体以及圣徒们的遗物如何治好各种各样疾病的奇迹。但是，他的著作里间或也出现概述外部世界普通人生活的情节，如乡绅家中的宴饮[③]、令可敬的导师伤心的贵族少爷的赛马[④]、在战斗中死里逃生的亲兵的奇遇[⑤]，有时还出现描写更下层人的生活情节，如凯德蒙在啤酒会[⑥]上因无法作诗而受窘，日暮时分旅行者参加村庄节庆[⑦]以及农民们群集在传教士周围聆听传教的情节[⑧]。

比德对自己著作中描写的公开事件也不回避发表自己的见解。当麦西亚人挣脱了奥斯维的诺森伯里亚桎梏的时候，他表示同情[⑨]；对埃格弗里德进攻爱尔兰和皮克特人的可悲的冒险行为，

① 第 3 卷第 12 章。
② 第 3 卷第 14 章。
③ 第 5 卷第 4 章。
④ 第 5 卷第 6 章。
⑤ 第 4 卷第 22 章。
⑥ 第 4 卷第 24 章。
⑦ 第 3 卷第 10 章。
⑧ 第 3 卷第 26 章。
⑨ 第 3 卷第 24 章。

他直言不讳地表示了不同意见(后来证明,进攻皮克特人的冒险对诺森伯里亚的前途是致命的[①])。他还谴责教会在主教管区和修道院中滥用职权的弊病。他完全献身于修道院生活。很难想象,处于那样的年代,他那种性格的人会在修道院以外找到用武之地。他的整个记述表明,修道院制越来越紧密地控制着国家生活。他对像东盎格鲁国王西格伯特那样放弃世俗的尊严削发为僧[②]或者像埃塞尔思里思王后那样弃夫离家当修女[③]的人持同情态度。出家或朝圣便是蔑视尘世,追循光明。但是不管怎样,在他最后的日子里,他终于发现修道院团体占有所有可用的土地而带来的罪恶后果——为保卫国家免遭野蛮人入侵所不可或缺的那些作战人员,退役之后竟找不到容纳他们的余地。如此众多的贵族、穷人因其本人及其子女成为修士[④]而刀枪入库,其后果子孙后代一定会有感受[⑤]。正如他给埃格伯特的信件所表明的那样,他觉察到修道院本身的完美形象因那些未获真正神召的人蜂拥而至而受到了损害。

在极端苦行主义和献身于隐士式生活方面,爱尔兰修道制仍带有其东方本源的一些特征。根据科尔曼在恩尼斯波芬的经历、体验来判断,它的纪律是有缺陷的[⑥]。在撒克逊英吉利正如在整个欧洲,占主导地位的圣本尼迪克[⑦]会规是严厉的,但并没有把苦

① 第4卷第26章。

② 第3卷第18章。

③ 圣埃塞尔德雷德(St. Etheldred)或圣奥德丽(Audrey),第4卷第19章。

④ 第5卷第23章。

⑤ 793年北欧海盗开始袭击,林迪斯凡遭洗劫。

⑥ 第4卷第4章。

⑦ 大约480—544年间。

行主义强加于人:它确立了团体生活方式,订出团体内所有成员必须奉行的隐居、劳作、缄默和祷告的会规。这样的修士未必就是教士。圣哲罗姆指出,有些为君王故,另一些则为教士故。教士常常是从修士中选出来的。在比德时代,那些主要的教士则都是修士。但是,在修道院中,被授以神职的教士人数并非一定要超过该院实际需要的人数。这种受会规约束的教士称为"在会教士";住在院外,不受会规约束的教士称为"在俗教士"。在比德时代,教士需要量较大。教区制度虽然由切德、威尔弗里德和西奥多[1]开了头,但仍处在初期阶段。乔叟生活在比德之后几个世纪的年代里。在他的《总引》里,我们会发现在发展了的中世纪教会中一些为人们所熟悉人物,"牛津学者"和"穷牧师"是在俗教士,有别于修士、弟兄、女修道院院长及修女和三个教士[2]。

比德是撒克逊人。富勒说,比德对不列颠人缺乏仁爱之心。不管怎么样,可以承认,他对他们的同情是有限的:他对不列颠修士在切斯特[3]遭受的大屠杀并不同情;他在提到不列颠教士对罗马传教团的敌视态度时却一点不原谅不列颠人有充分理由仇视那些征服他们的撒克逊人。对撒克逊人入侵前的不列颠教会比德却不乏同情感:他对爱尔兰教会的传教热,它的教会学校的学习热,作为楷模的艾奥纳和林迪斯凡以及像哥伦巴和艾丹这样人物的忠诚努力,尽管教派不同,评价却是完全公正的[4]。

不管怎样,对后代人而言,比德最重要的著作是他在生命的最

① 布赖特,第485页。

② 见乔叟的《总引》,方重译本第332—344页。——译者

③ 第2卷第2章。

④ 第3卷第26章。

后几年中才完成的《教会史》。这部著作的第一卷开头部分总结了英吉利早期历史和奥古斯丁来到前的早期不列颠教会史，结束时写到了曾派遣罗马传教士到不列颠来的格雷戈里之死。第二卷开始时悼念这位伟大的教皇，讲述了试图把不列颠和爱尔兰教会联合起来的尝试的失败，结束时讲到了诺森伯里亚王爱德文之死（正是在爱德文王统治之时，波莱纳斯把基督教传入这个国家）。第三卷阐述了奥斯瓦尔德、奥斯维以及以艾丹为首的来自苏格兰的传教团的历史，最后谈到了派遣威格哈德到罗马受任坎特伯雷大主教的史实。第四卷从西奥多的祝圣就职和他为组织教会所采取的步骤开始叙述，一直谈到卡思伯特之死。第五卷讲述了弗里西亚传教团的故事和威尔弗里德的生平，最后概览了教会在731年的状况。

由于肯特、诺森伯里亚、麦西亚和其他较小国家变化无常的命运以及不列颠、爱尔兰和撒克逊教会之间的分歧所造成的政治上的不统一、边界的不断变动，干扰了叙述的连贯性，因此，整部历史著作看起来就像一本由一些彼此独立的故事汇编成的故事集，故事的中心不断地从不列颠的一个地区转到另一个地区。不过，比德是以标志着英吉利教会发展史上不同阶段的一些重要事件为线索，来划分他的几卷书，并围绕主题把不同的次要故事归类编纂在一起的。他的风格清楚而自然，他那不偏不倚的公允精神使整部著作充满了生气。弄清事实真相，根据“历史的真正规律”[①]清楚地陈述普通传说，便是他的目的。

早在九世纪时，比德就以“可敬的”这个头衔著称。据富勒记

① 见上集第11页。

载，“传说有一个笨伯修士要为比德写一篇墓志铭，尽管那不过是一句六音部的诗，但他却想不出其中的扬抑格音部，晚上他就把未完成的诗句‘hic sunt in fossa Bedae—ossa’[①]搁在一边，想待彻夜思考后再把空缺填上。可是，当他第二天早上再来吟读诗句时，天使（我们曾经常听到他们的歌唱，现在可以看到他们的诗文）已经在空缺里填上了‘Venerabilis’（‘可敬的’——译者）一词”。但是，正如《教会史》中经常出现的那样，那时这个头衔只不过是对教士的一般称呼，而它却成了对比德的固定称呼。

有关比德自己的事情，他告诉我们很少。关于他年轻时的一个故事，来源于其他资料：686 年，贾罗修道院里除了院长和一个年幼的孩童外，所有会背诵轮唱赞美诗和应答祈祷文的人全都死于当时的瘟疫，因此决定，礼拜仪式由这两人独自照常举行。这个孩童十有八九就是比德自己。有关他临终的一些情况，卡思伯特（后来成为韦穆修道院院长）在给他的朋友卡思温的信中作了叙述[②]。

比德的遗体埋葬在贾罗，但在十一世纪，他的遗骸被达勒姆的一个神父取走，安放到圣卡思伯特的棺材里。1104 年，人们为圣卡思伯特迁葬时发现了他的遗骸，因此把它重新放到一个金银骨盒里，安放在达勒姆大教堂的门廊里。1541 年，骨盒遭劫，比德的遗骸因此散落。为了纪念比德，在靠近贾罗的罗克角竖起了一个十字架，于 1904 年举行了揭幕典礼。

富勒的叙述是以下面的这段话为结尾的：“对于比德，我除了

① 诗的大意是“这里的坟墓葬着——比德的遗骨”。——译者

② 见原书第 xxvii 页。

下面的这些话外无需多说：约二百年后，一个外国使节来到达勒姆，他首先面对高大堂皇的圣卡思伯特神坛说，如果您是圣人，请为我祷告；然后他来到了比德那低小而平凡的坟墓前说，因为您是圣人，善良的比德，请为我祷告吧！"这一结论比绞尽脑汁后才想出来的多少颂词都强得多！

比德的《教会史》由阿尔弗雷德大帝翻译成古英语。第一次把它翻译成现代英语的是托马斯·斯特普尔顿。他的版本是我们这个版本改写的依据。斯特普尔顿生于1535年，卒于1598年，他是温切斯特的学者，新学院的研究员，后来成为奇切斯特的受俸教士。伊丽莎白登基后不久，他由于坚持旧教而隐居卢万，于1563年失去受俸教士的职务。但是，他和他的朋友并没有失去赢得女王支持的希望。他在1565年于安特卫普出版的译本献辞中，清楚地表明了他翻译比德著作的目的："从这部《历史》中可以看出，您的尊贵的王国是在哪一种信仰里施洗的，它持续了几千年，使天主荣耀，君王光彩，国泰民安。在这部《历史》中，陛下您会看到，在多少重大问题上，虚伪的教会改革派已经背离了那由我们的使徒——神圣的圣奥古斯丁和他品德高尚的同伴首先在英吉利人中传播的正确的普世信仰。本书的作者——可敬的比德真实而诚挚地描述了这种信仰，他以其非凡的德行和罕见的博识被整个基督教界称为'可敬的比德'"。可是，伊丽莎白所乘的"可恶的分裂主义轻舟"却背离了"坚固的诺亚方舟"，越驶越远——斯特普尔顿及其朋友们是注定要失望的。他后来成了卢万和杜埃的教授，作为能干的雄辩家而深受敬重。牛津的文物工作者伍德把他描绘成他那个时代的学问最渊博的罗马天主教徒。

1722年史密斯的译本是该书的第一部评注本。斯特普尔顿使用了1563年巴塞尔的比德全集版本，这解释了他的译文中的某些错误。但除此以外，还必须承认，斯特普尔顿对这位作者的拉丁文采取了过分随意的态度。他有时释义，有时引申，有时省略。可以毫不过分地说，如果要使英文版成为比德的拉丁文版的准确翻译的话，那么他的著作中几乎所有的句子都要作某种修改。但是，尽管有这些不足之处，斯特普尔顿仍然无愧于《公祷书》和《钦定〈圣经〉译本》的时代。他的句子结构比不连贯的现代英语句子更接近拉丁语，他的风格庄严而高贵，他的措辞始终生动活泼，这就理所当然地使他的译本得以广泛流传。除了他的译本中的这些固有的价值外，以过去某一个时代的翻译为媒介来阅读那些描写与我们现今时代在思想和习惯方面如此不同的时代（像比德所处的那个时代）的作品，很可能会更有益处。这种译著为我们提供了能够更自如地呼吸的气氛，它使我们看到的这座古代建筑似乎显得更为柔和而不是过分艳丽。

《教会史》初版，埃格斯丁，斯特拉斯堡，1475年左右。

比德全集版本，巴塞尔，1563年。

第一个评注本，史密斯，剑桥，1722年。

最新评注本，C. 普卢默，牛津，1896年。

除了普卢默版本中的注释外，我们还从以下著作中得到帮助：第三、四卷的梅厄和卢比版，剑桥，1879年；W. 布赖特的《早期教会史概要》；奥曼的《诺曼征服前的英格兰》以及布朗主教的《可敬的比德》S. P. C. K. 梅特兰的《欧洲中世纪》描述了比德以后的几个世纪中宗教和文学的发展状况。比德《历史》所描写的时代的早期典据可以在1848年出版的《不列颠史记》中找到。

本书的拉丁文原文采用的是莫伯利版本（牛津，1881年），它几乎就是史密斯本。根据普卢默版本所作的更改以及从那里所借用的注释均用字母P1标明；“Bright”指的是布赖特博士的讲稿；“Omen”指的是奥曼的《历史》；不同编者共用的素材没有专门注明出处。本书的编者所具有的一个有利之处是：不但被允许使用H. F.斯图尔特博士对斯特普尔顿译文的更正材料，还被允许使用他对前言所作的注释。对此，编者必须表示感谢。编者还有一个有利条件，这就是采用了斯图尔特博士的《修道院长列传》以及《给埃格伯特的信》的译本。而且，在翻译卡思伯特那封有关比德临终情况的信时，编者还有普卢默的译本这一现成参考资料。在核实地名和其他一些方面，从莫尔教授和韦尔登·芬恩先生那里得到宝贵的帮助。译文中撒克逊名字的拼法基本上沿用了普卢默的拼法。

既然目前版本的编者从这么多方面得到帮助，人们尽可以问：在他的这本书中还有哪些内容可以称得上是他自己的呢？编者只能希望他没有糟蹋自己所冒昧触及的东西，并且只能辩解说：把许多别人的作品改编成一本自以为最能保证风格统一的书，他所花费的时间很可能同他试图完成一部完全属于自己的译著一样多。

卡思伯特给卡思温的信

“卡思伯特，在天主里永享平安的兄弟致亲爱的基督里的同学卡思温

“我怀着喜悦的心情收到了您寄来的小礼物，并且十分愉快地拜读了您的那封虔诚而博学的信。我从您的信中得悉，正像我所殷切希望的那样，您勤勉地为天主所宠爱的神父，我们的导师比德举行了弥撒和神圣的祷告仪式。因此，我出于对他的爱，更乐意尽我之所能，简短地向您讲述他是怎样离开此世的，因为，我知道您也想了解此事并盼我能有所告知。

“他是在主复活日前得病的。就是说，大约有两个星期，他身体虚弱，特别是呼吸急促，但几乎没有什么痛苦，他这样活着，直至5月26日[①]主升天的日子。他愉快、乐观，每日每夜，每时每刻都在向万能的天主感恩，而且还天天给我们这些门徒上课。在其余的时间里，他竭力不停地吟唱赞美诗，除了有时稍事瞌睡外，他总是力图在喜悦的感恩之中度过整个晚上。同样，他一醒过来就像平常那样温习《圣经》里的歌曲，不忘伸出双臂对神表示感恩。啊！一个真正有福的人！此外，他总是重复着圣徒保罗的话[②]：‘落在

① 735年的5月26日。

② 《希伯来书》第10章第31节。

永生天主的手里，真是可怕'以及其他许多《圣经》里的话。他用这些话告诫我们：应该从灵魂的沉睡中苏醒过来，预先想想我们的最后时刻。他还用我们的语言（因为他精通我国的诗歌）谈到灵魂如何令人生畏地离开躯体，

他必须登程离去之前，
最明智之举，
是要有自知之明：
在他离开前，
只要他想到
在他死后
他的灵魂该怎样地
受到审判或酬报，
——根据他的罪过
或者善道。

“根据拉丁译文，歌词大意是'在指定的死亡到来之前，最聪明之举，莫过于去做所需要做的事。就是说，他必须在灵魂离去之前考虑到他将由于自己的功过而受到什么样的审判。'

“为了安慰我们，也为了安慰他自己，他吟唱起了应答赞美诗，其中一首是：'啊！荣耀之王，强力之主，你于这个日子胜利地升到天国之上，不是撇下我们受苦，而是根据圣父的诺言，给我们送来了真理之灵；哈利路亚。'当他唱到'不是撇下我们受苦'时，突然落下眼泪，痛哭起来。过了一会儿，他又开始重复所唱过的一切。听到他的吟唱，我们不禁和他一道恸哭。我们一会儿吟诵，一会儿哀痛，甚至可以说一边吟诵，一边痛哭。就这样，我们在激动中度

过了这五十天[①]，直至上述那个日子。他深感欣慰，为天主认定他配得上这样病衰下去而对天主表示感恩。他经常说：'天主鞭打凡所收纳的儿子'[②]，而且还重复安布罗斯的话：'我所过的日子并没有使我觉得活在你们中间我会感到羞愧。但是，我也不害怕死亡，因为我们有一个美善的天主。'[③]

"此外，在那段日子里，他除了给我们上课和吟唱赞美诗外，还在力图完成两部非常值得一提的著作——为了教会，他正奋力把《约翰福音》和伊西多主教书中的某些章节译成我们的语言。他说：'我绝不愿意在我死后让我的子孙后代读到谎言，以至于死后劳而无功。'在主升天的前三天，他的呼吸愈加困难，脚部微微肿大。然而，他仍然继续愉快地对我们进行教诲和口授。有时，在谈话中，他说：'你们快学吧！因为我不知道我还得要活多久，不知道我的造物主是否将很快地把我带走。'可是，在我们看来，他似乎很清楚自己将离去的时间，因此片刻不眠，在感恩中度过这个夜晚。

"那一天，也就是星期中的第四天，大约黎明时刻，他命令我们继续细心地写那些我们已经动手写的东西。我们遵命一直写到第三个时辰。但从第三个时辰开始，我们就像当时通常要求的那样，手执圣徒遗物，排着队走了起来。但是，我们中一个留在他身边的人对他说：'我亲爱的导师，还剩下最后一章。但我觉得如果再问下去对您似乎太累了。'对此他回答说：'没什么。拿起笔准备快写

① 在复活节和圣灵降临节之间。

② 《希伯来书》第12章第6节。

③ 波莱纳斯，《安布罗斯传》，约45年。——普卢默

吧!'于是,这个人就照办了。到了第九个时辰,他对我说:'我的匣子里放着一些值钱的东西:一些胡椒,一些餐巾和一些薰香。快跑去把我们院里的神父们叫来,使得我也能把天主赐给我的小礼物分送给他们——不!现世的富人总喜欢以金银和其他贵重物品作为赠物,而我却是怀着爱和喜悦的感情把从天主那里得来的东西分送我的兄弟们。'于是,我颤抖着跑出去叫神父们进屋。他同他们逐个地谈了话,告诫并恳求他们为他作弥撒和祷告。这些,他们都欣然答应了。

“他们现在都悲痛,垂泪。最使他们感到伤心的是,他说了不久以后他们在今世上不能再见他的面那句话。[①]但他们也感到欣慰,因为他说:'我该回到那从无之中创造了我,造就了我的天主身旁了。我活得很长,仁慈的审判官已经妥当地安排了我的一生。我解脱的时刻即在眼前,因为我的灵魂渴望瞻仰我王基督的善美'。他还说了其他的一些话,就这样,愉快地度过了那一天。晚上,上述的那个侍者说:'亲爱的导师,还有一句话没写下来。'他便说,'那就赶快写吧!'过了一会儿,上述侍者说:'现在写完了。'对此他说:'好,你说对了,这就结束了。把我的头扶起来,对着我平常做祷告的神圣的位置坐着,因为这样坐会使我极为愉快,还可以使我呼唤我的圣父。'就这样,他坐在房间的地板上唱了起来:'荣耀属于圣父,属于圣子,属于圣灵',当他唱到'圣灵'时,便停止呼吸,进入天国。

“所有耳闻目睹这位有福的神父去世时情景的人都断言,他们从未见过有谁像他那样虔诚而平静地结束自己的生命,正如您刚

① 《使徒行传》第20章第38节。

才所读到的那样，在他的灵魂还未离开肉体时，他一直唱着‘荣耀属于圣父’和其他各种属灵的歌，而且还伸出双手不停地向真正永生的天主感恩。此外，您要知道，我亲爱的兄弟，我可以向您报告很多有关他的事，可是我那笨拙的口才却逼得我只能简短地说这么一些。”

可敬的比德的英吉利教会史

前　　言

基督的仆人、神父比德致最荣耀的国王切奥尔乌尔夫[①]

上一次我曾欣喜地遵照陛下的意愿，把我新近写出的那本有关英吉利[②]教会历史的书呈奉给陛下过目审阅；现在我再度把它呈交陛下，以便您能够制作一份副本，供公余时更加仔细地披览。您不仅热衷于聆听《圣经》的训导，而且还十分关注您以往时代的特别是我们国家的那些高尚人物所做的事情。对您这种真诚的热情，我只能表示高度钦仰。因为，不管怎样，如果一部历史著作记载了善人善行，那么细心的人听到这些故事后就会深受感动而去仿效他们；如果一部历史著作记载了恶人恶行，那么它同样可以使忠诚善良的读者或听众避免那些对灵魂有害的东西而更加自觉地追求他知道是合天主意的善事。您出于对公众利益的尊重，仔细考虑了这一事实，为了教诲您自己也为了教诲那些天主授权您管理的其他人，意欲更大量地发行上述历史著作。

为了使您和那些目览或耳闻这部历史著作的人对我所记载的史事的真实性不表示怀疑，我将细心简要地告诉您我在写作时引

---

① 有关切奥尔乌尔夫的事迹，参阅第 5 卷第 23 章。

② 是广义的，不单指一个部落。

为主要依据的一些作者。我编写这本小书的最主要鼓动者和帮助者是最可敬的修道院院长阿尔宾纳斯[①]。他是一个接受了各方面教育的人，从小在坎特伯雷教会里在令人敬慕、学识渊博的已故大主教西奥多[②]和修道院院长哈德良的门下熏陶成长。他曾不断设法为我搜集并寄来神圣的教皇格雷戈里的门徒在坎特伯雷或邻近交界处的事迹资料。这位院长是部分从其他人的著作，部分从长辈传说那里获得这些资料的。这些看来值得记载的资料，是由伦敦教会的一位虔诚的神父诺塞尔姆[③]通过口述或笔录转达给我的。就是这位诺塞尔姆后来到了罗马，得到格雷戈里[④]主教——他现在是格雷戈里[⑤]教皇所管辖的教会的首脑——的允许查寻了神圣罗马教会的档案库，除了发现其他主教的书信外，还发现了神圣的格雷戈里[⑥]教皇的书信。他回国时，便根据上述最可敬的教父阿尔宾纳斯的建议，把这些书信材料寄给我们让我们写进这部《历史》。因此，这本书中要发表的从开头到英吉利接受基督教这段历史的材料是从各处，主要是从前人的各种著作中搜集来的。至于从英吉利接受基督教至今，神圣的教皇格雷戈里的门徒及其继承人在坎特伯雷教会做了哪些事，这些事是在哪一位国王在位时做的，我们是通过上述阿尔宾纳斯院长的努力并经诺塞尔姆之手获得的，这一点前面已经叙述过。他们还为我提供了东、西撒克逊以

① 继哈德良(Hadrian)之后于709或710年出任坎特伯雷圣彼德-圣保罗修道院院长。

② 668年被授圣职。

③ 735年任坎特伯雷大主教。

④ 格雷戈里二世；他曾经是罗马教会的图书管理员。

⑤ 格雷戈里一世。

⑥ 格雷戈里一世。

及东英吉利和诺森伯里亚各地区的某些史实，即到底是经过哪一位主教的传教，在哪一个国王在位时上述各地区接受了福音的恩典。总而言之，我主要是在阿尔宾纳斯院长的激励和鼓舞下从事这项写作的。同时，至今仍然健在的最可敬的西撒克逊的主教丹尼尔[①]也通过书信就他的地区及与其相邻的南撒克逊地区和怀特岛的教会史的某些细节对我进行了指点。麦西亚地区怎样获得他们原先一无所知的信仰，东撒克逊地区怎样恢复了他们一度放弃过的信仰（二者都是虔诚的基督的神父切德和查德[②]努力的结果）以及切德和查德这两位教父又怎样生活和逝世的史实，我们是从这两位神父所建立的拉斯廷厄姆[③]修道院里的兄弟们那里详细打听来的。此外，整个东英吉利教会的事实资料，部分是由我们从前人的著作和传说中获得的，部分是由最可敬的修道院院长厄西[④]告诉我们的。但是，至于发生在林赛[⑤]的有关促进基督教传播的事以及那里的历任主教是谁的问题，我们则或从最可敬的主教辛尼伯特[⑥]的著作中或从其他可靠人士的生动的口述中获得资料[⑦]。有关诺森伯里亚地区各地从接受基督教起一直到目前为止的教会史，除了由于我自身经历所能了解到的以外，我不是仅仅从一个作者而是从许多可能了解情况并能回忆起来的可靠人士的叙述中了解到的。其中，您会注意到，我在本书或那本关于卡思伯特

① 参阅第5卷第18章。

② 参阅第3卷第21、23章。

③ 在约克。

④ 有关此人的事迹除这里提到的以外别无所知。

⑤ 有时归诺森伯里亚，有时归麦西亚管辖。

⑥ 参阅第4卷第12章。

⑦ 参阅第2卷第16章。

主教[①]的生平传记里所记载的有关这位最神圣的神父和主教的事迹，部分是从林迪斯凡教会的兄弟们以前所写的有关他的资料中搜集来的，我所按照的不过是我所读过的史书的本来面目；但是，也有一部分事迹是我可能从可靠人士所提供的确凿资料中得知的，并由我精心加上去的。如果有读者发现我写的这本书中所记载的材料与事实有出入，我谦卑地请求他不要怪罪于我们，因为我们是怀着真挚的感情，为了教诲后代，努力把从普通传闻中汇集起来的资料写进这本书的。这是历史的真正规律。

我还恳求所有将要接触这部历史著作的人，不管是耳闻还是目览的，都要在仁慈的天主面前为我身心两方面的缺陷而不断祈祷。我还恳求各地区所有的人们给我酬报，我的目的是，在我不辞劳苦地把有关这些地区或一些更为高贵的地区的我认为值得记录的材料，同时也是这些地区的居民所喜闻乐见的材料写进这本书之后，我可以得到他们的虔诚祈祷作为报答。

① 参阅第4卷第25章。

第一卷

第一章

不列颠和爱尔兰的地理位置及其古代居民

旧时称为阿尔比恩的海岛不列颠[①]，坐落在西北方向，正好与欧洲三个最大的国家日耳曼、高卢和西班牙[②]，遥遥相望。这个海岛南北长八百英里，可是宽只有两百英里，如果你不计算一些远远伸到海上的海角和山尖的话。所以该岛的范围合计48×75英里。它的南面有比尔吉高卢。距离比尔吉高卢海岸最近的地方是一个叫做鲁图布斯港(Rutubus)[英吉利人讹称为里布塔卡斯特[③](Reptacaestir)]的城镇。从此地离开不列颠的人需要跨海五十英里——或者如有些人所记载的那样，四百五十弗隆[④]——才能到达最近的莫里尼国海岸杰索里亚坎(Gessoriacum)[⑤]。它的背面是

① 第1至22章记述了奥古斯丁到来之前的不列颠历史，其主要依据除了君士坦提乌斯(Constantius)所写的圣杰马努斯(Germanus)的生平纪事外，还有圣奥古斯丁的同时代人奥罗修斯(约400年)以及不列颠最早的历史学家吉尔达斯(约516—570年)的历史著作。

② 古人把西班牙说得向西突出太远，见塔西佗《阿古利可拉传》，第十节“不列颠……西面(对)西班牙”(参见马雍译本，商务印书馆，1977年出版。——译者)。

③ 今里奇伯勒(Richborough)，古名通常为Rutupae或Rutuprae。

④ 长度单位，一弗隆(furlongs)约等于1/8英里。——译者

⑤ 今布洛涅(Boulogne)，古又名博诺尼亚(Bononia)。

大海，海上有称为奥克尼的群岛。

不列颠是一个地上树上结满果实的岛屿，而且适合饲养各种牲口和驮畜。岛上有些地方出产葡萄。此外，它有大量各种各样的海上和旱地禽类。它还由于有许多盛产鱼类的河流和丰富的泉水资源而驰名于世。它尤其盛产鲑鱼[①]和鳗鱼。除了各种各样的贝壳类动物外，还可以经常在这里捕获到海豹、海豚和鲸鱼。在贻贝类中可以找到各种颜色的珍珠[②]，有红色的，紫色的，天蓝色的和绿色的，但多数还是白色的。此外还可以找到无数乌蛤，可以用来制作红色染料，它的美妙色彩不管日晒雨淋总是经久不褪，而且时间越长越鲜艳。岛上有温泉，还有适合制盐的咸水泉。在有温泉的地方分别建造了适合男女老幼不同特点的浴室，原来，正如圣巴兹尔[③]所指出的那样，泉水流经某些金属区，从中吸收了热量，因此不但变得温热而且接近滚烫。这个岛上还蕴藏了各种各样的金属如铜、铁、铅、银。它还出产大量的黑色大理石，而且是最好的，黝黑发亮，放在火中会发光，可以用来驱赶巨蛇，如果使它摩擦发热，它甚至会像琥珀那样把靠近它的东西牢牢吸住。这个岛上旧时除了有无数城堡外，还有二十八座规模相当的城镇[④]。这

① 或梭子鱼(Pike)。

② 色泽黝黯，塔西佗，《阿古利可拉传》第12节(参见马雍译本，商务印书馆，1977年出版。——译者)。

③ 见《布道篇》第4章第6节《六日劳功》，这是一篇叙述六日创世的论文。

④ 诸如埃伯拉坎(Eboracum)、卡马罗杜南(Camalodunum)和德瓦(deva)等罗马城镇。根据恺撒《高卢战记》卷五第二十一节"不列颠人把用壁垒和壕堑防护着的枝叶茂密、难于通行的森林地区称为要塞"(参见任炳湘译本，商务印书馆，1979年出版。——译者)。

些城市和城堡一样，防守坚固，都设有厚墙、塔楼、大门和门闩[①]。

由于它正处在天体的北极之下，因此，夏天的夜晚十分明亮，以致半夜时人们常感困惑：它究竟是夜晚的持续，还是白昼的来临？这是因为在夜里，太阳躲在大地下面不久，它很快就从北部地区回到了东方。也正因为如此，这里的夏昼正如冬夜那样有十八个小时之长，这显然是由于太阳往利比亚地区的方向去了。同样，夏夜和冬昼十分短促，就是说，只有六个昼夜平分时[②]。但是，在同一条线[③]上的亚美尼亚、马其顿、意大利和其他国家，最长的白昼和黑夜也不超过十五个小时，最短的也不短于九个小时。

目前这个岛上的语言种类数目同《摩西五经》的卷数相同，一共有五种：岛上各族人民分别用英吉利语、不列颠语、苏格兰语、皮克特语和拉丁语[④]钻研和宣传同一种最高真理和真正权威。上述最后一种语言由于研究《圣经》的缘故，已经成为各民族的通用语言。

最初，在这个岛上除了不列颠人外不居住其他民族，因而岛得其名，曰："不列颠。"这些不列颠人据认为是从阿莫里卡[⑤]乘船来到不列颠选择了岛的南部定居下来的。此后，当他们从南部开始，

① bulwark，其字面意义是门闩。

② 指均等小时，不是指日晷仪显示出的临时的非均等小时。

③ 纬度线。昔兰尼(Cyrene)的伊拉托斯恩斯(Eratosthenes)(出生于公元前276年)首次划出与赤道平行的线。

④ 拉丁语是作为宗教仪式上使用的一种语言，而不是似乎作为不列颠某一部族使用的语言被包括进来。

⑤ "沿大洋各国、即通常称为阿莫里卡(Armorica)诸邦"恺撒，《高卢战记》，卷七第五十七节(实际为卷七第七十五节：参见任炳湘译本，商务印书馆，1979年出版。——译者)。后来这个名字仅限用于西北部，即现代的布列塔尼(Brittany)。

逐渐占领了岛上的大部分地区时，碰巧从西徐亚[①]来了一些皮克特人。据说这些人坐在几条巨船上被风刮着绕不列颠岛周围转悠，结果在爱尔兰一边的北面部分登陆。他们发现了居住在那里的苏格兰人[②]，便恳求他们让出一些土地好让自己能够定居下来。但是，这些人的要求没有被同意。与不列颠相邻的爱尔兰是海上最大的岛屿，位于不列颠西面。但是由于它不像不列颠那样往北伸得那么长，它向南伸出的部分就大大超过不列颠的南部边缘，而同西班牙的北部隔水遥望。上面说过，从海上来的爱尔兰岛的皮克特人要求当地居民准许他们定居下来。苏格兰人回答说，岛太小，容不下两个种族的人。"但是我们可以告诉你们怎么办最好"。他们说："我们十分清楚，在离我们不远的地方，也就是在这个岛的东面，有另外一个岛屿，天气晴朗时我们可以从远处望见它。如果你们愿意上那儿去，你们足够强大，可以随意定居下来，万一有人阻拦，你们可以指望我们的帮助。"这样，往不列颠的皮克特人开始在该岛的北部定居下来，因为南部地区已经被不列颠人占领了。这些皮克特人没有妻子，于是要求苏格兰人把女儿嫁给他们。苏格兰人答应他们的要求，但提出了一个条件：一旦出现任何争端，难于决断，他们必须由王室的母系家族中而不是从父系家族中选出国王。众所周知，这一规则，皮克特人至今仍然遵守着[③]。

① 斯堪的纳维亚。关于皮克特人的起源问题众说纷纭，无一定论。见赖斯·霍姆斯(Rice Holmes)的《古代不列颠人》第409页及其后诸页。斯特普尔顿称他们为Redshanks。

② 比德显然是指爱尔兰岛全部居民，但严格地说，是安特里姆(Antrim)的部族。

③ 关于皮克特人的继承法，我们不妨把它同塔西佗在《日耳曼尼亚志》第20节里提到日耳曼人的话作比较："甥舅的关系和父子的关系是相等的。"(参见马雍译本，商务印书馆，1977年出版。——译者)

年复一年，继不列颠人和皮克特人之后，苏格兰人也进入了皮克特人居住的那一部分地区。这些来自爱尔兰的人在他们的首领路达率领下，或用亲善，或用武力，终于在皮克特人中间选定了自己的地盘居住了下来，甚至一直居住到现在①。由于他们的首领的名字的缘故，这些人至今仍被叫做达尔鲁丁斯②——在他们的语言里“达尔”的意思是“一部分”。

爱尔兰比不列颠宽广得多③，其气候宜人，远胜不列颠：没有超过三天不融化的积雪，谁也不必为了抗御寒冬而在夏天晒干草或为牲口造厩；那里见不到令人讨厌的爬行动物，也没有巨蛇能够在那里生存——有好几次，从不列颠带去的巨蛇，在船接近海岸的时候，一呼吸到那里的空气就立即死去。不仅如此，爱尔兰岛上所有的一切都有防毒的特效性能。我们曾亲眼见过，有些被毒蛇咬伤的人喝了用从爱尔兰带来的树茎碎片④泡过的水之后，毒素便立即停止扩散，肿完全消退。这个岛屿盛产牛奶和蜂蜜，也不乏葡萄、鱼类和各种禽类，它还以狩猎牡鹿和山羊著称。这正是苏格兰人⑤的故土。他们从那里出发，来到不列颠，成了不列颠岛上除了不列颠人、皮克特人之外的第三个民族。

一个大海湾⑥在古时把不列颠人和皮克特人隔离开来。这个海湾从西部远远地伸至内陆，直到今天，这里还有一座坚固的不列

① 即现代苏格兰的西部沿海地带。

② 从安特里姆的北部起叫达尔里阿达(Dal Riada)。

③ 三百罗马里宽，普林尼，《自然史》iv. 102。

④ 可能是指书的散页，但普林尼在《自然史》xxv. 6. 里谈到了“不列颠的一种治蛇伤的草药”。

⑤ 在比德时代，苏格蒂亚(Scottia)即爱尔兰。

⑥ 即克莱德海湾。

颠人的城市阿尔克莱德[①]：如前所述，前来海湾北边定居的是苏格兰人。

第　二　章

第一个罗马人盖乌斯·尤利乌斯来到不列颠(公元前55—前54)

在盖乌斯·尤利乌斯·恺撒之前，没有一个罗马人来到上述这个不列颠岛，他们对这个岛一无所知。罗马建立后的第六百九十三年——不过是在公元前60年[②]，与卢修斯·比布路斯同是执政官的尤利乌斯·恺撒在同日耳曼民族和高卢民族作战后(这两个民族仅以莱茵河为界)，来到了莫里尼。从那里到不列颠航程很短。恺撒借着八十条船，满载军需和敏捷的水手驶进不列颠。在那里他先是遇到一场尖锐又激烈的争吵，接着又遭一场顶头暴风的袭击，于是在丧失了一大部分船队，许多士兵和大部分骑兵之后，他只好退却回到高卢。而在那个季节，他又不得不把他的士兵送到冬营去。接着他下令建造六百只两用船[③]。早春来临时[④]，他率领这六百只兵船再次向不列颠进发。就在他到达后率领主力向敌人进攻的时候，一场暴风把他的已经抛锚的船只掀起，这些船或是

① 即邓巴顿(Dumbarton)，参阅第12章。

② 正确的时间是罗马建立后的695年，即公元前59年。恺撒两次入侵不列颠分别发生在公元前55年和前54年。

③ 作战和运输两用船。

④ 7月6日前后。霍姆斯，《古代不列颠》，第333页。

互相撞击，或是撞向流沙堆撞得粉碎：就这样当场损失四十只船，其余的船费了很大的工夫才修补好。恺撒的骑兵在第一场遭遇战中被不列颠人击败，其中一位名叫拉比恩乌斯[①]的指挥官阵亡；在第二场战斗中，恺撒损失惨重，军队也处于岌岌可危的境地之中，但终于大败不列颠人，把他们打得四下逃窜。接着，他向泰晤士河进攻。在河的对面，一大批不列颠人在首领卡索贝劳努斯指挥下封锁了河岸，并且在河岸上和几乎所有的浅滩上[②]都栽上了粗壮的尖头木桩。我们至今仍然可以在旧地看到当年栽下的木桩的某些残迹。我们可以清清楚楚地看到，一根根木桩有大腿那么粗，上面包上了铅皮，被牢牢地钉在河底。罗马人发现了这些木桩并且避开了它们。这些野蛮人由于抵挡不住罗马军团进攻，都躲到树林里去。他们不时地从树林里出击，给予罗马人以重创。其间，强大的特里诺万提斯城及其首领安得罗久斯[③]向恺撒投降，送去了四十名人质。其他许多城市也纷纷仿效，接二连三地投向罗马人，同他们订立盟约。恺撒从这些城市中获悉卡斯维路努斯的要塞建在两片沼泽地之间，周围有树林保护，并且储藏了一切必需品。他组织了强攻，最后终于夺取了它。恺撒刚从不列颠回师高卢，让士兵在冬营进行休整，就受到了来自各方面反抗他的大战乱的困扰[④]。

---

① 即 Q. 拉倍留斯·杜鲁斯（Q. Laberius Durus），军团指挥官，《高卢战记》，卷五，第 15 节。比德所引用的作者奥罗修斯把他同一个更出名的拉比恩乌斯（Labienus），恺撒的“Legatus”即军团司令相混。

② 在哈利福德（Halliford）或布伦特福德（Brentford）附近发现了旧时的木桩。霍姆斯，《古代不列颠》，第 697 页。

③ 即门杜布拉修斯（Mandubracius），见恺撒的《高卢战记》卷五第 20 节。

④ 安比奥里克斯（Ambiorix）叛乱。

第 三 章

来到不列颠的第二个罗马人克劳迪乌斯把奥克尼群岛划进罗马帝国的版图；此外，他派出的韦伯芗也把怀特岛置于罗马人的管辖之下（公元 43）

罗马建立后的第七百九十八年[①]，自奥古斯都起的第四个皇帝克劳迪乌斯为了显示自己是一位对帝国有所建树的君主，好大喜功，四处征战。因此，他向不列颠进发。当时，由于一些叛逃人员没有被交还，似乎已在不列颠引起一场叛乱。克劳迪乌斯登上了不列颠岛，成了恺撒前后唯一敢冒此风险的人。他在那里未经战斗和流血，几天之内就占领了岛上绝大部分地区。他还把位于不列颠以外的大海上的奥克尼群岛[②]置于罗马帝国的管辖之下。这样他在离开罗马六个月后回国，给他的儿子取了不列坦尼库斯这个别名。这次战争在他登基后的第四年即公元 46 年结束。这一年整个叙利亚出现了大饥荒。据《使徒行传》记载[③]，这是先知亚迦布早就预言过的事。

后来继任尼禄成为皇帝的韦伯芗，受克劳迪乌斯派遣也征服了不列颠南面不远处的怀特岛，把它变成罗马人的领地。怀特

① 正确的时间应是罗马建立后的 796 年，即公元 43 年。

② 塔西佗，《阿古利可拉传》，第 10 节记载，阿吉利可拉最早发现并征服了奥克尼群岛（参见马雍译本，商务印书馆，1977 年版，第 19—20 页，文中奥喀德斯群岛即此。——译者）。

③ 《使徒行传》第 11 章第 28 节。

岛东西长三十英里，南北长十二英里，东西两边离不列颠南海岸分别为六英里和三英里。不过，继承克劳迪乌斯的尼禄大帝从来不敢同战事沾边。正由于如此，他在位时罗马帝国发生了不少麻烦，其中之一是，他几乎丧失了不列颠——有两座[①]规模巨大的城市被占领和摧毁了。

第　四　章

不列颠王卢修斯写信给教皇埃路塞路斯，希望成为基督教徒

主历156年，自奥古斯都起的第十四个皇帝马尔库斯·安东尼努斯·维路斯[②]同他的兄弟奥列利乌斯·康茂德[③]开始共治罗马。在他当政时期，不列颠王卢修斯[④]写信给神圣的罗马教皇埃路塞路斯，请求教皇下一道训令让他成为基督教徒。他的这一虔诚的愿望很快得到了实现。因此，不列颠人接受了基督教并在安宁中完整纯洁地把它保持下来，直至戴克里先皇帝时代。

---

① 三座，即卡马罗杜南(Camalodunum)、维路拉缪姆(Verulamium)和伦迪纽姆(Londinium)。塔西佗，《编年史》，第14卷第31、33章。

② 通常叫做马尔库斯·奥列利乌斯，于公元161年继位。

③ 通常称卢修斯·奥列利乌斯·维路斯，卒于公元169年。埃路塞路斯最初登基的时间是公元171年。比德可能错把马尔库斯·奥列利乌斯的儿子L.奥列利乌斯·康茂德斯当作L.维路斯。奥列利乌斯·康茂德于公元177—180年间与他父亲共治帝国。

④ 比德是第一位提到卢修斯这个名字和他的皈依的作者。那封信可能来自罗马档案库，出自美索不达米亚的埃德沙(Edessa)国王卢修斯之手。他的城堡是伯沙(Birtha或Britium)。诺塞尔姆可能把Britium误为Britannia。

第　五　章

塞维路斯用一道壁垒把他所收复的那部分不列颠同其他部分分隔开来(193—211)

主历189年[1]出生在非洲特里波利斯地区莱普提斯镇的谢维路斯出任自奥古斯都起的第十七位皇帝，从此统治了十七年。这个人性格凶悍，不断地发动战争，以暴力统治帝国，但遇到的麻烦也不少。他击败了那些对他进行猛烈攻击的国内敌人，继而又由于几乎不列颠所有同盟者的反叛而来到该岛各地。经过几次重大而且残酷的战役后，谢维路斯认为设置一道障碍，把他所收复的地区同野蛮人居住的地区分隔开来是适当的。他不像一些人所设想的那样建立一道石墙而是垒起一道壁垒即大堤来达到这个目的[2]：围墙是用石头砌成的，而用来加固军营，抵挡敌人进攻的大堤则是用从地里挖起来的草皮垒成的。大堤像墙一样地从地面上高高隆起，堤的前面是一道壕沟，其中的草皮已被挖起；堤的上面栽上粗大的木桩。就这样，谢维路斯垒起了一道厚堤，挖了一条大壕沟。这大堤和壕沟连接两个海岸，沿途还要修筑了许多塔楼进行周密守护。后来他在不列颠的约克城得病死去，留下巴西安努

① 正确的时间应为公元193年。

② 比德没有说明谢维路斯在何处建堤(Vallurm)。看来最好是把克莱德河(the Clyde)和福斯河(the Forth)之间的这几段墙看为安东尼努斯·披乌斯(Antoninus Pius)所建；把索尔韦河(the Solway)和泰恩河(the Tyne)之间的长城看为哈德良所建。谢维路斯所筑何物只能视为无法确定。在紧挨着哈德良长城的背后有一些泥土工事，但其渊源和目的尚无定论。

斯和格塔两个儿子。格塔以叛国罪被处死，巴西安努斯则取了安东尼努斯[①]为别名，成为帝国之主。

第　六　章

戴克里先的统治及其对基督徒的迫害

从主历 286 年[②]起，由军队挑选的戴克里先出任自奥古斯都起的第三十三个皇帝，统治了二十年。他提拔一个叫马克西米恩，姓赫库利乌斯的人与他共治帝国。他在位时委派一个出身卑微但擅长作战，办事精明的卡劳修斯去保护沿海地区，防止那些不断劫掠、糟蹋国家的法兰克人和撒克逊人的袭击。但是，卡劳修斯的所作所为对于帝国却是弊多利少，因为他不是把从强盗手中夺回来的东西归还原主，而是把它们全部占为己有。人们因此怀疑他故意玩忽职守，纵容敌人在边界地区任意袭击。他听到马克西米恩下了处死他的命令后立即自封为王，篡夺了不列颠各地的统治权。他极力维持了七年统治，最后由于同伙阿勒克图斯的出卖而被杀。这个阿勒克图斯从卡劳修斯手中夺取了不列颠后，统治了三年。皇帝卫队指挥官阿斯克勒皮奥多图斯制服了他，在不列颠被篡夺后的第十年夺回了统治权。

其间，戴克里先和马克西米恩·赫库利乌斯分别在东西帝国

① 即马尔库斯·奥列利乌斯·安东尼努斯，他的绰号卡拉卡拉（Caracalla）更为世人所熟悉。

② 正确的时间应是公元 284 年。

发起了自尼禄之后的第十次大迫害。他们下令摧毁教堂，折磨并杀害基督徒。这次迫害比以往任何一次都残酷，时间也更长：在整整十年中，他们连续不断地烧毁教堂，驱逐无辜，杀害教徒。简单地说，不列颠在当时也同其他地方一样在信仰天主的伟大荣耀中得到称颂。

第　七　章

圣奥尔本的殉难和那些同他一道为主流血的同伴

由于这次大迫害[①]，圣奥尔本[②]遭难。神父福图内特斯[③]在他所著的《圣女赞》一书中，在历数从世界各地投向上帝怀抱的神圣的殉道者们时说：

　　硕果累累的不列颠

　　出了个殉道者奥尔本值得称道。

当不信教的君王们下令对基督徒进行残酷迫害的时候，这位奥尔本还是一名异教徒。他把一位因受迫害而逃亡的教士接纳到自己家中。奥尔本看到这个逃亡的教士日夜儆醒，祷告，自己也忽然被天主的恩惠所感化，开始以逃亡教士的信仰和德行为榜样，慢慢地从他的忠告中受到教育，抛弃了盲目的偶像崇拜，并且成为一

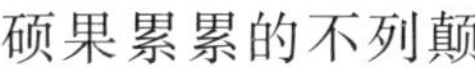

① 承接前一章。

② 比德的叙述很可能是抄自早期某个不为世人所知的编年史者。文中有些地方不容易理解，也不具有比德言简意赅的风格。有关圣奥尔本的故事的最早线索出现在《杰马努斯的生平》中。参阅第17章。

③ 七世纪初任普伊克蒂尔斯主教(Poictiers)。

个虔心的基督徒。由于这个教士和奥尔本一块逗留了几天，因此使凶恶的国王打听到基督的这位神圣的信徒（他的殉道地点未定）原来躲藏在奥尔本家里，于是立即命令士兵严加搜捕。当士兵们来到殉道者家中时，他不是把他的客人，同时也是导师的那位教士交给他们，而是自己穿上那位客人的有头兜的衣袍[①]，毅然地把自己交了出去。就这样，他被缚着带到审判官面前。

碰巧的是，当奥尔本被带到这个审判官面前时，审判官正在祭坛前给魔鬼献祭。他见到奥尔本，不由得怒气冲天，因为奥尔本竟然为了他所窝藏的那位客人而不顾自身安危，情愿把自己交给士兵。他命令把奥尔本拖到就在他前面的魔鬼偶像面前，对他说："既然你把那个抗拒我们的众神的叛逆者藏了起来而不是把他交给士兵。从而使他亵渎神祇的罪恶得到应有的惩处，那么，瞧吧，如果你要抛弃我们的宗教礼仪，他该遭受的痛苦你也都得受。"可是，原先已志愿向那些基督教迫害者们表露自己是基督徒的圣奥尔本对那个审判官的威胁一点也不在意。用圣战的盔甲武装起来的他公开宣布他不服从审判官的命令。审判官问："你出身于什么样的家庭？你是什么人的后代？"奥尔本回答说："我的出身与你何干？如果你想知道我信仰哪一种宗教，那么我可以直言相告：我现在是基督徒，我过的是地地道道的基督徒生活！"审判官说："我问你的名字！赶快说出你的名字！""我的父母，"奥尔本说，"叫我奥尔本，我永远恭敬、崇拜真正永生、创造万物的天主。"审判官愤怒极了，对他说："如果你想享长寿之乐，那么就上来向崇高的众神祇献

① "遮至脚踝的神职人员衣袍"，杜坎奇（Ducange）。在《圣奥尔本传》中，给那个逃亡者所起的名字 Amphibalus（衣袍）可能是从换衣服这件事而来的。

祭吧!"奥尔本回答说:"你给这些魔鬼献祭既帮不了信鬼的人的忙,也满足不了他们的愿望和祈求。恰恰相反,凡是向这些偶像献祭的人,作为对他们的酬报都只能在地狱的烈火中永受折磨。"审判官听了,一怒之下命令打手把天主的这位有福的信徒打得遍体鳞伤——他以为用鞭子可以改变用言语所改变不了的坚定信仰!可是奥尔本非但忍受了一切酷刑,而且还显出极为乐意接受这种折磨的样子。审判官看到言语和酷刑都不能改变他的基督教信仰,就下令将他斩首。

在被押往刑场的路上,他来到一条水流湍急的河边[①]。河的一边是城墙,另一边是他即将受难的开阔地,他看见一大帮身份不同的男女老幼显然是为天主所感动而聚集到一起,他们簇拥着这位有福的信徒和殉道者。由于人数众多,天黑之前有许多人还过不了河上那座桥。总之,差不多所有的人都出来了,只有审判官孤独地留在城里,没有人侍候他。因此,急于殉道的圣奥尔本来到河边,举目望天。只见河底枯干了,河水分开,为他让道。那个被指定下手的刽子手和其他人一道也看到了这个奇异的景象。他一走到刑场就急忙上前接住殉道者(显然受了神圣的天主的感动),跪倒在奥尔本面前;他扔掉已经抽出来握在手中的剑,恳求说,他宁可自己能配得上去受死:和这位他受命处死的殉道者一道死,或者替他去死。当这位原来真理和信仰的迫害者变成一名真理和信仰的伙伴,而其他刽子手则犹犹豫豫地走向面前地上的那把剑时,这位最可敬的天主的悔改者与聚集在那里的人们一道登上了一座小山。这座小山离刑场约半英里,山上风光旖旎,山坡上装点着,确

① 科恩河(River Coln)。

实，应该说，到处开满了各色各样的野花。山上没有崎岖陡峭之处，整座山头以自然而平稳的坡度下降。由于宜人的自然恩惠，它自古以来就配得上、适合于用殉道圣徒的鲜血加以圣化。圣奥尔本登上山顶之后，祈求天主赐水。果然，山上立即冒出一股清澈的泉水，沿着特定的水道流了下去。所有的人现在都可以由此看出，原先的河水让路同样是遵循着奥尔本的意愿；除非他认为有必要这样做，否则刚刚让河水枯干的奥尔本是不会在山顶上再祈求水的：看看那条河流吧，它在完成了使命，作出了贡献之后，又回到了原来的河道，从而完全证实了它对奥尔本的忠诚顺服[①]。

就在这个地方，最勇敢的殉道者被砍了头，得到了主向爱他的人所预许的生命的冠冕。可是，那个用污秽之手砍下神圣头颅的刽子手却不准享受杀人的快乐，因为他的两只眼珠同这位殉道圣徒的头颅一起滚落到地上去。同时被砍头的还有那位突然间由于天意而拒绝杀害天主有福的信徒的那位士兵。很显然，尽管他没有在洗礼盆中接受洗礼而成为基督徒，但他用自身的血为自己洗礼，因此配得上进入天国。被这种不可思议的神迹弄得眼花缭乱的审判官下令立即停止迫害。原先他以为可以以杀害圣人阻止他们对基督教的忠诚，而现在却开始对这一杀害表示应有的廉耻之心了。神圣的奥尔本于6月22日在费路拉谬姆城[②]（今天英国人称之为维尔拉马凯斯特或瓦克林加凯斯特）附近遇难。以后，当基督教时代的平静日子恢复时，这座城市建造了一座与这一殉道相般配

① 有人对这段叙述提出了质疑。不过，如果我们按下述意思来理解，其意思就会清楚一些：原先为圣奥尔本让道的河水后来在他的祈求下流上山坡，完成它的使命之后又回到原来的河道上。

② 即圣奥尔本斯。比德没有说明发生在哪一年。

的十分堂皇的教堂。确实，这个地方甚至直至今天仍在不断地治愈病人或仁慈地创造许多异能。

几乎与此同时，莱吉恩斯城[①]的两个居民亚伦和朱利乌斯以及许多地方的男人和妇女也都蒙难。这些人在受尽残酷的折磨之后，他们的身体以前所未闻的方式被肢解，而他们的灵魂则在完成这场圣战之后去享受天国的快乐。

第 八 章

这场大迫害停止之后，不列颠教会经历了一段略为平静的日子，直至出现阿里乌的疯狂时代

不过，这场大迫害之后，在危难时期曾一度躲到树林、荒地和秘密山洞里的基督徒重新公开露面，重建起被夷为平地的教堂，建立和完善纪念殉道圣徒的新庙宇。他们似乎在所有的地方挂起胜利的旗帜，庆祝神圣的日子，用纯洁的口和心举行各种神圣的奥秘仪式。不列颠教会这种安宁的日子一直持续到阿里乌的疯狂时代。阿里乌在毒害了整个世界之后，又以他的邪恶的谬误污染了地处天涯海角的不列颠。当这场疾病像决了堤似的奔涌过海面时，各种各样的异端邪说的瘟疫也随之滚滚而来，流进不列颠。不列颠的居民接受了这些邪说，因为他们见异思迁，没有坚定的

① 可能是阿斯克河畔的卡利恩(Caerleon-on-Usk)。根据优西比乌所载(见《教会史》第 8 卷第 13，12 章)当时统治不列颠的君士坦提乌斯(Constantius)没有亲自执行戴克里先下令所进行的迫害。

信念。

差不多在这个时候[①]，君士坦提乌斯在不列颠死去。戴克里先在位时，他统治着高卢和西班牙，为人性格温和，谦恭有礼。他和他的无法律地位的配偶海伦[②]生的儿子君士坦丁被拥立为高卢人的王。尤特罗皮乌斯还写到，君士坦丁在不列颠被拥立为王之后，继承了他的父亲在王国的地位。他当政时出现的阿里乌异端，尽管在尼西亚会议上遭到揭露和谴责，但他那不忠的使人致命的毒素不仅毒害了世界上所有其他地方，而且还毒害了这些岛上的教会。

第　九　章

格拉齐安在位时，马克西姆斯在不列颠被推上皇位，接着率领大批军队回到高卢

自主历377年[③]起，从奥古斯都起的第四十代皇帝格拉齐安继承了死去的瓦伦斯，统治了六年，虽然在这之前，他和他的叔叔瓦伦斯、弟弟瓦伦泰尼安已经共治了相当长一段时间。他看到帝国百孔千疮，濒临衰亡，被迫在锡尔缪姆把西班牙人西奥多修斯推上皇位，让他统治东部帝国和色雷斯，企图以此挽救帝国的厄运。其间，一个叫马克西姆斯的人来到高卢。如果他不是违背了自己的

① 公元306年。

② 是正式结婚的；因为戴克里先坚持要她离婚。

③ 正确的时间是公元378年。

表示忠诚的誓言在不列颠不是完全出于自愿地被军队拥戴为皇帝从而篡权上台的话，他本来是一个勇敢正直、配得上当奥古斯都的人。他在高卢杀死了格拉齐安·奥古斯都（格拉齐安当时正如惊弓之鸟，想撤到意大利去，但他落入圈套，突然遭到暗害）后，又追捕他的弟弟瓦伦泰尼安·奥古斯都，迫使他逃离意大利。瓦伦泰尼安逃入东部帝国求救，在那里他受到西奥多修斯的慈父般的接待，不久便恢复了皇位。而在此期间，被困在阿奎拉的僭主马克西姆斯却被擒拿，接着被处死。

第　十　章

阿卡迪乌斯皇帝在位期间，贝拉基·布勒特狂妄地攻击天主的恩惠

主历 394 年，西奥多修斯的儿子阿卡迪乌斯和他的兄弟荷诺里乌斯共治，成了自奥古斯都起的第四十三个皇帝，统治了十三年。他在位时，贝拉基·布勒特[①]在坎帕尼亚的朱利安的支持下大肆散布异端教义的毒素，否认天主的恩惠的帮助。朱利安兴风作浪是为了夺回失去的主教职位[②]。奥古斯丁，正如其他正统教父那样，引用了大量的公教会的典籍语言对他们进行了反击，但没能使他们改邪归正；相反，（更严重的是）在其疯狂言行受到指责之后，他们变本加厉，对异端邪说多方辩解，坚持不放，拒绝皈依真

① 原籍不列颠。他否认人人都有原罪的教条。

② 公元 418 年被教皇索西穆斯（Zosimus）废黜。

理，洗涤自己的罪过。关于这一点，修辞家普罗斯珀[①]在他的英雄诗[②]中写得好：

有人嫉恨得咬牙切齿，
提笔反对奥古斯丁。
是谁把这鄙贱的蛇蟒
放出阴沟洞穴，让它抬头？
是不列颠人的海边果实、
还是坎帕尼亚的牧场使它倨傲？

第十一章

荷诺里乌斯当皇帝时，格拉齐安和君士坦丁成为不列颠的专制统治者；第一个不久后在那里被杀，另一个在高卢被杀

主历407年[③]，西奥多修斯的次子荷诺里乌斯·奥古斯都成了自奥古斯都起的第四十四个皇帝，当时是哥特人的国王阿拉里克攻占罗马的前两年（在阿兰人、苏维汇人、汪达尔人和类似的其他许多民族一道，已经打败法兰克人，冲过莱茵河，蹂躏整个高卢的时候）。一个叫格拉齐安的普通公民约在那时成了不列颠的专制统治者，接着被杀。继承他的是从军队中挑选出来的一名普通的军人君士坦丁。他之所以被选中是因为他的名字带有希望意

① 阿基坦(Aquitaine)的普罗斯珀(Prosper)，卒于463年后。

② 挽歌。在第5卷第8章中亦称英雄诗。

③ 正确的时间是公元410年。

味，并不是他有什么功绩。这个人一篡夺了最高权力，就去了高卢。在那里，由于他与野蛮人结下不可靠的同盟，经常受野蛮人的欺骗，使帝国的利益受到极大损害。为此，荷诺里乌斯派遣君士坦提乌斯伯爵率兵进入高卢，把君士坦丁包围在阿尔勒，并在那里抓获了他，把他处死。被他封为恺撒的当修士的儿子君士坦兹也在维埃纳被自己手下的一名军官杰龙提乌斯[1]杀死。

罗马在建立后的第一千一百六十四年被哥特人攻破。这样，大约在盖乌斯·优利乌斯·恺撒进入不列颠后的四百七十年之后，罗马人便结束了对不列颠的统治。他们住在如前所述的塞维路斯建造的横贯不列颠岛的壁垒内侧，即南侧。这一点现在还可以从建造在那里的城市、塔楼[2]、桥梁和铺筑的车道上看出来。但是，他们仍然占领和统治着不列颠那些较边远的部分以及不列颠以外的岛屿。

第十二章

不列颠人在受到苏格兰人和皮克特人的蹂躏之后向罗马人求援；这些罗马人在第二次来到不列颠之后，建造了横贯全岛的长城。但是，不久后长城被苏格兰人和皮克特人攻破，不列颠人经受了比以往任何时候都更加深重的痛苦

从那时起，岛上不列颠人居住的那部分地区丧失了兵士和所

① （原文 Gerontius）不列颠人。试比较杰拉恩特（Geraint）这个名字。

② 原是“灯塔”（lighthouse，àpos）。

有战备物资，又没有朝气蓬勃的青年人(他们都在专制者的驱迫下离开不列颠，一去不复返)。由于人民丝毫不知道怎样拿起武器进行作战，这部分地区只好听凭强盗劫掠。总之，突然，许多年间，他们在两个极端野蛮的外来的民族即西边来的苏格兰人和北边来的皮克特人的压迫之下，无可奈何地呻吟挣扎，受尽了苦难。我在这里称这两个民族为“外来的”[1]，不是因为他们来自不列颠以外，而是因为有两个海湾[2]把他们与居住着不列颠人的地区分隔开来。这两条海湾，一条从东海，另一条从西海流进不列颠的地带，只是没有汇合。东海湾的中部有一座叫吉乌地[3]的城市；西海湾那边，即往右边方向坐落着阿尔克莱德城[4]。“阿尔克莱德”在他们的语言中相当于“克莱德岩”，因为它就坐落在一条名叫克莱德的河流的旁边。

受这两个民族侵扰的不列颠人派出使者带信到罗马，苦苦哀求他们的援助[5]，并许诺永远效忠于罗马，以便把威胁他们的敌人抵御到更远的地方。于是不久，一队全副武装的罗马士兵被派到他们那里。这些士兵到达不列颠后经过战斗歼灭了大量敌人，把其余的赶出他们同盟者的居住地带。这些罗马人在解放了不列颠人，把他们从以往所承受的巨大灾难中拯救出来后，建议他们在两个海湾之间建造一道横贯全岛的长城，它可能会有力地把敌人抵

① 吉尔达斯用 transmarinus 一词指来自爱尔兰岛的苏格兰人和海外皮克特人。

② 福斯湾和克莱德湾。

③ 也许是今因奇基思(Inchkeith)。

④ 邓巴顿。

⑤ 看来此处比德的根据是吉尔达斯所著的《西不列颠人》，而吉尔达斯承认，他没有书面材料可遵循，根据的只是一些广为收集的口头传说而已。

挡在外面。接着,他们就凯旋回国。这些岛上的人们按照吩咐建造一道长城,但不是按照罗马人要求用石头砌成,而是用草皮垒成,因为他们中间缺乏能够承担这样浩大的工程的工匠。这一来,这道长城就没有使用的价值了。这道长城在上述的两条大臂即两个海湾之间有好几英里长,使得在没有深水环护的地方,人们可以借助于这壁垒不让敌人攻入边界。至今,我们仍然可以在原址清楚地看到这项巨大的工程——那又厚又高的城墙遗迹。这道长城始自阿伯丘尔尼格[①]修道院以西两英里处的一个皮克特语言中称为皮安法希尔但在英语中则称为彭内尔顿的地方,向西延伸,直到阿尔克莱德城为止。

但是,先前的敌人一看到罗马人离开,便立即从海路上岸,冲入边界,开始一场浩劫。他们就像收割成熟的庄稼一样,横冲直撞,砍杀和践踏眼前的一切。于是,不列颠人又派使者到罗马去哀求救援,他们恳求说,不能眼看着自己可怜的国家就这样地被彻底摧毁,不然的话,外族人会残酷恶毒地把这个由于他们才繁荣了这么久的罗马行省的名字,肆意抹掉。一批人马又一次被派了出来,在秋天时节[②]突然来临,歼灭了大量敌人,并在海上追逐那些逃跑者。而在过去,这些人每年都在毫无抵抗的情况下把劫掠物集中起来,送过海去。

接着,罗马人明白地告诉不列颠人,今后无法再为保护他们进行如此艰难的跋涉。他们吩咐他们自己拿起武器,学会同敌人作战:这些敌人正是由于他们胆小怕事才显得如此强横。此外,罗马

① 今阿伯康(Abercorn)。土堰是安东尼努斯·披乌斯所建,见上集第 30 页。

② 吉尔达斯用秋风扫落叶来比喻歼灭敌人。比德似乎仅从字面上去理解。

人用坚硬的石头在海与海之间建造了一道长城[①]，把在塞维路斯挖壕沟的地方为了防御敌人而修建起来的两个城市连成一条直线，因为罗马人认为这有益于增强他们不得不抛弃的同盟者的力量。实际上，这道至今仍然可以看到的仍然著名的长城他们是用公共和私人的资金建造起来的，不列颠人也帮助了修建。至今还可以看得很清楚，它有八英尺宽，十二英尺高，像一条直线似地横贯东西。在迅速地建完这道长城之后，罗马人直言告诫这些惊恐不安的人们，并且向他们提供了锻造武器的模具。同时，在他们停泊船只的南面海岸上，每隔一定距离便建造一座用来观察海面的塔楼，因为敌人也有可能从那个方向侵入。做完这一切之后，罗马人便离开了盟友，再也不打算回来了。就在罗马人还在回家的路上时，苏格兰人和皮克特人得知罗马人已保证不再回来，便立即回过头来，重施故伎，比过去更加肆无忌惮。他们占去长城以北的地带及岛上的边远地区。为了迎战，那支胆怯的不列颠人的队伍，日日夜夜胆战心惊地守卫在堡垒上。在城墙的另一边，敌人不断地挥舞着带钩的武器，把胆小的守卫者可怜地从城墙上拉下来，摔在地上。无须赘言，不列颠人放弃了城墙和城市四下逃命。敌人穷追猛打，比以往更加残暴地杀害他们：可怜的不列颠人被敌人砍得血肉模糊，就像绵羊被野兽活活撕裂那样。他们被赶出家门，失去了财产，为了免遭饥饿的威胁互相抢劫和摧残。内部互相争斗加深了外族人所带来的灾难。到后来，整个国家陷于绝境，他们除了猎取野兽充饥外再也找不到一点食品。

---

① 这段从索尔韦河至泰恩河的长城是由哈德良在公元 117—138 年间建成。

第十三章

西奥多修斯二世在位时，不列颠人向当时的执政官艾提乌斯求援但遭拒绝；同一时期，帕拉迪乌斯被派遣到信奉基督的苏格兰人中间

主历423年，西奥多修斯继承荷诺里乌斯登上皇位，成了自奥古斯都起的第四十五个皇帝，继而统治了二十六年。他在位的第八年，帕拉迪乌斯[①]受当时罗马教会主教塞莱斯丁的派遣到信奉基督教的苏格兰人[②]中间，当他们的第一位主教。他在位的第二十三年，“杰出的”[③]艾提乌斯（因为他也是贵族）第三次与西姆马库斯共任执政官，可怜的不列颠人中的幸存者给他写了一封信。这封信是这样开头的：

“痛苦呻吟中的不列颠人致三度出任执政官的艾提乌斯”。

在这封信中，他们道出了自己的悲惨境地：“野蛮的敌人把我们驱赶到海上，大海又把我们驱赶到敌人面前。面对着大海和敌人，我们要么被杀死，要么被淹死。”但是尽管如此哀求，他们仍然无法获得他的帮助，因为艾提乌斯已忙于同匈奴的两个国王布莱德拉和阿蒂拉进行严酷的战争。虽然一年前布莱德拉由于兄弟阿提拉狡

① 比德只字未提圣帕特里克（St. Patrick）。根据其他作者记载，他于432年受教皇塞莱斯丁（Celestine）的派遣到爱尔兰。

② 即爱尔兰人。

③ 在君士坦丁制定的等级制度中“杰出的”（Illustrious）是封给显贵中的贵族的一个荣誉头衔。

猾的出卖而遭暗杀，但是，阿提拉一人仍然是帝国无法忍受的敌人。他蹂躏了几乎整个欧洲，不断攻击和摧毁市镇和城堡。而且，差不多与此同时，君士坦丁堡发生了饥荒，紧接着又发生了一场瘟疫。不久，该城相当一部分城墙连同五十七个塔楼又倒塌了下来[①]。地震还摧毁了其他许多城市。饥饿和传疫的恶臭空气又使成千上万的人畜丧失了生命。

第十四章

不列颠人迫于一场大饥荒的威胁，终于把野蛮人赶出自己的家园；紧接着的是丰收、混乱、瘟疫和人民的毁灭

在此期间，上述的不列颠人所遇到的饥荒越来越严重，它所造成的损害多年之后仍给后来人留下了难以忘却的记忆。由于这场饥荒，不少人只好束手听任强盗掳掠，但其他人却永远不会屈服，相反，他们相信上帝能够给予他们凡人所不能给予的帮助而不断地从他们潜藏着的山洞和丛林里出击，进行反抗斗争。他们用这种办法首先打败了多少年来一直在他们的领土上横行肆掠的敌人。因此，无耻的爱尔兰强盗只得撤回家去，打算不久后卷土重来。皮克特人在当时以及后来相当长的时间里规规矩矩地住在岛上最边远的那一部分地区，尽管他们还是不时出来抢劫和骚扰不列颠人。

敌人的劫掠停止后，岛上出现了人们记忆中前所未见的大丰

① 地震（447 年）所致。

收。由此，人们变得放荡不羁，沉溺于腐朽的生活。紧接着，出现了各种各样的卑劣行为，特别是，他们变得残忍起来，厌恶真理，热衷于谎言和欺骗，而且达到了这样的程度：如果有人显得较为温和，有几分诚实，所有的人便都会像对待企图推翻不列颠的敌人一样，轻蔑地向他投射出如利剑般的仇恨的目光。不仅是凡俗身份的人堕落了，甚至连主的羊群和牧羊人也变得跟他们一样。他们抛弃了基督的轻轭，终日沉溺于暴饮、空想、争论、殴斗、嫉妒以及诸如此类的罪恶行为。在此期间，一场痛苦的瘟疫突然降临到这帮灵魂腐化的人们的头上，短短的时间内死了那么多人，甚至连收埋他们的人手都不够。但是，不论是朋友的死亡也好，他们自己对死亡的恐惧也好，都未能把活着的人从腐朽的灵魂中拯救出来：这腐朽的灵魂通过他们罪恶的生活导致了他们的堕落。因此，这个罪恶的民族不久之后又受到一次更大的惩罚：他们自己谋划着应该怎么办最好，应该到哪里去寻求援助以逃脱或者击退北方民族对他们所进行的残酷和不断的袭击。最后，他们所有的人和国王弗蒂格尔恩[①]都同意向海外的撒克逊人求救。显然，这是出于天主的旨意。这样一来，这个邪恶的民族又要蒙受一场灾难，正如最终的事实所清楚表明的那样。

第十五章

应邀前来不列颠的英吉利人起先确实把敌人赶到较远的地

① 看来是南威尔士国王，但也有可能是一个联盟的盟主。见奥曼的《诺曼征服前的英格兰》，第11章。

方，但不久便勾结敌人，回过头来打击他们的同盟者

主历449年，马西安与瓦伦泰尼安开始共治，成了自奥古斯都起的第四十六个皇帝，继而统治了七年。在这一时期，英吉利人即撒克逊人[①]应上述的不列颠王的邀请，乘坐三艘巨船到达这里，并奉他的命令驻扎在岛的东部。他们像保卫朋友那样保卫这个国家，但后来证明，他们的目的在于把不列颠人当作敌人来加以征服。在同北方来的敌人交战时，撒克逊人得胜。他们把这件事告诉国内的人，同时告诉他们不列颠如何富饶以及不列颠人如何胆怯。撒克逊人于是立即向那里派出了一支更大的船队，配备上一支更强的军队，再加上原先的队伍，组成了一支不列颠人无法抵抗的军队。新来的人从不列颠人那里获准在他们中间居住下来，条件是：他们要为保卫这个国家的安全与和平而同敌人作战，而不列颠人应为他们的作战付给适当的报酬。这些新来的人来自日耳曼的三个较为强大的民族即撒克逊人、盎格鲁人和朱特人。肯特人、怀特人（即占据怀特岛的居民）以及住在怀特岛正对面的西撒克逊地区，至今仍然称为朱特人的那些人都是朱特人的后裔；东撒克逊人、南撒克逊人和西撒克逊人来自居住在今天称为古撒克逊人地区[②]的撒克逊人。从居住在称为安格尔恩[③]地区（该地区据说处于朱特人和撒克逊人地区之间，迄今为止一直是废墟）的盎格鲁人中繁衍了东盎格鲁人、高地盎格鲁人、麦西亚人和居住在亨

① 在罗马时期，从汉普郡到沃什湾（the Wash）之间的海岸被称为“撒克逊海岸”。很可能在公元450年以前不列颠就有了撒克逊人的拓居地。

② 今荷尔斯泰恩（Holstein）。

③ 今斯莱斯维克（Sleswick）。

伯河北岸的所有诺森伯里亚人的后裔以及其他盎格鲁人。这些外来人最早的首领据说是亨吉斯特和霍沙两兄弟。霍沙在同不列颠人作战时被杀，埋在肯特的东部，刻有他的名字的坟墓至今犹在。这两兄弟是威克特吉尔斯的儿子，威塔的孙子。威塔的父亲是韦克塔，祖父是沃登。从沃登世系中繁衍出许多地区的王室人员。上述的这几种人成批地竞相涌进这个岛屿，他们人数剧增，使得原先邀请他们前来的当地人对于他们的强大感到惶惶不安起来。接着，有一段时间，他们突然同原来被用武力赶到较远处的皮克特人勾结起来，回过头来打击他们的同盟者。他们先是要求提供更多的补给，接着又寻衅生非，威胁不列颠人说，如果不向他们提供更多的补给，他们就要与他们绝交，踏平整个岛屿。他们说干就干，把恐吓付诸行动。简而言之，他们干到这样的程度：由这些异教徒之手点燃的火施行了上帝对这些恶人的公正报复，就像过去由迦勒底人之手点燃的火烧毁了耶路撒冷的城墙，不，应该说是所有建筑物那样。因为同样地，这场大火(由邪恶的征服者挈握，或者说出于公正审判官的安排)先烧毁了全部城市和附近的乡村(从东海岸至西海岸，无人反抗制止)，接着继续漫延几乎吞没了整个走向灭亡中的岛屿：公共和私人住宅被夷为平地；各地神父在祭坛上被活活打死；主教和他们的教徒，失去了一切尊严，被惨无人道地用火烧死或用剑刺死。没有一个人愿意出来收埋被惨杀的受难者。在山里被抓到的一些可怜的逃难者就这样成批成批地被当场杀死；其他人由于饥饿，不得不出来向敌人投降，以图点粮食，这些人即使不被当场打死也要被迫出卖自己的终身自由。一些人只好悲愤地逃到国外；另一些人则继续留在国内在死亡的恐惧中过活，

他们躲在山地里，树林里甚至在悬崖峭壁过着忍饥挨饿的生活，随时担心灾祸的来临。

第 十 六 章

不列颠人在罗马人安布罗斯的率领下第一次打败英吉利人

敌军赶走岛上的居民并把他们打得七零八落之后又回到了自己的住地[1]。不过这时候，不列颠人也逐渐恢复了元气和胆量，从以前躲藏着的地方出来，一致祈求神的帮助，希望不至于被永远彻底地毁灭掉。他们当时的首领是安布罗修斯·奥雷连[2]——一个温和的人。他是唯一躲避了那场大灾难而活了下来的罗马人，他有君王的名字和标志，他的父母在同一场大浩劫中被杀。在他的领导下，不列颠人重新振作起来，向征服者挑战。在上帝的帮助下，他们终于取得了胜利。从那时起，当地居民和敌人互有胜负。最后，他们包围了巴顿山[3]，给这些敌人一个沉重的打击。这大概是这些敌人来到不列颠后第四十四个年头里发生的事。不过有关这一点，我们在下文中还会谈到。

---

① 显然是到萨尼特(Thanet)。

② 即安布罗斯。——译者

③ 发生这场战役的时间是个争论纷纷的问题。战役发生在西部，但其确切地点尚无定论。

第十七章

与卢普斯一道乘船登上不列颠的主教杰马努斯借着天主的力量，先平息了一场海上风暴，接着又平息了贝拉基风暴

事实上，就在外族人到来的前几年[①]，由塞弗里安的儿子贝拉基派主教阿格里科拉传进的贝拉基异端的卑劣的伤风败俗风气玷污了不列颠各地的基督教。然而，不列颠人既不愿意亵渎基督的恩惠接受这一无耻的教义，又无法驳斥他们那种狡猾而邪恶的教条，于是想出了一个十全十美的计划：请高卢的主教帮助他们打这场属灵的仗。这些主教们于是连忙召开一个大型的会议，商量该派谁到不列颠去救助基督教。最后，他们一致选出两个使徒一般的神父——欧塞尔的主教杰马努斯和特鲁瓦镇的主教卢普斯到不列颠去，以坚定对神的恩惠的信仰。这两位主教顺从地接受了神圣教会的命令和要求，乘船过海，一路顺风地来到高卢和不列颠之间的海面上。忽然，就在他们航行间，一群恶魔的力量挡住了他们。这群恶魔嫉恨这样高贵而强有力的人物居然去解救不列颠岛的居民，于是掀起一场风暴：只见乌云遮天蔽日，船帆在狂风中不能自持，绝望的水手们一筹莫展。此时，驾船靠的不是人的力量而是祷告的力量。他们的首领，主教杰马努斯当时恰巧由于精疲力竭而睡着了。于是，风暴就像无人抵挡似地越刮越猛，船只现在就像要沉到不断涌进来的浪头底下似的。神圣的卢普斯和其他陷入

① 429年前后。

困境的人把他们的长者唤醒，恳求他抵挡这场狂风。可怕的狂风使杰马努斯变得愈加坚定起来，他祈求基督帮助，并以圣三位一体的名义向大海洒下了几滴圣水。他挫败了汹涌的海浪，振奋和激励了所有的人，使他们异口同声地祈祷起来。天主立即给予帮助。于是他们的敌人被赶跑了，一切都平静了下来，原先的逆风变成了顺风，船只轻快地掠过海面，不久就顺利地在他们希望的地点靠了岸。两位主教受到聚集在那里的来自各地的许多人的欢迎。对于他们的到来，反对主教的那些敌人也在他们上岸前发出警告：这显示出那些魔鬼惧怕他们。当主教下令赶跑附在那些人身上的魔鬼后，他们承认是他们在兴风作浪，是他们给主教带来危险，而且还承认正是主教们的训令和德行压倒了他们。

到达不列颠后不久，这两位使徒一般的神父他们的美好声名、他们的讲道法和他们的威力就传遍了全岛。他们每天不仅通过教堂而且还通过街头和田头宣讲"神的话"。因此，各地虔诚的天主教徒变得愈加坚定，原先脱离正轨的人也弃邪归正。像使徒那样，他们由于存有无愧的良心而有荣誉和威望，由于博识而善学，由于具备美德而有力量。所以，在短短的时间内，整个国家都接受了他们的看法：堕落的异端的煽动者隐匿了起来，他们就像魔鬼一样，由于失去那些已逃脱了他们控制的人们的拥护而极度怨恨。后来，经过长期周密的考虑，他们决定以公开辩论的方式解决问题。他们气派十足，穿着豪华的服装，由一帮阿谀奉承的支持者前呼后拥地走了出来。他们认定，与其忍辱缄言，不如为他们的事业孤注一掷地进行一场公开论战。因为他们担心，在那些受他们毒害的人们的眼中，他们的沉默似乎无异于宣判自己的失败。大批男人受到激励带着妻子儿女汇集到那里，他们既当观众又当裁判。论战双方的情形看起来是如此不同：一方是神的信仰，一方是凡人的臆造；一方虔敬，一方倨傲；一方崇拜基督，一方听命于贝拉基。神圣的主教让他们的对手先发言。这些人唠叨了许久，用一大堆废话充塞人们的耳朵。然后，可敬的主教以他们特有的雄辩，口若悬河地作起使徒和传福音者的演说来。他们既用自己的语言，又用神的语言，而且还引用了其他著作家的话来支持自己对异教的猛烈抨击。他们揭穿了这些持异端邪说者的虚谎，驳斥了他们的怀疑，逼得这些人张口结舌，不得不在每一个异议上承认自己的错误。那些当公断人的观众，恨不得拳打脚踢他们，但还是努力克制住了，只用呐喊声表达他们的裁决。

第十八章

杰马努斯使一位护民官的失明的女儿重见天日；他来到圣奥尔本的神殿拿了一些遗物，并把神圣使徒和其他殉道者的遗物放在那里

论战结束后，一位尊贵的护民官带着他的妻子突然从人群中出来，走到主教跟前。他把他十岁的失明的女儿交给主教请他们医治她的病。主教叫他把她交给对手。但这些由于良心的责备而感到惊恐的人们，和他的父母一道祈求主教治好这个女孩的病。主教看到对手认输了，就立即为她祷告起来。过后，充满圣灵的杰马努斯开始向三位一体祈求。接着，他从脖子上脱下挂在身边的装满圣物的小袋子[1]，拿在手里，并在众人面前把它按到女孩的眼里。那女孩双眼里的黑暗一下子消失了：它们充满了真理的光明。她的父母高兴极了，其他人也被这一神迹弄得眼花缭乱。从此以后，所有人心里的异端邪说都被驱逐得干干净净，从而如饥似渴地接受主教们的教导。

这样，在可诅咒的异端被压制，它的鼓吹者被彻底驳斥，人们的心随着基督教的纯洁而变得安宁之后，主教走到有福的殉道者圣徒奥尔本坟墓面前，通过这位圣徒向天主感恩。他手里拿着所有使徒和不同殉道者的遗物，在祷告之后命令打开墓门，想把那些宝贵的遗物放进坟墓里。他认为，把从不同国家里搜集来的圣人的遗物放在同一个墓穴里，正像圣人们相同的美德使他们进入同样的天堂一样，是完全适宜的。在郑重地把它们放在一起后，他从 殉道者流血的地方，取了一包尘土，随身带走。人们可以从尘土中保存的血迹清楚地看出，殉道者的圣所依然是红色的，而迫害者却已黯淡失色[2]。同一天，由于所做的这一切事情又有大批人皈依了主。

第十九章

主教杰马努斯因伤继续留在原来的住处。他用祷告平息了一场房屋大火灾，继而通过显灵治好了他自己的病

① 皮包，通常是用皮制成的小袋子。

② 殉道者的尘土依然保持着生命的红色（因为血即生命，《利未记》第 17 章第 14 节），而迫害者死后则变淡失色。

在他们回家的路上，杰马努斯中了狡猾的敌人所设下的圈套、摔倒了，伤了腿。那魔鬼不知道，圣人的功德会因身体的受难而更加光大，就像神圣的约伯那样。在主教因体弱被迫继续逗留在某个地方的时候，邻近他住所的一座小房子突然发生了火灾。烈火烧毁了周围许多用芦苇铺顶的屋子后，又借着风势烧到了这位善人的住屋。人们急急忙忙地涌向主教，希望能扶着他离开正在逼近的危险。他把人们训诫了一顿，出于坚定的信念他不允许人家把他撤离出他的住所。不过，失望和恐惧的人们还是赶紧跑来扑灭大火。但是，为了进一步显示天主的威力，大火继续吞没了人们试图抢救的一切东西，但却丝毫没有触及躺着这位病人的房子。火轻轻地跳跃过去，似乎害怕眼前这个圣人的庇护所。上上下下都在不停地猛烈地燃烧着：围困着主教的住宅在火星和火焰中发着亮光，安然无恙。人们为这一神迹感到欣喜。看到天主的力量拯救了人力所无法挽救的东西，他们为天主感到高兴。无数家境更为糟糕的穷人日日夜夜地躺在这座小房子前面，一些人要求治灵魂的病；另一些人要求治身体的病。人们无法知道基督究竟赋予他的仆人什么力量，使他能在患病时治好病：其间，他对自己的病什么药也不肯吃；不过，一天夜里他看见一个全身穿着发亮的白色衣服的人站在他的床头，伸出手来似乎把躺在床上的他举起来，并吩咐他站直身子；此后，他的疼痛减轻了，而且恢复得这么健康，天一亮时，他就毫不畏惧地开始了辛苦的旅行。

第 二 十 章

上述主教凭着天主的力量帮助不列颠人作战，然后回国

在此期间，撒克逊人和皮克特人联合起来进攻不列颠人，而不列颠人也出于御敌的需要而集结在营地里。他们由于胆怯而认为自己不足以对付对手，于是就向神圣的主教祈求帮助。主教们答应了他们的祈求，并匆匆忙忙地赶到他们中间，这极大地增强了原先惶恐不安的人们的信心，就好像他们突然得到了一支大军的援助。这样，主教就成为他们使徒一般的首领，不列颠人在阵地上就有基督在和他们一起作战。时值庄严的四十天大斋节，由于主教在场，人们更加虔诚地信守这一斋期：他们聆听每日的讲道，急切地去接受洗礼的恩惠：绝大部分士兵都要求得到那赐福的圣水；在主复活日前，人们用带叶的树枝搭起一座教堂架子，让这支上战场的军队使用，如同他们就在城市里一样。士兵们身上洒了圣水后，就向前线出发。人们的信仰变得热忱起来，并在祈求天主的帮助中变得勇敢起来，但过去他们对自己的武器和装备灰心失望。敌人获知不列颠人的纯正的生活方式，以为可以像打败一支手无寸铁的军队那样轻而易举地将他们打败，所以全速向他们逼近。但是，由于侦察兵的侦察，敌人的来临被及时发现了。现在，神圣的复活节已经过去，大部分士兵受过洗礼，精神焕发，穿好盔甲，随时准备战斗。杰马努斯[①]宣布自己是他们的作战统帅。他选

① 杰马努斯在任主教之前是军人，又是阿基坦尼亚(Aguitania)的公爵。

出一些机敏的士兵巡察周围地带，在预料敌人将要通过的一边发现了一个周围耸立着山峰的峡谷。就在这个地方，杰马努斯安置了由他指挥的这支新生[1]的军队。紧接着出现了不可一世的敌军。当埋伏着的不列颠人看到敌人越来越近时，手拿军旗的杰马努斯忽然向全体士兵发出警告并宣布，当他们听到他的喊声时，他们必须加以重复。敌人由于疏忽大意，认为他们绝不会到来，于是毫无戒备。这时，神父们忽然齐喊三声"哈利路亚"，其他人也立刻喊了三声"哈利路亚"，叫喊声被挡住了，并且在关闭着它的山岳中反响、回荡。对着四周的山岩和头顶的天空，敌人颤抖着，吓坏了。他们恨不得多长两条腿，以逃脱落在身上的危险。他们扔下手中的武器，纷纷往四下里逃窜，心想若是能够逃脱危险，哪怕光着身子也行。更多的人慌慌张张，掉进了返家路上的一条河里去[2]。未动刀枪的不列颠人亲眼看到敌人受到了报复，自己则不费什么力，得来了这场送给他们的胜利。他们把战利品汇集起来，摆在那里展览。士兵们怀着喜悦的心情虔诚地认识到，是上天给他们带来了荣耀。主教们自豪地看到，他们不流一滴鲜血就把敌人吓得狼狈逃窜，而且，他们是靠信心而不是人力赢得了这场胜利。

就这样，这个岛屿通过各种方式得到了安宁。在那些公开或隐蔽的敌人被打败以后，主教们就回国了。一方面由于他们自己的美德，另一方面由于殉道圣徒奥尔本的代祷，他们一路上风平浪静。轻快的小船把他们安然地送回到日夜思念着他们的自己人中间。

---

① 这里指受过洗礼。

② 威尔士的传说认为战斗的地点是在弗林特郡（Flintshire）的莫尔德（Mold）附近。但是，皮克特人和撒克逊人怎么会向西深入得如此之远呢？

第二十一章

贝拉基异端邪说死灰复燃；和塞维路斯一道返回不列颠的杰马努斯首先使一个跛脚青年恢复了行走能力，接着谴责和制止了持异端者的恶行，从而使天主的臣民重新走上基督教的正确道路

不久，岛上传来消息说，顽固的贝拉基异端在少数人的支持下，卷土重来。所有的教士再一次恳求神圣的杰马努斯来维护他以前所从事的天主事业。杰马努斯很快接受了这一请求：他与神圣的塞维路斯（因为塞维路斯是特鲁瓦主教，神圣的教父卢普斯的信徒，当时被授予特雷维里主教职务，在上日耳曼[①]传播福音）一道乘船出发，借着风力顺利地驶向不列颠海岸。

就在这时节，活跃在岛上的魔鬼也四处准备，他们紧张地预言，杰马努斯就要来到了，因此，当地的一个首领埃拉弗乌斯虽然没有任何明确的讯息，却带着他的儿子急急忙忙地赶来迎接刚刚到达的神圣的主教。首领的儿子青春年少，但却在遭受严重疾残的惩罚：由于肌腱萎缩，他的膝盖变小，因而腿部麻木，脚无法下地。整个地区的人民紧紧跟着埃拉弗乌斯到来。无知的人们迎接两位主教的到来。他们立刻受到祝福，并且开始聆听主教宣讲神圣的教义。主教发现，在这里，人民的信仰跟他离开时一样，毫无变化。他们发现，有过错的只是少数人，于是把这些人找出来，对他

① 即苏必利尔里斯（Superioris），在莱茵河的西面。

们进行谴责。这事做完后,埃拉弗乌斯忽然一下子跪在主教们脚下,把儿子交给他们——他儿子十分可怜的病情本身,是无需用恳求的语言去请求救治。人人都同情这位年轻人,主教们更是如此,他们出于同情,一道恳求上帝发慈悲。毫不延迟,神圣的杰马努斯让年轻人坐好,抚摸着他那由于疾病而内陷的膝盖。主教用那只能治病的右手抚摸了患病的地方,抚摸到哪里,哪里就很快好起来。于是,干枯的脚变得滋润起来,肌腱的功能恢复了。就这样,在所有的人面前,健康回到了这个年轻人的身上,儿子重新回到了父亲身边。人们目睹这个神迹,惊讶万分,心底里的普世信仰更加坚定了。之后,他劝诫那些抛弃了信仰的人,要他们改邪归正。在人们的一致同意下,把曾被驱逐出境过的那些最早鼓吹腐朽者交给主教送到海外遥远的地方去,从而使这个国家免受其害,使这些人自己悔过自新。因此,在以后很长的一段时间里,基督教在这个地方没有受到亵渎。

这一切事情安排停当之后,神圣的主教像他们来时一样,顺利地回到了自己的国家。此外,杰马努斯以后又到拉韦纳为阿莫里卡人[①]调停。在那里,他受到瓦伦泰尼安和他的母亲普莱西蒂亚极为尊荣的接见,接着便离世去见基督。他的遗体在许多体面的人们的护送下被隆重地送回到他的主教座堂所在的城市。一路上他的德行比比可见。此后不久,即在马西安六年,瓦伦泰尼安被那个遭他杀害的贵族艾提乌斯的兵士所杀[②],随着瓦伦泰尼安的被杀,西部罗马帝国崩溃并走向灭亡。

① 阿莫里卡人当时叛乱。

② 公元455年。

第二十二章

不列颠人经历了一段没有与任何外敌作战的时期，而内部互相残杀却造成了自己的衰微，接着陷入更加严重的困境

在此期间，不列颠人与外族人之间的战争停止了一段时期，可是内部互相残杀却没有停止过。被敌人摧毁的城市依然是一片废墟，而逃脱了敌人之手的岛上居民，现在却打起内战来。不过，国王、神父、贵族和一般臣民由于对他们所承受的一场灾难和屠杀虽刚刚过去，但仍记忆犹新，所以还比较安分守己。但是，这些人死后，新的一代人对父辈时代所经受的苦难和痛楚一无所知，且只有过平静日子的生活经验，因此他们生来就是要打破真理与谬误、正义与非正义的界限：我是说他们之中除了极少数人之外，不但丝毫没有这些观念，甚至连有关它们的记忆都没有。他们除了犯下一些这里没有提到的罪恶（但他们自己的历史学家吉尔都斯[①]却确实曾痛苦地记载过）外，还有一条罪恶是：他们从来不用心向居住在他们之间的撒克逊人即英吉利人宣讲信仰的福音。但是，慈悲的天主并没有抛弃他预知将会得救的他的百姓，而是给他们提供了更多的可敬的真理的使者：通过他们，这些人有可能被引导到他的信仰中来。

① 更普通的是吉尔达斯。

第二十三章[①]

神圣的教皇格雷戈里派出奥古斯丁和修士向英吉利人传教，同时还捎上一封信，劝诫和鼓励他们不怕劳苦，不要退却

这是由于[②]，主历582年，莫里斯成了自奥古斯都起的第五十四个皇帝，共统治了二十一年。莫里斯十年，学识渊博，精明能干的格雷戈里被选为罗马和使徒教会的教皇，这个职务他担任了十三年又六个月零十天。由于神的启示，他在莫里斯十四年，不过是英吉利人到不列颠后大约第一百五十年，派遣天主的仆人奥古斯丁[③]和其他敬畏主的修士向英吉利人宣讲《圣经》。这些人遵从教皇的命令，接受了上述的任务，走了一小段路程之后[④]，却突然慢慢地胆怯起来，心想：与其到一个野蛮、凶暴、不信教甚至连语言都不通的民族中去，不如回家。大家一致决心这么做，因为这是较有把握的办法。于是他们派奥古斯丁回到神圣的格雷戈里身边（他已委派奥古斯丁在英吉利人接受他们的情况下担任那里的主教），谦卑地恳求他让他们中止那种危险、痛苦和没有把握的旅行。格雷戈里写了一封信，劝诫他们相信天主，把传播福音的事业继续下去。这封信的全文如下：

“格雷戈里，天主的众仆之仆致我主的仆人：鉴于与其在开

① 出现奥古斯丁以后，本书的导言结束，主题开始。

② 承上章。

③ 圣安德烈修道院院长，该院是由格雷戈里建在罗马的科伊连山上。

④ 到了普罗旺斯（Provence）的某个地方。

始做某一件好事后内心里再反悔想不做，不如在一开始时就不做，因此，我的爱子，你们现在必须完成你们业已在天主的帮助下开始承担起来的良善事业。不管是旅途的艰辛，还是人们的谗言飞语，你们都不要灰心丧志，相反，你们应该以最大的干劲，最饱满的热情把你们在天主指点下担负起来的职责继续下去。你们应该相信，继千辛万苦之后而来的是更大的荣耀——永恒的奖赏酬报。现在，奥古斯丁回到了你们中间，你们应该毕恭毕敬地一切服从于他。他是你们的头领，现在又被任命为你们的院长。记住，你们按照他的训令所做的任何事情都会使你们的灵魂得享恩惠。愿全能的天主以他的恩惠保护你们，并恩准我看见你们在永恒天国劳作的果实。虽然我不能同你们一道劳作，但我有可能与你们同享其中的一部分奖赏，因为毫无疑问，我是愿意劳作的。天主保佑你们平安，我亲爱的孩子们。

"日期：7 月 23 日；我们最虔诚的奥古斯都，莫里斯・泰比里厄斯陛下在位时的第十四年；他任执政官的第十三年；第十四个小纪[①]。"

第二十四章

格雷戈里写信请阿尔的大主教接待奥古斯丁一行

上述可敬的教皇还同时写了一封信给阿尔的大主教埃塞里乌

① 每十五年为一个小纪(indiction)。格雷戈里是第一个以此为单位计算时间的教皇(罗马皇帝每隔十五年规定宣布财产价值并以此作为课税基础。——译者)。

斯[1]，请他热情招待前往不列颠的奥古斯丁。这封信的内容是：

“格雷戈里，天主的众仆之仆致最可敬最神圣的兄弟和主教同仁：

“对于那些具备了合天主意的博爱精神的神父，信徒们是无须推荐的。但由于碰巧有这样一个写信机会，我认为还是给兄弟您写一封信为宜。我想让您知道，为了在天主的帮助下保护人们灵魂的健康，我派出了已踏上这条路的该持信者，天主的仆人奥古斯丁——他的热心是我所确信无疑的——和其他天主的仆人。阁下您，应该以神职所要求的热心给予帮助，而且应当尽力地给予他各种支持。为了使您能够更乐意地帮助他们，我已经吩咐他私下把他的使命告诉您。毫无疑问，在您知道情况后，您必定会为了天主而竭尽全力地给他慰藉，因为这是事情所要求的。我们还委托您在各方面关照我们共同的孩子——神父坎迪杜斯。他被派到那里管理我们教会的一小笔基金。愿天主保佑您，最可敬的兄弟。

“日期：7 月 23 日；我们最虔诚的奥古斯都，莫里斯·泰比里厄斯陛下在位时的第十四年；他任执政官的第十三年；第十四个小纪。”

第二十五章

奥古斯丁到不列颠后，先在萨尼特岛向肯特王传教，获得允许后，来到肯特传教

① 埃塞里乌斯(Etherius)是里昂的主教，弗吉里乌斯(Vergilius)是阿尔的主教。几乎完全一样的信也分别寄往马赛、维也纳和欧坦(Autun)等地。

神圣的教皇格雷戈里的安慰极大地鼓励了奥古斯丁，奥古斯丁因此同随行的基督的众仆人一道，重又担负起传播福音的工作，来到了不列颠。当时埃塞尔伯特是肯特的国王，他是一个有强大权势的人，他把王国的边界扩展到划分南北英吉利的大河亨伯河为止。在肯特的东边上是一个相当大的萨尼特岛，就是说，根据英吉利人的估算方法，它有六百海得[①]。把这个岛同陆地分开的是万特苏姆河[②]，约有三弗隆宽，由于它的两端都通向大海，使得其中两处窄得只能勉强通航。天主的仆从奥古斯丁连同据说是四十名随从登上了这个岛，他们奉神圣的教皇格雷戈里之命带了些法兰克人充当翻译。奥古斯丁传话给埃塞尔伯特，说他来自罗马，给他带来了非常好的消息，并且许诺说，那些听从他的话的人必定会在天堂得享永福，并且将和真正永生的天主一道得到一个永恒的王国。埃塞尔伯特听后，立即命令他们留在他们现在到达的岛上，并且下令，在他考虑好对他们该怎么办之前，将为他们提供必要的物品：埃塞尔伯特以前也听人宣讲过基督教，这是因为他和法兰克王室的基督徒名叫伯莎[③]的女人结了婚。他结婚时接受女方的父母提出的条件：她与她的主教刘德哈德一道继续履行她的宗教信仰礼仪应是合法的。刘德哈德是伯莎的父母指派给她帮她处理她信仰事务的主教。

因此，不出几天，国王来到了该岛。他坐在露天的一个地方吩咐奥古斯丁和他的随从上前同他交谈——由于一种旧迷信的缘

① 一块可以供养一户人家的地为一海得，其面积各地不一。

② 斯陶尔河(Stour)的支流。

③ 巴黎王查里伯特(Charibert)的女儿。

故，他不能允许奥古斯丁在房屋里接近他，免得他们，如果他们擅长妖术的话，对他采取突然袭击并进而把他制服。然而，这些人来了，不是被赋予魔鬼的力量，而是被赋予天主的力量。他们走上前，手上拿着的不是一面旗子而是一个银十字架和一幅画在板上的救主的画像，他们口里吟唱着连祷文，不仅为永远拯救他们自己而且还为永远拯救他们为其专程前来的当地百姓而向主祷告。当他们按照国王的吩咐坐下，向国王和他的所有在场的家人宣讲生命的福音时，国王回答说："你们所讲的话和所作的许诺十分美好。可是，因为它是陌生的和尚未确知的，我不能鲁莽地表示接受而抛弃长期以来我和所有英吉利人一直遵循的规矩和习惯。但是因为你们千里迢迢来到这里，而且还因为我似乎觉察得出你们渴望把自己认为是正确、真实和美好的知识传授给我们，所以我们不惹你们的麻烦。相反，我们将很有礼貌地接待你们，并仔细地给你们提供生活必需品。同时，我们也不阻挠你们通过传道为你们的宗教信仰赢得尽可能多的信徒。"就这样，国王让他们住到他领土上的首都坎特伯雷城的一所住宅里，而且正像他许诺过的那样向他们提供了临时的生活必需品，还允许他们传教。此外，人们还传说，当他们捧着神圣的十字架和全能的王我主耶稣基督的画像——这是他们当时的做法——走进这座城市时，他们同声唱着下面的连祷文："主啊！我们祈求您开恩，让您的愤慨和怒气从这座城市和您的圣所消除，因为我们有罪[1]。哈利路亚。"

---

① 丹尼尔，9、16，一首祈祷日应答轮唱的赞美诗，在悲伤时刻列队行进时唱的祈求词。

第二十六章

上述的住在肯特的奥古斯丁像早期教会那样传教和生活，并在王都接受了主教的职务

然而，一进入住所后，他们就开始依照早期教会的使徒生活，就是说，他们不断地祈祷，守晨更和斋戒，向尽可能多的人宣讲生命的福音；他们鄙视今世的所有物品，视之为身外之物，从他们所教诲的人那里只接受必要的用品。他们生活的各个方面都与他们教诲别人的道理相一致。他们还具有为了捍卫自己所传播的真理而随时准备经受一切磨难甚至牺牲的精神。长话短说。一些人相信了，并接受了洗礼，他们惊叹这些人简朴单纯的生活和美好的天国之道。在坎特伯雷城的东边有一座离城很近，在罗马人还居住在不列颠的古时候所建造的纪念圣马丁的教堂，王后（如前所述，她是一名基督徒）通常就是在这个地方祷告的。他们起先也因此聚集在这个教堂里唱诗，祷告，望弥撒、布道和举行洗礼仪式。直到后来，在国王也皈依了基督教时，他们才被允许更加自由地在他们愿意的地方进行传教和在各地新建或修缮旧教堂。

不过，在国王和其他一些人由于高兴地看到这些圣洁的人过着纯朴的生活，又由于高兴地看到他们美好的诺言变成了现实（也是通过展现出许多神迹来证明），因此信了基督教，接受了洗礼的时候，越来越多的人就竞相来听福音。他们放弃了他们的同胞的礼仪，信了天主，从而把他们和神圣的基督教会联为一体。据说，虽

然国王对他们的皈依和信仰感到非常高兴，但是他并没有强迫任何人成为基督徒，而只是对这些与他同是天国臣民的基督徒们表现得更加慈爱。这是因为，拯救他的导师和书籍告诉他，事奉基督应该出于志愿而不能强迫。他很快地在他的都城坎特伯雷让出一个同这些导师的身份相匹配的处所[①]，请他们居住，同时为了保养这个地方还送给他们各种各样的物品。

第二十七章

奥古斯丁担任主教后，向教皇格雷戈里禀报了他在不列颠的作为并收到了格雷戈里就他所提出的一些紧要问题所作的答复

在此期间，属主的人奥古斯丁来到了阿尔勒。该市的大主教埃塞里乌斯[②]根据他们所收到的神圣的教皇格雷戈里的命令，任命他为英吉利大主教。回到不列颠后，奥古斯丁立即派出神父劳伦斯和修士彼得到罗马去，向神圣的教皇格雷戈里禀报英吉利人如何接受了基督教和他如何被任命为他们主教的事。同时，他们还要求教皇就一些疑虑作出指点，而这些指点，对奥古斯丁来说，是很有必要知道的。很快[③]，他就收到了对他问题的适当答复。我们认为，把这些问题和答复放进这部《历史》中是有好处的。

---

① 他自己的宫殿。布赖特，第53页。

② 阿尔勒大主教的名字是弗吉里乌斯，上集第105页。

③ 601年6月22日。

（一）

肯特教会主教神圣的奥古斯丁的问题："主教在他的教士中应该怎样以身作则？从信徒们献给圣坛的礼品中应拿出多少来分发？主教在教会中的职责是什么？"

罗马教皇格雷戈里的答复："我相信您通晓《圣经》，特别是其中神圣的保罗给提摩太的书信已经作了回答。保罗在信中曾详细地告诉提摩太在教堂中应该熟悉哪些事情。宗座的做法，是向新任主教颁布如下命令：所有的供品必须分成四份，一份给主教及其家庭用以招待宾客，一份给教士，一份给穷人，最后一份留着修缮教堂用。但是，鉴于在会规约束下长大的兄弟您，在英吉利教会（该教会由于神的指点新近刚被引导到基督教中）中，万不能以您的治理教会的身份，同您的教士分开住，所以，您必须遵循教会初诞生时我们的教父们所奉行的生活方式——他们中间没有人把他们拥有的任何东西称为己有：一切财产都属公有。

"如果教士中没有领受神品的人不能自我克制，那么他就应该去娶妻，去领取允许发给未受神品的教士的俸禄。这是因为，同样的，我们知道有记载表明，上述的我们的教父是照各人所需用的分给各人[①]。您也应该设法发给他们俸禄，保证让他们遵守教规，过诚实的生活，勤勉地唱赞美歌，而且在天主的帮助下，让他们的心、口和身体免受一切不正当东西的侵害。至于那些过着普通生活的人，又何必由我来讲应该给出几份礼品，如何周到地接待宾客及如何施舍呢？因为有命令说，一切剩余的东西都应该用于神圣和虔

① 《使徒行传》第4章第35节。

诚的事业。根据主即万物之主的教导[1]，‘只要把里面的施舍给人，凡物于你们就都洁净了。’”

（二）

奥古斯丁的问题：“既然只有一个信仰，为什么不同的教会会有不同的习惯？为什么神圣的罗马教会遵从一种弥撒习惯，而法兰西[2]教会却依另一种习惯呢？”

教皇格雷戈里的答复：“兄弟您了解罗马教会的习惯，您记得您是在罗马教会习俗的教育下长大的。但是，如果您在罗马教会或法兰西教会或其他任何教会中发现了更受全能的天主欢迎的东西，经过热心和最佳的选择后把您从许多教会中搜集来的东西在目前刚刚接受基督的英吉利教会中传播，那么我是很高兴的。这是因为对某些事物的爱不是由于它们来自某个地方，相反地，是由于喜爱某一个地方的美好事物所以才喜爱那个地方。因此请您在每一个教会中挑选出神圣的、虔诚的和正确的东西，然后在它们似乎积累成一束的时候，把它们供应给他们，使英吉利人的灵魂习惯于这些东西。”

（三）

奥古斯丁的问题：“请告诉我，如果有人偷窃了教会中的东西，该怎么处罚他？”

格雷戈里的答复：“关于这一点，兄弟您可以根据偷盗人的具体情况，考虑采取哪一种处罚办法对他改邪归正有利，因为有些

① 《路加福音》第 11 章第 41 节。

② 按拉丁文本应译作“高卢”，全书的“法兰西”均应为“高卢”。——译者

人不乏生计却行窃，而另一些人则是迫于生计而犯罪。因此，一些人应受罚金，另一些人则要挨鞭笞；对有些人处罚要重一些，对另一些人处罚要轻一些。重一些处罚人要出自博爱，而不是愤恨，原因是惩处一个受罚的人是为了使他免受地狱之火的折磨：我们对信徒的处罚必须像一个好父亲处罚自己亲生儿子那样。一个好父亲虽然用鞭子抽打犯有过失的儿子，但是他的目的在于使受他鞭打的儿子成为自己的继承人；一个好父亲正是为那自己似乎正在愤怒地抽打着的儿子而保存家产的。因此，须把博爱牢记心上。出于博爱，您必须记住，处罚要有一定准绳，头脑不能过分发热而打破理智的界限。同时，您还应该告诉他们怎样让偷盗者赔偿从教会里偷盗来的那些物品。不过，神禁止教会在讨回似乎失去的尘世的东西时从中谋利，也禁止教会出于虚荣而贪恋钱财。”

（四）

奥古斯丁的问题：“两个亲兄弟能不能与两个远亲的姐妹结婚？”

格雷戈里的答复：“这是完全合法的，因为《圣经》中似乎没有一处与此相悖。”

（五）

奥古斯丁的问题：“一个信徒必须跟相隔几代的亲属才能通婚？跟继母或者跟兄弟的妻子结婚是否合法？”

格雷戈里的答复：“罗马帝国的一个世俗法律[①]允许兄妹或姐

① 阿尔卡迪乌斯和荷诺里乌斯时期，公元405年。

弟以及两个亲兄弟或亲姐妹的子女[①]结成配偶。但是,经验证明,这样的结合是不会培育后代的。神的律法禁止任何人暴露自己骨肉之亲的下体[②]。因此信徒在三代或四代之内不能通婚,因为,如上所述,第二代人之间无论如何应该避免通婚,不过跟继母结婚是严重的罪过,因为《律法书》上还说:'你不能露你父亲的下体[③]',怎么说呢?这是由于儿子不能露父亲的下体。然而,由于书上写道:'他们也成为一体',因此,如果一个人胆敢露了与他父亲成为一体的继母的下体,那么他也就真正露了他父亲的下体。与兄弟的妻子结婚也是被禁止的,因为她第一次结婚使她与他的兄弟成为一体。施洗者约翰正是为此而被斩首[④],成为殉道圣徒。尽管没有人叫他不信基督,但是由于他信仰基督,因此他必须牺牲。但在这一点上,我主耶稣基督说:'我是真理;既然约翰为真理而死,他当然也是为基督而流血。

"但是,由于许多英吉利人据说还是异教徒的时候已经这样不体面地结了婚,因此当他们信奉基督教时必须劝诫他们自制并把这种婚姻看成一种地地道道的严重罪过。要教导他们敬畏天主那可怕的最后审判,以免由于肉欲冲动而陷入永受折磨的危险之中。但是也不能因此就不让他们领受主的圣体和血,免得让人觉得他们只是因为无知,在接受洗礼之前结了婚而受到您的惩罚。这是因为,在目前这个时候,神圣的教会确严厉惩罚一些罪过,容忍一

① 《创世记》第 9 章第 23 节。

② 《利未记》第 18 章第 7 节。

③ 《创世记》第 2 章第 24 节。

④ 约翰因犹太王希律·安提·帕娶其弟媳妇为妻往谏被捕入狱,后被斩首。——译者

些较轻微的罪过而对另一些罪过则采取故意视而不见的态度。的确,教会对一些自己所不喜欢的邪恶行为采取了容忍和故意视而不见的态度而没有采取进一步行动。但是必须警告所有信奉基督教的人,不能做任何这样的事情。如果有人做了,就必须禁止他领受主的圣体和血。这是由于,对那些因无知而犯罪的人可以采取某些容忍态度,而对明知故犯的人却要严厉处罚。"

(六)

奥古斯丁的问题:"如果主教们由于相距太远而不易聚集到一起,那么能不能在没有其他主教在场的情况下任命一个主教呢?"

格雷戈里的答复:"确实,在英吉利教会中,由于到目前为止只有您才是主教,所以您只得在没有其他主教出席的情况下任命主教,因为让法兰西的主教到您那儿作为证人出席任命主教的仪式实在是太花时间了。但是,我们意欲兄弟您委任其他主教,不过必须使他们之间的距离越近越好,目的是在任命新主教时,不缺乏其他主教而他们又可以方便地来参加祝圣仪式:他们的在场恰恰是十分必要的。当在神的帮助下,我们在每隔不太远的地方各任命一个主教后,不能在没有三个或四个主教在场的情况下再任命一个主教:我们甚至可以举出世俗的例子来说明应该怎样富有远见地、明智地处理各种属灵的事务:显然,在世上隆重地庆祝婚礼的时候,所有结过婚的人都可以来参加,这样他们就可以分享后结婚的人的喜乐,既然这样,在这种宗教的任命仪式中(通过这一仪式,一个人因受圣职而与神相通),先被任命为主教的人为什么就不能同样地聚集在一块,为晋升的新主教而高兴或者共同为他今后遵循

自己的职责而向全能的天主祈祷呢？”

（七）

奥古斯丁的问题，“我们应该如何处理与法兰西及不列颠各教省的主教之间的关系呢？”

格雷戈里的答复：“我未曾授权您支配法兰西的主教，因为阿尔勒的主教在很久以前就从我的前任那里接受了他的披肩[1]，我们绝不能剥夺他已经获得的权力。因此兄弟您如果碰巧到法兰西去，您应该和阿尔勒的主教共同探讨如何纠正主教中出现的过错。万一他不能坚定地执行教规，兄弟您必须说服和催促他。我也已经写信告诉他，当阁下您在他那里时，他自己也要随时心中有所准备，要去帮助约束主教们的行事方法，使他们在任何方面都不违背我们造物主的命令。但是，您本人不得超越您自己的权限去判断法兰西的主教们。您必须规劝他们，有礼貌地请求他们，以自己的善行美德为他们树立榜样，这样去改造他们，使他们去掉邪念从而追求神圣的目标。为什么呢？因为《法律书》里是这样写的：‘一个人，过另一个人的田里，不可用镰刀割取禾稼，只能用手搓穗，然后吃下’：您不能用镰刀——您的判语割下那些看来由别人负责管理的麦子，您只能用自己对善行美德的爱，搓去主的麦子中那些罪恶的麸壳，然后用规劝和请求的办法让他们皈依到教会的体内，就像一个人把肉吃到自己的肚子里一样。但是，凡是需要施行权柄的地方，都应和上述的阿尔勒主教配合着办，以免忽视了

① 源于希腊式衣袍，后来成为荣耀和恩宠的一般标志。披肩起先由皇帝赐予，后来由教皇以皇帝的名义赐给某些卓越的主教，它的式样因时而异。

我们前辈的古代教会所订立的法规。不过至于所有的不列颠的主教[1]，我授权兄弟您管理他们：教导无知者，鼓励胆小懦弱者使之坚强，以权势纠正刚愎自用者使之悔改。”

（八）

奥古斯丁的问题：“怀孕的妇女能否应该接受洗礼？一个女人生孩子后要等多久才能进入教堂？为免夭折，出生后的婴儿要过几天才能接受神圣的洗礼仪式？女人生孩子后要等多久才能同丈夫再行房事？女人月经来临时能否进入教堂或领受圣体？丈夫和妻子行过房事后不用水洗净身体能否进入教堂或领受圣体的奥秘？所有这些，都需要告知无知的英吉利人。”

拉雷戈里的答复：“我相信人们已经就这些问题询问过兄弟您，而我也相信我曾使您对之作出回答。尽管这样，我想，您在这些问题上的看法和判断还是可以从我的以下答复中得到肯定。譬如，既然生儿育女在全能的天主看来不算过错，那么为什么怀孕的女人不能接受洗礼呢？我们的第一代祖先由于在伊甸园里犯了罪，经天主的公正审判后失去了原先得到的永生权利：全能的天主并不因此就把犯了罪的人类整个地摧毁：由于他的罪过，天主取消了人类永生的恩典，但出于怜悯和仁慈，神仍给人类留下了繁衍后代的能力。既然人性中保留了全能的天主所赐予的这份礼物，那么为什么人就不能接受神圣的洗礼的恩惠呢？因为在那个奥秘中，任何过错都被抹去，所以，认为这一礼物似乎能与那个恩惠相抵触的想法是大错特错的。

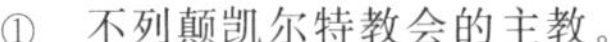

① 不列颠凯尔特教会的主教。

“还有，从《旧约》的诫命中[1]您已经知道，女人生孩子后要等多少天才能进入教堂——如果她生的是男孩，必须克制三十三天；如果是女孩则必须克制六十六天。然而您必须知道，这一点只能用隐晦的方式提出来：如果她在进入教堂感恩时生产的，她就没有任何罪过。该受谴责的是肉体的快感而不是肉体的痛苦。然而，快感是在进行房事时得到的，而生育时只能得到痛苦。正因为如此，第一个母亲本人听到的是下面的这一句话[2]，‘你生产儿女必多受苦楚’。既然这样，如果我们禁止刚生育不久的女人进入教堂，我们就把对她的惩罚看成是她的罪过了。

“此外，绝不能禁止处于生命危险中的产后妇女和出生不久的婴孩接受洗礼，也不能禁止处于生命危险中的正在生产的产妇和刚落地的婴孩接受洗礼。这是因为，这一神圣的奥秘的恩典应该毫不拖延地赐予那些濒临死亡的人正如它应该小心谨慎地赐予那些活着的有辨识能力的人一样，以免由于短暂的拖延使得需要救赎的一方在我们还没来得及举行赎罪的奥秘仪式时就无力再生存下去。

“再者，丈夫在孩子断奶之前同妻子不能有房事行为。然而，现在在已婚夫妇中却出现了一种腐败的习惯，即做母亲的不屑于照料自己亲生的孩子而把他们托付给其他女人抚养，这显然像是没有自制力的表现：她们所以拒绝给自己的孩子喂奶，因为她们不愿克制与丈夫的房事。因此，那些出于腐败的习俗而把孩子交给别人照料的妻子在洁净之前不能与其丈夫同床。因为同样的，即便没有生孩子的借口，来经时的妇女也不能与其丈夫同床，所以根

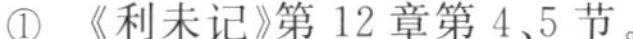

① 《利未记》第 12 章第 4、5 节。

② 《创世记》第 3 章第 16 节。

据神圣的《律法书》[1]，一个男人如果在这种情况下与一个女人行房事就要被处死。但是，不能禁止来月经时的妇女进教堂：因为不能把这种自然的盈余归罪于她们本身。由于因为这种盈余她们不得不受苦，所以没有理由禁止她们上教堂：我们知道，一个患血漏的女人谦卑地来到主的背后，摸他的衣裳䍁子，她的病就立即痊愈。既然患血漏的妇女可以大胆地摸主的衣裳，那么，为什么要禁止来月经时的妇女进教堂呢？不过，您会说：'那个女人是因患病而被迫求医的，而我们所谈论的女人患的却是一种习惯性的毛病。'但是，我亲爱的兄弟，您自己想一想吧，由于本性的软弱，我们这个必死的肉体受了各种痛苦，这些痛苦都是人犯了罪时经过神的公正审判后落在我们头上的，就如由于本性的软弱，我们会饥渴、冷热和疲劳一样。饥时进食，渴时饮水，热时纳凉，冷时穿衣，累时休息，这与求医治痛有什么两样呢？对妇女来说，每月行经正是一种痛苦。因此，既然允许患病的妇女大胆地摸主的衣裳，那么，为什么不能允许所有由于天性虚弱而患病的女人做同样的事情呢？

"而且，不能禁止她们在那些日子里领受圣体的奥秘。然而，如果有人出于极度虔敬而不敢领受的话，她应该得到赞扬；但是如果她愿意领受也不能加以指责。这是由于，在没有罪过的时候，认识到某种罪过之处是一种高尚的品质，因为很经常，没有过错的事却源于罪过：所以，我们在饥饿时进食不算过错，但我们的饥饿却来源于第一个人的罪过；同样，行经不是妇女的过错，因为它是自然而然地来到她身上的。但是，由于我们的本性是如此腐败，即

[1] 《利未记》第20章第18节。

使我们不愿意，它看起来却依然受玷污，所以，腐败来自罪过。这样，通过神的最后审判，人性本身可能认识到自己变到何等地步。那些有意犯罪的人，非得承受谴责不可。因此，进一步说，在这一点上，还是让妇女自己来考虑考虑吧！假定在来月经时，她们温和地拒绝参加领取主的圣体和血的仪式，她们应因考虑周全而受赞扬。然而，如果她们出于自己的宗教生活习惯①，通过接受圣体和血表达自己对这种奥秘的高度热爱，那么，正如我们所说过的那样，就不能禁止她们。

"由于《旧约》中对外在的事功是重视的，所以在《新约》中就不像对待内在思想那样狭窄而仔细地对待外在的事功，这就使得人们有可能进行严正的处罚。因为，虽然《律法书》中禁止人们食用许多不洁净的东西，但是在福音书中主却说②：'入口的不能污秽人，出口的乃能污秽人。'为了解释这句话，他接着又说：'从心里发出来的，有恶念。'③此话再清楚不过地表明了全能的天主告诉人们，不轨行为乃是来源于心底的邪念，因此，使徒保罗也说④：'在洁净的人，凡物都洁净。在污秽不信的人，什么都不洁净。'接着，在说明污秽的原因之后，他补充说：'连心地和天良也都污秽了。'如果食物对于心地洁净的人不算污秽的话，为什么却把心地纯洁的女人所受的那个天生的痛苦归咎于她们的不洁净呢？

"至于同自己的妻子睡过觉的男人，除非他用水洗净身体不能进教堂。但是，即使洗净了他也不能立即进教堂。此外，《律法书》

① 也许指修女。
② 《新约·马太福音》第15章第11节。
③ 同上，第15章第19节。
④ 《新约·提多书》第1章第15节。

对旧时的人们规定，同女人有过房事的男人应该用水洗净身体，他在太阳落山前不能进教堂。不过这一说法可以从精神上来理解：男人同女人行房事时，心在充满不法的肉欲中享受欢愉；当他的欲火尚未压制下来，仍然沉迷于不法的邪念之中时，他不能以为自己配得上与兄弟相处一起。虽然在这一点上不同的国家有不同的看法，一些国家遵从一种习惯而另一些国家遵从另一种习惯，但是罗马人总是沿袭古老的习俗：男人在同自己的妻子同过床后，在浴盆中洗净身体，而且出于虔敬不立即进入教堂。

"我们这样说并不是因为我们认为结婚是一种罪过，但是由于男人与女人的合法相处不能避免肉体上的快感，所以他们必须回避圣洁的地方，因为肉体上的快感无论怎么说都不可能是没有过错的。那些婚生而不是私生的人说：'我是在罪孽里生的，在我母亲怀胎的时候，就有了罪。'认识到自己是在罪孽里生的那个人，痛苦地记起了自己罪恶的出生，因为树枝上腐烂的液汁来自树根。在上面那句话里，他并没有把男女的结合说成是罪过，而只是把结合时产生的快感肯定为罪过。这样说是因为，有许多事情虽然被认可是合法和允许的，但是我们在做这些事的时候却多少被玷污了，就像在许多时候，我们愤怒地惩罚了他人的过错，而我们内心的宁静却也被扰乱了一样。虽然我们做得一点不错，但是做的时候失去了冷静便不对了。他被罪犯的恶行所激怒，他这样说[①]：'我的眼睛因怒火而昏花。'由于只有冷静的头脑才能进行周密的思考，他因此悲痛地看到他的眼睛被怒火蒙蔽了——当他向下处罚罪犯时，自己却在苦恼中顾不得思考上天的事情。因此，对犯罪感到愤

① 《诗篇》第 6 篇第 7 节。

概是值得称赞的，但这种愤慨毕竟是可悲的，而由于这种可悲感的困扰，他意识到他自己正犯着某种罪恶。

“由此看来，肉体结合的正确目的在于传宗接代，而不是欢愉，男女之间的肉体结合是为了生男育女，绝不是为了满足肉欲。不过，如果一个人只是‘使用’了自己的妻子（不被邪念控制，只是为了生育），那么要不要进教堂，要不要领受主的圣体和血的奥秘应由他自己作出决定。因为，对于像他这样放到火中而不被烧毁的人，我们是不能拒绝的。但是，如果肉体结合不是主要受生育的愿望支配，而是受享乐支配的话，那么他们两人都有理由为这种结合感到悲伤。这是因为，虽然神圣的教义允许这种结合，但并没有允许他们的心免受恐惧的折磨：当使徒保罗讲到‘倘若（他）自己禁止不住，就可以娶妻’[①]时，他又立即谨慎地补充道：‘我说这话，原是准你们的，不是命你们的。’[②]凡是合法的事情，本无所谓准与不准，因为它是对的。由此可见，他在那里用了‘准’这个字眼，来说明它是错误的。

“此外，还要认真地考虑到，当主打算在西奈山对人们讲道时，他首先命令他们避开女人。如果身体的洁净是如此必要，甚至主通过一个属他的受造物向人们讲道时，听他宣讲神的话的男人需要避开女人，那么接受全能的主的体的女人又该怎样加倍地注意保持自身的洁净，才能免得她们在无价的奥秘之中被其庄严所损伤！关于这一点，那位祭司[③]跟大卫谈到他的仆人时也说，如果他

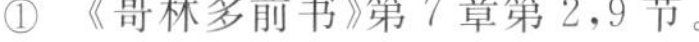

① 《哥林多前书》第7章第2,9节。

② 《哥林多前书》第7章第6节。

③ 《撒母耳记上》第21章第4节。

们没有亲近妇人，他们就可以吃祭神用的无酵饼，而且只有等到大卫说他们没有亲近妇人之后，他们才得接受无酵饼。再者，与妻子行过房事的男人用水洗净了身体也可以根据前面所讲的，进入教堂。”

（九）

奥古斯丁的问题：“一个男人在梦中出现了惯常出现的那种幻觉后，能不能接受圣体？如果他是神父，能不能主领神圣的奥秘仪式呢？”

格雷戈里的答复：“正如我们在前一条答复中说过的那样，《旧约》中确实说，这样的人已经污秽了，必须在用水洗净身体并等太阳落山后才能进教堂。然而，属灵的人从另一个角度看这个问题，他们会照我们上述的那种看法来理解：表面上他是受了梦幻的欺骗，而实际上他是受邪念的引诱，被他思想中真实的想象玷污了。不过，他应该用水洁净，使得自己能够用泪水洗去思想中的污秽：除非他的欲火消失，否则在夜晚来临之前他应当认为自己好像是有罪的。不过，产生这同一种幻觉的原因很不相同：一个人必须认真检查出于什么原因在他睡觉时这种事情进入他的心中，因为有时它是由于饮食过度，有时是由于盈余或身体虚弱，有时则是由于灵魂。

“确实，如果是由于盈余或身体毛病而导致幻觉，这是不可怕的——因无意而受苦的心比有过错的心更值得同情，但是，如果一个人由于过分贪吃而导致液囊过分受压，那么他的心就不算是清白无过错的，只是这种过错还不至于大得使他不能接受神圣的奥秘或者不能举行神圣的弥撒:在可能碰巧出于神圣日子的需要或集会中不得不举行奥秘仪式时应该是这样,因为其时没有其他神父可以替代——即使有其他人可以替代他主持仪式,但由于暴食而引起那种幻觉还不足以迫使一个人要克制自己不去领受神圣的奥秘。但是我认为,他应该温和地约束自己不去领受神圣的奥秘的圣体,虽然他还可以领受(除非他睡觉时心中被污秽的幻念扰乱)。这是因为,有些人即使在他睡觉时产生梦幻,他的心多半还没受到污秽幻念的玷污。在这种情形中,有一件事十分明显,即他的心是有罪的,甚至根据他本人的判断,他的心仍然是不洁的(虽然他记不住睡觉时他所见的情景,但是醒来时他记起了由于贪吃而犯的罪)。然而,如果一个人睡觉时的梦幻确起源于他醒时的邪念,那么他的心便会清清楚楚地意识到他在犯罪,因为他确确实实地明白他的污秽的根源——他自觉思想中的邪念不知不觉地得到了体现。

“但是,我们必须考虑这一思想究竟是源于引诱,还是源于享乐,或者更严重些,源于罪恶的认可。这三种原因造成了各种各样的罪恶。这是因为,引诱源于魔鬼,享乐源于肉体,而认可则源于灵魂:这样说还同时由于蛇引起第一次犯罪,而夏娃好比是肉体,以此为快乐,亚当犹如灵魂默许。这里要十分小心的是,作为自己的审判官的心要区分引诱和享乐,享乐和默许。因为当魔鬼引诱心犯罪时,如果接着没有罪恶中的享乐,那么就没有犯什么罪过。然而,一旦肉体开始在其中享乐,罪恶就开始增长。如果他进而有意地表示默许,那就完全陷入罪恶之中了。

“因此,罪恶在引诱中开始,在享乐中增长,在认可中完成。而且会不时出现下列情况：魔鬼在思想中播下了邪念，肉体也开始享乐，但是灵魂却抵制这种享乐。虽然没有心，肉体就无法享受，但是奋力抵制肉体快感的心却不依自己的意志为转移地多少陷入肉体的享乐之中。这样，心出于理智而竭力抵制肉体的快感，以免不能自制，但是由于被快感所牵制，它为自己陷入罗网而极度悲哀。因此，天国军队中的主将圣保罗哀叹：[①]'我觉得肢体中另有个律，和我心中的律交战，把我掳去叫我附从那肢体中犯罪的律。'他如果是一个俘虏就丝毫也不会反抗；然而他确确实实进行了反抗。他既是俘虏又因此确实在反抗——用他心中的律反抗肢体中的律。但是，既然他在反抗，他就不是俘虏，瞧吧！我可以说，人既是俘虏，又有自由。自由来自他所热爱的公义，不自由来自违反意志的享乐。"

第二十八章

教皇格雷戈里写信给阿尔勒主教，要他在神的事业上协助奥古斯丁

以上是神圣的教皇格雷戈里写给最可敬的主教奥古斯丁的答复。他提到的写给阿尔勒主教的信件实际上送到了埃塞里乌斯的后任弗吉里乌斯的手里。这封信是这样写的：

"天主的众仆之仆格雷戈里致最可敬最神圣的兄弟，主教同仁弗吉里乌斯

① 《罗马书》第7章第23节。

我们应以多大的热情款待志愿来见我们的兄弟们，关于这一点，是很清楚的。这是因为，我们经常出于博爱把他们引进自己的家门。因此，如果我们的共同兄弟、主教奥古斯丁来见您，我希望亲爱的您衷心热情地款待他，使他从疲劳中恢复过来，感到舒适，同时也使其他人认识到应该怎样保持兄弟式的博爱。由于来自远方的人往往反而会较早地听到一些有待纠正的过错，因此，如果兄弟您从他那里打听到您的神父们或其他人有什么过错的话，您应该和他一道明审细察。对于冒犯和触怒天主的事，为了更好地惩罚其他人，为了使无辜的人不受陷害，您要仔细认真，不留情面，务必使犯罪的人得到处罚，天主保佑您，最可敬的兄弟！

“于 6 月 22 日；我们最虔诚的奥古斯都，莫里斯·泰比里厄斯陛下十九年；他任执政官的第十八年；第四个小纪。”

第二十九章

教皇格雷戈里给奥古斯丁送去一件披肩和一封信，还派去了更多的传播福音的人员

此外，上述教皇由于从奥古斯丁那里得知要收的庄稼确实很多而做工的人[①]少的消息，就给他派去除前面提到过的使者[②]外的更多的传播福音的助手和人员，其中的首要人物有梅里图斯、贾斯图斯、波莱纳斯和拉芬尼安努斯。通过这些人，格雷戈里给他送去

① 《路加福音》第 10 章第 2 节。

② 劳伦斯和彼得。

了教堂装饰和礼拜仪式所需要的一般物品，如除了许多书籍外，还有圣体杯，祭台布、教堂装饰物品，神父或教士的服装以及圣徒及殉道者的遗物。他还送去一封信，告诉奥古斯丁，他送给他一件披肩、同时还告诉他在不列颠任命主教时必须遵从的规则。这封信的内容如下：

“天主的众仆之仆格雷戈里致最可敬最神圣的兄弟，主教同仁奥古斯丁

“虽然可以确信，为全能的天主的事业而劳苦的人最终会在永恒的王国里得到不可言喻的奖赏，但是我还必须给他们显示荣耀和宠爱，使他们由于得到奖赏而更加热忱更加刻苦地推进属灵的事业。蒙主的仁慈和你的不懈努力，英吉利新教会已经被引领到全能的天主的恩惠之中，因此，我授权您使用这件披肩（只能在诸如举行神圣的弥撒仪式时穿戴），目的是使您能任命受您管辖的十二位主教，每地一人，但是，伦敦城的主教将来总是必须由他自己的会议祝圣，并从神圣的罗马教会中获得一件荣耀的披肩——由天主授权，我现在正在为该教会服务。而且，我意欲您派一名您认为值得指派的主教到约克城去[①]，唯一的前提是，在该城及其附近的乡村接受了《圣经》的情况下他必须被授权再任命十二名主教，并由他享受大主教的荣耀。这是因为，我打算在天主的帮助下也送给他一件披肩（如果我活得够长的话）。但是，尽管如此，我仍然要他受兄弟您的管辖。不过在您归天后，他就可以监管自己任命的主教而绝不受制于伦敦主教。但是，将来伦敦城和约克城的主教之间有如下一点不同：他们中谁较早被授以主教职，谁的职权就较

① 波莱纳斯直到公元625年才被正式授予圣职。

大。此外,凡出于对基督热心而做的任何事情,他们都必须互相协商,统一步调地一心做好。他们两人凡事要正确思考,正确思考过的事情要同心协力地做好。我还希望天主,我主耶稣基督授权兄弟您不仅管辖您自己将任命的主教或仅仅由约克城主教任命的那些主教,而且还可以管辖不列颠的所有神父,目的是,通过阁下您的生活和生活方式,他们可能接受一种信奉正道,过善美生活的楷模。并且当他们在廉正的信仰和行为中举行过圣事后,在主愿意之时,他们可以进入天国。天主保佑您,最可敬的兄弟。

"于 6 月 22 日;我们最虔诚的奥古斯都莫里斯·泰比里厄斯陛下十九年;他任执政官的第十八年;第四个小纪"。

第 三 十 章

格雷戈里写给前往不列颠的院长梅里图斯的一封信件的抄本

在上述使者已经踏上前往国外的旅途的时候,神圣的教父格雷戈里给他们送去了一封值得纪念的信。他在信里坦率地说明了他如何热情地关注我们国家的拯救。他写道:

"天主的众仆之仆格雷戈里致亲爱的孩子、梅里图斯院长

"在您和您的随从[①]离开之后,我一直十分挂念,因为我恰恰还未听到过有关你们在旅途上进展的消息。当全能的天主引领着您见到我最可敬的兄弟奥古斯丁主教后,请告诉他我本人长期以来所考虑的有关英吉利事业的想法:就是说,不应该破坏这个国家

① 这个词可能意味着他们是圣安德鲁修道院里的修士。

里偶像的神庙，而只应该单单砸毁里面的偶像；要制作圣水，把它撒在这些神庙周围；要在其中设台，摆上圣徒的遗物。因为，如果这些神庙建造的质量很高，那么就有必要把它们由崇拜魔鬼的地方改造成供奉真天主的地方。这样，当这个国家的人民看到自己的神庙并没有被摧毁的时候，他们可能会更愿意抛弃自己内心的过错，更愿意为了了解真天主，为了纪念真天主而经常到自己熟悉的地方去。由于他们习惯屠宰大量的牛给魔鬼献祭，所以应该允许以另一些神圣的仪式来代替它。例如，在举行祝圣仪式或者在纪念殉道圣徒诞辰的日子里——这些圣徒的遗物就摆在那里——他们可以用树枝在由神庙改造而来的教堂周围搭起小房屋，举行神圣的宗教式的宴会。这样，杀死的动物不再是献给魔鬼，而是用于恢复自己的精力以便颂扬天主，同时为了自己的富足向万物的施舍者表示感恩：在他们继续享受一些表面上的快乐的时候，他们可能会更容易地被引导去接受内心的快乐。这是因为，由于努力登高靠的是一步一步地向上爬而不是三蹦两跳地往上冲，所以要想把粗俗内心里的所有的恶习一下子铲除掉，毫无疑义是不可能的。正因为如此，主向那些在埃及的以色列子孙们显现了自己，但是他要求他们屠杀牲口向他献祭，从而允许他们继续用献祭仪式（过去他们通常向魔鬼献祭）来崇拜自己。这样做的目的是，在改变信仰之后，那些人将抛弃献祭中的一部分内容而保留另一部分内容。就是说，他们以前奉献牲口现在仍然继续奉献，不过由于现在是奉献给真正的天主而不是偶像，因而现在的献祭已不是从前那种性质的献祭了。我想，这些事情最好还是由亲爱的您告诉我们的兄弟奥古斯丁，以便使得目前在那里的他能够考虑一下如何处理每一件事情。天主保佑您,我亲爱的孩子。

"于 7 月 18 日;我们最虔诚的奥古斯都莫里斯·泰比里厄斯陛下十九年;他任执政官的第十八年;第四个小纪"。

第三十一章

格雷戈里写信给奥古斯丁,告诫他不要为自己所行的神迹而沾沾自喜

差不多与此同时,格雷戈里也就自己所知道的上述的奥古斯丁所行的神迹之事写了一封信给他。在信中,他劝诫奥古斯丁不要为自己所行的许多神迹而陷入自鸣得意的危险之地。信上说:

"我知道,我亲爱的兄弟,使全能的天主欣喜的是,亲爱的您在他意欲挑选的臣民中彰显了大神迹。因此,对这些天主的礼物您务必一则以喜,一则以忧。你必须感到欣喜,因为您通过彰显许多神迹而赢得了英吉利人的内心;但是您也必须敬畏,以免在显现神迹的过程中您的那颗在您狂喜中被抬高了的不坚定的心,在您表面上享有的荣誉升高时却因虚荣而相应地在内里坠落了。我们必须记住,当那些门徒讲道后欢欢喜喜地回家对天主说[1],'主啊,因你的名,就是鬼也服了'这句话的时候,他们立刻听到主说:'不要因鬼服了,你们就欢喜。要因你们的名记录在天上欢喜。'这是由于,当他们为神迹感到欢喜时,他们只是局限于个人的和暂时的欢乐。然而他们从个人的欢喜被召回到共同的欢喜中,从暂时的欢

① 《路加福音》第 10 章第 17、20 节。

喜被召回到永久的欢喜中。对他们这些人所说的是:‘要因你们的名记录在天上欢喜。’这样说是因为,不是天主拣选的所有的人都能行神迹,但是所有这些人的名都记录在天上。为什么呢?真理信徒们所欢喜的事应该是他们和其他所有的人共同欢喜的好事——这种欢喜是永恒的。除此之外,他们不应该为任何事情感到欢喜。这个道理仍然适用,我亲爱的兄弟:在您以天主的力量显现神迹时,您自己应该在内心里反复正确地考虑,准确地了解您自己的地位以及这个国家蒙多少天主的恩惠——为了她(为改变她的信仰)您得到行神迹这一恩赐。如果您记得在哪一个时候您的言语或行为冒犯了我们的造物主,那么您就把它永远地放在您的记忆之中吧。经常反躬自省可以把心中升起的虚荣压制下去。不管您已经接受或即将接受什么样的恩惠以行神迹,您必须想到:这些神迹不是授予您,而是授予那些为得拯救而被托付给您的人们。”

第三十二章

格雷戈里写信、送礼物给国王埃塞尔伯特

与此同时,上述神圣的教皇格雷戈里除了给国王埃塞尔伯特送去一批各式礼物外,还给他寄去一封信,信的大部内容也是给他现世的荣耀以颂扬他:他通过使教皇欣慰的辛勤努力,终于了解到天堂的荣耀。这封信的全文如下:

“主教格雷戈里致尊敬的和最杰出的孩子,英吉利王埃塞尔伯特

“全能的天主召唤所有善人承担起统治他的臣民的责任,以便

通过他们之手把他仁慈的礼物赐给他们统治下的所有臣民。我知道这件事已经发生在因此而委任陛下统治的英吉利:通过给您礼物,上天的祝福可以送至您治下的所有百姓。因此,杰出的孩子啊,您必须辛勤劳动以保持您从天主那儿得到的恩惠;您务必迅速地把基督教传播到您所管辖下的百姓之中;在使他们皈依的过程中,您务必进一步激发您对公义的热情;您务必反对偶像崇拜并摧毁他们的神庙[①];您务必以自己高度纯正的生活,通过规劝、恐吓、安抚、惩戒以及树立德行的榜样的办法来开化您的臣民的生活方式,这样您就会发现,您在人间传播了天主的名,使世人知晓他,天主就会在天上奖赏您:您追求并在各族人民中维护他的荣耀,他也会使您的名字在子孙中变得更为显赫。

"这样说是因为,一度十分虔诚的皇帝君士坦丁,把罗马帝国从堕落的偶像崇拜中召回,然后引领着她与自己一道顺从于全能的天主、我主耶稣基督并且一心一意地和他治下的臣民一道随时围绕着他。因此,君士坦丁的声名高于他以前的任何一代皇帝,他的荣耀超过他的祖先,他的德行也大大胜过他们。正因为如此,陛下您应该赶紧向您管辖下的国家及其国王宣传只有一个天主,即圣父、圣子和圣灵。这样,您的声名和荣耀就会超过您国家的旧时国王,您会比他们多得多地扫除掉您臣民中其他人的罪恶。在可怕的全能的天主的审判面前,您对自己罪恶的恐惧感也会小得多。

"我们最可敬的兄弟、主教奥古斯丁在修道院教规的教育下长大,精通《圣经》。由于天主的恩惠,他被赋予很多美德。不管他劝您做什么事情,您都必须乐意聆听,诚心照办,用心记牢。因为,如果

① 格雷戈里在后来写给梅里图斯的信表明,他在这一点上改变了主意。

您聆听他为了全能的天主所说的话，全能的天主就会更早地听到他为您所作的祈求：假如您对他那些为了天主所说的话置若罔闻（这是天主不许可的），天主又怎能听到他为了您所说的话呢？因此，您必须全心全意地在信仰的热忱中同他紧密联合起来，以天主赐给您的高贵品质帮助他努力工作。这样，——天主自己可以使您成为他的王国中的一员——您使您的王国接受并奉行了他的信仰。

"此外，我要陛下您意识到，（根据全能的主在《圣经》里所教导我们的话）现世的末日近了，永恒的天国就要来了。当现世的末日来临之际，许多前所未闻的迹象很快就会发生：空气的变化，天空中可怕的景象，不合时节的风暴，战争，饥荒，瘟疫以及许多地方的地震。虽然这些迹象并不会全部出现在我们在世的时候，但是我们死后不久它们就会全部发生。所以，如果在您的土地上发生了任何这样的事，请不要惊慌失措，因为这是预先送来的世界末日的迹象，目的是使我们能够更加谨慎地顾及灵魂的健康，在期待死亡时刻中生活并随时准备拿善行迎接我们的判官。我的荣耀的孩子，我就简短地说这么几句话。我还打算在我听到您的王国中基督教更加普及时，打算说得更多一些。在我如此更加愿意表达自己看法的情况下，您的国家的完全皈依将会使我多么深受鼓舞啊！

"此外，我还送给您一些小礼物①。但是当您把它们看作是带有圣徒彼得的祝福的圣物而加以接受时，它们对您就不会显得小了。愿全能的天主一如既往地使他的恩惠完美地体现在您的身上，延长您的寿命，不但在漫长的今生而在很久很久以后最终在天国的聚会里接纳您。愿天主的恩惠保佑陛下平安——我的尊贵的

① ξένια。

孩子！

"于6月22日；我们最虔诚的奥古斯都莫里斯·泰比里厄斯陛下十九年；他任执政官的第十八年；第四个小纪。"

第三十三章

奥古斯丁修缮了我主的教堂，建造了使徒彼得的修道院；该院的第一任院长彼得

然而，奥古斯丁在王都获得了指派给他的主教职务（如前所述）之后，在国王的帮助下，重建了那里的一座据他了解是古时罗马人所建造的教堂。他以神圣的救世主，天主、我主耶稣基督的名义为这个教堂[①]祝了圣，为他本人及其所有继任人造了一所居室。在城市东边离城不远的地方，他还建造了一座修道院[②]。在院里，埃塞尔伯特根据他的指点，修建了纪念使徒彼得和使徒保罗的教堂，并以各式各样的捐赠把它装饰得十分华丽。埋葬在这里的，除肯特的将来历代国王外，还将有奥古斯丁本人及坎特伯雷所有的主教。为这座教堂举行祝圣仪式的不是奥古斯丁本人，而是他的后任劳伦斯。此外，这座修道院的第一任院长是一个名叫彼得的神父。他在出使高卢的路上淹死在一个叫做阿姆弗里特[③]的海湾里，由当地的居民把他草草埋葬了。但是，全能的天主为了让世人知道

① 坎特伯雷的基督教堂。

② 该院后来的名字"圣奥古斯丁修道院"更为世人所知。

③ 今昂布勒特斯（Ambleteuse）。

他是一位多么杰出的人物，每天晚上都让埋葬着他的那块地的上空出现一道亮光。到了后来，附近看见这道亮光的人们因此猜测，埋葬在那里的是某个圣人，于是在弄清楚他的籍贯身份之后便把他的遗体移开，以这样一位杰出人物应有的荣耀把他埋葬在布洛涅城的教堂里[①]。

第三十四章

诺森伯里亚人的国王埃塞尔弗里思在战斗中击败了苏格兰诸部族并把他们赶出英吉利人的边界

大约在这个时期，诺森伯兰的国王是埃塞尔弗里思，他是一位异常勇猛而且一心想沽名钓誉的人。他对不列颠人的摧残比任何一位英吉利国王都更为厉害：除了不懂天主的信仰外，他似乎可以跟一度曾是以色列王的扫罗相比拟，因为没有一个统帅[②]，也没有一个国王所征服的不列颠人的土地能比埃塞尔弗里思所征服的更大（他或把当地人统统赶出家园，或制服他们，或把他们变成附属国，或把盎格鲁人定居在他们的土地上）。当年那位族长在给他那个活像扫罗的儿子祝福时所说的话[③]，可以恰如其分地用在埃塞尔弗里思身上："便雅悯是个撕掠的狼，早晨要吃他所抓的，晚上要分他所夺的。"

---

① 圣玛利亚教堂。

② 在盎格鲁-撒克逊版本里用 ealdormen 一词。

③ 《创世记》第 49 章第 27 节。

因此，当时居住在不列颠的苏格兰人的国王埃丹[①]由于很不愿意眼看着他如此不断地扩张，便组织了一支强大的军队反抗他。但是，在一个意为"德格沙石"(Degsa's stone)的著名地点德格沙斯坦[②](Degsastan)，他几乎全军覆没，只领着一小批人逃命。在这一战役中，埃塞尔弗里思的兄弟西奥德鲍尔德连同他所率领的那部分军队也全部被杀。埃塞尔弗里思结束这场战争的时间是主历603年，也就是他在位二十四年中的第十一年，或是罗马帝国皇帝福卡斯一年。从那时起到现在，在不列颠没有一个苏格兰人的国王[③]敢同英吉利人在战场上较量。

① 苏格兰人(即爱尔兰人)的达尔里阿迪克(Dalriadic)居留地的国王埃丹·麦克加布雷恩(Aedan MacGabrain)。这些苏格兰人于公元500年前后定居于不列颠。参阅第一章。

② 也许是利迪斯河谷(Liddesdale)的道斯顿(Dawston)。

③ 即达尔里阿迪克居留地的苏格兰人。

第二卷

第一章

神圣的教皇格雷戈里去世

这一年，即主历605年，神圣教皇格雷戈里在极光荣地统治了罗马和使徒教会十三年又六个月零十天[①]后离别此世，升到永恒的天国里。关于他，我们在这部《教会史》中应该记述得详细一些。这是因为，由于他的不懈努力，我们的国家即英吉利才摆脱了撒旦魔力，皈依了基督教。我们尽可以而且必须把他称为我们的使徒：他一成为管理全世界的高贵的主教，被任命为早已皈依真理信念的各教会的统治者，就把我们这个一直是偶像的奴隶的国家，变成一个基督教会，因此我们可以合法地把那位使徒说的话[②]用在他的身上：假若在别人他不是使徒，但在我们他是使徒，因为我们在主里正是他做使徒的印证。

格雷戈里是罗马人，父亲叫戈迪安。寻根溯源，他的家系就是些高尚而虔诚的人物。事实上，在基督里和教会中享有崇高荣誉，

① 509至604年。——普卢默

② 《哥林多前书》第9章第2节。

曾一度是教廷主教的费利克斯[①]就是他的祖先。不过，他是以一点也不亚于他的祖先和亲属的高尚的献身精神来保持崇高的信仰的。然而，他却把这种由于天主的恩赐而似乎是先天得来的崇高完全用于换取天国的荣耀：他忽然改变了世俗的生活习惯，进入修道院，在那里，他开始在这样的一种至善尽美中过活，以致在他的心目中（正如他以后经常所哭诉的那样），一切昙花一现的事物都是低微的，他超脱了过眼云烟的万物，心里想的只是天上的事；尽管他有身体的羁绊，可是他已经通过沉思冥想越过了肉体的障碍，他还喜欢死亡（而死亡对几乎所有的人来说，都是一种惩罚），因为死亡对他来说必定是通往生命之门，必定是对他劳动的酬报。他经常说这些有关自己的事情，不是在吹嘘他美德的增长，而是在哀叹他美德的缺乏。他认为，由于担任了神职，他已经随着美德的缺乏而堕落了。简单地说，在一次和他的助祭彼得的私人会谈中，他先是列举了他以往的各种天赋，接着就悲伤地补充说："但是，现在由于担任了神职，我的心里塞满了世上凡人的事务。在身历了一阵绝妙的平静的异境之后，我的心被世俗的尘埃玷污了。在分心处理许多外部事务后，即使要沉思冥想，它也毫无疑问地显得太虚弱了。因此，我反复掂量着：我现在在忍受着什么，我已经损失了什么。当我看到我所损失的东西时，我所忍受的事情就愈显得可悲。"

这就是这位伟大和极其谦逊的圣人所说的话。但是，我们应该相信他并没有因为担任神职而失去一丝一毫修道士的完美品

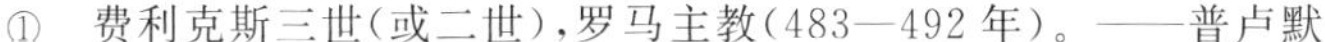

① 费利克斯三世（或二世），罗马主教（483—492 年）。——普卢默

质；恰恰相反，他从使许多人皈依的辛劳中所获得的好处，比从他以往那种个人的宁静生活方式中所获得的好处要多。这主要是因为，他即使在履行神职时，还是仔细地把自己的房子布置得跟修道院一样。起初，他被调离修道院，被任命去祭台供职，接着他又被派往君士坦丁堡担任罗马教廷的代表[1]，但是尽管如此，住在人间王宫里的他所过的生活仍然使他永远不至于放弃天堂生活的目标——为了更好地遵守修道生活方式，他开始在身边随带了一批他原来的修道院里的兄弟（这些人出于兄弟之爱，跟随着他来到了帝国都城）。就是说，正如他自己所记述的那样，这样做的目的是使自己能够永远以他们为榜样，不管世俗事务的无休止冲击在什么时候颠簸他，他都能像船锚的缆索一样固定在平静的祷告的岸边；不管世俗事务在什么时候摇晃他，他都能通过每天与他们之间的相互认真的诵读使自己的心变得更加坚定。因此，有这些人陪伴，他不但免受了世间一切烦恼的进攻，而且在实践天堂生活中越来越受到激励。

这是因为，他们劝告他去讨论神圣的约伯的那本晦涩难懂的书，并对它作比喻式的说明。他不能拒绝承担这项艰巨的任务，这是一项出于兄弟的情爱而赋予他的对许多人都有益处的劳动。相反，在三十五卷评注中，他出色地教导人们如何从文字上理解这本书，这本书是怎样同基督和教会圣事相联系的，在哪一种意义上适用于每个信徒。他在担任驻帝国都城代表时就开始这项写作，一直到成为罗马主教后才完成。还在王都任职期间，他借助于普世真理

① 所谓的 quod α’ποκρίσεις seu responsa principum deferrent，这是一个类似于后来的教皇使节的职务。——普卢默

的恩惠压制了一种刚刚处于萌芽状态的关于我们如何复活的新的异端：该城主教优迪克当时开始宣扬说，在复活的荣光中，我们的身体微妙地既不像风又不像气，因此既不能触摸也不能感知。格雷戈里听到后，立即通过说理并举主的复活为例，说明这种信条跟正宗的信仰水火不相容：罗马天主教认为，由于灵魂的力量，在永生的荣光中上升的身体确实是微妙的。但是出于我们真正的本性，我们的身体是能够被触摸和被感知的。以从死亡中复活过来的主的身体为例，主对自己的门徒说[①]："（你）摸我看看。魂无骨无肉，你们看我是有的。"可敬的教父格雷戈里为维护这一信条不遗余力地反对这种突然出现，刚刚萌芽的异端，在最虔诚的泰比里厄斯·君士坦丁大帝帮助下，他把这一异端如此用心地压制了下去，以致从那时起再没有人企图使它死灰复燃。

他写了另一本杰作《给会众的公开信》。在这一著作中，他清楚地告诉人们应该选择什么样的人来管理教会，管理教会的人应该怎样生活，怎样审慎地开导每一个信徒和怎样认真地每天省察自己的弱点。另外，他还为福音书写了四十篇讲道文章，平分为两册。此外，他写了《司牧训话》四卷。在书中，他应助祭彼得的要求，搜集了在意大利所耳闻目睹的许多著名圣人的善行美德，作为美好生活的榜样供后人仿效：其目的是，正如他在评注书中全面教诲人们应该以什么样的美德进行劳动一样，他可以通过描写圣人的神迹，使人们看到这些美德的卓越之处。而且，由于《以西结书》（以西结是先知）的开头和结尾显得有些隐晦深奥，他就写了二十二篇讲道文章，充分说明其中所蕴涵的真知灼见。我们无需提及

① 《路加福音》第24章第39节。

他就英吉利人的第一位主教，神圣的奥古斯丁所提出的问题而写的那本小小的《答复》[①]——如前所述，我们已经把这本书全部收进这部《历史》里。我们也没有必要提及他与意大利主教们所写的简短的关于解决教会紧要事务十分有益的通信[②]以及他写给各种各样人的日常信件。由于（如他自己所说）他几乎在整个青年时代不时受到腹痛的折磨，时时被胃痛弄得精疲力竭，而且由于不间断的低烧而呼吸困难，所以他写下这么多伟大作品[③]的事实就显得更加不可思议。可是，他在这些痛苦中还细细地琢磨着"鞭打凡所收纳的儿子"这句《圣经》里的话[④]，他越是受到眼前痛苦的折磨，越是被永福的信念所振奋。

我们就说这么一些话来赞扬他的非凡才智，这种才智就是在他身体遭受巨大痛苦时也无法把它压抑——其他的罗马主教们不过致力于建造教堂并用金银把它们装饰一番，而他却完全献身于对灵魂有益的事业。不管他拥有什么，他总要仔细认真地把它们分发给穷人，好让他的公义与世长存，好让他的号角在荣耀中吹扬。这样，他就可以毫不惭愧地说出那位神圣的约伯所说的话[⑤]："耳朵听我的，就称我有福，眼睛看我的，便称赞我。因我拯救哀求的困苦人，和无人帮助的孤儿。将要灭亡的为我祝福。我也使寡妇心中欢乐。我以公义为衣服，以公平为外袍和冠冕。我为瞎子的眼，跛子的脚。我为穷乏人的父。素不认识的人我查明他的案件。

① 参阅第1卷第27章。
② 新任命的教皇写给下属主教的有关会议的书信。
③ 他除了自己著书外，还作为书记员抄录了许多书。
④ 《希伯来书》第12章第6节。
⑤ 《约伯记》第29章第11节。

我打破不义之人的牙床，从他的牙齿中夺了所抢的。”接着还有，[①]“我何时曾拒绝了穷苦人的渴望，或叫寡妇眼中失望，或独自吃我一点食物，而没有与孤儿同吃（从我幼年时天恩与我同长，从我出了母腹就引导我扶助寡妇）”。

除了这些饱含虔诚和公义的作品外，他还派出了传教士，把我们从夙敌的魔爪下营救出来，使我们的国家共享永远的自由。他在《约伯记》的注释里欢呼了，并以相宜的颂辞赞扬了我们的信仰和拯救。他说：“看看不列颠人的舌头吧！过去它们只会粗鲁地咬牙切齿，而现在它们早已会用希伯来语中的‘哈利路亚’来赞颂天主。看看那片海洋吧！过去它曾经怒涛汹涌，而现在却被变得一片宁静，拜倒在圣人们的脚下。看看那些澎湃的江河吧！过去强有力的人间帝王对它们历来无可奈何，而现在它们却出于惧怕天主，神父们一张口，用简单的语言，就把它们制服。虽然过去，大海在英勇拼搏的不信教的一大群人们面前仍然无所畏惧，而现在却在谦恭的信徒开口说话时颤抖折服。这是因为，由于天主知识的至宝通过接受天国福音和所展现出来的奇迹被注入其中，于是出于对同一个神圣的特别人物的惧怕，它不但变得规规矩矩，而且还渴望得到永生的恩惠。”格雷戈里的这些话还说明，神圣的奥古斯丁及其随从不仅通过传播福音，而且通过展现神迹把英吉利人带到真知之中。

在神圣的教皇格雷戈里所做的其他许多事情中，有一件是，他促使了，在圣彼得和圣保罗的教堂里，弥撒仪式对着他们的遗体进行。此外，就在这些弥撒仪式中，他补充了三条至善尽美的祈求：

① 《约伯记》第31章第16节。

“在您的安宁中安排我们的日子；下令使我们免除永罚；下令使我们成为您的选民。”

格雷戈里管理教会之时正是莫里斯和福卡斯大帝当政时代，不过，他在福卡斯登基后的第二年就离别现世去过天堂里的真正生活。他的遗体事实上于3月12日埋葬在圣彼得教堂的法衣室前。过后，他将随带着他的这一身体和神圣教会中的其他教牧人员一道，在荣耀中复活。他的墓碑上写着以下墓志铭：

“收下吧，大地，这具用您的尘土造的身躯，
主终将会把它从沉睡长眠中重新唤起。
他的灵魂已赴天国，死神要残害也无能为力，
殊不知天国通途正将他引向永生不灭之地。
至高无上的教皇，他的遗骸就埋葬在这里，
但他播遍四海的德行将千古流芳，万世铭记。
他曾为饥馑者箪食壶浆，给裸露者穿着衣裳，
他曾用圣言教诲人类以摆脱撒旦的妖孽。
言传身教，锲而不舍，他用毕生传播主的旨意。
恰好为聆听圣言的芸芸众生树立了旗帜。
德行的先驱引导英吉利人皈依基督真理，
从此信奉耶稣基督的大众又平添一股生力。
主的忠实牧人，您日夜辛劳而激情始终如一，
为壮大主的羊群，您呕心沥血，死而后已。
主的执政官，您终于功勋卓著，含笑而去，
但您赢得的声名将与日月同辉，永不消失。”

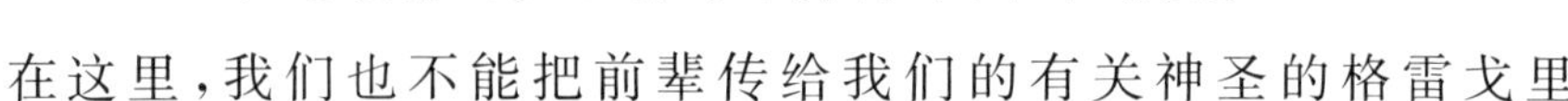

在这里，我们也不能把前辈传给我们的有关神圣的格雷戈里

如何被触动而致力于拯救我国人民的传说湮没在无声无息之中。传说有一天，刚到罗马的许多商人在市场上摆出各种各样的物品出售，不少人围到那里去买。格雷戈里是其中的一位，也到了那里。他看到一些皮肤白皙，长相标致，有着满头漂亮头发的男孩和其他物品摆在一起出售。据说，他注视这些男孩一阵子后问，这些人是从哪个地区或哪个国家被带来的？有人告诉他，这些人来自不列颠岛，那里的居民都是这种外表。他又问，这些人是基督徒呢，或者仍然陷在异教的错误之中？回答说，他们是异教徒。这位善良的格雷戈里于是深深地从心底里叹了一口气，"可悲啊！"他说，"真可悲！黑暗的制造者居然有着如此聪明漂亮的百姓。外表这样美的人却完全缺乏内心美"。他接着又问，他们是什么民族？回答说，他们是盎格鲁人。对此，他说："多好的名字——他们也有着天使般的脸，适合于和天使们一道当天堂里的继承人。[①]从中带来你们这些男孩的那个具体地区叫什么名字？"那些商人回答说，那个地区的人民叫德伊勒人。"妙极了！"他说，"德伊勒[②]，这个名字叫得好！避开了天主的怒火，得到基督的宽恕。那个地方的国王叫什么呢？"回答说，国王的名字是艾拉[③]。格雷戈里于是风趣地把这个名字念成"哈利路亚"[④]，并说，"必须在那些地区宣扬造物主天主。"他见了罗马教会的主教（他自己当时尚未被挑选为

① 英文里"盎格鲁"〔Angles〕和"天使"〔Angels〕音、形皆近，格雷戈里在此玩弄文字游戏。——译者

② Deifyr 或 Deur，或 Deira（拉丁化了的地名）的居民。德伊勒是蒂斯（Tees）或泰恩河以南的北部地区。格雷戈里把 Deira 这个词玩弄成 de ira。

③ 据说在 560 年被承认为王。

④ "艾拉"和"哈利路亚"在原文中分别是"Aella"和"Alleluia"，音、形有所相近，格雷戈里在这里再次玩弄文字游戏。——译者

罗马教会的主教)，请求他向不列颠的英吉利人派一些宣传福音的使者，通过他们，使英吉利人皈依基督。他说，只要教皇允许，他自己随时准备在主的帮助下从事这项事业。尽管他当时无法做这件事(因为即使教皇同意他的请求，罗马的平民也绝不会让他离开城市到那么遥远的地方去)，但后来，他一当上教皇就立即着手从事这项他渴望已久的事业：他确实派去了其他传教士，但他自己却教诲他们，为他们祷告，帮助促使他们的传教事业卓有成效。这些旧时听来的传说，我们认为适合于写进我们的《教会史》中。

第　二　章

奥古斯丁在不列颠人的主教面前展现了神迹，劝告他们维护公教的安宁；不列颠主教们置之不理终遭报应

其间[①]，在国王埃塞尔伯特的帮助下，奥古斯丁把就近的不列颠人地区的主教和神学家召集起来，在维卡斯[②]和西撒克逊交界处至今英语中仍然称为“奥古斯丁奥克”即“奥古斯丁橡树”的地方开了一个会。开始时，他兄弟般地规劝他们与他一道保持公教的安宁，为了主，共同努力地向各族人民传播福音。这是因为，他们不是在正确的时间里守复活节星期日，而是把复活节星期日定在阴历

---

① 在601年收到格雷戈里的《答复》(第1卷第27章)之后。

② 指征服了萨默塞特埃文(Somerest Avon)和阿登的福里斯特(Forest of Arden)之间地区的条顿侵略者。塞文河畔的奥斯特(Aust on the Severn)可能是大会的地点。

十四至二十的这段时间里[1]，这种算法是以八十四年为一轮的。此外，他们还沿用了许多其他有碍于教会统一的做法。在经过长时间的讨论之后，这些人对奥古斯丁及其同伴的规劝，恳求和批评仍然无动于衷，表示不同意奥古斯丁的看法。他们把一致相信基督的世界上其他所有教会置之脑后，宁可喜爱自己的传统。最后，神圣的教父奥古斯丁以下面这段话结束了这场长时间的令人困扰的争论："让我们向使得人们共同一心地住在他们的父的家[2]的天主祈祷，祈求他向我们显示天主的迹象，向我们表明应该遵循哪个传统，应该怎样尽快地走向他的天国之门。请带来一个病人吧！谁的祷告能治好他的病，谁的信条和行动就是被天主认为是神圣的，大家就要遵行。"他的对手们十分勉强地接受了这一挑战。于是，一位双目失明的英吉利人被带了进来。他被交给不列颠的神父，可是他们的办法无济于事。最后，奥古斯丁迫于正义的需要，向灵我主耶稣基督之父跪了下来，祈求他恢复这位盲人失去的视力——这样，通过使一个人的眼睛发亮，他就能点燃许多信徒心中那光的恩惠。只见这个瞎子的眼睛突然亮了起来，于是，所有这些不列颠人都公开表明奥古斯丁是带来天国光明的真正的先驱。他们接着承认，他们明白奥古斯丁给他们宣讲的道理确是公义之道。但是，他们又说，在得到自己人民的同意和允许之前，他们仍然不能放弃旧的风俗习惯，因此他们希望再开一次较为大型的宗教会议。

---

[1] 如果春分后的阴历十四是星期日，不列颠人就在此日守复活节，而罗马人则把它推迟到下一个星期日。不列颠人还仿效犹太人按八十四年为一轮的算法来确定复活节日期，罗马于527年起就不用这一方法而代之以十九年为一轮的算法。复活节满月日的算法依某些表而定，此事的要点在《公祷书》的开头部分谈到。

[2] 《诗篇》第68篇第6节。

决定召开第二次会议后，据说来了七个不列颠主教和为数更多的一批博识的人。这些人专门来自一个在英语中称为班戈纳伯格的声名显赫的修道院[①]，据说当时的该院院长是迪努特。这些准备参加上述会议的人们先去探望了一个曾一度和他们住在一起过隐士生活的圣贤，问他要不要听从奥古斯丁的教导，放弃旧传统。这人回答说："如果他是属上帝的人，那么就听他的。""怎么能证明他是属上帝的人呢？"他们问。那位隐士答道："我主说：'我心里柔和谦卑，你们当负我的轭，学我的样式。'[②]因此，如果这位奥古斯丁柔和谦卑，人们就可以相信他同样负着基督的轭，同时也要你们负同样的轭。但是如果他暴躁[③]高傲，那便清楚地说明他不是属上帝的人，我们也就不必听从他的话。"他们接着又问："我们哪有办法看出这一点呢？""这呀"，他说，"只要他和他的随从先到会场就行了。如果你们接近时他有礼貌地起身站起来，那么便知道他是基督的仆人，你们就要顺从他。但是如果他鄙视你们，当你们进场时，尽管人数虽多他也不屑于站起来，你们也就可以同样鄙视他。"

他们照那位隐士的话办了。碰巧，他们到场时奥古斯丁已在那儿正坐在自己的椅子上。这些人见状，一下子生了气，说他傲气十足，于是决心和奥古斯丁唇枪舌剑，毫不妥协。奥古斯丁说："在许多问题上，你们的所作所为违背了我们的习惯。或者宁可说，违背了普世教会的习惯。但是，尽管这样，如果你们能在这三件事上依

① 弗林特郡的班戈伊斯科德(Bangor Iscoed)。

② 《马太福音》第 11 章第 29 节。

③ 意为"ill-tempered"，即"爱发脾气"。

我，那么其他所有事情虽然不符合我们的习惯，我们也乐于忍耐。这三件事是：在正确的时间里庆祝复活节；按照神圣罗马和使徒教会的习俗[①]举行洗礼仪式——通过这一仪式我们便蒙天主重生；和我们一起给英吉利人宣讲主的福音。”可是，这些人回答说，所要求的这几件事他们一件也办不到，而且还说他们不能把奥古斯丁看成大主教。他们互相议论说：“不！如果现在他甚至连站都站不起来，那么在我们归他管辖之后，他对我们一定会多么不屑一顾。”

对这些人，据说奥古斯丁这位属主的人曾用威胁的口吻预言，如果他们不与自己的教友保持安宁，则势必要和敌人作战；如果他们不向英吉利人宣讲生命之道，则势必通过他们自己的手得到死亡的报应。由于天主审判的施行，他的预言后来一一应验。

原来，在此后，我们前面提到过的实力雄厚的英吉利王埃塞尔弗里思组织了一支大军对莱吉恩斯城[②]（英吉利人称之为莱加卡斯特，不列颠人更准确地称之为卡尔莱吉恩）的这些持异端的人[③]进行了大屠杀。埃塞尔弗里思在摆好阵势准备出击时，发现他们的许多神父聚集在一起，与其他人分开，站立在一个较安全的地方（这些人来此地为参战的士兵向上帝祈祷）。他查问了这些人的身份和他们聚集在那里的目的。这些神父大都来自班戈修道院。据说该院的修士人数如此众多，以致得分成七个部分，每部分不下三百人，而且都有各自指派的首领，完完全全靠自己的劳动生活。就

① 不列颠习俗与罗马习俗之间的不同之处不十分明确。

② 今切斯特(Chester)。

③ (此处的拉丁原文)perfidus 除指不信教者外，还指持异端者(第1卷第7章)。

这样，这些人中的许多人守斋三天后与其他人一道来到上述部队为士兵祈祷，由一个名叫布罗克梅尔的人负责保卫，免得他们在这样专心致志地祷告时死于野蛮人的刀剑之下。当国王埃塞尔弗里思了解到那些人来这里的目的后，说："如果这些人嚷叫着祈求他们的神来反对我们，那么，尽管他们确实没有佩带武器，他们仍然在与我们作战——他们用咒语纠缠我们，为的是给我们带来不幸。"于是，他命令他的士兵先袭击了这些人，接着又摧毁了这支令人憎恶的军队的其他部分，然而，埃塞尔弗里思自己的军队也损失不少。据说在前来祷告的人中，有一千二百名在这次战斗中丧生，只有五十名逃脱。布罗克梅尔在敌人刚发起进攻时就和手下的人一道丢下应受保护的那些人不管，让他们在手无寸铁的情况下任凭刀剑屠戮。就这样，神圣的主教奥古斯丁的预言得到了应验(虽然此时他自己早已进入天国)，这些持异端者因而从现世死亡的报应中认识到，他们曾经无视了要把他们永远拯救出来的忠告。

第　三　章

奥古斯丁任命梅里图斯和贾斯图斯为主教；奥古斯丁去世

主历604年，不列颠人的大主教奥古斯丁任命梅里图斯和贾斯图斯两人为主教。梅里图斯负责东撒克逊地区的传教。东撒克逊与肯特以泰晤士河为界，紧靠东海，其主要城市是泰晤士河沿岸的伦敦。这座城市是通过海陆交通到达那里的许多人进行贸易的商业中心。当时，统治这个国家的是埃塞尔伯特的外甥萨伯特(是埃塞尔伯特的姐妹丽库拉所生），虽然他仍在埃塞尔伯特的统辖之下。如前所述，埃塞尔伯特当时统管着远至亨伯河的所有英吉利各部族。在这个地区经梅里图斯的传道而同样接受真理的福音后，埃塞尔伯特在伦敦城建造了圣保罗教堂，这里，将设立梅里图斯本身及其继承者们的主教座堂。奥古斯丁任命的另一个肯特主教贾斯图斯就在罗切斯特城担任教职。英吉利人称这座城市为罗弗斯凯斯特莱，源由于“罗弗”这个名字。罗弗曾经担任过这个城市的市长。罗切斯特在坎特伯雷以东大约二十四英里的地方，城里有国王埃塞尔伯特建造的圣安德鲁教堂。就像给坎特伯雷的主教很多捐赠那样，埃塞尔伯特也有不少捐赠给这两个教堂的主教。此外，他还赠送了土地和财产，以便更好地供养那些同这些主教一道生活的人。

此后，天主所宠爱的教父奥古斯丁去世了，他的遗体被安放在我们提到过的圣彼得-圣保罗教堂的旁边（在门的外面）。这是因为当时这座教堂尚未建好，也还没有正式举行祝圣仪式。但是，教堂刚一举行过祝圣仪式，他的遗体就被移了进来，体面地安葬在教堂的北面小教堂里。这个小教堂里还埋葬着除西奥多和伯特沃尔德以外的后来的所有大主教，西奥多和伯特沃尔德被埋葬在教堂里，因为那座小教堂容纳不下更多的遗体了。差不多就在小教堂的中央，有一座纪念神圣教皇格雷戈里的祭台。每逢安息日[①]，那个祭台的神父都隆重举行纪念这些死者的弥撒仪式。[②]此外，在奥古斯丁的墓上写着以下墓志铭：

① 即星期六。——译者

② （拉丁原文）Agenda 指的是为死人所做的安魂弥撒。

“这里安歇着坎特伯雷的第一任大主教奥古斯丁阁下。他生前受罗马城主教神圣的格雷戈里的派遣来到这里，在天主的支持下通过展现神迹，赢得了国王埃塞尔伯特和他的百姓，使他们放弃偶像崇拜而皈依基督教。他在平静地结束了自己的任期后，于该国王在位时的5月26日[①]去世。”

第　四　章

劳伦斯及其主教同仁劝诫苏格兰人服从神圣教会的统一，特别是在守复活节方面；梅里图斯来到罗马

奥古斯丁的主教继承人是劳伦斯，他是奥古斯丁在生前就任命的。奥古斯丁这样做是为了避免在他去世后，当时尚处草创阶段的教会的地位会由于哪怕在很短的时间内缺少一名教牧人员而动摇。劳伦斯在教会里也同样以教会的头一个教牧人员即最神圣的使徒之首彼得为榜样。据说，彼得在罗马为基督教会打下基础后，不但任命克莱蒙为他的继承人，还任命他为传播《圣经》的助手。劳伦斯就任大主教后，十分勤勉地致力于扩大他见到已经牢固建立起来的教会的基础，并通过经常的至善的劝导，以自己虔诚尽心的工作为永久示范，进一步地建设和发展教会组织。简而言之，他不仅细心关照当时英吉利人组织起来的新教会，而且还细心关照由不列颠原来的居民以及与不列颠相邻的爱尔兰岛上的苏格兰人所组织的教会。对这些苏格兰人，他倾注了一个作为教牧人员关

① 具体哪一年无法确定。

怀。原来,他一得知上述国家的苏格兰人在生活和信仰中有许多方面与教会的规定不相吻合(就像当时不列颠岛上的不列颠人一样),特别是他们没有在正确的日期里庆祝庄严的复活节,而是像我们前面说过的那样,认为应该在阴历十四和二十之间守我主的复活日,就立即和他的主教同仁给他们写了一封劝导信,恳求、告诫他们紧密地与遍布世界各地的基督教会保持和睦统一,一道遵守普世教会的规则。这封信是这样开头的:

"致苏格兰[①]各地的主教和修道院院长,我们最亲爱的兄弟们——天主的众仆之仆主教劳伦斯、梅里图斯和贾斯图斯。由于教廷(根据它在世界各地的习惯做法)把我们这些人派到这些西方地区,向这里信奉异教的人传教,所以我们碰巧进入了这个称为不列颠的岛屿。我们没有经验,以为这里的人们也遵行普世教会的习惯方式,因此对不列颠人和苏格兰人同样怀着崇高的敬意。可是,在与不列颠人相处一段时间后,我们以为苏格兰人会好些。可是现在,我们从来到上述这个岛上的主教达甘[②]以及来访的在法国任修道院院长的哥伦班[③]身上发现,原来苏格兰人与不列颠人在生活方式方面竟相差无几:来见我们的达甘主教不仅不同我们一道进食,甚至不愿意在我们吃饭的房间里用餐。"[④]劳伦斯和他的主教同仁还写了一些符合他的地位的信给不列颠的神父们,竭力鼓励他们维护普世统一。可是,他的努力究竟取得多大成功,现在

① 即爱尔兰。

② 无法确知。

③ 勃艮第的传道者,一修道院院规的制定者。

④ 撒克逊人曾把不列颠人赶走并占领了他们的土地,此时仍然是不列颠主教们所咒骂的侵略者。凯尔特人动辄咒骂。

已经很清楚了[①]。

约在此时，伦敦主教梅里图斯去罗马，与教皇卜尼法斯[②]共同磋商有关英吉利教会的一些紧要事宜。在第十三个小纪福卡斯皇帝八年的2月27日[③]，梅里图斯出席了由最可敬的教皇召开的意大利主教会议。这次会议旨在制定出一些有关修士生活以及确保修士安宁地位的法规。梅里图斯参加会议的目的是，通过签署这些根据制度所制定的法令，他可以用自己的职权认定它们，然后把它们带回英吉利各教会去执行和遵守。此外，他还带回了罗马主教写给天主所宠爱的大主教劳伦斯和所有教士的信件，以及他写给埃塞尔伯特王和英吉利人民的信。这位卜尼法斯是自神圣的格雷戈里起的第四个罗马主教。在他的极力恳求下，皇帝福卡斯把一座在罗马的叫潘西恩[④]的似乎是代表诸神的古庙赠给基督教会。卜尼法斯清除了神庙里的污秽，把它建成了一座纪念圣母和所有基督的殉道者的教堂。这样，在魔鬼被排除出去之后，众殉道者就可以在这里受到纪念。

第　五　章

国王埃塞尔伯特和萨伯特死后，他们的继承人再次刮起偶像崇拜的歪风；梅里图斯和贾斯图斯因此离开不列颠

① 755至777年之前，罗马天主教的复活节在威尔士仍未被采纳。

② 卜尼法斯四世(608—615年)。

③ 601年。

④ 原文Pantheon，一般译万神殿。——译者

主历 616 年，也就是奥古斯丁及其随从被派到英吉利传教后的第二十一年[①]，肯特王埃塞尔伯特在现世上非常荣耀地统治了五十六年后进入天国的永福之中。事实上，他是英吉利的第三个国王，统治着作为南北分界线的亨伯河及与其连接的边界以南的所有地区，但是，在所有国王中他第一个升入天堂。原来，第一个与埃塞尔伯特一样拥有类似君权[②]的国王是南撒克逊王艾拉；第二个是在他们的语言中叫作凯奥林的西撒克逊王卡伊琳；第三个就是我已说过的这个肯特人之王埃塞尔伯特；第四个是东英吉利的雷德沃尔德王，他于埃塞尔伯特在世时就已着手夺取自己国家里的王位；第五个是住在亨伯河以北的那些人即诺森伯里亚人的国王爱德文，他作为不列颠岛上最强大的国王，统治着除肯特人以外的英吉利人和不列颠人，他还把夹在爱尔兰和不列颠之间的不列颠人的梅万尼安二岛[③]纳入英吉利管辖范围；第六个是十分虔诚的基督教徒奥斯瓦尔德，他也是诺森伯里亚王，统治着同样的疆域；第七个是爱德文的兄弟奥斯维，有一段时间他几乎一成不变地统治着爱德文的那片疆土，后来他征服了住在不列颠北部的大部分皮克特人和苏格兰人，把他们变成附属国国民。不过，我们将在下文记述这些事情。埃塞尔伯特王于 2 月 24 日去世，从他接受基督教起到去世，整整二十一年。他被埋葬在使徒彼得-使徒保罗教堂内的圣马丁小教堂里，那里还埋葬着王后伯莎。

① 他们于 597 年到达不列颠；埃塞尔伯特的登基日期不详。

② 他是盟主(Bretwalda)，在《撒克逊编年史》的 827 年的条目下，记载了爱格伯特被授予这个头衔的事，此头衔很可能意为“战时首领(impericon)”，是统辖亨伯河以南各侵略部族的战时领袖。这样的首领并不是拥有领土权的君王(regnum)。

③ 安格尔西郡和马恩。

这位国王，由于他的明智政策，给他的臣民带来种种利益。除此之外，他还接受了贤人会议[①]的建议，仿效罗马人的做法给他的臣民制定了各种法令[②]。这些以英文写成的法令他们至今仍在遵守和执行。他在这些法令中第一次规定了偷盗教会、主教或其他神职人员财产的人应该怎样赔偿。其用意显然在于保护这些机构和个人——他接受了这些机构和个人，同时也接受了他们的信条。

上述埃塞尔伯特的父亲是艾尔明里克，祖父是奥克塔，曾祖父是埃里克，又叫奥伊斯克。由于奥伊斯克的缘故，人们都习惯地把肯特王叫做奥伊斯克王。塔里克的父亲叫亨吉斯特，前面提到，他和他的儿子奥伊斯克接受弗蒂格尔恩的邀请，最先进入不列颠。

可是在埃塞尔伯特去世后，他的儿子伊德鲍尔德登上了王位，使本来就很年轻、脆弱的教会受到了很大的损失。原来，他不仅不信基督教，而且还因如使徒所说明的甚至在外邦人中间也未曾听到过的乱伦而受到损害——他与他父亲的妻子[③]结了婚。这两个可怕的罪孽使他的臣民有了重蹈覆辙的理由(这些人在他父亲在位时，或出于对国王的爱戴或出于对国王的惧怕，都服从信仰和贞洁的章法)，但是，这个不信教的国王并不缺乏来自上天对他的鞭打，责罚——他经常处于疯狂状态，污魔缠身。

此外，东撒克逊王萨伯特之死也给教会带来了更大的不安和动乱。萨伯特进入永恒的天国后，留下三个仍然信奉异教的儿子来继承他在人间现世王国统治权。萨伯特一死，这三个原来于父

① witanagemôt 或 witan，即贤人会议。

② 肯特法典，世人称之为“埃塞尔伯特法典”，可以在《英吉利古代法则》中找到。

③ 埃塞尔伯特的第二个妻子；参阅《哥林多前书》第5章第1节。

亲在世时曾似乎有所节制的儿子，立即公开崇拜起偶像，并且让他们治下的百姓也无拘无束地进行偶像崇拜。每当见到主教[①]在教堂里于举行神圣的弥撒仪式后给人们分发圣体时，出于野蛮和不可避免的无知而变得傲气十足的这些王子总要问（如人们所普遍传说的那样）：“为什么你们不把当时分给我们的父亲萨巴（他们通常这样称呼他）、现在还继续分给教堂里的那些人的白面包也分给我们呢？”这位主教回答说：“如果你们愿意在你们父亲受洗的美好的圣水池[②]里受洗，你们就可以享用你们的父亲曾享用过的圣洁的面包。但是，如果你们污蔑生命之水，那么你们就无论如何也得不到这生命的面包。”那些人回答说：“我们不愿受洗，因为我们知道没有这个必要；不过，尽管这样，我们还是希望吃点面包提提神。”这位主教多次热忱地告诫他们说，除非接受最神圣的洗礼，任何人不得领受这种最神圣的圣体。于是最后，他们大发雷霆，对主教说：“如果你不答应我们对你提出的这一小小的请求，那么从今之后，你不得居住在我们这一地区。”随之，他们驱逐了他，命令他和他的所有随从离开他们的王国。

主教被撵出来后，来到肯特，同劳伦斯、贾斯图斯两位主教同仁商讨处理此事的良策。最后，他们一致认定，与其毫无收获地待在野蛮的背教者中间，不如回到自己的国家去，无忧无虑地事奉主。所以梅里图斯和贾斯图斯先离开不列颠撤到法国沿岸去，想看看事态的发展。然而，这些撵走传播真理的传教士的君王们，并

① 梅里图斯。

② 早期洗礼池（font）成罐状，经常配有一股泉水（fons），因此 font 成了洗礼池普遍使用的名字。比德除了用 fons 外还使用 lavacrum 来表示洗礼池。竖型圣水池在规定婴儿必须受洗、洒水礼取代浸礼时开始使用。

没有长期沉溺于魔鬼崇拜而不受惩罚——他们连同他们所带领的军队都死于一次与格维莎斯[①]部族的战斗之中。但是，虽然这些罪魁祸首遭到了毁灭，然而一度受煽动而走上邪道的普通百姓却不能纠正自己的过错，不能重新恢复纯朴的信德，回到基督里的博爱中来。

第　六　章

劳伦斯在受到使徒彼得的惩戒后使伊德鲍尔德王皈依基督；伊德鲍尔德迅速把梅里图斯和贾斯图斯召回到不列颠传教

劳伦斯在准备跟随梅里图斯和贾斯图斯放弃不列颠的前一天晚上，令人把他的床铺移放到我们前面曾多次提及的使徒彼得-使徒保罗教堂里。在那里他流着眼泪为教会的地位对天主作了许多祷告，接着就上床休息，准备睡觉。在夜深人静之际，最神圣的使徒之首出现在他面前，用细鞭子把他狠狠地抽打了好一阵子，并且带着使徒的威严责问他为什么要丢下自己所负责看管的羊群，还问他在他自己跑掉之后想把这群被狼群包围的羔羊交给哪一个牧人看管。“你难道忘了我的例子吗？”他说，“为了基督托付给我的那些作为他的爱的象征的子民，我带过镣铐，挨过鞭打，进过监牢，受尽苦难，最后承受了死亡，死在异教徒和基督的敌人手里，而且死在十字架上，这一切都是为了和基督同获冠冕。”劳伦斯这位耶稣基督的仆人，在受到神圣的彼得的抽打和劝诫之后，顿然醒

① 西撒克逊人的部落名字。

悟，一大早就直接跑去见国王。他撩开衣袍，让国王看看他被怎样可怜地打得皮开肉绽，痛苦异常。国王大吃一惊，问谁竟敢如此大胆抽打这样的一个人？当国王知道主教为了拯救他而受到基督的使徒如此严厉的抽打后，不由得十分敬畏。因此，他诅咒了一切偶像崇拜，抛弃了非法的婚姻，信奉了基督教，而且在接受了洗礼之后，竭尽全力，从各个方面考虑和协助教会事业。他还派人到法兰西去召回梅里图斯和贾斯图斯，命令他们回到各自的教会去自由传教。于是，这两个主教在离开的那一年又重返：贾斯图斯回到他曾在那里担任主教的罗切斯特；但是，至于梅里图斯，伦敦人却不接受他为主教，他们宁愿拜服于那些崇拜偶像的大祭司。这是因为，伊德鲍尔德不像他父亲那样拥有那么大的权力，可以不顾伦敦异教徒的敌视和反抗而恢复梅里图斯在他原教会中的主教职位。尽管如此，伊德鲍尔德本身及其所有臣民毕竟还是从皈依主的那一天起就热忱地遵行上帝的诫命，而且后来，他也在最神圣的使徒之首的修道院[①]里建造了一座纪念圣母的教堂，由梅里图斯大主教主持祝圣仪式。

第　七　章

主教梅里图斯用祷告扑灭了发生在他城市里的一场大火

这位伊德鲍尔德王执政期间，有福的大主教劳伦斯升天，于 2 月 2 日被埋葬在圣彼得的修道院和教堂里，紧靠着他的前任奥古

① 坎特伯雷的奥古斯丁修道院，位于埃塞尔伯特所建教堂的东面。

斯丁。伦敦主教梅里图斯在他以后继任坎特伯雷教会主教，成为自奥古斯丁起的第三任大主教。此时，贾斯图斯仍然在世，统管着罗切斯特教会。这两位主教不辞劳苦地管理着英吉利教会，因而收到不少罗马教会的主教卜尼法斯①寄来的劝诫信。卜尼法斯是继多斯德迪特之后于主历619年开始统治该教会的。梅里图斯虽身体虚弱，就是说，虽由于受痛风折磨而虚弱，但他的思维仍然清醒而敏捷。他成功地超越一切人间俗事，而热衷于永远值得向往，追求和热爱的天国的事。他因其肉体出身而高贵，但因其心灵境界的高度而更加高贵。

总而言之，我将复述一个说明他的巨大威力的例子。这样，其他的就可以理解了。有一次，坎特伯雷城由于疏忽而失火。火势在城里不断蔓延，而且越来越猛，没有一个人有办法用水把它浇灭。最后，城里的大部分地方几乎都被烧光，而凶猛的大火仍朝着主教的住宅方向扑来。坚信天主一定会在人力所不能及的地方助一臂之力的主教令人把他扶到屋外，对着这到处乱钻的猛烈的火焰。火势最凶猛的地方是四位受到尊崇的殉道圣徒的墓地②。主教由仆人扶到那里，带病开始祷告，以消除那些强壮的人们拼尽全力而无法消除的危险。只见推动火势在城里到处蔓延的向北刮来的风一下子改变了方向，朝南刮去，狂风因而退走，先使正对面另一边房子免受其害，接着它的力量迅速减弱，而且很快就完全消失。与此同时，大火也同样迅速减弱，随之完全熄灭。因为这位属

① 卜尼法斯五世。

② 这些人在罗马的凯连山(Caelian Hill)上有一座教堂，内有他们的名字，否则他们不会为世人所知。

天主的人的心里剧烈地燃烧着神圣的仁爱之火，因为他经常用不断的祷告和劝告来制服空中掌权者[①]的风暴而使自己和自己的人免受侵害，所以他现在可以理所当然地战胜现世的风火，使自己和自己的人安然无恙。

这位主教在管理教会五年之后，于伊德鲍尔德在位时进入天堂。主历 624 年 4 月 24 日他被安葬在前面经常提到过的最神圣的使徒之首的修道院和教堂里，与他的教父们在一起。

第 八 章

教皇卜尼法斯给梅里图斯的继承人贾斯图斯送去一条披肩和一封信

罗切斯特教会的主教贾斯图斯立即继任大主教。他为罗马努斯举行了授圣职仪式，取代他担任罗切斯特主教，因为我们曾提到过的多斯德迪特的继承人，教皇卜尼法斯已经授权他任命主教。教皇的授权书是这样写的：

“卜尼法斯致我亲爱的兄弟贾斯图斯。不仅从您给我的信中，而且从上天给您的您在工作中所取得的完美成绩中，亲爱的兄弟，人们可以看出您也是怎样虔诚而热情地传播基督的福音的：全能的天主没有抛弃他的名字的含义，也没有忘记您的劳动果实，因为他已经忠实地向福音的传播者们保证[②]：‘我就常与你们同在，直

① 参阅《以弗所书》第 2 章第 2 节。

② 《马太福音》第 28 章第 20 节。

到世界的末了。'天主在指派给您的事业上所表现出来的仁慈特别说明了这一点——他打开了异教徒的心扉，使他们接受了您所传播的独一无二的奥秘：他把仁爱许给了您，从而以巨大的报酬使阁下您的值得接受的事业变得荣耀，因为他自己通过使您的以您的天赋才能所经营的最忠实的生意[①]大获盈利，已经为您所能宣传的千秋万代的事业奠定了基础。您得到这样的酬报，是因为您坚持不懈地做好了指派给你的事务，以值得称赞的耐心期待着那些百姓获得救赎；还因为，您被授权拯救他们，这样，他们就会从您的功绩中得到一些好处，如主所说[②]：'唯有忍耐到底的，必然得救。'您耐心的期待，您所具有的恒忍的美德因此拯救了您，使得那些异教徒的心，在根除了天生的和迷信的疾病后有可能赢得救世主的怜悯：在收到我的儿子阿杜尔沃尔德王[③]来信后，我得知，我亲爱的兄弟，您是运用了多么渊博的神圣福音的知识，才使他相信真正的皈依和不容置疑的基督教。因此我，由于坚信天主怜悯的坚忍，认为，在您传教之后，不仅阿杜尔沃尔德王的臣民，而且连阿杜尔沃尔德王邻国的居民，都会得到彻底的拯救。这样，正如记载所说，您可以仗着您那完美的工作，从天主，所有善人的奖赏者那里，得到一份报偿，而且，所有的民族都接受基督教奥秘这件事可以清楚地表明'他的量带通编天下，他的言语传到地极'。[④]

"此外，我出于内心的慷慨，要托我这封信的持信人转送给您，我的兄弟一件只准您在举行最神圣的奥秘仪式时才使用的披肩，

① 《路加福音》第19章第15节。
② 《马太福音》第10章第22节。
③ 即伊德鲍尔德。
④ 《诗篇》第19篇第4节。

并且授权您在必要时借助于主的怜悯委任主教，使得基督的福音能通过许多人的宣讲更好地传播到尚未皈依的所有各民族中去。因此，兄弟您应该怀着真诚之心，热忱地维护由于教廷的恩赐才得到的这种权力，认真思索您所收到的将来要披在肩上的这一无上荣耀的披肩究竟象征着什么。您应该祈求主的怜悯，力图证明您是一个能够带着更加完美而不是堕落的灵魂把我们送给您的酬礼展示在将来的最高审判官的审判席前的那种人。最亲爱的兄弟，天主保佑您平安！”

第　九　章

爱德文王的统治；前来向他传播福音的波莱纳斯首先教育他的女儿和其他同她在一起的人接受基督教的奥秘

差不多与此同时，由于我们曾提到过[①]的那位波莱纳斯的传教，诺森伯兰人即住在亨伯河以北地区的英吉利人也和其国王爱德文一道信奉了信仰的福音。在接受基督教和天国的一片好兆头[②]中，准许给爱德文王在人间统治的疆域扩大了，因而权力也更大了：他征服了原先英吉利人和不列颠人居住的全部不列颠沿海地区，这是他以前的历代英吉利王从来没有做到的事。此外，如前所述[③]，他还把梅万尼安二岛纳入英吉利管辖范围。这两个岛屿

① 上集第 157 页。

② （原文的 abodement 意为）“预兆”。

③ 上集第 225 页。

中靠南端的那一个较大，土地较肥沃，生产的粮食也较多，据英吉利人估算[①]，大约可容纳九百户住家；另一个岛屿可容纳三百户住家或略多一些。

这个地区的人民接受基督教是因为上述国王和埃塞尔伯特的女儿埃塞尔伯格，又名塔塔结婚，从而跟肯特诸王有了亲戚关系。最初，当爱德文派人向当时的肯特王伊德鲍尔德即塔塔的兄弟提婚时，得到的回答是：一个基督徒女子不能跟异教徒结婚，否则天主的信仰和圣事就会因结交这样一个丝毫不懂得敬拜真正天主的国王而受到亵渎。爱德文王听了使者所转达的这一答复后答应说，他在任何时候都不会做出任何事情违背塔塔所宣誓信奉的基督教；相反，他将允许她和她男女侍从，神父和随员按基督教方式遵守基督教教规，举行他们的宗教仪式。他同时不否认自己不服从于这一种宗教——这样，就能经过贤明人士[②]的审查证明它对天主来说更为神圣更为合适。

就这样，这位女子许配和嫁给了爱德文王。根据所作的约定，为天主所宠爱的波莱纳斯被任命为主教并随同她前往[③]。通过每天的劝诫和所举行天主圣礼仪式，她和她的随从的信仰会更加坚定，从而在同异教徒相处时不受玷污。

波莱纳斯是由大主教贾斯图斯于主历625年7月20日左右任命为主教的，他这样跟随上述的少女到爱德文王处似乎只是作为他们世俗婚姻的随从，但他实际上却一心一意地设法使他所在

① 参阅上集第108页。

② 显然指贤人会议。

③ 就像刘德哈德那样，上集第111页。

的整个国家认识真理。这样，他就可以像那位使徒所说的那样，把她作为童贞女献给基督这个唯一真正的丈夫[①]。他来到这个地区以后，在天主的帮助下努力劳动，不让跟他一道前来的人放弃他们的信仰，同时尽一切可能通过传教使一些异教徒皈依信仰的恩惠。但是，如使徒所说[②]，虽然他为了福音长期劳动，“此等不信之人，已被现世的神蒙蔽了心眼，不让基督荣耀福音的光照着他们”。

他们到达那里的第二年，西撒克逊王奎切尔姆派来了一个叫尤莫的暴徒，企图一下子吃掉爱德文王和他的王国。此人随身带着一把专门为此目的而浸过毒液的双刃短剑[③]，这样即使剑刺的力量不足，爱德文王不被当场刺死，他也会因染上毒药而死。这个尤莫在复活节的头一天来到国王处。国王当时住在德文特河畔，那里有一国王庄园[④]。尤莫伪托给他的主子传话而进入庄园。他在巧妙地重述着他伪托的使命时，出其不意地一跃而起，从外衣下拔出短剑刺向国王。国王最忠实的亲兵利拉见状立即扑向前去（因为身边没有防御器械可以保护国王），用自己的身体挡住了锋利的剑刺。可是暴徒那短剑刺得那么凶，那么远，它不仅戳穿了利拉使他当场毙命，而且还捅伤了国王。这一切刚发生，四面八方的武器一齐刺向这个暴徒。混乱中，他又用那把带血的剑刺死另一个名叫福瑟尔的亲兵。

① 《哥林多后书》第 11 章第 2 节。

② 《哥林多后书》第 11 章第 4 节。

③ 盎格鲁-撒克逊语中的 handseax。

④ 很可能是建在罗马城镇德文提奥(Derventio)的王家别墅或住宅，就像第 14 章中提到的建在卡塔拉克塔(Cataracta)和坎波杜南(Campodunum)那样的王家别墅或住宅。

碰巧的是，就在同一个最神圣的主的复活节的晚上，王后给国王生下了一个女儿，取名伊恩弗莱德。在国王当着波莱纳斯的面，为女儿的诞生向他的神祇感恩时，主教却向主基督表示感恩，他同时补充说，由于他祈求了基督，才使得王后安全而没有巨大痛苦地生下了她的孩子。国王听后十分高兴。他许诺说，如果基督可以保佑他的生命，并使他打败那个派出刺客刺伤了他的国王，他将抛弃偶像崇拜，供奉基督。为了表明他将履行他的诺言，他把自己的女儿交给主教波莱纳斯，由他奉献给基督。在神圣的圣灵降灵节[①]这一天，伊恩弗莱德成为诺森伯里亚人中第一个接受洗礼的人，同受洗礼的，还有王家的另外十一个人。

这时，国王的剑伤已经痊愈。他组织了一支大军进攻西撒克逊王国。战争开始时，他或杀死或活捉了他认为企图暗算他的人。不过，尽管他从保证供奉基督的那一天起就不再崇拜偶像，但是在他凯旋回国后，他并非不经过进一步劝导就立刻接受基督教圣事。起先他注意在闲暇时更认真地从可敬的波莱纳斯口里全面了解基督教的道理，并同那些他认为比较贤明的贵族一起商议，向他们征求处理这些事情的良策。此外（由于他是一个天生的极为明达的人）他时常独自一人长时间坐着，表面上虽一声不响，但内心里却在思考许多事情。他反复掂量的是他该怎么办，该信从哪一种宗教。

① 复活节和圣灵降临节是常例的洗礼时间。

第十章

教皇卜尼法斯写信给爱德文王，规劝他皈依基督教

约在此时，爱德文碰巧接到教廷主教卜尼法斯的信件，规劝他接受基督教，信的形式如下：

罗马城教会最神圣的使徒教皇卜尼法斯写给强大的英吉利王爱德文的信件抄本[①]。

“天主的众仆之仆、主教卜尼法斯致强大的英吉利王爱德文

“虽然无法用凡人的言辞来表达最高神的威力（因为它包含在自身那说不出、摸不着的永恒的伟大之中，即使再聪明的人也无法概括和阐明它究竟有多伟大），可是，由于天主的慈爱在打开通往它自己的心扉的大门之后，确通过神秘的灵感仁慈地向人们的心田灌输将会得到显现的有关它自己的事，所以我认为，对您表示我的作为主教的关怀，和您谈谈这一丰富的基督教的宝库是有好处的，这样，在使您同样理解我救世主下令向各族人民所传播的基督福音后，我就可以向您提供拯救您的办法。尊贵的天主一声令下，创造了万物——苍天，大地，海洋以及它们里面的一切事物。他因此以他的怜悯，以他永恒的福音的智慧把世界万物划分成各得其所的等级，又以圣灵的协调性，把它们安排得有条不紊，接着

① 波莱纳斯在625年7月被正式授予圣职，卜尼法斯五世于625年10月去世，这使得诺森伯里亚同罗马之间没有时间联系。该教皇的信件似乎并不全是抚慰性质的，而且一些地方难于翻译，这可能是由于复制本有误，也可能由于教皇本身没有对拉丁文进行校对。

他用泥土按照他的形象造出了人，并赐给了人优越的奖赏使他管理万物，保证他们永生，以确保人们服从他的诫命。于是这位天主，即圣父、圣子和圣灵这不可分割的三位一体，便因此被人类忠诚不渝地甚至从日出直到日落朝拜并尊崇为世界万物和他们自己的创造者：帝国的最高荣耀，国家的巨大权威都谦卑地拜服在这个天主面前，因为所有王国的权威都是根据他特定的旨意而赋予的。因此，在帮助他所创造的万物的过程中，在使人们认识他的同时，他仁慈地、奇迹般地以圣灵之火俯允点燃了甚至居住在地极的那部分人的冰冷之心。

“我猜想，陛下您比我更清楚地了解救世主是怎样仁慈地启迪了我的孩子奥杜鲍尔德国王陛下和他治下的各族（因为他的国家与您相距这么近）。因此，我有一定把握认为，通过他的神圣的坚忍，这个奇妙的礼物正被赐赠与您。因为我确已获悉，被视为您的身体的一部分的王后陛下已接受了神圣的洗礼，获得了重生，从而以永恒的酬报，使自己受到启迪。所以我认为，满怀着内心的慈爱之情，在这封信里对陛下您进行规劝是适宜的。其目的是使您鄙视偶像和偶像崇拜，鄙视他们神庙的可怜愚蠢，鄙视欺诈骗人的妖言，从而相信天主——全能的父、他的儿子耶稣基督和圣灵。这样，您有了这一信念后，您就会被神圣的不可分割的三位一体行事的大能，把您从魔鬼的桎梏中救出来，让您共享永生。

“偶像崇拜者遭受毁灭的例子，可以充分地告诉您，那些崇拜偶像和坚持致命的迷信偶像崇拜的人深深陷入了多么巨大的过错和罪恶！因此，《诗篇》作者是这样说他们的[①]：‘万邦的众神都属

① 《诗篇》第96篇第5节。

魔鬼，但主创造了苍天。'他还说[1]：'他们有口却不能言。有眼却不能看。有耳却不能听。有鼻却不能闻。有手却不能摸。有脚却不能走。造他的要和他一样，凡信他的也要如此。'这是因为，经下等人和一般臣民之手，用容易腐坏的物质所造出来的神是没有能力帮助任何人的——就是说，通过工匠的工艺你只赋予它们四肢之形，却没有赋予生命。你不搬动这些神，它们就不会走路，就像被固定放在一个地方的石头一样；它们被这样建造起来，没有知觉，麻木不仁，既不能帮人也不能损害人。因此，不管我们怎么斟酌，怎么鉴别，也发现不了你们是以什么样的盲目性崇拜和追随你们自己赋之于形体的神像！

"因此，您现在有必要接受那曾经救赎过人类的神圣的十字架的标记，从心底里清除掉魔鬼对您所进行的难以捉摸的可恶的欺骗：这些魔鬼一向为非作歹，嫉妒天主的慈爱。您应该动手把用手工制作品拼凑起来的迄今为止一直被你们奉为你们的众神的神像重重地砸碎，因为把从来就没有一丝生命而且不可能从它们的塑造者那里获得任何感情和知觉的神像砸碎，这件事本身就清楚地向您表明你们一直崇拜的东西原来却是一文不值的。相反，从主那里接受了生命之气的您毫无疑问地要比人工塑造出来的神要宝贵得多。因为，经过无数代和千百万年之后，天主让您从他创造出来的第一代祖先那里脱胎而出。因此，您应该来认拜创造了您并赋予您生命之气的天主。为了给您赎罪，他差遣自己唯一的儿子，以便把您从原罪中解救出来，然后在把您从腐朽邪恶的魔力中拯救出来之后，以天上的补偿来酬报您。

① 《诗篇》第 115 篇第 4—8 节。

“您应该听从传教士的话，接受天主的福音（这些传教士是向您传递天主福音的使者）。这样，正如已经不止一次所指出的那样，在您相信了天主全能的父，圣子耶稣基督以及圣灵和不可分割的三位一体之后，在您摒弃了魔鬼的观念并拒绝了可恶狡诈的敌人对您的引诱之后，您就可以通过圣水和圣灵蒙您所信仰的天主得以重生，然后再凭着他的恩惠，在永恒荣耀的光明中与他同在。

“此外，我还给您送去了您的庇护者，使徒之首，神圣的彼得对您的祝福，送去了一件用金子装饰的衬衫和一件在安基拉制作的斗篷。我祈求陛下您能欣然接受这一礼物。您知道，这是我怀着同样的感情赠送给陛下您的。”

第十一章

教皇卜尼法斯写信给王后，劝她为拯救国王而努力

教皇还写了如下一封信给王后埃塞尔伯格。

罗马的教皇最神圣的享有使徒地位的卜尼法斯写给爱德文王的王后埃塞尔伯格的信件抄本。

“天主的众仆之仆，主教卜尼法斯致我的女儿埃塞尔伯格王后陛下

“由于我们的救世主的慈爱和大力保佑，人类已经获得了可以拯救自己的办法（由于他流了宝贵的血，人类已从魔鬼的桎梏中解脱出来）。用各种各样的办法逐步、巧妙地使万国人民认识天主的名，有可能使他们接受基督教奥秘和认拜他们自己的造物主。

您本身的例子就清楚地表明这一点——您接受了赋予陛下您心灵的来自上天的礼物，通过神秘的洗礼获得了重生。因此，我的心为了主慷慨地送给您的这一巨大的恩惠而欣喜跳跃。因为，他因您的信仰俯允点燃了一颗正宗教义的火星。这样，他在以后不仅可以容易地在他的恩爱之中点燃您的丈夫——国王陛下心中的火焰，而且还可以容易地点燃您的所有臣民的心中的火焰。

“那些向我报告我的儿子——国王奥杜鲍尔德陛下令人称道他皈依了基督的人还告诉我，陛下您（在接受了基督教的奇妙奥秘之后）在德行和其他在天主看来永远合意的方面也是光彩夺人，卓越无比；您一直努力坚持不信偶像，不进神庙，不受那些可笑的妖言的诱惑，始终小心翼翼、忠贞不渝地爱着您的救世主；您一贯不遗余力地促使基督教发扬光大。然而，在我出于父爱般的感情，仔细而彻底地询问了您的丈夫——国王陛下的情况后，我了解到，他仍然供奉邪恶的偶像，仍然未表明他服从和听从传教士的话，这消息使我深感悲痛，因为您自己身体的一部分依然这样地尚未承认最高的，不可分割的三位一体。所以，正如一个父亲所应该做的那样，我立即写信劝诫您——基督徒陛下。鉴于您现在有天主之灵的充分帮助，我鼓励您，一定要立即不停顿地努力，争取使他得助于我们的救世主——主耶稣基督的神力，与您一道成为基督教徒。这样，你们两人就可以同样地在纯洁无瑕的结合中保持着婚姻法。因为《圣经》上说[①]：‘二人成为一体。’当您的丈夫由于摆在你们之间的令人憎恶的谬误的蒙蔽，仍然与您的闪光的信仰格格不入时，怎么能说你们两人结成一体呢？

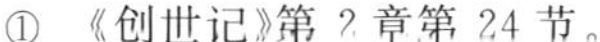

① 《创世记》第2章第24节。

"因此，您一定要不断地祷告，以便从上天怜悯的坚忍中，求得使您丈夫教化的恩典。这样，由于性爱的结合，从某种意义上讲已成为一体的人们，就可以由于信仰的统一而在离开此生后永远成为伴侣。继续抓紧点，杰出的女儿，您应谨慎地向他传达天命以便尽最大努力，迅速地软化他的铁硬心肠，让他意识到您因相信天主而得到的奥秘是多么杰出，您因重生而理所应得的酬报是多么美妙。要用圣灵本身的启示来温暖他那冷酷之心。这样，在您不断鼓励下，当他结束了致命的偶像崇拜的麻木状态后，神圣信仰的温暖会启发他的理智，《圣经》里所说的[①]'不信的丈夫，就因着妻子成了圣洁'这句话也肯定会好像在您的身上得到充分的体现：为此目的，您已经得到了主的出于仁爱的怜悯，所以您应该报答您的救世主，报答他给您大量的信仰的果实和许多美好的礼物。毫无疑问地，我将不断地祷告，祈求，希望您能借助于天主慈爱的保护，有力量完成这项工作。

"因此，在前面的这些话中我向您展示了我出于父爱而应尽的责任。我建议，一旦有信使前来，您就应该尽快地送来好消息安慰我，告诉我上天的神力如何通过您奇迹般地改变了您的丈夫和您的臣民的信仰，使始终关心和渴望听到您和您的臣民的灵魂受拯救的好消息的我在听到您的消息后感到安慰，同时使我在得悉神圣天恩的光芒更明亮地照耀着你们时，能够高兴地向天主即一切美好事物的赐予者以及神圣的使徒之首彼得表明这一切，并向他们表示充分的理所当然的感谢。

"此外，我还给您一面银镜和一把镶金的象牙头梳，作为您的

① 《哥林多前书》第 7 章第 14 节。

庇护者,使徒之首神圣的彼得对您的祝福。我请求陛下您本着慈爱的精神收下这些礼物,您知道,我正是本着这种精神给您送去这些礼物的。”

第 十 二 章

爱德文因在以前流放期间所见到的异象而信受基督

教皇卜尼法斯在听到有关爱德文王和他的百姓的得救消息时所写的信件产生了很大的作用。此外,爱德文王在被流放而住在盎格鲁王雷德沃尔德宫廷期间,仁慈的天主惠告他一则来自上天的讯息,极大地帮助他理解和接受美好教义的圣训。波莱纳斯当时意识到,国王高傲的心灵不会屈就于卑贱的拯救方法,不会屈就于接受会使人苏生的十字架的奥秘。为了不但拯救国王的臣民还为了拯救国王本身,他辛勤地劝诫人们,不断地向仁慈的天主祷告。最后他的灵感告诉他(因为这是最有可能的事),爱德文先前曾得到一则来自上天的讯息,而这则讯息又是什么性质。于是,他一点也不拖延,立即劝诫国王履行他在得到那则讯息时所许下的如果他能从当时困境中摆脱并成为国王时愿做哪些事情的诺言。

这则讯息是这样的。爱德文的前任埃塞尔弗里思曾残酷地驱赶他,迫使他秘密地躲藏过许多地方和许多国家,他作为一个被放逐者,漫游了多年,最后,终于来到了雷德沃尔德王所在地,祈求他拯救他的性命,使他免受死对头的追逐、搜捕。雷德沃尔德愉快地接待了他,并答应了他的请求。但是后来,埃塞尔弗里思听到有人

在那个地区见到爱德文，他和他的随从正自由自在地住在雷德沃尔德的王宫里，于是派出使者，许给雷德沃尔德一大笔钱，以设法弄死爱德文，但遭到拒绝。于是，他接二连三地派出使者，许给雷德沃尔德更多的金钱，并且威胁说，如果他的提议再受蔑视，他就要对雷德沃尔德发动战争。雷德沃尔德或因为屈服于威胁，或由于那笔贿赂而堕落，终于接受了埃塞尔弗里思的要求，答应要么亲自杀死爱德文，要么把他交给使者。爱德文的一个心腹朋友听到这个消息后，立即跑到爱德文准备睡觉的寝室里（因为天已经黑了一个时辰了），叫出他，告诉他雷德沃尔德许诺了要加害于他的事。最后他说："如果您愿意，我现在就把您领出这个地方，带到雷德沃尔德和埃塞尔弗里思两人都找不到的地方去。"爱德文对他说："谢谢你的好意。不过，在这件事上我却不能接受您的建议，就是说我不能首先背弃我同这样一位伟大的国王所订立的盟约，因为他从未亏待过我，从未对我表现出任何敌意。不！我不会这样干。而且，如果我非死不可，我情愿由他舍弃我而死也不愿死在任何一个不如他高贵的人的手里——我现在已经无处可逃了。多少年来[①]，我像流浪汉似的在不列颠各处奔波，千方百计地躲避敌人的陷害。"这位朋友于是离开了，而爱德文则一个人待在外面。他悲伤地坐在王宫前面，思绪纷乱，不知道该做什么或该往何处去。

久久地，他内心的痛苦折磨着他，无名的孽火侵蚀着他[②]。忽然间，在夜深人静之际，他见到一个脸面和衣着都不熟悉的人慢慢

---

① 从童年时起，约有二十五年时间。

② 参阅维吉尔《埃涅阿斯纪》卷四第二行。（见杨周翰译本，人民文学出版社，1984 年出版。——译者）

地走近他。他一点也不觉得害怕，尽管这个陌生人出现得这么突然。但是，这个向他走来的陌生人却同他搭起话来，问他为什么在其他人都已安然入睡的时候他却独自一人悲伤地警觉地坐在石头上。对此，爱德文反问道，他在屋内还是在屋外过夜与他又有什么相干？这个人回答说："不要以为我不知道你为什么伤心，警觉，为什么要独自呆坐在门外：我知道得很清楚，你是什么人，为什么这样伤心，你所害怕的即将落到头上的灾难是什么。不过，你得告诉我，如果有人能够把你从悲伤中解脱出来，说服雷德沃尔德不要伤害你或不把你交到可能杀死你的敌人手里，你将给他什么酬报呢？"爱德文对此回答说，他将把他所可能拥有的一切都送给那个人，作为帮他这次大忙的酬报。这个人接着又问："如果除此以外，他还确保让你当上国王，让你的敌人全遭到毁灭，而且达到这样的程度：你不仅胜过你的所有先辈，而且在权力方面还超过你以前的所有英吉利王，那么你又将给他什么酬报呢？"爱德文由于受追问变得更坚定，毫不犹豫地答应说，他将给那个恩赐他这么多好处的人以应得的感谢。这时，这个人又第三次发问："但是，告诉我，如果这个人在预卜了你将毫无疑问地得到这么多，这么大的好处之后，还能向你提出你的先人和亲属都未曾听说过的对你的生命和拯救都更好更有利的建议，你会不会服从他，接受他的忠告呢？"然而，爱德文却毫不迟疑地答应说，那个人把他从这么多这么大的不幸中解救出来，还使他登上王位，他一定要一切听从他。这个人听了爱德文的这个答复，立即把右手放在他的头上说："如果你看到这个手势，要记住此时此刻我们的这次谈话，要迅速实现对我所许下的诺言。"据说，他说完这些话后一下子就消失得无影无踪，使爱

德文有可能觉得出现在他面前的根本不是人而是神灵。

年轻的王子继续独自坐在那里，他一方面愉快地沉浸在刚才得到的安慰中，另一方面又认真地思忖着刚才跟他谈那些话的人是谁，他究竟来自何方。这时，上述的那位爱德文的朋友来到他跟前，高兴地同他打了个招呼说："快起身进屋，不要焦虑，不要烦恼，安心上床睡觉吧。因为，国王已经改变了主意，他不打算伤害你。相反，他打算信守自己的诺言，原因是，当他同王后私下谈起我曾告诉过你的他的那种想法时，王后阻止了他。她警告他说，因贪财而出卖处于逆境中的最好朋友以换取金钱，不，严重的是，抛弃比所有财宝更为珍贵的荣誉，这对于他这样一位杰出的国王，无论如何是不合适的。"无须赘言，这位国王做了如上所述的事：他不仅不把这位被放逐的朋友出卖给他敌人的使者，而且还帮助他登上王位。原来，过后不久，就在使者回国之时，雷德沃尔德组织了一支大军去征服埃塞尔弗里思王。埃塞尔弗里思率领一支显然弱小得多的军队（因为他来不及召集所有的力量组成大军）前来应战，却被雷德沃尔德杀死在麦西亚边境上的艾德尔河[1]的东岸。在这次战役中，雷德沃尔德的儿子里根希尔被杀。就这样，正如他所得到的那则讯息所指出的那样，爱德文不仅避开了他的死敌埃塞尔弗里思的迫害，而且还在他死后继承了他的王位。[2]

波莱纳斯发现，尽管他对《圣经》所作的种种宣传，国王仍迟迟不肯相信，仍习惯于在几个不同的合适时间里独坐一时（如前所述），认真地思索他该怎么办最好，思索哪一种宗教是他该信从的

① 特伦特河的支流。

② 在驱逐了埃塞尔弗里思的儿子们之后。

最好的宗教。于是，有一天，这位属天主的人走到他面前，把右手放在他头上，问他是否知道这个动作。当时，听到此话而浑身颤抖的国王要向他下跪，波莱纳斯赶快扶他起来，亲切地对他说："看，由于主的允许，您从您所畏惧的敌人手里脱身；看，由于他的慷慨恩赐，您登上了您所渴望的王位。记住，要毫不迟疑地去履行您所许下的第三个诺言：接受他的信仰，遵从他的诫命！正是他把您从现世的敌人手中拯救出来，把您高举到现世国王的荣耀之中。如果您从此服从他通过我传达给您的意志，他还可以把您从不幸的永久折磨中拯救出来，而且还可以让您与他在天堂里共享永恒王国。"

第十三章

爱德文与他的首领们商量接受基督教事宜；他的祭司长亵渎自己的祭台

爱德文听了波莱纳斯的话，回答说，他愿意而且一定会接受波莱纳斯传给他的基督教。不过他说，他仍然需要与他的一些贵族朋友以及主要大臣商量这件事，如果他们愿意与他持相同想法，他们就可以同他一道在生命之泉中献身于基督。波莱纳斯同意后，爱德文就按他自己所说的去办了：他召集贤明人士开会，逐个地问他们，这个他们以前从未听说过的教义在他们看来究竟是什么教义，对现在所宣讲的这种新的对天主的崇拜他们有何想法。

对此，国王的祭司长科伊弗立即回答："至于现在向我们宣讲的是何种教义，望陛下您明察。但是，至于我们迄今为止所遵奉的宗教，我完全可以对您说出如下的断言（当然，这是我认识到的）：它既无效能又无益处：在您的臣民中没有人能比我更热心地崇拜我们的神祇了，但是尽管这样，许多人却从您那里得到比我更多的好处和更高的职务，他们无论做什么事，都比我更成功，无论想得到什么，都比我容易。如果这些神有什么本事，他们一定宁可帮助我，因为我比任何人都更热情周到地供奉他们。因此，只要您经过仔细考虑，认为新近向我们所宣传的这些东西更好更有力量，我们就应毫不犹豫地加以接受。”

国王的另一位贵族对科伊弗所做的这些明智的劝告和发言表示同意。他接着补充说：“陛下，在我看来，这个世上的人生（与我们不可确知的不间断的时间相比）就像一只麻雀飞进屋里又很快地飞了出去一样：冬天，当您和您的首领、仆人们[①]在吃饭的时候，它从一个窗口飞进来，接着又从另一个窗口飞出去；客厅中间的火炉把屋子烤得一片暖和，可是外面却到处是雨雪交加的冬天。一旦它飞进屋里，就感觉不出冬天的风暴雨雪的凛冽；可是经过一阵短暂的宜人气候之后，它又会从你们眼前消失——它从冬天里来，又回到冬天里去。我们的人生稍纵即逝，对那些在这之前和在这之后发生的事情，我们当然一概不知。因此，我觉得，如果这种新的学问能告诉我们一些更有把握的事，那么它就值得我们信奉。”就这样其他长老和国王的大臣由于上帝的启示，也都说了一些大体相同的话。

但是，科伊弗还说，他希望能更留心地倾听波莱纳斯本人讲讲

① 盎格鲁-撒克逊语版本中的 ealdormen 和 thanes。

有关他所宣讲的天主。当波莱纳斯遵从国王的意志作了宣讲后，科伊弗马上大声喊道："我早就知道，我们所敬拜的实际上一文不值，因为，很自然，我越想找出我们崇拜中的道理就越找不到。而现在，我可以明白地断言，这里所宣讲的真理是显而易见的，它能给我们带来生命、拯救和永乐的恩典。因此，陛下，我建议，我们应立即誓绝并放火烧毁我们一直一无所获地奉为神圣不可侵犯的那些神庙和祭坛。"长话短说。国王公开表示，同意让神圣的波莱纳斯传播福音。他抛弃了偶像崇拜，宣布信受基督教。他令那位祭司长带头亵渎神庙、祭坛及其周围的栅栏。"好！遵命！"那位祭司长回答说，"因为出于真正天主所给予我的智慧，由我来摧毁我出于愚蠢而崇拜的那些东西，从而给全体人民树立一个好榜样，这不是比任何人都更合适吗？"他当即破除徒然的迷信，要求国王给他一套甲胄和一匹未阉割过的战马，以便让他骑上去摧毁偶像。原来，在这以前，祭司长不得披盔带甲，骑马也只能骑母马。他腰间佩着剑，手上拿着一把梭镖，骑着国王的战马，向那些偶像奔驰而去。人们见到这种情景，都以为他发了疯，但他并不因此而拖延亵渎神庙的时间。他刚刚靠近神庙，就把手中的梭镖投向庙宇。由于懂得敬拜真正的天主，他欣喜若狂，命令他的随从放火烧掉神庙及其所有庭院。这个曾经摆着偶像的神庙可以在约克以东离约克不远的德文特河那边看到，目前称为戈德曼丁加汉。[①]就在这个地方，祭司长在真正的天主的启示下，亵渎并摧毁了他自己曾经奉为神圣的祭坛。[②]

① 约克郡的古德曼汉(Goodmanham)。

② 维吉尔:《埃涅阿斯纪》,卷二,第503行。(见杨周翰译本,人民文学出版社1984年出版。——译者)

第十四章

爱德文和他所有的亲属都成为信徒；波莱纳斯为他们洗礼的地方

就这样，主历627年，即爱德文十一年，亦即英吉利人进入不列颠后约第一百八十年，爱德文王和他国家的所有权贵以及他的大部分国民信受了基督教，来到使人得以神圣重生的洗礼水面前。爱德文王是在约克的圣彼得教堂里于4月12日神圣的复活节这一天[①]接受洗礼的。这个教堂是爱德文为了洗礼在学习和接受指导期间用木头迅速建造起来的。他还把该城里的一个主教管区授予他的导师和主教波莱纳斯。此外他刚一成为基督徒，就听从波莱纳斯的建议，着手在同一个地方用石头建造起一座更为壮观的教堂，按计划要把他以前所盖的属于自己的小教堂围在中间。因此，他在原先的小教堂四周打下地基后，便在那里开始建筑一座方形的教堂。可是，教堂的墙壁还未建到所要求的高度，国王本身便惨遭杀害，因此，只好由他的继承人奥斯瓦尔德来完成教堂的建造。此后六年，即爱德文王统治结束前的六年，波莱纳斯一直是在爱德文王的赞许下在那个地区传播《圣经》的，那些命中注定将获得永生的人都接受了基督，接受了洗礼，其中包括爱德文王的儿子奥斯弗里德和伊德弗里德，他们都是爱德文王在流放期间与麦西亚的国王凯尔的女儿昆伯格王后所生的儿子。

① 复活节前夕，见布赖特，第118页。

此后，他的其他儿女，如他和王后埃塞尔伯格所生的儿子埃塞尔汉，女儿埃塞尔思里思和另一个儿子伍斯克弗里，也接受了洗礼。这些人中的头两个在还穿着接受洗礼时所穿的白衣裳的时候，就死去了，埋葬在约克的教堂里。奥斯弗里德的儿子伊夫伊与其他许多显贵和工室后代[1]也都成了基督徒。据说当时，诺森伯里亚人的信仰如此强烈，他们想得到祝福圣水的愿望如此诚挚，以致有一次，波莱纳斯在和国王、王后来到名叫阿德格夫林[2]的王室庄园后，在那里和他们一道住了三十六天，天天只忙着布讲和指导：一天到晚什么事情都没做，只忙着给那些从各地、各村蜂拥而至的百姓讲解基督的拯救的福音。他在作了这样的指导后让他们在格伦[3]河里用赦免的圣水洗礼（因格伦河就在附近）。在以后诸王的年代里阿德格夫林王庄荒芜了，他们在一个叫作梅尔明[4]的地方建造了另一座这样的处所。

这是波莱纳斯在贝尼西亚地区所做的事情。他还在同国王经常待在一起的德伊勒地区，用流经卡塔拉克特[5]村附近的斯韦尔河里的水施洗，因为当时那里的教会刚刚创建，不可能建造小教堂或专供施洗的处所。不过，在当时的一个王室庄园所在地坎波杜南[6]，确实建造了一座教堂。这座教堂连同所说的整个城镇，被后来杀死爱德文的异教徒烧毁。后来的国王在洛伊迪斯[7]这个地方

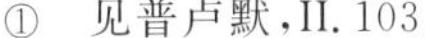

① 见普卢默，II. 103。

② 格伦代尔（Glendale）的叶维林（reverin）。

③ 现为鲍蒙特河（Bowmont water）。

④ 在德伊勒的北面。

⑤ 靠近里士满的卡特里克（Catterick）。

⑥ 靠近哈德斯菲尔德的斯莱克（Slack）。

⑦ 今利兹。

建立了新庄园取代它。不过，那座教堂里的圣坛却幸存了下来，因为它是用石头砌起来的。直到今天，这个圣坛还保存在坐落在埃尔姆特[①]树林里的极可敬的院长和神父思里德伍尔夫的修道院里。

第 十 五 章

东英吉利地区接受基督教

爱德文对真正信仰的敬拜是如此热烈，以致还劝说东英吉利王、雷德沃尔德[②]的儿子厄普沃尔德抛弃对偶像的迷信，使他和他的整个王国都接受了基督教和基督圣礼。事实上，他的父亲雷德沃尔德早在肯特就受过基督教奥秘的教育，但无济于事，因为他回来之后他的妻子[③]和某些虚伪的导师又把他引入歧途。由于他对基督的信奉变得如此不单纯，因此他后来的处境比开头更糟糕：就像古撒马利亚[④]人一样，他在供奉基督的同时仍供奉原来所供奉的神祇。所以，在同一个神庙里，他有一个向基督献祭的祭坛，又有一个向魔鬼献祭的小祭坛。同我们生活在同一个时代的该地区国王奥尔德伍尔夫证实说，这座神庙一直保存到他那个时候，他幼年时还见过。

这位出身显贵行为卑贱的雷德沃尔德王是泰提路斯的儿子、

① 靠近利兹。

② 雷德沃尔德去世的日子不详，普卢默，II、106。

③ 参阅上集第 279 页。

④ 参阅《以斯拉记》第 4 章第 2 节。

伍法的孙子。正是由于伍法，东英吉利诸王才被称为伍芬斯。但是，厄普沃尔德信受基督后不久，就被一名叫里克伯特的异教徒杀害。此后三年，东英吉利陷在谬误之中，直到厄普沃尔德的兄弟[①]西格伯特登上王位为止。西格伯特不管从哪一方面看都可以说是对基督最虔诚，学问最渊博。他在他的兄弟厄普沃尔德在世时，于流放法国期间接受了基督教奥秘的教育。他一登上王位就设法使他的整个王国接受基督教。他的这种美好的努力在主教费利克斯的促进下，不断光大。费利克斯从勃艮第沿岸（他出生在那里并从那里出任圣职）去见大主教荷诺里乌斯，向他表达了自己的愿望，因此被派到上述的东英吉利王国传播生命的福音。在那里，费利克斯的美好愿望确实没有落空。相反，这位在属灵的土地上耕耘的农夫获得了累累硕果，使那个国家的许多人接受了基督——就像他的名字所包含的美好的意义[②]那样，他把那一整个从长期的不幸中被拯救出来的地区引领到信仰、公义和永福的恩典之中。他是在栋诺克城[③]接受主教职位的：此后他一直担任这一职务，管理该城十七年，最后在那里平静地结束了自己的一生。

第十六章

波莱纳斯在林赛地区传教；爱德文王国的状况

不过，波莱纳斯仍照样继续下去，同时还在林赛地区传播福

① 母亲一方。

② 即费利克斯。（“费利克斯”在拉丁语里的意思是“幸福”。——译者）

③ 萨福克郡的邓尼奇（Dunwich）。

音。林赛就在亨伯河南岸，它甚至一直伸展至海边。在那里，波莱纳斯首先使林肯的地方长官布莱卡[1]和他的家人皈依主。他还在该城用石头建造了一座工艺精巧的教堂。由于长期失修或敌人糟蹋的缘故，该教堂的屋顶已经塌落，不过四周的墙壁至今仍然矗立着。每年，那里总会出现这样或那样的一些治病神迹，以安慰怀着信仰到那里求医的病人。贾斯图斯离开此世去见基督后，波莱纳斯就是在这座教堂里举行任命荷诺里乌斯接替他为大主教的神圣仪式。这一点，我将更便当地在下文给予说明。

皮尔坦纽[2]修道院的一个神父兼院长戴达一位信誉很高的人，告诉我修道院里的老者之一，(据他自己说)是于中午时分在靠近英语中叫做提奥伍芬加卡斯特[3]的一座城市的特伦特河里由波莱纳斯为他施洗的，当时在场的还有爱德文王和一大群人。他经常描绘波莱纳斯，说他高个子，背略驼，一头黑发，瘦瘦的脸庞，长着一个瘦鹰钩鼻子，长相威严，令人肃然起敬。他还有一位名叫詹姆斯的助祭做他服务工作的帮手。詹姆斯一直活到我们这个时代，他显然是一位勤奋的人，在基督里和教会中享有盛誉。

据说那时爱德文所管辖的那部分不列颠十分安宁。正像人们现在仍在普遍传说的那样，当时，即使有一位妇女想抱着她新生的婴儿，从这一海边走到那一海边，走遍了全不列颠，她也不会遭到任何人伤害。爱德文王对他的百姓如此体贴，关怀，他看到路边有地方冒出清澈的泉水，就令人在其中的多数地方立下木桩，挂上铜

① 现代的布莱克(Black 或 Blake)。

② 林肯郡的帕特尼(Partney)。

③ 无法确定何处，但可能是在从约克到林肯的“罗马路”上的利特尔伯勒；这地段的特伦特河有个河津。

碗，好让过路的行人喝水提神。那些过路人或出于对国王的极度畏惧，或出于对国王的极度崇敬，除了用于喝水外，从来不敢碰铜碗一下。此外，他在他的王国里享有极高的荣誉，不仅在战场上总有人在前面擎旗，而且在和平时期当他和他的亲兵们在各城市、乡镇或各郡骑马而过[①]的时候，也总有擎旗者先行；甚至当他穿过街道到任何其他地方去的时候，他的前面也总是飘扬着罗马人叫塔法[②]、英吉利人叫图夫的旗帜。

第十七章

教皇洪诺留斯写信劝诫爱德文王，还给波莱纳斯送去一件披肩

当时[③]担任罗马教会主教的是卜尼法斯的继承人洪诺留斯。当他听说由于波莱纳斯传播了福音，诺森伯利亚人及其国王已经皈依了基督教，信仰了基督时，便给波莱纳斯送去一件披肩，同时还送了一封劝诫信给爱德文王。在这封信里，他怀着慈父般的感情，激励爱德文王去保证他和他的百姓永远保持，或者应该说进一步加深他们已经接受的对真理的信仰。这封信的内容如下：

“天主的众仆之仆、主教洪诺留斯致最杰出的儿子、最显贵的英吉利王爱德文——

① 在国王巡行时。

② 羽毛簇(ex confertis plumarum globis)，杜坎奇。

③ 从下封信中看出，当时是634年6月。爱德文于633年10月被杀。

“在信仰崇拜基督教缔造者的炽烈感情的激发下，您的基督教信仰变得如此完美，它普照大地，世人皆知，给您的劳动带来了无数果实。因为，如您所知，您是作为国王，在全面听取了正宗的传道之后相信了基督，敬拜天主——您的王和造物主的，而且您是尽了人之所能，真心忠诚地献身于他的：除了我们继续保持善行美德，承认他是人类的创造者并匆忙敬拜他，向他祈祷外，我们还有什么能力把更好的东西奉献给我们的天主呢？正因为如此，我才像一个慈父所该做的那样奉劝您——最杰出的儿子，千方百计地，积极热忱地通过不断的祈祷来保持天主出于怜悯在把您召唤到他的恩惠里的过程中所惠赐您的那种品德。这样，在您承认了他的名、完全从谬误中解脱出来后，恩准您诞生于今世的他，又会在天国中为您准备好一座宫殿。因此，您必须孜孜不倦地拜读您的传教师、已故教皇格雷戈里的著作，让他的亲切教导时时在您眼前出现——为了你们的灵魂，他十分乐意地实践了自己的这些教导。这样，他的祷告不但会使您的王国和百姓兴旺起来，而且最终还会使您清清白白地去见全能的天主，至于您希望给您任命一些主教的事，我，为了您的挚诚信仰（带去礼物的这些人多次以赞赏的口气报告过您的挚诚信仰），将十分愿意地，毫不拖延地予以办理。我还给荷诺里乌斯和波莱纳斯两位大主教各送去一件披肩，目的是：如果他们之中有一个人被召离此世去见他的创造者，另一个人就可以根据我所授予的这个权力任命一个主教来代替他。我们确实不得不这样做，这是因为您有诚挚的爱心，同时还因为中间有这么巨大的地区把你我隔开。我以此向您表示，我将随时在任何问题上与您的信仰保持一致，并且随时准备满足您的愿望。

“愿上天恩惠保佑陛下平安!”

第十八章

继承贾斯图斯担任坎特伯雷教会主教的荷诺里乌斯从教皇洪诺留斯那里收到一件披肩和一封信

约在此时的11月10日[①],大主教贾斯图斯被召上天国。被挑选继承他主教职务的是荷诺里乌斯:前来波莱纳斯处接受任命的荷诺里乌斯,在林肯会见了波莱纳斯并在那里接受了坎特伯雷教会主教的圣职,成了自奥古斯丁以来的第五任大主教。教皇洪诺留斯也送给他一件披肩和一封信。教皇在这封信里所规定的一件事,同他以前在给爱德文王的信里所规定的那件事相同。这件事是,在坎特伯雷和约克的两个主教中,如果有一人离开现世,活着的那个地位相当的同仁有权任命一名主教来代替死去的主教。这样,可以不必为了任命一名大主教而不远万里地长途跋涉,漂洋过海到罗马去。我认为,把这封信也同样抄录进这部《历史》是正确的。

“洪诺留斯致我亲爱的兄弟荷诺里乌斯

“在我们的救世主出于他的恩惠仁慈地赐给他的仆从的许多美好礼物中,有一件是:他仁慈而慷慨地恩赐给我们通过信件(好像通过某种形式的面对面相见)进行兄弟般的致意的机会,使我们(通过面对面相见)能够表明相互之间的爱。由于这一礼物,我不

① 比德没有指出是哪一年,可能是627年。

断地感谢他，不断地向他祷告，祈求他在您传播福音的劳动和收获中，在遵循您的领袖和导师——神圣的格雷戈里的准则中，增强您的爱心，使之更坚定更持久；祈求他通过您，使教会变得更加兴旺发达。这样，在博爱和敬畏天主中，通过信心和工作，您和您的诸前任已取得成果（这些成果是由我们的格雷戈里阁下首先培育起来的）会得到强固，从而迅速发展，我主亲自许下的诺言将会在您身上得到实现，他的声音还会把您召去享受永福[①]：'凡劳苦和担重担的人，可以到我这里来，我就使你们得安息。'他还说[②]：'好，你这又良善又忠心的仆人，你既在不多的事上有忠心，我要把许多事派你去管理。你可以进来享受你主人的快乐。'至于我，亲爱的兄弟，为了永恒的爱给您捎去了这些忠告，而且毫不拖延地答应了那些我认为能够与你们教会所享受的种种特权相适应的待遇。根据您的请求，同时也是我的儿子——国王们[③]的请求，我以神圣的使徒之首彼得的名义明确下令授予你们以下权力：当天主呼召你们之中任何一个人的时候，另一个活着的人必须任命一名主教来接替去世的那个人。为此，我给你们两位亲爱的主教各送去一件披肩，以便在举行任命仪式时穿戴。这样，经过我的授权，你们的任命就能够为天主所接受——我们之间隔着千山万水，因此我们不得不在这里授予你们这些权力。这样一来，你们的教会就不会因任何托辞而遭受任何损害；相反，您治下的百姓的信仰有可能得到增强和光大。天主保佑您，最亲爱的兄弟！

① 《马太福音》第 11 章第 28 节。

② 《马太福音》第 25 章第 23 节。

③ 诺森伯里亚王和肯特王。

“写于主历634年6月11日；各奥古斯都陛下执政期间，赫拉克里乌斯二十四年，他任执政官的第二十三年；赫拉克里乌斯的儿子君士坦丁二十三年，他任执政官的第三年；最幸运的赫拉克里乌斯皇帝[1]，即他的儿子三年；第七个小纪。”

第十九章

先是同一个洪诺留斯，后是约翰，不仅因贝拉基异端问题，而且还因复活节问题，写信给苏格兰人

教皇洪诺留斯得知苏格兰人像如前所述的那样，守神圣的复活节的时间有错误，于是也给他们写了一封信。他热心地奉劝他们说，不要以为处在地极的他们这一小部分人会比世界各地古代的或新的基督教会更聪明，不要违背参加宗教会议的全世界主教所制定的教规去庆祝与普遍记述的复活节格格不入的另一个复活节。

此外，洪诺留斯之后的教皇塞弗里纳斯的继承人约翰，在他还是当选教皇的时候，为了纠正这一错误，也给他们写了一封信[2]。这封信引经据典，充满了渊博的学识。他在信里明确指出，应该把阴历十五至二十一日之间的主日定为复活节[3]，这是尼西亚会议

① 赫拉克里乌斯(Heraclius)的次子赫拉克里奥纳斯(Heracleonas)。

② 安葬塞弗里纳斯的日期是640年8月2日；约翰四世于640年12月5日举行祝圣仪式，信是在8月至10月间写的。——普卢默

③ 复活节为每年春分月圆后的第一个星期日(于3月21日至4月25日之间)。——译者

批准的。他还切实地警告他们，要警惕和避免他知道在他们中间又开始抬头的贝拉基异端。这封信是这样开头的：

“大司祭和神圣教廷的临时管理人希拉里，助祭和以天主的名义当选主教约翰，神圣教廷的临时管理人约翰，天主的仆从，教廷顾问约翰[1]致敬爱的和最神圣的主教托明、科尔曼、科罗南、迪马和巴埃思恩，神父科罗南、厄南、莱斯伦、塞尔兰和西格海恩、萨兰和其他苏格兰神学家或修道院院长。你们的信使带给神圣的已故教皇塞弗里纳斯的信中所提出的问题，由于教皇本人已离世，所以没有得到答复。我们现在打开了这些信件，免得这样重大的问题如石沉大海，无人过问。我们发现，你们地区的一些地方与正宗的信仰背道而驰，想方设法让旧异端沉渣泛起。出于无知和愚蠢，你们竟与希伯来人一样，在阴历十四[2]庆祝复活节而不承认我们的复活节——基督献身的日子。”从这封信的开头，我们可以清楚地看出，苏格兰的异端出现得很晚，而且是仅仅一些人而不是整个国家陷在其中。

在谈完守复活节的算法后，他们还在同一封信里就贝拉基分子问题作了如下补充：“我们同时还得知，贝拉基异端的毒汁又开始在你们中间喷发出来。我奉劝你们，应该准备彻底地把这种迷信的恶罪从心底里清除出去：我们不应该对你们隐瞒，这一可恶的异端已经怎样受到谴责：它不仅被抛弃了两百年，而且还天天受到我们的诅咒和埋葬。我奉劝你们，既然异教徒的武器装备已化为灰

① 教皇职位空缺期间，由大司祭、助祭及监督书记(Primicerius notarium)作为罗马教廷代理人。Notarius 意为速记员。——普卢默

② 参阅第 3 卷第 25 章。爱尔兰人并非坚持在春分后的阴历十四而不管它是否为主日庆祝复活节的“十四日”异教徒。

烬，就别让他们死灰复燃：谁不痛恨他们那些狂妄的想法和恶毒的语言呢？他们竟断言人可以不需要天主的恩惠而仅仅依靠自己的自由意志就能无罪地活着！首先，说人没有罪过是不敬的愚言，因为只有天主和人之间的中保耶稣基督才是始胎无罪，并且无罪降生的人。其他人则都是带着原罪出生的，人所共知，他们身上都有着亚当堕落的印记，虽然他们活着的时候并没有带着本罪。那位先知就是这样说的[1]：'我是在罪孽里生的，在我母亲怀胎的时候就有了罪。'"

第二十章

爱德文被杀后，波莱纳斯回肯特去当罗切斯特教会的主教

但事实上，在爱德文王成功地统治英吉利人和不列颠人期间（在他在位的十七年里，他有六年时间为基督的王国而战），不列颠王卡德瓦龙[2]在麦西亚的王室血亲，慓悍的彭达的支持下对他进行反叛。彭达本人从当时起，也出于种种运气，统治了麦西亚王国二十二年。主历633年10月12日，当双方在一个名叫希思菲尔德[3]的战场上进行恶战时爱德文被杀，时年四十八岁。他的军队有的被歼灭，有的溃逃。在这次战役中，在爱德文之前被杀的还有他的一个儿子，好战尚武的奥斯弗里德。他的另一个儿子伊德弗

① 《诗篇》第51篇第5节。

② 据威尔士的传说，爱德文被流放时在卡德万(Cadvan)处避难，卡德万是圭内斯(Gwynedd)的国王，卡德瓦龙之父。

③ 被认为是靠近唐克斯特(Doncaster)的哈特菲尔德·蔡斯(Hatfield Chase)。

里德不得不逃奔彭达王，可是彭达王却在奥斯瓦尔德当政时期违背了自己的诺言，把他处死。

那时，教会和诺森伯里亚人的王国里有很多人被杀，特别是因为，其中那位发动这场屠杀的首领是异教徒，而另一个首领是野蛮人，因而比那个异教徒更凶残。原来，彭达王和整个麦西亚王国都敬拜偶像，对基督教一无所知，而卡德瓦龙尽管挂着基督徒的名字，声称过基督徒的生活，实际上却是一个心地凶狠，手段毒辣的人，他甚至连妇女和无辜的幼童都不放过，野兽般地把他们残酷折磨致死。他长时间地摧残、蹂躏所有地区，而且心里盘算着把整个英吉利民族从不列颠岛上根除掉。他对在他们之中发展起来的基督教同样采取蔑视的态度——时至今日，不列颠人仍然习惯于无视英吉利人的宗教信仰，他们同英吉利人的交往丝毫也不比跟异教徒的交往多。爱德文王的首级被带到约克去，然后被送到我们前已说过的由他开始建造，不过是由奥斯瓦尔德完工的圣彼得教堂，放进神圣的教皇格雷戈里的小教堂（正是从格雷戈里的门徒那里，爱德文接受了生命的福音）。

这场灾难使得诺森伯兰动荡不安。由于除了逃离外没有别的出路[①]，波莱纳斯于是带着很早以前随他到那个地方的王后埃塞尔伯格，乘船回到肯特。他们受到大主教荷诺里乌斯和伊德鲍尔德王的热情接待。跟随他作向导的是爱德文的一名勇敢的亲兵巴苏斯，随行的除了爱德文的孙子伊夫伊（即奥斯弗里德的儿子）外，还有爱德文的女儿伊思弗莱德，儿子伍斯克弗里。他们的母亲埃塞尔伯格后来由于惧怕伊德鲍尔德和奥斯瓦尔德，把她的两个孩子

① 《马太福音》第10章第23节。

送到法兰西她的朋友[①]达戈伯特王的宫廷那里去抚养，可是他们都在幼年时夭折，以适合于王子和公主以及清白的基督幼儿的荣耀安葬在教堂里。波莱纳斯还随身带回了爱德文王的大量宝贵的金银器皿，其中有献给圣坛献祭时使用的一个大金十字架和一个金圣杯。这两样东西至今还保存着，可以在肯特的教堂里见到。

当时罗切斯特教会还没有主教，因为那里的主教罗马努斯在大主教贾斯图斯派他作为使节去见教皇洪诺留斯的途中淹死在意大利海中[②]。因此，在主教荷诺里乌斯和国王伊德鲍尔德的提议下，波莱纳斯担任了罗切斯特教会的主教，直至过完自己的日子，带着在光荣劳苦中所取得的成果，升上天国为止。他死时还把他从罗马教皇那里接受的披肩[③]留给了罗切斯特教会。

此外，他还把他的助祭詹姆斯留在约克教会里。詹姆斯虔诚笃信，是一位真正的教会办事人员。此后许久，他继续在该教会里生活，通过传教和洗礼，拯救了成为夙敌牺牲品的许多人。他大部分时间居住在靠近卡塔拉克特的一个乡村里（这个乡村至今仍以他的名字命名）。由于他精通教堂音乐，所以在以后当国家再度平静下来，基督信徒人数不断增加的时候，他便同时成为许多教堂的教堂音乐师，教的是具有罗马和肯特风格的教堂音乐[④]。当他到了《圣经》里所说的年纪老迈，日子满足的时候[⑤]，便走上了他的教父们所走过的道路。

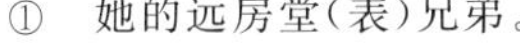

① 她的远房堂（表）兄弟。

② 从普罗旺斯驶往意大利。

③ 他离开诺森伯里亚之后。

④ 即由奥古斯丁传入英吉利的格雷戈里的无伴奏齐唱单旋律圣歌。

⑤ 《约伯记》第42章第17节。

第　三　卷

第　一　章

先是，爱德文王的两个继承人双双抛弃了他们国家的基督教信仰；接着最虔诚的基督教徒奥斯瓦尔德收复了两个王国（623—634）

爱德文王战死疆场之后，他的叔叔埃尔弗里克的儿子奥斯里克继承了他在德伊勒的王位（奥斯里克在聆听了波莱纳斯的传教之后，接受了基督教奥秘的教育），所继承的辖区正是他的家族的发源地，也是他的王国的发轫地。此外，贝尼西亚王国（诺森伯里亚人在旧时把他们的国家分成两部分）[①]是由埃塞尔弗里斯的儿子伊恩弗里德统治的，该地区是他家族的发源地和王国的发轫地：在整个爱德文统治时期，他的前任、上述的埃塞尔弗里思王的几个儿子和大批年轻的贵族都被流放，住在苏格兰人和皮克特人[②]中间。在那里，他们接受了教育并按苏格兰人的教义接受洗礼的

① 即德伊勒和贝尼西亚。德伊勒自亨伯河起至泰恩河或蒂斯河为止。贝尼西亚在德伊勒北面，一直伸展至福斯河。

② 参阅斯科特(Scott)所著的《罗布·罗伊》(*Rob Roy*)的第18章："他的裙端到短袜之间的下肢部分，特别是膝盖周围，长着又密又短的红色汗毛，这一点很像红肤色的高地公牛。"

恩惠，从而获得新生。他们的敌人爱德文死后，这些受罪的王子便回到了自己的国家，而且，其中最年长的伊恩弗里德（我们已提过他的名字）获取了贝尼西亚王国。奥斯里克和伊恩弗里德一戴上人间王国的王冠，就抛弃了他们刚刚入门的天国奥秘，再度拜倒在原先的邪恶的旧偶像面前，使自己陷入污秽和迷惘之中。

但是，不列颠王卡德瓦龙很快就杀死了他们——虽然手段残忍，但毕竟是一个公正的处罚。先是，在次年夏天，当奥斯里克把他包围在一座守城[①]里时，他突然带着他手下的全部人员冲了出来，把奥斯里克打了个措手不及。他杀死了奥斯里克，摧毁了他的全部军队。接着，在整整一年之中，卡德瓦龙不是作为一个征服者，一个国王，而是作为一个凶狠的暴君占领了诺森伯兰人的所在地。他摧毁他们，惨无人道地把他们剁成碎块。最后，伊恩弗里德愚蠢地带着经过挑选的十二名亲兵来到卡德瓦龙处想向他求和，也遭到了马奥斯里克同样的厄运，被卡德瓦龙处死。英吉利王的背教行为，加上不列颠王的凶残暴戾，使一切善良的人们（英王的背教使他们脱离了基督教奥秘）至今仍对那一年深感不幸和愤恨。因此，所有的列王编年史家都认为，应该最好把有关这些叛教诸王的记忆从中抹去，并把这一年归到下一个国王即上帝所宠爱的奥斯瓦尔德王的统治年代里。奥斯瓦尔德在他的兄弟伊恩弗里德被杀后，率领一支人数虽少但有基督教庇护的军队，神不知鬼不觉地袭击了那个令人诅咒的不列颠王及其所吹嘘的那支所向无敌、人数众多的军队，把他杀死在丹尼斯河即英吉利语中称为丹尼斯伯

① 约克的埃伯拉坎（Eboracum），该国的王都，当时为卡德瓦龙所占。

纳[1]的地方。

第　二　章

奥斯瓦尔德王在出征野蛮人之前竖起的一个木十字架引出了不少治愈疾病的神迹，其中之一是，它治好了一位手臂受伤而无力的人

奥斯瓦尔德王出征前竖起一个神圣的十字架，并跪着祈求主给他的那些处在深重灾难中的崇拜者们以神圣的救助。他当年竖起十字架的地方至今仍然是人们敬仰的圣地。总之，传说是这样的：（在快速制成十字架，挖好安放十字架的洞后）虔信的奥斯瓦尔德亲自匆匆托起十字架，把它安放在洞里，并在竖起它时用双手扶着它，一直等到士兵们堆起土来把它固定在地上为止。然后，他拉开嗓门对着全军大声说道："让我们跪下来一齐祈求全能的、真正永生的天主出于怜悯，保佑我们，使我们免受残暴骄横的敌人之害：因为天主知道，我们是为了保卫我们的国家而进行这一场正义之战的。"所有的士兵都执行了他的命令。就这样，他们在黎明时刻向敌人进攻，终于取得了同他们的信仰相匹配的胜利。人所共知，在做祷告的地方出现过许多治病的异能。毫无疑问，这是为了体现和纪念国王的信德：直至如今，许多人还常常从那个神圣的木十字架上削下木片，泡在水中。病人或病畜喝下或洒上浸泡着这

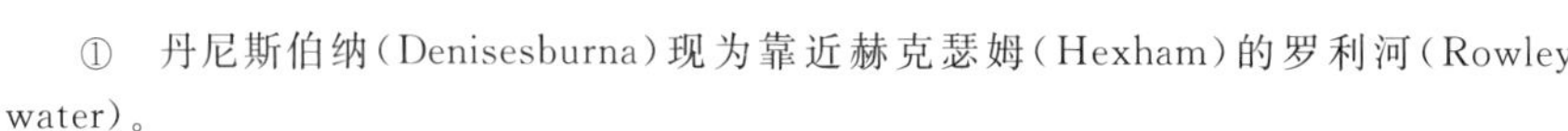

① 丹尼斯伯纳（Denisesburna）现为靠近赫克瑟姆（Hexham）的罗利河（Rowley water）。

些木片的水，很快就会康复。

此地在英吉利语中称海丰菲尔恩，在拉丁语中可有“天国之地”的意思。这个名字是许久以前起的，其中不无清楚地预示着将来会发生的事情。它无疑意味着，在这个地方定会竖立起一个天国的纪念碑，定会孕育着天国式的胜利，定会出现甚至延续至今的神迹。此地接近靠北面的长城，我们提到过[①]，罗马人以这道连接两个海岸、横贯整个不列颠的长城，抵挡野蛮人的入侵。离那里不远的赫克瑟姆教堂的兄弟们长期以来养成了一种习惯：他们在奥斯瓦尔德王遇难纪念日的前一天来到这里，为他的灵魂唱挽歌；次日清晨，在隆重地唱完许多赞美诗后，他们向他献上神圣的供品。由于新近在这里建立了一座教堂，所以，随着这个好习惯变得越来越出名，他们使这个地方变得更神圣，更受众人敬重。这不是没有缘由的，因为（如我们所知）在奥斯瓦尔德兰这位新生的军事首领于即将向他的可怕敌人开战之时受虔诚信仰的激发而竖立起这个神圣的十字架的旗帜之前，整个贝尼西亚王国内还没有一座教堂，没有一个祭台，没有信仰基督教迹象。

这个十字架前出现了许多奇迹。在这里详述其中的一个并无不妥之处。至今还健在的赫克瑟姆教堂的一位名叫博塞尔姆的兄弟，几年前的一个夜晚走在冰上，不小心突然摔倒，折断了手臂。他伤势很重，剧痛使得他甚至无法抬起这只手往嘴里送东西。一天早上，他听说一位兄弟已约定到那个竖立着神圣十字架的地方，便请那位兄弟回来时给他带回那个神圣的十字架上的一片圣木。他说，他相信接受主赐给他的这个礼物，他能够康复。那位兄弟照

① 参阅上集第59页。

着他的愿望办了。约莫天黑，在兄弟们围坐在桌旁吃饭时他回到了家，把取来的在十字架表面上长了许久的一些旧苔交给受伤的兄弟。他当时正坐着吃饭，由于找不到更合适的地方放置刚给他的这份礼物，就把他揣在怀里，而且由于忘记把它放在其他地方，睡觉时他仍然把它留在怀里。但是半夜里他醒来了。他感到身旁有一团冷东西，就用手去摸，看看是什么。他发现，他的整个手臂和手都活动自如，好像从来就没有受过重伤似的。

第　三　章

奥斯瓦尔德王向苏格兰人提出要一名主教后得到了艾丹，并授给他林迪斯凡岛的主教职位

因此[①]，刚登上王位的奥斯瓦尔德，由于希望基督教的恩惠能注满他开始治理的全体臣民的心田——他消灭了野蛮人这一事实足以证明基督教是值得接受的——立即向流放时和他及他的那些士兵住在一起并为他们举行施洗圣礼的那些苏格兰长老们请求派给他一名主教：通过他的教诲和服务能够使他治下的英吉利人了解我主信仰的恩典并接受圣礼。不久，他的要求得到了满足：他得到了艾丹做主教。艾丹出奇地温和、虔诚和庄重，对天主十分热心，尽管不是完全按照真知识。原来，他仍然习惯于根据自己国家的传统，如我们前面多次说过的那样，在阴历十四至二十这段[②]时

① 可能是承接本卷第一章。——译者

② 参阅第 2 卷第 19 章。对比德而言，爱尔兰人就是苏格兰人。

间里守复活节主日——当时北部地区[①]的苏格兰人和所有皮克特人都仍然按照这一规矩庆祝复活节主日，他们认为，这样守复活节才与神圣的和值得称道的教父阿纳托里乌斯[②]所作的宣传相吻合。这样做究竟对不对，明眼人一看就明白，何况居住在爱尔兰岛南部的苏格兰人由于罗马教会主教的劝告，早就学会根据标准的、公认的做法守复活节了。

艾丹主教一到，国王就根据他的意愿指派他到林迪斯凡岛[③]任主教。这个地方由于涨退潮的缘故，每天有两次被海浪包围得像个岛屿，有两次因退潮海岸外露而与大陆联在一块。奥斯瓦尔德王在所有方面都随时谦恭地听从这位主教的意见，努力建立和发展自己王国内的基督教会。因此，经常出现当不精通英语的艾丹主教向国王的大臣和亲兵们传播福音时，国王亲自翻译天国福音的美妙动人的场面，这是因为，由于国王长期流放苏格兰[④]，所以他当时已熟练地掌握了苏格兰语。就这样，随着时间的推移，越来越多的苏格兰人继续前来不列颠，致力于向奥斯瓦尔德王治下的各英吉利人地区宣传信仰的福音。他们这些人都获得了神职，把洗礼的恩惠送给信教的人。因此，在各个地区，教堂一座接一座地建立了起来，人们满怀着喜悦的心情成群结队来到教堂，听讲福音，国王也慷慨地捐出财产，划出土地，用以建造修道院。年幼的英吉利儿童和他们的长辈一道，在苏格兰导师的教导下学习和遵

① 爱尔兰的北部。

② 公元 270 年前后劳迪塞亚(Laodicea)的主教；凯尔特人所依据的阿纳托里乌斯法规实际上是伪造的。布赖特，第 79 页。

③ 或圣岛，在法恩的西北。

④ 爱德文在位之时。

行修道院院规。

这是由于，来传教的大部分人都是修士。艾丹主教本人就是一名修士。原来，他来自一个被称为海伊[①]的岛屿：该岛上的那座修道院在相当长的时间里统辖着几乎所有北部苏格兰人[②]的修道院和全部皮克特人的修道院，统治着他们所有的人。这个岛实际上属不列颠，与不列颠仅一水之隔。但是，很久以前它就被住在那部分不列颠沿岸地区的皮克特人作为礼物免费送给苏格兰修士。因为，正是由于这些修士的传教，他们才接受了基督教。

第　四　章

皮克特人接受基督教的时候

这是由于，主历 565 年，即查士丁二世继承查士丁尼安当上罗马帝国皇帝那一年，一位名叫哥伦巴的以恪守修士生活习惯而闻名的修道院院长兼神父从爱尔兰来到了不列颠，向北部皮克特人地区，即由于崇山峻岭[③]的阻隔而与皮克特人居住的南部地区分开的那些地方，布讲《圣经》：这是住在同一山区的南皮克特人据说早已放弃了偶像崇拜的谬误而接受了真正的信仰。当时，向南皮

---

① 艾奥纳岛（Iona），形容词 Ioua 的误读，同时也称为“Hii-colum-kill（Icolm-kill）”，意为“哥伦巴寺院岛”。

② 爱尔兰北部的苏格兰人；达尔里阿迪克苏格兰人定居在现在的阿盖尔（Argyll）及诸岛上；北皮克特人分别居住在西部的阿盖尔及东部的泰湾（the Firth of Tay）的北面；南皮克特人住在加洛韦（Galloway）；奥斯瓦尔德的统治及至福斯河和爱丁堡。

③ 或许是威廉堡（Fort William）和阿伯丁（Aberdeen）之间的山脉。

克特人传播福音的是最可敬的主教,神圣的不列颠人尼尼安。尼尼安曾在罗马按规接受了完整的基督教——真理奥秘的教育,他的教座由于神圣主教马丁的名字及其教堂(教堂里安放着尼尼安本人及其他许多圣人的遗体)而变得出名。直到今天,英吉利人还保留着这一教座。属于贝尼西亚的这个地方通常称为“白房子处”,[1]因为那里用石头建了一座教堂,其风格与不列颠人通常所建造的教堂不同。

哥伦巴是在梅尔琼的儿子、最强有力的布鲁伊德王开始统治皮克特人后的第九个年头来到不列颠的。他言传身教,使这一部分皮克特人皈依了基督教。也正因如此,皮克特人将上述的那个岛屿送给他建造修道院——这个岛也不大,但按英吉利人的计算方法,它似乎有五户住家大小[2]。直到今天,这个岛屿仍为他的继承人所拥有。哥伦巴本人于七十七岁时,即在他来不列颠传教约三十年后去世,死后就埋葬在这个岛上。但是,他在来不列颠之前就已经在爱尔兰建造了一座著名的修道院。由于院内长满橡树,于是它得了一个苏格兰语中称迪尔马克的名字,意思是“橡树[3]区”。除了这两座修道院外,他的门徒们此后还在不列颠和爱尔兰建修了许多修道院。这些修道院都隶属于葬有他遗体的岛上的那座修道院。

此外,这个岛屿的管理者历来是神父兼修道院院长,他的法令,根据一项异乎寻常的规定,不仅整个地区[4]的百姓得服从,而

① 加洛韦的怀特恩(Whithern)。

② 参阅上集第109页。

③ 爱尔兰语的 Dairmagh,今金斯郡(King's County)的达罗(Durrow)。

④ 修道院管区。教会司法权掌握在大修道院院长的手中,主教为修道院组织的成员,故归院长管辖。

且连主教们也得服从：人们仿效的是他们的第一个导师——他是神父，也是修士，但不是主教。据说，他的门徒们所写的有关他的生平和言论的著述[①]，至今还保存着。但是，不管他本身是个什么样的人，有关他的事有一点我们知道得很清楚，这就是他留下了善于节制，热爱天主和遵行修士生活习惯的继承人。确实，他们在守神圣的复活节的时间方面，遵从的是靠不住的周期。这是不足为奇的，因为他们同世界上的其他地方相距太远，没有人给他们送来宗教会议[②]上所做出的有关复活节问题的教令。他们所努力遵从的只是他们从先知书、福音书和使徒书信中所能学到的虔诚和过圣洁生活的美德。这种守复活节的做法在他们之间持续了许久，即一百五十年之久，直至主历715年为止。

但是，最可敬、最神圣的神父和教父埃格伯特[③]从英吉利人那里来到了他们中间。他为了基督的事业曾长期旅居爱尔兰。他通晓《圣经》，而且由于过了多年的完美生活而变得非凡卓异。他纠正了他们的错误，引导他们在正确合法的日子里守复活节。不过，即使在这之前，他们也不是像有些人所想象的那样，总是按照犹太人的习惯，在阴历十四庆祝复活节，而是在主日庆祝复活节，虽然这不是那个正确的星期的主日了。因为跟所有基督徒一样，他们知道我主的复活（发生在星期的头一天）应该永远在每一星期的头一天庆祝。但是，由于他们是高地人，孤陋寡闻，因此无法知道哪一天是星期的头一天，也就是现在所说的主日。然而，由于他们

① 亚当南写过有关哥伦巴生平的书，比德似乎并不知道此事。亚当南在679—704年间任艾奥纳修道院院长，比德幼年时可能见过。——普卢默

② 指314年的阿尔勒会议和325年的尼西亚会议。

③ 参阅第5卷第22章。

总是至诚相信博爱的恩惠，所以像那位使徒所许诺的那样[1]，他们理应得到有关这方面的完整的知识："若在什么事上存别样的心，天主也必以此指示你们。"有关这方面的事，我们将在适当的地方作更为详尽的阐述。

第　五　章

主教艾丹的生平

因此，艾丹在接受主教职务后就是从这座岛上，从这些修士的修道院里被派到英吉利人地区去传讲基督的。当时，该院的首领是院长兼神父西格海恩。就这样，艾丹给教士们留下了不少生活方面的经验教训，其中，他在禁欲和节制方面为修士们树立了良好的榜样。他和他的兄弟们所过的生活与他教给别人的学问[2]相一致，对所有人来说，这是对他的教义的最有力推荐：他既不想得到也不迷恋今世上的任何东西。把世上国王和富人赠给他的一切东西立即分送给遇到他的穷人，这就是他的乐趣。除非偶然有什么更重要的事情迫使他不得不骑马，他外出到城里或乡下时总是步行。他这样做的目的是，不管他在路上什么地方，由于不可避免而遇见什么人，无论是富人还是穷人，如果他们是不信教的话；他都可以引导他们接受基督教的奥秘；或者引导他们变得更加坚定，如

① 《腓立比书》第 3 章第 15 节。

② "在他的牧群中他以身作则，先自做出榜样，然后再教导他们"。乔叟《总引》，496(参见方重译本，上海译文出版社，1979 年出版，第 344 页。——译者)。

果他们是已信教的话，同时他不仅可用言语而且还可用行动劝诫他们，使他们乐善好施。

此外，他过的生活根本不像我们现在这样懒散。那时跟他同行的，不管是发誓修道的人还是普通的俗人，都需要读书。就是说，他们必须抓紧时间研读《圣经》或诗篇。这是他和他的同伴不管走到什么地方每天必做的事情。如果他碰巧被国王叫去参加宴会（不过，这样的事很少发生），他就带上一两个教士同往，略吃一些东西后就匆匆地与他的兄弟离席去研读，或者去做祷告。当时所有的修士和修女都以他为榜样，一年到头，每逢星期中的第四天和第六天（除复活节后的五十天外）都习惯禁食到第九时辰[①]。如果有钱人做了错事，他绝不会碍于面子或因为怕得罪人而不去告诫他。恰恰相反，他总是严厉地训斥他们，促使他们悔改。他从不把钱送给世上有权有势的人（他招待任何富人时只备些好菜），相反，正如我们已经说过的那样，他总是把有钱人慷慨赠送给他的诸如金钱之类的礼物，要么用作施舍物救助穷人，要么用于赎回被不正当地卖掉了的那些人[②]。最后，许多被他用钱赎买回来的人成了他的门徒，他教给他们学问和美德后，再把他们培养成神职人员。

传说在奥斯瓦尔德王第一次想从苏格兰人地区要一个主教前来给他和他的人民传播信仰的福音时，被派来的是另一位性情比较严厉的人。他向英吉利人传教一段时间，没有人愿意听，一事无成，只好回国。他在长老的会议上说，由于他被派去接触的那些英

① 斋戒至第九时辰（nona，即下午三时）被证明是太艰难了些。“午时”（noon，即来自拉丁文 nona）被往后推，一直推到它指正午为止。

② 卖作奴隶。

吉利人，他们难于接受道理，又秉性暴戾，无法管教，所以他的传教对他们无济于事。于是，长老们据说开了一次长时间的会议，讨论应该采取何种良策。他们确实希望这些人应该得到向他们要求得到的拯救，但遗憾的是派往那里的传教士却不受欢迎。艾丹（因为他也参加会议）对那位人们正在讨论他的情况的神父说："我以为，兄弟您对那些无知的会众过于苛求。您没有听从使徒的教导[①]，先把温和学说的乳汁喂养他们，直至他们在《圣经》的哺育下一步一步地接受更完美的事物，履行上帝的更高的诫命。"听到这些话，所有参加会议的人都转过脸来望着艾丹，热烈地争论起他所说的话，最后得出结论说，艾丹本人配得上主教职务，必须派他去教育那些无知的、不信教的人——最重要的是，他被证明充分具备了审慎这一优点，这优点是一切美德之母。就这样，他们任命他为主教[②]，派他去传道。艾丹在得到这个给他的机会后，就像他以前以审慎为指导原则那样，又以其他的各种美德，使自己变得更加完美。

第六章

虔诚笃信的奥斯瓦尔德王

因此，奥斯瓦尔德王随着他治下的那部分英吉利人接受了艾丹主教的教义的教育，不但懂得寄希望于他的祖先们从未听说过

① 《哥林多前书》第3章第2节。

② 即在修道会和院长的指示下由主教任命，布赖特，第134页以下。

的天国，而且还借助于创造出天地的同一天主的神力，获得了比他的祖先们所获得的更大的人间王国。简而言之，不列颠岛上说四种不同语言①的各民族，即不列颠人、皮克特人、苏格兰人和英吉利人都归他管辖。

提起来令人惊讶的是，尽管他成了一位声名显赫的国王，他对穷人和异乡人却总是那样谦恭、仁慈和大方。总而言之，据说有一次在一个神圣的复活节日里，国王和上述的主教一道就座准备吃饭，他们面前桌上的银盘里摆放着丰盛的精美的食物。当他们正要伸出手祝圣面包时，忽然他的一位分管救济穷人的官员走了进来，告诉国王说，来自各地的许多穷人坐在公共道路上，希望国王施舍。国王当即下令把他面前的精美食物分送给他们，把装盛食物的银盘敲成碎片分给他们。坐在一旁见到此情此景的主教为这一善行感到高兴，他抓住国王的右手说："愿这只手长生不老。"主教的祝福果真应验了。原来，虽然国王在战场上被杀（他的手臂，被从他的余体上砍下来），他的手至今仍然完好无损。事实上，这两只手臂还保存在圣彼得教堂里的一个银盒子里，以其应得的荣誉供王都②的全体人民进行敬拜。王都叫作贝巴，是以过去的一位王后的名字命名的。

由于这位国王的艰苦努力，原先不和的德伊勒和贝尼西亚两个地区取得了谅解，可以说统一成一个民族。奥斯瓦尔德是爱德文王的外甥，是爱德文的姐妹阿查的儿子。由这样一位令人尊敬的后辈来继承这样一位高贵前任的信仰、王位和宗族是完全相

① 参阅上集第17页。

② 贝班伯尔（Bebbanburh），现在的班堡（Bamborough）。

称的。

第　七　章

经比林纳斯传教，西撒克逊人接受了《圣经》；比林纳斯的继承人阿吉尔伯特和洛西尔

古时称为格维莎斯的西撒克逊人在辛尼吉尔斯统治时期接受了基督教。向他们传播福音的是主教比林纳斯。他是经教皇荷诺里乌斯的同意到不列颠的；他曾当着教皇的面许诺说，他一定要把神圣信仰的种子撒在先前的导师从未去过的遥远的英吉利心脏地带。因此，在教皇洪诺留斯的命令下，比林纳斯由热那亚的主教[1]阿斯泰里乌斯授予主教圣职。可是，在他到达不列颠，首先来到格维莎斯人中间的时候，由于发现这一地区的人一点也不信教，于是认为，与其继续前进，寻找他该传教的地方，不如就留在那里传播福音[2]。

这样，在上述的这个地区，经过比林纳斯传播福音，国王在接受教育后和他的人民一道在洗礼水中接受了洗礼。当时最神圣的英勇善战的诺森伯兰国王奥斯瓦尔德碰巧也在场。他把辛尼吉尔斯从圣水里引领出来，在他获得重生而献身于天主之后，认他为教子（后来娶他的女儿为妻），与他结成美好的配得上天主的联盟。此外，这两个国王赐给主教比林纳斯一座名叫多西克的城市[3]，让

① 米兰的大主教，但是住在热那亚。

② 而不是像他原先所计划的那样深入至北部内地。

③ 牛津郡的多切斯特。

他在该城设立主教教座。在那里，主教建造和奉献了几座教堂，并经过虔诚的努力，把许多人带到主那里。接着他便去见主，他的遗体就埋葬在这座城里。多年后，在赫迪任主教时，他被移葬到温塔城[①]的圣彼得—圣保罗教堂里。

但是，在国王也去世后，继承他王位的他的儿子森瓦尔却拒绝接受基督教和天国圣礼。过不多久，他也失去了人间王国的权力。原来，他抛弃了原配王后麦西亚王彭达的姐妹，另娶一个女子，结果彭达出兵讨伐，把他赶下台，于是他只好出走到东英吉利王安纳那里去。他在安纳那里过了三年流亡生活，终于学得并接受了真正的信仰。原来，他流亡时和他住在一起的国王不仅本身品质高尚，而且有福传了神圣而纯洁的子孙。关于这一点，以后我们还会谈到[②]。

森瓦尔被恢复王位之后，从爱尔兰来了一位名叫阿吉尔伯特的主教[③]。他是法兰西人，但为了攻读《圣经》，已在爱尔兰住了许久。他自己找上国王，主动承担传教事业：国王见他学识渊博、刻苦耐劳，就请他接受主教职位，留下来当他的人民的主教。他接受了国王的这一请求，以主教权威，管理了这些人民多年。最后，只会说撒克逊语的国王对阿吉尔伯特的异邦语言感到厌倦，便私下请来了另一个叫威尼的会讲国王自己语言的主教。他也是在法兰西被任命为主教的。国王把自己管辖的地区分成两个教区，让威尼在撒克逊人称为文坦斯切特的温塔城担任主教。阿吉尔伯特因

---

① 温切斯特(Winchester)的文塔·贝尔加鲁姆(Venta Belgarum)。

② 第3卷第8章。

③ 很可能是一个空职主教，σχολάζων即没有教区的主教，见布赖特，159n。

为国王未经他同意就做了这件事感到非常恼火，因此便回到法兰西[①]去。他以后接受了巴黎城的主教职位，直到耄耋之年在该城逝世为止。此外，阿吉尔伯特离开不列颠后不到几年，威尼也被森瓦尔从主教职位上赶了下来。他离开后到麦西亚的国王伍尔夫希尔那里，用钱向他买下了伦敦城主教的职位[②]，从此一直担任那里的主教直至去世。因此，西撒克逊人在相当长的时间里没有主教。

当时，上述国家的国王由于他的王国遭受敌人破坏损失惨重，所以十分苦恼。他因此终于想起，很久前他由于背离基督教，被迫离开自己王国，后来由于拜认了基督教而使他重返国内；他还意识到，当时他的王国里没有主教，自然也就失去了天主的帮助。因此，他派出使节到法兰西拜见阿吉尔伯特，向他赔礼道歉，恳求他回来重新担任他的人民的主教。但阿吉尔伯特婉言拒绝，说他不能回去，因为他担任自己的城市和教区主教，无法脱身。尽管这样，为了对这位确实十分渴望他回去的国王提供某些帮助，他派自己的亲侄、神父洛西尔替他到那里去，如果国王愿意，他就应该被任命为国王的主教。他还肯定地说，他认为洛西尔是一位十分配得上任主教职务的人。洛西尔受到国王和人民的隆重欢迎。他们恳求当时坎特伯雷教会的大主教西奥多[③]委任洛西尔为他们的主教；洛西尔在坎特伯雷被授圣职后的许多年时间里，作为格维沙斯的唯一主教，根据宗教会议[④]的教令，勤勉治理，履行了自己的职责。

① 他出席664年的惠特比会议，本卷第25章。比德在那章中未指出具体会议日期。

② 出卖教会职位在高卢教会中乃是普遍现象，盎格鲁-撒克逊人中后也盛行此风，见布赖特第224页。

③ 668年举行祝圣仪式。

④ 此处的“宗教会议”为西撒克逊语中的gemot。

第　八　章

肯特王厄康伯特下令销毁偶像；他的女儿厄康格塔和亲属埃塞尔伯格成为献身天主的修女

主历640年，肯特人的国王伊德鲍尔德离开了今世，把自己的王国留给儿子厄康伯特治理。厄康伯特挑起这个职责后，成功地治理这个国家达二十四年零几个月之久。他第一个以英吉利王的名义下令抛弃和销毁自己整个王国内的偶像，同时守斋四十天[①]。为了使人们不至于随便违抗这一命令，他制定了一些适宜的刑罚以制裁那些敢于抗命的人。公主厄康格塔，作为与这样一位父亲相般配的女儿，是一位行过大能的童贞女，在一个令人尊敬的名叫法拉的女修道院院长所建立的修道院里事奉主。这座修道院坐落在法兰克人国家里一个名叫因布里奇[②]的地方。原来，当时英吉利的修道院为数不多，所以许多人为着要过修道院生活通常到法兰克人即高卢人的修道院里去；而且他们[③]中的不少人还把自己的女儿送到这些修道院里抚养，与天上的新郎结婚。他们主要是到布里奇、卡尔[④]和安迪勒冈[⑤]这几所修道院里去的。他们中有东英

① 在复活节和圣诞节之前，圣灵降临节之后。

② 布里河畔的法尔穆捷(Faremoûtier-en-Brie)，亦称埃博里亚坎(Eboriacum)。

③ 在盎格鲁-撒克逊文版中指国王和有权势的人物。

④ 谢勒(Chelles)，靠近巴黎。

⑤ 塞纳河畔的安代利(Andeley-sur-Seine)。

吉利王安纳(我们在前面曾提到这位国王)的王后所生的女儿萨思里德和这位国王的非婚生女儿[①]埃塞尔伯格。尽管这两位公主是外国人,但仍由于她们的高尚品质而被选为布里奇修道院的院长。这位国王的长女塞克斯伯格是肯特王厄康伯特的王后。她有一女儿叫厄康格塔,有关她的事迹我们在下面就要谈到。

住在当地的居民甚至至今仍然经常传诵着这位献身天主的修女所行的异能和她所显现的神迹。不过,还是让我们满足于只扼要叙述一下她如何离别升入天国吧!在她行将被召离的那一天,她开始视察修道院里病中的基督侍女的居室,特别是那些因年长或因纯洁的生活方式变得比其他人更为出众的她的姐妹们的居室。她谦卑地请她们全体为她祷告,毫不隐瞒地告诉她们说,由于上天的启示,她知道自己很快就要去世。确实,她说,上天是这样启示她的:她看见一群穿着白色衣袍的人进入修道院;当她问那些人为了什么或将为了什么来这里时,他们回答说,他们被派来带走来自肯特的一枚金币[②]。就在当天晚上的最后时刻,也就是黎明到来时分,她离开了现世的黑暗,到上天的光明中去。当时住在同一修道院[③]其他房里的许多兄弟们都报告说,他们清楚地听见天使们齐唱着优美的曲调,而且还听见似乎有一大帮天使进入修道院的声音。于是,他们立即出来,想看个究竟。只见一道强光自天上直射下来,它引领着被从肉体的桎梏中解救出来的神圣的灵魂,进入天国的永福之中。除此以外,他们还报告了同一天夜里出现

① 即既不是收养也不是私生的。

② 这并不说明当时金币是肯特的通行货币。

③ 指既有修女又有修士的男女修道院。

在同一修道院里由天主之手所展现的其他一些神迹，不过这些神迹还是留给修道院里那些修士们去谈论吧，我们要谈别的事。此外，这位基督的童贞女和新娘的光荣的遗体被埋葬在第一位殉道圣徒司提反教堂里。葬礼过了三天以后，人们认为还是应该把覆盖坟墓的那块石板搬开，然后在原地把它垫高为好。就在他们揭开这块石块的时候，从地里冲出一股扑鼻的香味，使站在一边的兄弟姐妹们觉得好像他们打开的是装满天然香料的仓房。

此外，我们提到过的这位厄康伯塔的姨妈埃塞尔伯格也在其高度贞洁的身体中保持了使天主喜爱的体现在永恒童贞之中的荣耀：她究竟是一位怎样圣洁的修女，在她去世后，人们知道得更清楚：她任院长时，着手在院里建造一座纪念全体使徒的教堂，希望她死后能够把遗体埋葬在这座教堂里。但是，她未能完成教堂的全部建造工作，因为在工程差不多完成一半的时候，她突然被死亡夺走。人们把她的遗体埋葬在她生前所指望的教堂里的那个地方。她去世后，教友们因为更多地谋划其他事务，教堂的建造工作中断了七年。此后，因为工程过于浩大，他们决定完全停止教堂的建造。不过，他们决定把已故院长的遗骸从那个地方挖出来，移葬到另外一座已建造完毕并已正式举行奉献仪式的教堂里。他们挖开坟墓时，发现她的遗体毫不衰腐，就像她从前不受性欲玷污那样，所以他们又把它重新洗净并换上衣裳，然后运到殉道圣徒司提反教堂里去：人们通常是在七月七日隆重庆祝这位殉道者生日的。

第 九 章

奥斯瓦尔德被杀的地方出现了许多治病的神迹：先是治好一位旅游者的坐骑，后又治好一位瘫痪的年轻女子

奥斯瓦尔德，这位诺森伯里亚最虔诚的基督徒国王，统治了九年，其中包括由于不列颠王惨无人道地施暴和英吉利王疯狂叛教而变成令人憎恶的那一年。这是因为（如前所述）[①]，人们一致同意，应该把那些叛教的英吉利王的名字以及有关他们的记忆从基督徒国王的名册中彻底勾掉，而且还不应该把任何一年记载为由他们所统治。

奥斯瓦尔德王命数殆尽时，于 8 月 5 日在一场恶战中被麦西亚的异教徒和异教徒国王杀死在英语中称为马塞菲尔思（Maserfelth）[②]的地方，时年三十八岁。奥斯瓦尔德王的前任爱德文也是死在这批人的手中[③]。

他对天主是如何虔信，他如何忠贞不渝，也是在他死后由于他的美德而展现的许多神迹来表明的：直至如今，在他为国奋战而被异教徒杀害的地方仍然不断有病人病畜被治愈。许多人把从他身体倒下的地方取走的土放到水里，就能借这些水减轻病人病畜的痛苦。由于人们这么经常地坚持这个习惯，把那里的土取走，这里便

① 上集第 327 页。

② 被认定为奥斯沃斯特里（Oswestry）或奥斯瓦尔德斯特勒（Oswaldestre），但此处不太可能成为诺森伯里亚人和麦西亚人之间的战场。

③ 见上集第 315 页。

逐渐出现了一个足有一人高的深坑。病人在奥斯瓦尔德死去的地方得到治疗，这是很自然的事，因为他在世时总是乐善好施，时常替穷人病人着想。确实，由于他的美德而展现的许多神迹传说就是在那个地方发生的或者是由那个地方的土引起的。不过，我们认为只要重述长辈们告诉我们的两个例子[①]就够了。

这位国王死后不久，有一天，一个骑马的旅游者碰巧走近那个地方。他的马突然感到疲乏，站住不动，把头低到地上，而且口吐白沫。接着，又由于剧痛增加而栽倒在地。这位游人下了马，卸下鞍，停在一旁等待着那个时刻的到来：他要么见它转危为安，要么见它死掉。这马由于长时间的剧痛，不断在地上打滚，最后突然滚到已故国王倒下的地方。只见马的剧痛立即消失，它停止了挣扎，像通常的任何一匹马那样，似乎疲乏了，来回滚动着自己的身体，最后竟很快地站了起来，似乎完全恢复了健康，接着，又比以往更加贪婪地吃起地里的青草来。

这位机灵的游人见此情景立即明白，治愈他的马的地方，定有特别圣洁之处。于是，他在地上做了个记号，接着便策马前往他原来打算要去的小客栈。到达那里时，他发现一名少女，即善良的店主人的孙女长期以来严重瘫痪。由于小客栈的家人向他诉说这位姑娘所受的严重病痛，他便把治愈他的马的地方告诉了他们。长话短说。他们把她安放在一辆车上，载到那个地方，让她躺在上面。而这位姑娘，在被安置在地上后，便小睡了一会儿，醒来时只觉得身体瘫痪的毛病消失了。她要来了水，自己洗了脸，理了头发，用

① 下面第10章中述及第三个神迹，可能是后来补上的。——普卢默

亚麻布[1]遮住头，迈着健康的步伐，同把她载到那里去的人一道步行回家。

第　十　章

那个地方的土可以克火

约在此时，来了另外一个不列颠旅行者，据说他也曾走进上述那场战斗结束的地方。他发现地里有一处比其他地方更葱绿更悦目。由于机敏，他猜想到，那块地上的不寻常绿色不是出于别的原因，一定是军队里的哪一位比别人神圣的人物被杀害在那里。于是，他悄悄地从那里抓起一些土，用亚麻布包起来，心想——正像后来所证实的那样——也许有这些尘土可以用来治愈病人。他接着继续赶路，夜晚来到了一个村庄，走进一座村民们正在举行晚宴的房子。他受到了房主人的接待，把带来的那个装有土的亚麻布包挂在墙上的其中一根柱子上，然后坐下来与村民们共享。当他们围着一大堆火继续吃喝的时候，火堆里的火星飞溅到用茸草和树枝铺盖的屋顶，引起屋顶突然着火，腾起一片火焰。宾客们见状，惊恐万分，他们对着正在燃烧的、即将被火焰吞没的房子束手无策，于是纷纷夺门而逃。烈火因此烧毁了整座房子，唯有挂着那包土的柱子安然无恙。人们见到这一奇迹，无不惊讶。他们经过仔细调查询问后才知道原来这包土是从奥斯瓦尔德流血的地方取来的。自那以后，这些神迹广为人知，四方传诵，许多人于是从此开

① 撒克逊女人戴的头巾。

始依赖这个地方获得为自己和亲属治病的恩惠。

第 十 一 章

出现在奥斯瓦尔德王的遗骸上方的来自天上的亮光彻夜不灭;他的遗骸治愈了许多恶鬼缠身的人

当奥斯瓦尔德王的遗骸被找到并被送到至今仍保存着它的教堂的时候,出现了种种异能和神迹。我觉得对其中的一桩绝不能只字不提。搬迁奥斯瓦尔德的遗骸是由麦西亚王后奥斯思里思[①]出力办理的。她是奥斯瓦尔德王的兄弟即奥斯维的女儿。奥斯维继奥斯瓦尔德王之后担任国王。有关这件事我们在下文中会加以详述。

在林赛地区有一个王后奥斯思里思和她的丈夫埃塞尔雷德的确非常热爱和尊崇的著名的比尔丹纽[②]修道院。王后希望能够把叔叔的受人尊崇的遗骸安放在这个修道院里;当装着奥斯瓦尔德遗骸的四轮马车在天黑之际到达该修道院时,院里的人却不乐意让这些遗骸入内。因为虽然他们知道奥斯瓦尔德是一位圣人,但由于他原来是外地人,又作为国王统治过他们,所以尽管他死了,他们对他仍有余怨。因此,被运到那里的遗骸在当天晚上仍然停放在外面,只在安放着遗骸的马车上方搭了个比平常大些的帐篷。

① 她在697年被暗害,她的丈夫埃塞尔雷德当了修士,后来成了巴德尼(Bardney)修道院院长。

② 林肯郡巴德尼。

但是，所出现的神迹再清楚不过地显示了：所有信徒应该怀着怎样崇敬的心情迎接奥斯瓦尔德的遗骸。原来，那天晚上，有一条光柱从马车直通上天，耸立在那里，使得林赛地区几乎各地的人们都可以清楚地看到。因此，前一天拒绝遗骸入内的修道院的兄弟们到了次日清晨却热烈希望把同样这些神圣的、为天主所宠爱的奥斯瓦尔德的遗骸安放在他们的修道院里。就这样，他们把遗骸洗刷一番后放到他们专门预备的圣骨盒里，再以适当的荣耀安放在教堂里。为了使人们永远记住他的君王的显赫身份，他们还在他的坟墓上方放置了他的用紫色布和黄金制作的旗帜。洗涤他的遗骸的水被倒在墓地的一个角落里。从那时候起，被泼了这圣水的那块地上的土有赐福的效能，可以驱赶缠身的魔鬼。

最后，当上述王后终于居住到这个修道院时，一位现在仍然健在、名叫埃塞尔希尔德的令人尊敬的女修道院长来拜访她。埃塞尔希尔德是两圣人即埃塞尔温和奥尔德温的姐妹。埃塞尔温是林赛地区的主教，奥尔德温是离她的修道院不远的人称皮尔坦纽[①]的修道院院长。来此地与王后恳谈的这位女院长在她们谈话间提到奥斯瓦尔德时说，那天晚上她也亲眼看到遗骸上方直通天空的那条光柱。王后补充说，泼上遗骸洗涤水的那块地上的土已经治愈了不少病人。这位院长于是求王后赠给她一些能赐福的土。她一得到后便赶紧把它包在一块布里，再放进一个小匣子，然后回家。她回到修道院后，过了一段时间，来了一位陌生人。这位来客在夜间会不时突然遭受妖怪的折磨，而且是令人痛苦的折磨。他受到慷慨接待，吃过晚饭后就上床睡觉去了。突然间，他中了魔，

① 林肯郡的帕特尼(Partney)。

开始大声嚷叫，并且咬紧牙根，口吐白沫，四肢扭曲着拼命挣扎。由于没有人能够制服得了他，也没有人能把他捆绑起来，一名仆人只好跑去敲院长的门，向她诉说所发生的事。院长打开了修道院的门，和一位修女一同到修士的住处，叫出一名神父，要他同她一道去看望病人。他们到达时，看见有许多人在场。这些人已经想尽办法来制止这位病人的疯狂举动，但都没有成功。神父念起了驱魔咒语[1]，竭尽所能，想减轻这位可怜人的疯狂程度，但也徒劳无益。正当人们觉得对这具发狂的身体似乎已无能为力时，院长忽然记起了那包土。于是立即吩咐一名侍女去为她取来装有土的那个匣子。当侍女遵命取来那个匣子，走进那座房子（房子里住着那位正受折磨的着了魔的病人）院子时，病人突然安静下来。他放下头似乎睡了过去，四肢也松弛了下来。

所有在场的人都集中注意[2]，注视着事情的结局。过了一阵，那位原先狂躁的病人坐了起来，深深地叹了一口气说："现在我感到自己是一个完好的人了，因为我的理智恢复了。"他们因此都急切地询问他究竟发生了什么事。他说："这位带来小匣子的修女一走近这座房子的院子，所有折磨我的妖魔便立即跑掉，他们离开我，再也没有出现过。"接着，院长给了他一小撮土。就这样，在神父为他作了祷告之后，这位来客十分平静地休息了一个夜晚。此后，他再也不受那些夙敌侵扰，夜里再也不担惊受苦了。

---

① 根据盎格鲁-撒克逊文版，是"唱读专为此病的祷文"。——普卢默

② 维吉尔：《埃涅阿斯纪》卷二，第一行。（参见杨周翰译本，人民文学出版社1984年出版。——译者）

第十二章

一个小男孩紧靠着奥斯瓦尔德的坟墓而坐，治愈了他所患的疟疾

出现上述事情后的一天，这座修道院里一个长期发烧饱受折磨的小男孩又在不安地等待着疾病发作。这时，一位兄弟走过来对他说："我的孩子，要不要我教你怎样才能从这种疾病的痛苦中解脱出来？起来，到教堂去。当你走进奥斯瓦尔德的坟墓时，坐下来，贴着墓静静地待着，不要动，不要离开，一直等到烧退的时刻过去为止，然后我会来把你带离那儿。"小男孩果然遵照这位修士的建议去办了。当他紧靠着圣人的坟墓坐着时，疾病一点不敢碰他，[①]相反，它害怕地逃走了。逃得老远老远，以至到第二天、第三天乃至以后的全部日子里，它都不敢再靠近他。事后，一位从那个地区来的兄弟对我说起了这件事。他还说，那个年轻人（他小时候，在他身上发生了治病神迹）在他们谈话那刻，还生活在那座修道院里。与主共治的奥斯瓦尔德王的祷告对主这么灵验是毫不足奇的。因为当他还在治理现世王国时，他就习惯于宁可为永恒的王国不停地劳苦和热忱地祷告。

最后，人们报告说，他经常从清晨唱赞美诗[②]的时刻开始祷告，一直祷告到天亮为止。出于祷告和向天主感恩的普通习惯，他

① 拟人法，参阅《路加福音》第4章第39节。

② 晨祷，在半夜和凌晨3时之间进行。

不管坐在什么地方总要把手掌摊开，仰放在双膝上。确实，人们还普遍传说，奥斯瓦尔德王是在祷告中死去的。这种说法已经变得尽人皆知，众口一词了：他在被敌人的刀剑所包围，眼看就要被杀害时却为了自己士兵的灵魂而祷告起来。因此，下面的这句话已经流传很广了："当奥斯瓦尔德王向地下栽倒时，口里念着，请天主宽恕他们的灵魂。"

奥斯瓦尔德王的遗骸就这样被载走，埋葬在上述修道院里。此外，杀死奥斯瓦尔德的国王下令把他的首级和从他身上砍下来的手和手臂挂在柱子上。一年后，他的王国继承人奥斯维率领一支军队前来取走他的首级、手和手臂。奥斯维把首级埋在林迪斯凡教堂的院子里，而把手和手臂埋在他的王都里[①]。

第十三章

奥斯瓦尔德的遗物在爱尔兰救活了一名垂危的病人

奥斯瓦尔德的盛名不仅在不列颠岛上传扬，它所放射出来的吉祥的光芒还跨洋过海，照耀到日耳曼和爱尔兰沿岸地区。总而言之，最可敬的主教阿卡[②]经常对人们说，他在赴罗马途中和他的主教威尔弗里德一起住在弗里西亚大主教威尔布罗德的住处时，时常听到大主教讲述由于这位最可敬的国王的遗物那个地区所展现出的各种奇能。此外，他还说，当他还只是一名神父，出于对永

① 班堡。

② 赫克瑟姆的主教，著名的诺森伯里亚主教威尔弗里德的门徒。

恒国家之爱而在爱尔兰过着朝圣生活时，有关国王圣洁的传说也就已经传遍该岛。我们认为把主教阿卡复述的许多神迹中的一件写进我们这部《历史》是有所助益的。

“在出现使不列颠和爱尔兰遭受浩劫的那种致命疾病[①]的年代里”，他说，“有一位苏格兰学者也和其他人一样染上了这种不幸的瘟疫。他确实善于做学问，但是却一点不会费些事，花点力气，为自己能永远得救。他眼看着自己就要跨进死亡的门槛，于是惊恐万状。他担心不久在他死后会由于自己卑下的一生理所应得地被迅速送到地狱的牢房里去。他因此向我（因我住在不远处）喊叫。他颤抖着，哀叹着，悲怜地向我诉说道：‘你知道，在此刻，由于我的身体愈加疼痛起来，因此我正被驱赶到死亡的边缘。我毫不怀疑，我的躯体死后，我将被迅速送到灵魂永灭的地方，遭受地狱里的折磨。花了不少时间阅读《圣经》的我，却习惯于陷入罪恶的罗网而不听从天主的诫命。不过，如果仁慈的天主肯让我再过一段安闲的日子，我将决定痛改前非，一心一意地按照天主的旨意重新思考和生活。然而我知道，我没有资格得到或希望得到延缓死亡，继续生存的机会。也许只有在忠心供奉天主的人的帮助下，天主才肯与我这个不值得宽恕的卑鄙小人和解。我们听说，而且许多人都说，你们的国家出了一位异常神圣的国王，叫奥斯瓦尔德。他的卓越的笃信和德行在他死后已经通过所展现的异能昭然于天下。我请求您，如果您手头有他的遗物，请给我拿来，也许天主会看在他的功德的分上宽恕我。’对此，我回答说：‘确实，我还有着他

① 人们称之为“黄疫”。

被异教徒杀害后用来戳插他的头颅的木桩的一部分。如果您能打心底里坚信，那么仁慈的主看在这位如此高贵人物的功德的分上，不但可以使您延长此生，而且还会使您适合于进入永生。'他毫不迟疑地对我说，他确实完全相信。

“于是，我给一些水祝圣，放进了一片前面提到过的橡木碎片给病人喝。他的病情立即好转。在恢复健康后，他又活了许久。由于他表里如一地信奉天主，所以不管他走到哪里，他都要公开宣扬我们怜悯的造物主的仁慈及其虔诚仆人的荣耀。”

第 十 四 章

波莱纳斯死后，伊撒马尔接任罗切斯特教会主教；奥斯温王谦卑恭顺得出奇，他后来被奥斯维残酷杀害(644—651)

奥斯瓦尔德被送到天国之后，接任人间王位的是他的兄弟、三十岁左右的年轻的奥斯维。他在位的二十八年一直处在动荡不安之中，因为当然，他除了受他的侄子即他的前任兄弟，奥斯瓦尔德王的儿子埃塞尔沃尔德[①]的困扰外，还受到杀害他兄弟的麦西亚异教徒和他的亲生儿子阿尔奇弗里德的困扰。

奥斯维二年，即主历 644 年 10 月 10 日，最可敬的教父，一度是约克主教但当时任罗切斯特城主教的波莱纳斯去见主：他担任了十九年又十个月零二十一天的主教。他被埋葬在圣徒安德烈的

① 似乎是在奥斯温死后由彭达在德伊勒拥立为王的。

圣器收藏室里。该收藏室是由埃塞尔伯特王在罗弗城拓建的。大主教荷诺里乌斯任命伊撒马尔[①]接替波莱纳斯。伊撒马尔是肯特人，但他的阅历和学问都和他的前任相当。

奥斯维为王初期，与奥斯温共治王国。奥斯温是爱德文王的血亲后代[②](就是说，他是我们前面提到过的奥斯里克的儿子)。他出奇地虔诚、笃信，在治理德伊勒的七年间政绩卓绝，深受全体臣民爱戴。可是统治诺森伯里亚北部即贝尼西亚地区的奥斯维王却不能和他和平共处；相反，他蓄意挑衅，扩大事端，最后极其残酷地杀害了奥斯温。原来，在一次双方对阵中，奥斯温由于对方人多势众，无法硬拼，于是认为最好应该暂时放弃作战意图以待良机。因此他遣散了已经招集起来的军队，命令他们各自从威尔法拉斯丹[③]即威尔法斯山返回家园。威尔法斯山孤零零地坐落在夏天落日的地方，距离卡塔拉克特附近十英里。奥斯温自己只随带一名叫汤德赫的最忠诚的亲兵，偷偷离开，躲藏在家臣[④]同时也是他认为最可靠的朋友亨沃尔德家中。但是，可悲呀！亨沃尔德完全是另一种人：由于他的出卖，奥斯温连同他的那个亲兵被奥斯维通过手下的地方官[⑤]埃塞尔温以众人看来极为残忍的手段杀害了。这件事发生在奥斯维九年的八月二十日，发生的地点是一个称为因格特林冈[⑥]的地方。以后，为了弥补这个滔天罪恶，在这里

① 担任主教的第一个当地人。

② 爱德文的曾被废黜的堂兄弟。

③ 可能是靠近卡特里克的加里斯顿(Gariston)。

④ 盎格鲁-撒克逊语中的 gesith。

⑤ 盎格鲁-撒克逊语中的 gerēfa。

⑥ 靠近里士满(Richmond)的吉灵(Gilling)。

建立了一座修道院：[1] 为了赎救这两位国王的灵魂，即为了赎救被害者和下令杀害者的灵魂，修道院里每天都该有人向主祷告。

奥斯温王英俊魁梧，说起话来和蔼可亲，彬彬有礼。他对所有人慷慨大方，不管他们身份高低。这因如此，他为有着与君王身份相称的心地、外表和行为，而深受所有人爱戴。附近四面八方的人，甚至是最有身份的人都纷纷向他投靠。在他的许多值得尊敬的杰出、沉着的美德中，谦卑——如果特别允许我这样说的话——据说是他最主要的品质。这里的一个例子就足以证明这一点。

他曾经送给主教艾丹一匹骏马，供他涉滩过水或因急事需把他带到目的地时使用（虽然他通常都是徒步旅行）。但是不久后，一个穷人遇见了主教，求他施舍。他下马后，吩咐把那匹马（虽然装饰辉煌）送给那个穷人：因为他极富有同情心，热爱穷人，就像不幸人们的父亲。有人把这件事报告了国王，有一次，在他们碰巧即将一道进去就餐时，他问主教："我的主教大人，您把适合您使用的王家良马送给那个穷人，这是什么意思呢？即使您不把我特地挑选赠送给您的特别财产送给他们，我难道不是还有许多价值不那么昂贵的马匹和其他足可以送给穷人的礼物吗？"主教立即回答说："陛下，您为什么要这么说呢？难道在您的心目中，一匹母马的儿子还比天主的儿子值钱吗？"说过这些话，他们开始入内就餐。主教坐在指定的座位上，而国王因为刚打猎归来，则同他的亲兵们一道围在火旁开始取暖。取暖间，他忽然记起了主教刚才对他说过的话，立即解下剑来交给一名亲兵，接着大步走到主教跟前跪下来，祈求主教与他言归于好。"我这样做是因为，"他说："我再也

① 为奥斯维之妻伊恩弗莱德（Eanfled）所建。

不会提起这件事，也绝不会计较您究竟把我的什么礼物或多少钱财送给天主的儿子。”主教见了大吃一惊。他连忙起身扶起国王，发誓说，只要他入席就餐，不再感到难过，他一定马上与他言归于好。虽然国王听了主教的恳求变得愉快起来，但是主教却难过得甚至掉下了眼泪。他的神父用国王及其朝官所不懂的本族语问他为什么流下眼泪，他回答说：“我知道国王活不久了，因为我从未见过一位谦卑的国王。因此我觉得他必将在不久后被带离今世——这个民族配不上这样一位君王。”不久以后，如前所述，国王果然惨遭杀害，主教可怕的预言成了事实。

此外，主教艾丹本身在他所爱戴的国王被杀害后甚至不到十二天，即 8 月 31 日也被带离尘世，从主那里接受了对他劳动的永恒酬报。

第 十 五 章

主教对船员们预言将有风暴来临，同时送给他们圣油以消除风暴(642—644)

人们内心的秘密审判官通过展现神迹充分表明主教文丹是多么高尚。为了纪念，我们只要举出三个例子便足够了。有一位名叫厄塔的神父，庄重而诚实并因此受到所有人，甚至此世上君王的尊敬。一次他被派往肯特，为奥斯维王迎娶(迎娶的是爱德文的女儿伊恩弗莱德。她是在父亲遇害后被送到肯特去的)。他拟定从陆路到肯特，然后与这位少女一道乘船返回。他求见了主教艾丹，恳求主教为他和即将与他一道冒险进行这场凶多吉少的旅行的人们向主作谦卑的祷告，以帮助他们成功。艾丹为他们祝了福，把他们托付给主，还给了他们圣油。他说："我知道你们乘船时会突然遇到一场风暴和一阵顶头风。但是你应该记住，把我给你们的油撒到海里：一旦风力遭到压制，宜人的气候就会伴随着你们并把你们从你们所希望的路线送回家来。"艾丹主教的这些预言都一一应验了：确实，开始时，海浪咆哮，船员们向海上抛锚，试图把船固定下来，但无济于事；浪头从四面八方冲击着船只，海水涌了进来。大家只好眼睁睁地束手待毙。最后，神父记起主教的话，取出油罐，把油撒向海面。正如主教所预言的那样，大海立即平静了下来。就这样，这位属天主的人以先知之灵预言了即将来临的风暴，又以同样的灵感，虽未亲临其境但却消除了刮起的风暴。告诉我这桩神迹如何展现的，并非一般传谣人物，而是我们教会里[①]一个叫做辛尼蒙德的十分值得信赖的神父。他说，他是从在其身上并且通过其展现了这一奇迹的厄塔神父那里听到这件事的。

第十六章

艾丹主教的祷告扑灭了敌人向王都所放的火

这个教父所展现的另一个值得纪念的神迹是由许多知情人报告的。原来，他任主教期间，来自麦西牙的敌军在彭达的率领下残酷地破坏蹂躏了诺森伯里亚人国家的大片土地。他们甚至来到了

① 韦穆-贾罗联合修道院。

以过去的一位王后贝巴的名字命名的王都[1]。彭达由于既攻不进又围不死这个城市，就试图放火烧毁它。他们摧毁了城市周围的所有村庄，运来了大量的屋梁、椽木、隔板、篱笆和茸草，然后把这些东西高高地堆在与陆地相连接的城的那一边。当风刮向城里时，他们点燃了大火，想烧毁城市。当时，最可敬的主教艾丹正住在离城大约两英里的法恩岛上。原来，他经常到那里沉思默祷。确实，直至今天，他们还可以指出他经常独自坐过的岛上的那块地方。当他看到大片的烟火凭借着风势弥漫在城市的上空时，他高举双手，眼望苍天，流着眼泪（据传）说："主啊！请看，彭达犯下了多大的罪孽！"这句话刚说完，刮向城里的风立即改变方向掉头把燃烧着的火焰引向点燃大火的那些人，烧伤了一些人，其余的人因此都吓坏了，于是他们不得不停止进攻这座他们亲眼看到天主伸出手来给予帮助的城市。

第十七章

大火烧着了房子里其他的一切，却未烧毁艾丹主教离开现世时所倚靠的一根教堂扶壁；艾丹主教的内心生活

就在离上述城市不远的王庄里，艾丹的死期来临，迫使他不得不离开今世，结束了他为期十六年的主教职务。原来，他在王庄那里有一座教堂和一间房子，所以他经常习惯到那里去居住，并因此从那里出发，到周围各地去传教。他还经常到国王的其他庄园里

① 班堡。

去传教，原因是，他除了教堂和教堂周围的小片土地外再也没有其他财产。正因为如此，他发病后，人们在教堂西边给他搭了个帐篷，使它紧紧靠着教堂墙壁。所以，他是倚靠在教堂外一根用来加固墙壁的支柱上停止最后呼吸的。那一天是他担任主教职务的第十七个年头的八月份的最后一天。他的遗体被立即送到林迪斯凡岛，由兄弟们把它安葬在教堂院子里。但是不久后，为了纪念最神圣的使徒之首，这里又兴建和奉献了另外一座更大的教堂，他的遗骸也因此迁到那里，以这样一位高尚主教所应得的荣耀安葬在祭台右侧。

事实上，继承艾丹长期担任主教的是菲南，他也是从苏格兰的艾奥讷岛，从艾奥讷修道院派到那里的。而且，此外几年后，麦西亚的彭达王率兵侵入这些地方。他竭力杀人放火，摧毁可能摧毁的一切，艾丹主教逝世时所在的村庄连同上述的教堂一道也被付之一炬。可是，令人惊讶的是，只有艾丹离世时倚靠过的那根支柱无法被吞没周围一切的大火所烧毁。众人知道这桩神迹后就迅速在同一地点重建起教堂，让这根柱子像从前那样靠在教堂外，用来加固墙壁。其后，由于居民的疏忽，这座村庄连同这座教堂再次被大火烧毁。但是，甚至当时，大火仍然无法损伤这根支柱：由于一个无疑是巨大的奇迹，火焰进入和穿过那根支柱的洞孔——借助于这些洞孔，该支柱被固定在墙上——但却不被允许对支柱本身有任何损伤。因此，在第三次重建教堂的时候，人们不像以前那样把它靠在教堂后面用以支撑房子结构，而是把它放在教堂里面，放在人们进来后下跪祈求上天怜悯的地方，以纪念那个神迹。众所周知，从那时起，许多人从那个地方获得了健康的恩惠：不仅如此，

更多的人还用从支柱上削下来泡在水中的碎片治好自己和亲属的病。

我写了这些有关艾丹的人品的故事丝毫并不意味着我赞同他在守复活节问题上的片面理解。相反，正如我在自己所写的那本有关时令的书中所坦率地指明过那样，我对他的这一点深恶痛绝。然而，作为一名忠实的历史学者，我一心一意地记载下他所做过的事情或通过他所做的事情，赞扬他的那些值得赞扬的事迹。而且，为了让读者从中得益，把他的事迹介绍给他们，使他们记住：他酷爱和睦、博爱、忍耐节制和谦卑恭敬；他不发怒、不贪婪、不自大、不讲虚荣；他努力遵守和教授上天的诫命，专心致志地诵读和儆醒；他以与神父职务相称的严厉，谴责骄横的和有权势的人物；同样，他以与神父职务相称的温和，安慰弱者，爱抚或保护穷人。总之，从熟悉他的人那里我们了解到，他从不忽视福音书、使徒和先知著作中的他所知道应该实行的任何教导。相反，他尽他所能地以自己的德行实践这些教导。我深爱和敬佩这位主教的这些品质，因为我毫不怀疑，天主对这些品质无疑会感到喜悦。但是，他要么因为不了解标准时间，要么因为屈从于自己国家的权威，不遵从他所知道该遵从的东西因而没有在正确的时间里守复活节。对于这一点我绝不赞同。然而，他在庆祝复活节举行仪式时所宣讲以及心里所坚守的，跟我们所做的却没有什么两样——通过天主与人之间的中保人耶稣基督的受难、复活和升天，而救赎人类。对于他的这一点我则十分赞同。因此，他不是像某些人所错误想象的那样，总是仿照犹太人在阴历十四而不管它是星期几来守复活节，而是在阴历十四至二十日之间的主日里守复活节的。这毫无疑问是因为

他坚信主的复活——他认为主是在星期里头一日[1]复活的——而且还因为，他寄希望于我们的复活——他同神圣的教会一样，相信我们的复活必将同样在星期里的第一天，即现在称为主日的这一天发生。

第 十 八 章

虔诚的国王西格伯特的生平及其遇害(631—634)

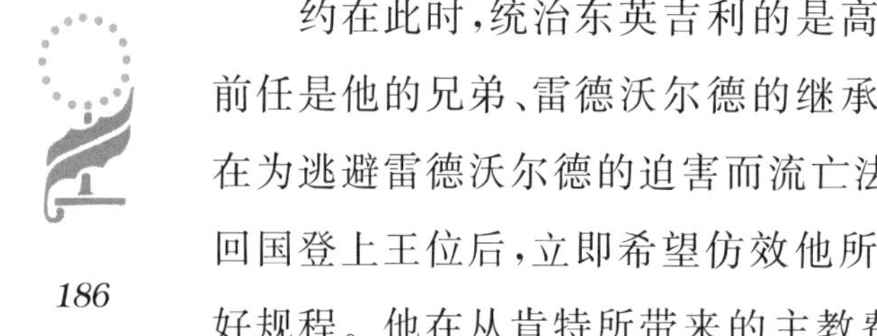

约在此时，统治东英吉利的是高尚而虔诚的西格伯特。他的前任是他的兄弟、雷德沃尔德的继承人厄普沃尔德。西格伯特早在为逃避雷德沃尔德的迫害而流亡法兰西期间就接受了洗礼。他回国登上王位后，立即希望仿效他所目睹的在法兰西所实行的良好规程。他在从肯特所带来的主教费利克斯的帮助下，创办起一所男童们能在其中学习文化的学校。这个学校的校长和导师是由费利克斯按照肯特人的方式委派的。

西格伯特对天国爱得如此之深，最后竟把王国的事务完全托付给当时与他共治一部分王国的一位亲属埃格里克，而自己则进了他专门为他自己建造的修道院，削发为僧，宁可为永恒的王国而战。他如此忙碌了相当长一段时间后，遇上了麦西亚人在彭达王率领下前击攻打东英吉利人。这些英吉利人见自己势单力薄不是敌人对手，就祈求西格伯特跟他们一道出战，以鼓励士气。西格伯特自己不愿意出战，但被他们从修道院里硬拉了出来，一直拉到战

① *μία σαββάτων*，《马太福音》第 28 章第 1 节。

场上。他们希望士兵们在这位昔日最勇敢最杰出的国王面前会变得不那么害怕，不那么想当逃兵。但是，被安置在大军中的西格伯特却记住自己的修道誓约，手中只拿着一小节棍棒，结果与埃格里克王一同被杀。他们的军队在异教徒的攻击下死的死，散的散。

继承王位的是埃尼的儿子、国王的血亲安纳。他是一位极为高尚的人物，一位有着高尚后代的父亲。关于他后代的事迹，我们在下文适当的时候还会讲到。这位国王本身后来也死在那个曾杀害他的前任的麦西亚异教徒首领的手里。

第十九章[①]

富尔萨在东英吉利建造了一座修道院；他的圣洁和他所见到的异象；他死后躯体不朽是对他的验证(约 630—648)

不过，还在西格伯特王统治着他的国家的时候，从爱尔兰来了一位叫富尔萨的圣人。他以他的言行和高尚的情操而出名。为了主的事业，他情愿过流浪生活，只要有机会，什么地方他都可以去。他到了东英吉利后，受到了上述国王的隆重欢迎。他在继续从事他所惯常进行的福音传播工作中，激励了许多人：他以自己的美德为榜样，通过有力的说教，使原来不信教的人皈依了基督，已经信基督教的人增强了信心并加深了对基督的爱。

就在那里，他得了一种病。病中，他被视为配得上享受天使异

① 本章中的大部分内容取自《圣富尔萨的基督教徒生涯》一书，这是比德的参考书。

象的快乐。在异象中，他被告诫热心加紧他业已开始了的福音传播事业，不知疲倦地坚持习惯的儆醒和祷告。因为，他的末日一定要来临，但何时来临却不能肯定。据主所说[①]："所以你们要儆醒，因为那日子，那时辰，你们不知道。"在这一异象的激励下，他以最快的速度在西格伯特赠送给他的那块土地上造起一座修道院，并且为它制定了院规。这座修道院建立在一个英吉利语中称为坎诺布希尔伯格即坎诺布希尔城[②]的城堡之中，周围是树林，毗邻大海，风景宜人。此后，该国国王安纳和其他显贵人物又捐献了物品，盖起了更加堂皇的建筑物，把这座城堡装点得更加美丽。此外，富尔萨出身于苏格兰的最高贵门第。但是，他的心灵比他的肉体出身还高贵得多。他从幼年时代起就刻苦攻读《圣经》和修道院院规。特别是，像所有圣人所应该做的那样，他努力身体力行他所学到的所有应该实行的道理。

长话短说。他此后为自己建造了一座他能够在其中更自由地研究天上的事的修道院。就在这座修道院里他因得病被提拿到身外[③]，如那本有关他的生平的书所足以证实的那样：从天黑到鸡鸣时刻在身外的富尔萨被认为配得上见到一群天使和听到她们神圣的感恩。而且，他还经常告诉人们，他清楚地听到她们在其中唱道："圣人行走，力上加力。"[④]"万神之神将在锡安得到朝见。"这个人在他的灵魂回到体内后不出三天又被提拿到身外。这一次，他不仅见到了有福的人享有的更大的快乐，而且还见到妖怪之间的

① 《马太福音》第25章第13节。

② 巴勒卡斯尔(Burgh Castle)，靠近雅茅斯(Yarmouth)。

③ 参阅《哥林多后书》第12章第2节。

④ 《诗篇》第84篇第7节。

剧烈冲突——这些妖怪不停地指责他，企图阻挠他上天堂，但是，由于天使的保护，他们未能得逞。如果谁愿意进一步详细了解这些事情，即魔鬼怎样狡猾地不仅把他的灵魂而且还把他的行为和大量的言论如同写在书上一样地展现出来，神圣的天使给他带来了那些愉快的或不幸的消息，出现在他面前的夹杂在天使之间的公义之人如何表现等等，那么他应该去读一下我提到过的那本叙述他的生平的小传记。我认为，他会从那本书中得到许多属灵的好处。

不过，我们觉得如果把其中的一件事载入这部《历史》，会于许多人有益。当他被带着升往天堂的时候，为他引路的天使令他回头俯视人间。于是，他转眼朝下望去，只见下面似乎是一个黑暗深渊。他还在空中看见彼此相隔不远的四个火体。他问天使这是什么火。天使告诉他，这些火将要点燃和烧毁人间世界。第一支是撒谎之火——当我们违背在接受洗礼时所许下的摒弃撒旦及其罪恶的诺言时，我们遂点燃了这支火；第二支是贪欲之火——当我们喜爱凡世之宝胜过天上的事时，我们遂点燃了这支火；第三支是争辩之火——当我们不停地甚至在细小的问题上刺伤邻人的心灵时，我们遂点燃了这支火；第四支是冷酷之火——当我们满不在乎地劫掠和伤害弱者时，我们遂点燃了这支火。这些火确实越烧越旺，因而也越靠越近，最后汇成一支大[1]火。当火焰烧到他近处时，他对着天使惊叫起来："主啊！那火焰正向我扑过来！"天使说："你不曾点燃过的火不会烧到你身上：这些烈火尽管表面上看起来又大又可怕，但它们却是用来检验每一个人的功过得失的，因为任

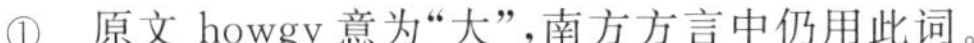

① 原文 howgy 意为"大"，南方方言中仍用此词。

何人的欲望都会在这些火中燃烧。因为，正如一个人的身体被不法的欲望所燃烧一样，他离开自身时也必受应得的痛苦。"[①]接着，他看见三位天使中的一位（在他的两次异象中，这三位天使始终充当他的向导）走向前去，把火分开；另外两名天使则飞转在他的两侧，保护他不受大火伤害。此外，他看到，当魔鬼飞穿过火焰时，煽起了熊熊的不义之火。此后，在妖灵指控他时，总有神灵来保护他，总可以看见更多的天上来客。而且，他还看见自己国家里的那些他从广泛的传说中听到的先前曾名副其实地担任过神职的圣人。他听说过不少有关这些人的诸如对他自己或那些随时愿意听取的人有所助益的消息。这些圣人在结束他们的交谈后就同天使神灵一道重返天堂，留下原先所说的三个天使把有福的富尔萨带回到他的身体之中。他们再次路过那些火堆时，天使确实又一次地分开火焰。但是，当这位属天主的人走到两支大火之间的朝上开的入口时，邪恶的鬼灵突然抓起他们中的一个在火焰中受他们折磨的灵魂，向他扔来，碰到他的身体，烧着了他的肩膀和脸颊。富尔萨认识他，而且还记得，在他死的时候，他曾经从他身上取下一件衣袍。神圣的天使立刻抓住这个受苦的灵魂，把它重新扔进火里。可憎的敌人嚷道："不要拒绝你先前曾接受过的人：因为你曾经得过那罪人的物品，所以你应该分担他的一份痛苦！"对此，天使回答说："他不是因为贪欲而拿了它，而是为了拯救那罪人的灵魂而拿了它。"于是，火焰终止了。天使转过身来对富尔萨说："你曾点燃过的火现在烧到你的身上了——如果你不曾拿过那死去的罪人的钱，他的痛苦就不会烧到你的身上。"接着天使又忠告他在拯救临

① 参阅《哥林多前书》第 3 章第 13 节。

死时确有悔罪表现的那些人的时候应该怎么办。在他重回自己身体后的后半生的日子里，他的肩膀和脸颊始终保留着他所承受的，人皆可见的灵魂被烧伤的印记——肉体奇迹般地公开地显现了灵魂在暗中所受的苦。但此后，他一直像从前那样努力言传身教高尚的生活品德。而且，至于他的两次异象的过程，他只愿意告诉那些出于良心的责备因而希望向他了解这件事的人。我们修道院里还有一位年长的兄弟经常谈起他从一位虔诚老实的人那里听来的故事。这个人说，他在东英吉利曾亲眼见过富尔萨，听他亲口讲述这些异象。这位年长的兄弟还补充说，时值冰天雪地，当这个人仅穿着一件单薄衣衫坐在那里重述这一切的时候，他出于对它的敬意而大惊大喜，因而浑身冒汗如同坐在大热天里一样。

让我们回到原先谈论的话题。富尔萨在苏格兰[①]向众人宣讲《圣经》多年后，因受不了众多来访者的打扰，因此留下他似乎所拥有的一切，离开了原是他的出生地的那座岛，只带着少数几位兄弟从那里穿过不列颠人来到了英吉利地区。在那里宣传福音（前已述及）期间，他建造了一座规模巨大的修道院。他在妥当地做完这一切后，为了摆脱今世中的一切事务和修道院本身的事务，他把修道院的治理工作以及拯救灵魂的工作托付给他的兄弟福伊兰[②]和两位神父戈班和迪库尔，自己则打算在摆脱尘世的一切事务后过隐士生活，以度余年。他的另一个兄弟厄尔坦[③]在经历了长期的修道院生活的磨难后，已经去过隐士生活。富尔萨只身投奔他，同他一

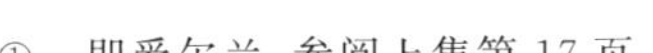

① 即爱尔兰，参阅上集第17页。

② 主教。

③ 后来成为佩龙尼修道院院长，卒于686年。

起生活了整整一年。其间,他不纵欲,常祈祷,他每天双手干活。

此后,由于异教徒的入侵[①],引起了国家动荡,而且危及修道院。于是,他把一切安排停当后,便乘船前往法兰西。在那里,他受到了法兰克人的国王克洛维[②]和贵族厄辛沃尔德[③]的隆重欢迎,并在一个名叫拉丁尼坎[④]的地方建造了一座修道院。此后不久,他因得病而结束了自己的最后日子。他的遗体由上述贵族厄辛沃尔德运走,保存在他的名叫佩龙尼的庄园中那座他正在修建的新教堂的附属小教堂里,一直保留到新教堂正式举行献堂仪式之时。二十七天后,当他的遗体从小教堂移出来,重新放在祭台的一边时,人们发现他完好无损,如同当时刚刚去世一般。而且,在过了四年之后,当人们在祭台东侧盖起神龛——这个人的遗体将更隆重地埋葬在这个神龛里——的时候,发现这具遗体仍然没有丝毫缺损的痕迹。他们以适当的敬意把它移葬到那里。众所周知,就在这个地方,天主的神力展示了许多异能,使他的功绩时常闻名于世。读者从我们所简略叙述的关于他的遗体不朽的故事中或许会更清楚地理解这个人的伟大杰出之处。所有这些有关他以及他的战友的事迹读者都可以在那本有关他的生平的小传记里找到更为详细的描述。

① 彭达管辖下的麦西亚王国的那些人。

② 克洛维二世,638—656 年。

③ 640—657 年纽斯特里亚(Neustria)宫相。

④ 马恩河畔的拉尼(Lagny-sur-Marne)。

第二十章

荷诺里乌斯去世后由多斯德迪特担任主教;当时他担任东英吉利的主教和罗切斯特教会的主教

在这期间,费利克斯担任了十七年东英吉利主教后去世。于是,荷诺里乌斯任命费利克斯的助祭即来自吉尔瓦斯[①]地区的托马斯接任主教职务,托马斯任职五年后被带离尘世,荷诺里乌斯因而又任命一个外号叫博尼费斯的肯特人伯特吉尔斯接替他的职务。主历653年9月的最后一天,大主教荷诺里乌斯走完了自己的历程,熄灭了生命之光。大主教的职位空缺了一年又六个月之后,一位来自西撒克逊的多斯德迪特[②]被选为坎特伯雷大教堂的第六任大主教。当时,来坎特伯雷为他举行任命仪式的是罗切斯特教会的主教伊撒马尔。多斯德迪特于3月26日正式受命,他统辖教会九年又七个月[③]零两天。伊撒马尔死后,他为继承伊撒马尔的萨塞克斯人达米安举行了授圣职仪式。

① 住在芬兰德(Fenland)的边界地区。

② 第一个担任大主教的当地人,他的本族名是弗里思昂纳斯(Frithonas)。

③ 一种看法是四个月,多斯德迪特卒于664年7月,他并不是在当选的那一天举行祝圣仪式的。

第二十一章

在皮达王领导下，高地英吉利人成为基督教徒(653)

此时，中英吉利人[①]，即高地英吉利人在彭达王之子皮达王领导下，接受了基督教和真理的奥秘。皮达是由他的父亲推上王位的。他是一位出色的年轻人，配得上国王的名字和尊严。他来到诺森伯里亚国王奥斯维处，请求把他的女儿阿尔奇弗莱德许配给他：但是，除非他和他治下的人民愿意接受基督教并接受洗礼，他的请求无论如何也得不到满足。随即，在他听了有关真理的布讲，有关天国的许诺以及有关将来的复活和永生的希望之后，他心悦诚服地保证，即使娶不到那位少女，他也随时准备成为一名基督教徒：说服他信受基督教的主要是奥维斯王的儿子阿尔奇弗里德，他是皮达王的朋友，又是他的姻亲兄弟[②]——阿尔奇弗里德娶了彭达王的女儿辛尼伯格为妻。

于是，皮达在著名的国王庄园阿特沃尔[③]同随他前来的所有家臣、亲兵和全体仆人一道接受了主教菲南为他们所举行的洗礼。他高高兴兴地回到了国内，随带了四名无论从学问还是从品行上看都似乎合适的神父，为他的国家传教、施洗。这四名神父是切德、阿达、贝蒂和迪乌马。这四人中的最后一人是苏格兰人，其

---

① 从埃塞克斯边界至莱斯特的英格兰中部的东部地区(East Midlands)。

② cognatus 和 cognata 是用来指姻亲兄弟和姻亲姐妹。

③ 沃尔顿(Walton)或称沃尔博特(Walbottle)，靠近纽卡斯尔。

余三个都是英吉利人。阿达是厄塔的兄弟;厄塔是出色的神父兼我们前面提到过的人称阿特戈兹里德[①]的修道院院长。就这样,上述几位神父和国王一道到那个地区传播福音。人们非常乐意听他们讲道,每天都有不少显贵和卑微的平民抛弃邪恶的偶像崇拜,在信仰的圣水中受洗。

即使在彭达王的王国,即麦西亚王国里,如果有人愿意听讲福音,彭达王也不加阻拦;相反,他极端厌恶、鄙视他所发现的那些接受了基督教教育而实际上却不具备基督教德行的人。他说,这样的人不注意服从他们所信奉的天主,理应受人蔑视和厌恶。这些事在彭达王死前两年开始发生。但是后来,在基督教徒奥斯维继任国王时,彭达被杀。这一点我们在后面会谈到。上述四个神父中的迪乌马由主教菲南任命为麦西亚及高地英吉利地区的主教。之所以任命他兼任两地主教,是因为当时缺乏神父。迪乌马在短时期内为主赢得了当地的许多百姓,后来在高地英吉利人中间,在一个叫因弗平冈[②]的村庄里去世。切奥拉奇接替他担任主教,他也是苏格兰人,在此后不久就离职回到艾奥纳岛(苏格兰人在该岛上的一座修道院,是许多修道院的首脑)。接替他任主教的是特朗希尔,他在修道院生活的哺育下长大,十分虔诚。他是英吉利人,但由苏格兰人任命为主教。此事发生在伍尔夫希尔王在位时期,有关他的事迹我们随后还会谈到。

① 盖茨黑德(Gateshead),在泰恩河畔。

② 无法确定何处。很可能在麦西亚。

第二十二章

西格伯特王统治下的东撒克逊人听了切德的传教，重新接受以前抛弃过的基督教

与此同时，在奥斯维的坚决要求下，原来在赶走主教梅里图斯后抛弃了基督教[1]的东撒克逊人[2]重新接受了基督教。原来，该国的国王是奥斯维的朋友西格伯特[3]（他是绰号“矮个儿西格伯特”之后的国王）。西格伯特经常来到诺森伯里亚拜访奥斯维，他来时，奥斯维常说服他，要他理解，人工制作出来的东西不可能是神，神是不可能用木头或石头来制作的。木材或石头可以用来烧火或制作各种器皿供人使用，也可能被视为一文不值的东西扔在地上，任人践踏，化为尘土。而天主[4]，他说，则应该被理解为人们肉眼所看不见的，不可思议的君王，他是全能的、永存的；他创造了天地和人类；他毫不偏颇地统治着人们，公平地审理世上一切事务；应当相信，他的永恒的宫殿是在天堂里，而不在那些低劣和易灭的材料里：必须这样正确地理解，因为那些由天主创造的，了解天主的意志，施行天主的意志的人将从天主那里得到永恒的酬报。这样的一些和许多类似事情，加上奥斯维王对西格伯特王时常尽

① 上集第229页。

② 埃塞克斯。

③ 即“良善的西格伯特”，有别于东盎格鲁王“博学的西格伯特”（Sigbert the Learned），上集第413页。

④ 这部分读起来像是某一教令的摘录或者改写。

力进行的友好的而且可以说是兄弟般的忠告，再加上持相同意见的朋友的帮助，终于使西格伯特信受了。他在征求了随从的意见并得到他们的鼓励之后（他的随从一致赞同基督教），就在前面已提过的人称阿特沃尔[①]的国王庄园里与他们一道接受了主教菲南为他们所举行的洗礼。这个庄园起名为阿特沃尔，是因为它十分靠近罗马人先前用于保护不列颠岛的那道离东海十二英里的长城。

西格伯特王成为永恒王国的臣民后，回到了他自己的世上王座。他请求奥斯维王派给他一些导师，以便促使他们的百姓皈依基督教，并在赐福的圣水中为他们洗礼。为此，他派人到高地英吉利去召来神父切德，这位属天主的人，并另给一名神父陪同，然后把他们派往东撒克逊王国传播福音。在那里，切德奔忙各地，为主聚集了许多基督教徒。有一次，他离开家，到林迪斯凡教会与主教菲南面议。菲南发现，由于切德的努力，福音的传播事业十分成功，于是就召来另两名主教[②]，举行任命仪式，使切德成为东撒克逊王国的主教。切德接受了主教职务后回到他的地区，更有权威地完善他业已开始了的事业。他在许多地方建造教堂，任命神父和助祭帮助他在各地，特别是在撒克逊语中称为伊塞恩卡斯特[③]的城市和一个名叫蒂拉伯格[④]的地方传播信仰的福音和举行洗礼

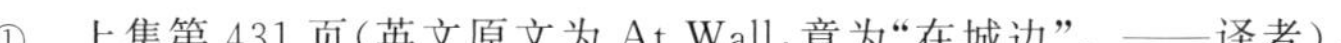

① 上集第 431 页（英文原文为 At Wall，意为“在城边”。——译者）。

② 他们一定是苏格兰—凯尔特主教。但是像西奥多所指出的在任命查德的过程中所存在的缺陷（第 4 章第 2 节），在切德的任命中并未被指出。

③ 罗马人称为奥索纳（Othona），在埃塞克斯的布莱克河（Blackwater）和克劳奇河（Crouch）之间的那块岬地，即现在的圣彼得斯昂沃尔（St. Petere's-on-the-Wall）上。

④ 蒂尔伯雷（Tilbury）。

仪式。这两地分别坐落在彭塔河[1]和泰晤士河畔。在这些地方，他聚集了大批基督的仆从，根据他们当时微弱的能力所能了解的程度，教导他们遵守修道院生活的规矩。

使国王及其全体百姓欣喜的是，上述地区的有关天堂生活的教育在相当长的一段时间内日益发展。其间，出于与所有善行为敌的那些人的本性，国王被他自己的同盟者暗害。下此毒手的是两个亲兄弟。当他们被问到出于什么动机而杀害国王时，他们只能回答：他们对国王感到愤恨，同他势不两立，因为国王对他的敌人过分仁慈，敌人一乞求，国王就温顺地准许他们做不法的事情。这正是国王的过错——他为此而被杀——因为他虔诚遵守福音书上的诫命。尽管这样，在他的无辜的死亡中——正像那位属主的人预先告诉过他的那样——他的一个真正过错受到了惩罚。原来，杀害他的一名家臣非法结合，主教无法准许，也无法使他改邪归正，便开除了这个家臣的教籍，而且命令所有愿意听主教话的人不得进入那个家臣的家门或吃他的饭。但是，国王无视主教的这一判决，接受了那个家臣的邀请，到他家中吃饭。国王离开他家时不巧遇上主教。他看见主教，吓得连忙跳下马来，栽倒在主教脚下祈求主教宽恕他的罪过。(原来，主教已经同国王同时跳下马来：他自己原也坐在马上)但是，他在愤怒之中把手里的棍子按在趴倒在地上的国王身上，以主教的威严训斥他说："告诉你吧，因为你无法节制自己，去了那可恶的罪人的家，你必死在那里。"不过，应该认为，这位虔诚人物的死，不仅洗刷了这样的一个过错，而且提高了他的功德，因为他是因遵循基督的诫命，为了他的仁慈而死的。

[1] 潘特河(Pant)或布莱克河。

在王国里继承西格伯特的是塞克斯鲍尔德的儿子斯威德赫尔姆。他也是由切德在东英吉利地区一个叫着伦德尔沙姆[①]即伦蒂尔斯特丁的国王庄园里为他洗礼的。东英吉利王埃塞尔沃尔德即该国前国王安纳的兄弟把他从圣水中引领了上来[②]。

第二十三章

主教切德从国王埃塞尔沃尔德那里得到一块建造修道院用地,通过祷告和斋戒把它奉献给主;他的去世(664)

这位属主的人在东撒克逊担任主教期间还经常为了劝诫的缘故回访自己的国家,即诺森伯里亚地区。当统治德伊勒人沿岸地区的奥斯瓦尔德王的儿子埃塞尔沃尔德发现这位主教神圣、明智而又高尚时,就请主教接受他赠送的一块赠地,用来建造一座国王本身能够在其中向主祷告、听讲福音、死后能够埋葬在里面的修道院。因为他确实地相信,在那里事奉天主的人每天进行祷告对他自己会很有好处。埃塞尔沃尔德王在朝中还跟着主教的同胞兄弟卡伊林。他对天主同样虔诚,曾向国王和朝廷宣讲福音,并主持信仰的圣礼(因他是一名神父)。正是由于他的介绍,国王才认识了主教并逐渐喜欢上他。主教答应了国王的请求,在荒芜的高山上选择了盖修道院的地点。看来这里与其说是住人的屋宇不如说是令人触目惊心的匪洞兽穴。正如以赛亚所预言的那样,"在野狗躺

① 萨福克(Suffolk)的伦德尔沙姆。

② 参阅上集第357页。

卧之处,必有青草、芦苇和蒲草”。[①] 这句话的意思是:在从前野兽出没,野蛮人居住的地方将结出善行的果实。

这位属主的人首先希望通过祷告和斋戒把他刚得到的这块地,从先前在那里所犯下的肮脏罪恶中净化出来。为了在那里给修道院奠基,他请求国王给他机会,批准他在即将到来的四十天大斋期里住到那里去祷告。除了主日这一天外,他在整整这些天里都按照习惯把斋戒延长到夜晚,然后除了吃一点面包、一枚鸡蛋和一些掺水的牛奶外,他甚至什么也没吃。因为,他说,教他过修道院生活的那些人[②] 有一种习惯,即每当新得到一块修道院或教堂用地时,他们都必须先通过祷告和斋戒把它奉献给天主。斋戒中,当四十天大斋期只剩下十天时,有人前来召他去晋见国王。但是,为了不让国王的事务打断这项虔诚的工作,他请求他的神父、同胞兄弟辛尼比尔继续这件业已开始了的善事。在他的兄弟欣然应允并专心致志地完成了最后的斋戒和祷告后,切德在这里建起了现在称为拉斯廷厄姆[③] 的修道院,并且根据林迪斯凡——切德是在林迪斯凡长大的——的作法,为它制定了教规教令。

就这样,他在多年的时间里一直担任上述地区[④] 的主教,同时还通过任命该院院长[⑤] 的做法兼管这座修道院。在那次发生致命疾病的时期[⑥],他来院视察,不幸染病死在院里[⑦]。起初他被埋葬

① 《以赛亚书》第35章第7节。

② 林迪斯凡的修士。

③ 靠近惠特比的拉斯廷厄姆。

④ 埃塞克斯。

⑤ 后来称“priors”。

⑥ 664年的瘟疫。

⑦ 惠特比宗教会议之后。

在院外，但到后来，那里用石头盖了一座纪念上帝的圣母的教堂，于是，他的遗体被取上来，安葬在祭台的右侧。

此外，主教死后，把这座修道院留给他兄弟查德治理。查德后来被任命为主教，这一点我们很快就要加以说明。原来，我们所提到的这四个亲兄弟切德、辛尼比尔、卡伊林和查德都是十分出众的主的神父（这实在是甚为罕见的）。其中有两人还担任了神职中最高的职务即主教。当主教去世并已被埋葬的消息在诺森伯兰地区传开时，他建在东撒克逊地区的修道院里有三十名兄弟离开自己的修道院来到拉斯廷厄姆。他们希望，如果天主应许让他们活着，他们就要生活在主教身边；如果必须死，他们也要埋在那里。这些人受到了他们的教友和战友的热情接待。接着，除了一个小男孩（这是众所周知的）得救于其父的祷告[①]外，其余的人全部由于落在他们头上的那场毁灭性的瘟疫而死在那里；这男孩在此后还生活了很长时间，致力于研读《圣经》，最后，他终于知道自己尚未从洗礼水中获得重生，于是立即在赐福圣水里接受了洗礼。后来，他又被晋升为神父，为教会中的许多人带来好处。关于他的事，我觉得有一点是不容置疑的：如我所说，由于其父的代祷，他才从死亡线上被拉了回来（他出于对父亲的爱而来瞻仰他的遗体），从而逃脱了永灭，使他能够通过自己的教义把生命和拯救的服务工作扩大到其他兄弟之中。

① 他的教父切德。

第二十四章

麦西亚地区在彭达王被杀后接受了基督教；奥斯维为所获取的这场胜利捐出财产和土地建造修道院(655—658)

当时，在遭受到上述多次提及的杀害他兄弟的麦西亚王彭达所发动的严重、残酷的侵略后，奥斯维王不得不最后答应：只要彭达王同意撤回国内，停止蹂躏甚至摧毁他的王国，他就向彭达王进贡无数价值昂贵的财宝礼物以换取和平。这个不信基督教的国王对奥斯维的要求置若罔闻，因为他已下决心彻底根绝和摧毁奥斯维的王国。于是，奥斯维转而求助于天主的怜悯，希望因此能把自己从野蛮敌人的凶残暴戾之中拯救出来。他发誓说："既然异教徒不知如何接受我们的礼物，我们就把它们送给理解我们的主、我们的天主吧。"于是，他起誓[①]，如果他战胜敌人，他就把女儿奉献给主，永为贞女，同时，还要划出十二块册封土地[②]用于建造修道院。誓罢，他就率领一支小小的军队准备投入战斗。总之，异教徒的军队据说有三十倍之众：它有三十个军团，装备精良，由出色的君王[③]担任指挥。奥斯维和他的儿子阿尔奇弗里德率领如我所说

① 参阅《士师记》第十一章第30节。

② (英文原文)bocland乃属盎格鲁-撒克逊译语，"册封"土地是由一本书即"册"来保证的，而不是根据部族的习惯法用"民权"(folk-right)来保证的。参阅奥曼第379页。

③ 盎格鲁-撒克逊文版中的伯爵(Ealdormen)和公爵(dukes)；爱尔兰年鉴中称reges和reguli。——普卢默

的那支虽为数不多但对他们的统帅基督却坚信不疑的军队向敌人进发——他的另一个儿子埃格弗里德当时正被扣留在麦西亚地区王后辛怀斯的宫殿里当人质。此外,本应站在自己同胞一边的奥斯瓦尔德之子埃塞尔沃尔德却站在敌人一边,成为即将对自己国家和叔叔进行作战的一名将领,虽然战争爆发时他按兵不动,静观事态发展。就这样,这两支军队相逢并厮杀在一起。结果,异教徒被打得死的死,逃的逃,三十名前来支援他们的君王的将领也几乎全部被杀,其中包括东英吉利安纳王的兄弟埃塞尔希尔——他当时正继承其兄的王位,是战争的主要煽动者①,他的士兵和同盟者也在战争中损失殆尽。由于这场战争发生在温沃伊德②河附近,当时雨量充沛,河水漫出河床,四处横溢,因此使淹死在水里的逃兵比在战斗中死在刀剑下的人还要多得多。

国王奥斯维于是感谢天主赐给他的胜利。遵照他向主所发的誓言,他把当时还不满周岁的女儿埃尔弗莱德献给主,永为贞女;此外,他把十二块小册封地也献了出来——这些地方可以为虔诚热心的修士们从事圣战、祈求祖国永久和平提供场所和机会,而不作为世俗的纷争之地了。这十二块地中有六块由他指定在德伊勒地区,另外六块在贝尼西亚地区。每块地有十户住家大小,总共有一百二十户住家大小。上述奥斯维王的女儿进入了一个叫赫路图③即哈特岛的修道院,被正式奉献给天主。当时,该院院长是希尔德,她于两年后在人称斯特利尼沙尔奇④的地方买下一块有十户

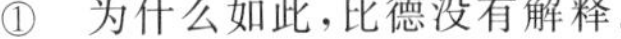

① 为什么如此,比德没有解释。

② 可能是靠近利兹的文特河或艾尔河。

③ 达勒姆(Durham)的哈特尔浦(Hartlepool)。

④ 惠特比。

住家大小的土地，在那里建起了一座修道院。在这座修道院里，奥斯维王的女儿，先是学习修道院生活的学生，后来成了指导修道院生活的导师[①]。这位神圣的修女直到整整五十九岁时才去世，与天上的新郎完婚。该院的圣彼得教堂里埋葬着她和她的父亲奥斯维、母亲伊恩弗莱德、外祖父爱德文以及其他许多高官显贵。奥斯维于他在位第十三年的11月15日，在利兹地区结束了这场战争，使两国人民得益不浅，因为他不但把自己的人民从异教敌人的铁蹄下拯救出来，而且在翦除了不信基督教的国王之后还把麦西亚和相邻地区的百姓引领到基督教的恩惠之中。

如前所述，麦西亚、林迪斯法拉斯和中英吉利的首任主教是迪乌马，他在中英吉利逝世后，就埋葬在那里。第二任主教是切奥拉奇，他在死前离开了他的主教区回到苏格兰。这两位都是苏格兰人。第三任主教是特朗希尔，英吉利人，但他接受的是纯粹的苏格兰人的教育，由苏格兰人任命为主教，他是英格特林冈修道院院长。我们前面已经记载过，英格特林冈正是奥斯温王被杀害的地方：他的亲属[②]奥斯维王王后伊恩弗莱德为了在某种程度上为奥斯温的不公正遇害表示赎罪，要求奥斯维王给一块地建造修道院，供上述天主的仆人特朗希尔使用，因为他也是被害国王的亲属。其目的是，可以不断地在这座修道院里进行祷告，以永远拯救这两位国王，即被害国王和下令杀害他的国王。在彭达死后的三年时间里，奥斯维王除了对南部地区各国外还对麦西亚拥有统治权[③]：

---

① 作为女院长。

② 远房堂(表)姐妹。

③ 作为诸王之盟主，上集第224页。

他还征服了大部分皮克特人，使他们效忠于英吉利人。

当时，他把据说有五千户住家大小的南部麦西亚王国划给上述彭达王的儿子皮达管辖，因为皮达是他的姻兄弟。南部麦西亚与有七千户住家大小的北部麦西亚以特伦特河为界。可是，皮达王据说由于王后出卖，就在次年春天的复活节里遭到了暗害。此外，在彭达王死后三年，麦西亚贵族伊民、伊发和伊德伯特发动了反对奥斯维的叛乱，把被他们秘密藏匿起来的一个年轻人即彭达王的另一个儿子伍尔夫希尔推上了王位。他们把外来国王奥斯维派来的官员统统赶走，不但大胆恢复了原有的自由，而且还恢复了原有的边界。于是，他们在自己的国王统治下自由自在地生活，愉快地事奉真正的国王基督，以便最终成为天堂中永恒王国的成员。伍尔夫希尔统治麦西亚达十七年之久。他的第一个主教是特朗希尔(上文提到过他)，第二个是贾路曼，第三个是查德，第四个是温弗里德。这四个人都是在伍尔夫希尔王在位期间相继担任麦西亚王国的主教的。

第二十五章

与来自苏格兰的那些人在复活节日期的问题上所进行的争论(664)

此间，菲南在艾丹主教被带离今世后已接替他接受了主教职位。菲南由苏格兰人任命并受他们派遣；在林迪斯凡岛上，他建造了一座与主教职位相称的教堂。不过，这座教堂是按苏格兰人的做法，用锯成的椽木而不是用石头建造的。屋顶也是用芦苇覆盖的。到了后来，最可敬的大主教西奥多为它举行了献堂仪式，以纪念圣彼得。但是，此地的主教伊德伯特却取下了芦苇，全部改用铅皮覆盖，就是说用铅皮覆盖屋顶和全部墙壁。

约在此时，出现了一场有关守复活节问题的长久而又热烈的争论。来自肯特和法兰西的人们一致断定，苏格兰人所守的复活节主日同普世教会的习俗大相径庭。这些人中，有一位叫罗南，他是正确复活节的有力辩护者。虽然他是苏格兰人，但他却在法国和意大利接受了完整的教会真规的教育。他同菲南的激烈争论纠正了许多人，同时也激发了许多人对事情的真伪进行更为认真的思索辨察。但是，罗南未能使菲南悔悟，相反，罗南的批评激怒了他（他性子急躁[①]），使他与真理公开作对。然而，一度是可敬的大主教波莱纳斯的助祭詹姆斯（如前所述），以及他以较妥当的办法进行教育的那些人，却能守正确的普世复活节。王后伊恩弗莱德和她的随从也是根据她在肯特看到的做法来守复活节的，因为她从肯特带出的一名叫罗马努斯的神父也是遵守普世做法。因此据说，当时出现了一年两次守复活节的事。当国王已经停止守斋，开始庆祝主的复活节时，王后和她的随从却仍在守斋和守棕枝主日。然而，在艾丹在世时，人们对这种有关守复活节问题的分歧，都能容忍。他们知道得很清楚，虽然他未能违背派他来的那些人的习惯进行复活节的庆祝活动，但他们根据所有圣人的习惯作法，努力实践信心、仁慈和博爱的事工。正因为这样，他理所当然地赢得了所有人甚至那些在复活节问题上与他持不同意见的人的爱戴：他

① 两人中谁性子急躁无法判定。

不但受到一般人的敬重，而且还受到肯特人荷诺里乌斯和东英吉利人费利克斯这些主教们的敬重。

但是，在继承文丹的菲南去世后，科尔曼（也是从苏格兰派来的）继任主教职务之时，在有关守复活节和其他一些教规问题上出现了更为激烈的争论：由于如此，这场探究自然导致许多人的不安和忧虑，唯恐自己现在或从前徒然奔跑[①]，空有基督教徒的虚名。这种争论也传到了国王们，即奥维斯王及王子阿尔奇弗里德的耳朵里。奥斯维王是在苏格兰人中间长大的，他接受苏格兰人的洗礼，且精通苏格兰语。他认为苏格兰人所教导的作法是再完美不过的。而阿尔奇弗里德却从师威尔弗里德，从他那里接受了基督教教育。威尔弗里德学识渊博，（因为他在为从事教会教育而第一次外出旅游时到过罗马，又和法兰西大主教达尔芬纳斯在里昂相处多时，并由他举行了冠冕式教会削发[②]仪式），因此阿尔奇弗里德知道，应该摒弃所有苏格兰传统，正确地选择威尔弗里德的学说，并因此而把因里庞[③]的一座有四十户住家大小的修道院送给威尔弗里德——因里庞由阿尔奇弗里德不久前送给遵从苏格兰人的那些人用以建造修道院。但是后来，由于那些人不得不作出抉择，他们宁可离开，交出这个地方，也不改变他们的习惯作法。于是王子便把这块土地赠送给他认为生活和教义都配得上的人。约在此时，上文提到过的[④]阿尔奇弗里德王和院长威尔弗里德的朋友、西

① 《加拉太书》第 2 章第 2 节。

② 仿王冠状，《马太福音》第 27 章第 29 节。凯尔特主教削头前的两耳之间的头发。

③ 里彭（Ripon）。

④ 上集第 357 页。

撒克逊主教阿吉尔伯特已来到诺森伯里亚地区,同他们共住一段时间。陪同阿尔吉伯特前来的是一位名叫阿加塞的神父。在阿尔弗里德的请求下,阿尔吉伯特任命威尔弗里德为上述他自己修道院的神父。鉴于有关复活节、削发式以及其他一些教会问题的争论被提了出来,双方约定在斯特利尼沙尔奇修道院(斯特利尼沙尔奇译出来的意思是"灯塔湾"[1],立誓献身于天主的希尔德是该院的女院长)召开解决这些争端的宗教会议[2]。出席这次会议的有两个国王,即上述的父子二人、主教科尔曼和他的苏格兰教士、主教阿吉尔伯特及神父阿加塞和威尔弗里德。站在主教阿尔吉伯特他们一边的有詹姆斯和罗马努斯;院长希尔德及其随从站在苏格兰人一边。站在这一边的还有我们前面说过的,很早以前由苏格兰人任命的可敬的主教切德,他在这次会议中还十分谨慎地为双方担任翻译。

奥斯维王先做预备发言。他指出,那些一致事奉天主向往同一天国的人,应该遵从同一生活规则,举行天国圣礼时切不可各搞一套。相反,他们应该探讨出什么是更正确的传统,然后大家共同遵行。他先是命令他的主教科尔曼申明他遵从的是哪种作法,其来源何在,经何人传授。科尔曼说:"我所习惯遵守的复活节是我从派我到这里当主教的长辈们那里接受的。人们知道,天主所宠爱的人,我们所有的教父,都照这同一作法庆祝复活节。没有人

① 有关 Strenaeshalc,Streanaeshalch,Whitby 的语源问题众说纷纭。至于 farus 一词,请参阅上集第 54 页。

② 教会系统中教阶不一的人的集会(Concilium mixtum),会议由国王主持,国王宣布议题和所通过的决议。富勒在《教会史》第 91 节里指出"在这个会议或便餐(随你怎么叫都行)中"。

认为遵守这种作法是无足轻重、可以推翻的。如我们所读知，主特别宠爱的门徒、神圣的福音书作者约翰和他领导下的所有教会都是遵从这一作法的。”他说了这些以及诸如此类的话后，国王命令阿吉尔伯特当众说明他采取哪一种作法，渊源于何处，有何典籍为据。阿吉尔伯特回答说：“我恳求您，让我的门徒威尔弗里德神父在这里为我说明这个问题。因为我们两人与坐在这里的追随教会传统的所有其他门徒，看法完全一致，而且比起得靠翻译的我来说，他可以用英语这个语言把我们的意思表达得更好更清楚。”威尔弗里德受国王之命后说：“我们已经看到，我们所遵守的复活节是所有罗马人所信守的，而罗马是使徒彼得和保罗曾经生活和传教的地方，也是他们殉道和埋葬的地方。我们注意到，整个意大利和法兰西都采取与此相同的守法，而我们曾为了祈祷和追求知识经过这两个国家。我们还发现，在非洲、亚洲、埃及、希腊和世界上其他凡有基督教会存在的国家里，不管他们用的是哪一种语言，都毫无例外地按同一时间顺序，采取这种守法。只有那些人，那些固执的人——我指的是皮克特人和不列颠人而且并非全部的皮克特人和不列颠人——作为两个最边远海岛上的土著居民，令人可笑地与整个世界作对。”科尔曼对此反驳说：“我很惊讶，你把我们的努力轻率地说成‘令人可笑’，我们所努力仿效的，是这样一位杰出的使徒，他配得上倚靠在主的胸膛上，因为全世界都认为他所过的一生是再贤明不过的。”对此，威尔弗里德说：“天主不允许我们把约翰按字面意义遵循摩西律这件事说成‘令人可笑’，这是与当时的教会在许多事情上仍然效仿犹太人的做法、使徒们（就所有信基督教的人不得不放弃魔鬼发明的偶像这一点来说）不能立刻完

全服从天主所制定的律法，以免，确实，得罪住在外邦人中间的那些犹太人的事实相一致的：正是出于类似的考虑，保罗给提摩太[1]行了割礼，进殿献祭[2]，并与百基拉、亚拉居在坚革哩剪了头发[3]。确实，其唯一的目的在于不冒犯犹太人。也正是出于这种考虑，雅各对保罗说[4]：'兄台，你看犹太人中信主的有多少万，并且都为律法热心。'尽管这样，由于福音书的光芒已经普照全世界，基督教徒们如果再行割礼或者再用牲畜向天主献祭，不仅没有必要，而且是违法的。所以，根据律法习惯，约翰在正月十四晚开始庆祝复活节而不管它是安息日还是星期中的其他日子。但是事实上，在罗马[5]传教的彼得记得，主是在安息日后的第一天从死亡中复活从而给全世界带来复活希望的。根据他的理解，必须这样来守复活节：按照习惯和《律法书》的诫命，他（甚至像约翰那样）守候正月十四晚的月出，如果第二天是主日（当时人们称之为安息日后的第一天），那么他就像我们今天所做的那样，在当天晚上开始守主的复活。但是，如果主日不是阴历十四后的第一天，而是阴历十六或十七或二十一前的任何一天，那么他就等待那个主日，一直等到主日前的安息日晚上，他开始举行复活节的最神圣仪式。因此，只能在阴历十五至二十一之间守复活主日，而不能是别的日子。福音书和使徒们的这一传统并没有违背《律法书》；相反，它履行了《律法书》。因为《律法书》中规定，必须在阴历正月

① 《使徒行传》第16章第3节。

② 《使徒行传》第21章第26节。

③ 《使徒行传》第18章第18节。

④ 《使徒行传》第21章第20节。

⑤ 罗马守复活节的做法并非一成不变。罗马曾改变过其周期及复活节期限。至于圣彼得遵循的规则，威尔弗里德所说的大都无法证实。布莱特，第81页。

十四晚至二十一日晚庆祝逾越节[1]。圣约翰死后，他在亚洲的继承人以及世界各地的教会都改从这个守法。(教会史证明)这一点并非尼西亚会议新制定的。这个会议只是肯定，它是一切信徒应该庆祝的唯一正确的复活节。因此，很清楚，我的科尔曼阁下，在你们的复活节守法上你们并没有(像自己所想象的那样)仿效约翰，又没有仿效彼得(对彼得的传统你们采取有意抵制的办法)，你们既违背了《律法书》，又违背了福音书。因为，约翰守复活节的时间是根据《律法书》的命令，并不考虑它是否为安息日后的第一天，这一点你们不仿效，你们总是在安息日后的第一天守复活节。彼得在阴历十五至二十一之间庆祝主的复活节日，这一点你们不仿效，你们总是在阴历十四和二十之间守主的复活节日：所以，你们经常在阴历十三晚上开始庆祝复活节，这一点在《律法书》中从来没有提到，而主，福音书的作者和赐予者并不是在这一天，而是在十四日晚吃旧时的逾越节的宴席，他也不是在这一天而是在十四日传下《新约》中所记载的为教会所庆祝的、用以纪念他受难的圣餐仪式。同样，你们还把《律法书》中明确规定应该庆祝的阴历二十一完全排除在你们的复活节庆祝活动之外。因此，如我所说，你们在守最高节日方面既违背了约翰，又违背了彼得；既违背了《律法书》，又违背了福音书。”

科尔曼对此反驳说：“难道你认为写下应该在阴历十四至二十庆祝复活节的在教会史上备受赞扬的圣人阿纳托里乌斯[2]的想法，真像你所断言的那样，与《律法书》和福音书相违背吗？谁

① 在犹太历中此节为一年的开始，约在3—4月间。——译者

② 参阅本卷第三章。

能相信按同一作法守复活节的、天主所宠爱的我们最可敬的教父哥伦巴及其继承人的想法和做法也与《圣经》背道而驰呢？鉴于他们中的许多人已被上天的迹象以及他们所展现神迹异能证明为神圣的，又由于我坚信他们是圣人，所以我才不断地模仿他们的生活、作法和教风。”

“确实，”威尔弗里德说道，“众所周知，阿纳托里乌斯是一位地地道道的圣人，他学识渊博，值得称道；但是，既然你们并不遵循他所定下来的规矩，他同你们又有什么关系呢，因为阿纳托里乌斯以十九年为一周期[①]，他在复活节问题上所遵循的规则毫无疑问是正确的。对这一点或许你们一无所知，或许纵使你们知道，但是，虽然它被整个基督教会所严格遵循，你们还是把它看得无足轻重。阿纳托里乌斯是这样地把阴历十四计算为主复活节的：他仿效埃及人的作法，允许把阴历十四晚当作十五日。同样，他是这样把二十日定为主复活节的：他把当日日落后算作二十一日。你们有时完全在月圆之前即十三日守复活节，这一点充分说明你们对他所立的规矩和所作的区别一无所知。此外，至于你们的教父哥伦巴及其门徒，你声称，你继承了他们的圣洁，遵循了他们的规矩和诫命，因为那些是由上天的迹象所证实了的。对于这一点，我本来可以回答说，在最后审判的日子里，当许多人对主说[②]他们是奉主的名预言、奉主的名赶鬼、奉主的名行许多异能的时候，主会说，他从来不认识这些人。不过，我绝不会把你们的教父说成是这样

① 决定复活节满月在哪一天来临的周期。苏格兰人仍依 84 年为一轮的旧周期制。

② 《马太福音》第 7 章第 22 节。

的人，因为把我们不了解的人想象得好一点比想象得坏一点要公正得多。我还因此不否认，他们是天主的仆人，为天主所宠爱，因为他们热爱天主，这种爱虽然朴素简单，但毕竟是真心的。我还认为，在没有人告诉他们必须遵从的、有关更完美作法的教会时，他们这样守复活节不应该引起多大偏见。我确实相信，如果当时有一位普世教会的计算家来到他们这里，他们也一定会像服从他们所了解所学到的天主的命令那样，听从他的劝导。但是，至于你和你的同伴们，如果你们听到了罗马教会的教令，不，应该说是《圣经》所肯定的普世教会的教令而仍然不屑服从的话，那么毫无疑问，你们是犯了罪的。因为，虽然你们的教父是一些圣人，可是难道说我们能够把这些来自天下最边远岛屿上的某一角落里的区区几个人，置于遍布世界各地的普世基督教会[1]之上吗？即使你们的教父哥伦巴（当然也是我们的教父，如果他是属于基督的话）神圣而伟大，难道就可以把他独置于最神圣的使徒之首的上面吗？天主对他是这样说的[2]：'你是彼得，我要把我的教会建造在这磐石上。阴间的门，不能战胜她。我要把天国的钥匙交给你。'"

威尔弗里德就这样结束了他的讲话。接着，国王说："科尔曼，我主果真对彼得说过这些话吗？"这位主教回答说："确实说过，国王陛下。"国王对此说道："你能不能出示你们的哥伦巴被赋予任何这样特殊的权力呢？"主教回答："不能。"国王又说："你俩是否一致相信，主曾针对彼得说过这些话，而且还把天国的钥匙交给了他呢？"他们回答说："当然，我们一致相信。"国王于是作了如下总结：

① 根据格言"Securus iudicat orbis terrarum（普世和睦）"。

② 《马太福音》第16章第18节。

"我告诉你们,我可不得罪这样一位看门人;相反,既然我知道了这一点而且手中有权,我要争取在所有问题上听从他的命令,以免当我到达天国的那些大门前时,那个被证明为掌握钥匙的人不快,没有一个大门对我敞开。"

国王说完这些话之后,所有的人,不管是坐着的还是站在一旁的,不管是地位较高的还是随从前来地位较低的,都表示赞同。他们在放弃了先前的那些不完美的习俗后,迅速地转而信从他们已得知是较为完美的习俗。

第二十六章

科尔曼在论战失败后回家;图达接替他任主教;在那些导师教诲下的教会的生活风气(664)

在这样结束了争论、解散了会议之后,阿吉尔伯特回家去了[①]。科尔曼因自己的教条受到谴责,自己的教派受到了批判,就随带了几个愿意追随他的人即拒绝接受普世复活节和冠冕式发型(因为有关这件事,也有过极大的争议)的那些人回到了苏格兰,打算与他的同胞们[②]商量应付这些问题的办法。切德在不再跟从苏格兰人之后,重返他的教区,因为他接受了普世复活节的守法。这场论争发生在主历664年,即奥斯维二十二年,不过是苏格兰人开始在英吉利人地区被任命为主教后的第三十年:这三十年中,艾丹

① 回法兰西。

② 在艾奥纳岛的那些人。

占十七年，菲南占十年，科尔曼占三年。

科尔曼回国后，接替他担任诺森伯里亚主教职务的是曾经在南部苏格兰人[①]之间接受教育，并被他们任命为主教的基督的仆人图达。他仿效那个地区的做法，削圆冠状教会发式，遵守复活节日期的普世规则：他崇高、神圣，但治理教会的时间很短。他在科尔曼仍然任主教期间从苏格兰到这里，致力言传身教那些符合真正信仰的道理。此外，在苏格兰人离开后，十分可敬而又温顺的伊塔担任了修道院院长，统辖那些自愿继续留在林迪斯凡教会的兄弟教友们。他原先就是梅尔罗斯修道院院长。据说这是科尔曼离开前恳求国王答应的。因为伊塔是艾丹的十二门徒之一——艾丹初来担任主教时，从英吉利人中挑选出这些人，以便在基督里养育他们：奥斯维深爱科尔曼主教，是因为科尔曼有天生的智慧。这位伊塔不久后就被任命为林迪斯凡教会主教。科尔曼在启程回国时还带回了最可敬的教父艾丹的部分遗骸，而把另一些遗骸留在他治理过的教堂[②]里，并嘱咐把这些遗骸安放在教堂的圣器收藏室里。

科尔曼和他的前任们是多么节俭，又是如何努力禁戒各种享乐，这一点，甚至连他们曾经简朴地治理过的地方都可以作证。这里，在他们离开时，教堂附近没有几座房子，就是说，除了那些维持普通生活方式所不可或缺的住宅外，再也没有其他房子。他们没有金钱，只有牲畜，因为他们一旦从富人那里得到一些金钱，就立即把它分发给穷人。这是由于，他们不需要积聚什么金钱，也不需

① 在爱尔兰南部。

② 林迪斯凡。

要提供什么住宅来招待此世上的权贵——这些人除了来祷告和听取《圣经》外不上教堂。国王自己在必要的时候只带五六个人前来,祷告结束后就离开了。不过,如果他们偶尔在那里吃点东西提神的话,他们也仅满足于兄弟们那简单的家常便饭,而没有进一步的要求。因为在当时[①],这些导师们的全部愿望在于事奉天主而不是事奉世人,他们一心一意要抚慰的是心灵而不是肚腹。因此,在当时,甚至连信教的人们的习惯都受到了极大的尊重,以致不管教士或修士走到哪里,人们都会像欢迎天主的仆人那样高兴地欢迎他;不管他到哪里去,人们都会跑到他面前,向他下跪,高兴地让他给划十字[②]或予以口头祝福;同时,他们还会热心聆听他的教诲。此外,到了主日,人们总是急切地成群结队地到教堂或修道院去,为的是聆听《圣经》,而不是饱食一餐。如果有神父偶然外出到了乡村里,村民们就会立即汇集到他的身边,坐下来请他宣讲生命的福音:神父或教士除非是为了传教、洗礼或探望病人,一句话,除非是为了拯救灵魂,是不会到乡村里去的。他们这些人经历过如此磨炼而丝毫未沾染上贪欲的恶习,如果不是出于世上权势人物的意志,他们中不会有人拿走一片土地或一点财产用于建造修道院。这种习惯以后在诺森伯里亚教会里一成不变地保持了多时。不过,关于这些问题,我们就叙述到这里为止。

① 与比德自己所处的时代相比。这一点从他写给约克大主教埃格伯特的信中(734 年)可以看出。

② 即 Signaculo dominicae crueis。

第二十七章

英吉利圣人埃格伯特在爱尔兰当修士(664—729)

同年,即主历 664 年 5 月 3 日[①]的第十时辰前后发生了日食:这一年突然发生了一场毁灭性的瘟疫[②],先是毁灭了不列颠的南部地区,接着又侵袭诺森伯里亚地区,然后迅速漫延,持续多时,使无数人陷入惨遭毁灭的境地。在这场灾难中,上述主的神父图达也被带离尘世,被隆重地安葬在一座名叫佩格纳莱奇[③]的修道院里。这场灾难还使爱尔兰同样遭到了浩劫。当时在这同一地方,有许多英吉利平民和贵族,他们于菲南和科尔曼任主教时期就离开自己的家乡岛屿到那里攻读宗教经典或过更加节制生活。他们中的一些人毫不犹豫地献身于修道院生活,而另一些人则宁可周游于各地的修道院的学校[④],欣然读书。苏格兰人对这些人都给予热情款待,并且热心无偿地为他们提供日常食品和教学用书。

在这些人中间,有两个很有才干的出身于英吉利贵族的青年,他们是埃塞尔汉和埃格伯特。前者是埃塞尔温的兄弟。埃塞尔温是天主同样宠爱的人物,在以后的日子里也到爱尔兰学习。他在接受了良好的教育后回到自己的国家,成为林赛地区的主教,体面

① 应是 5 月 1 日。

② 七世纪中最为猖獗的一种瘟疫,世人知之为"黄疫"。

③ 无法确知,但也许是位于兰开夏郡和柴郡边界上的惠利。

④ 爱尔兰修道院有固定的教学人员,所教的课程有语法、几何、物理和《圣经》。——普卢默

地管理了教会很长时间。这两位青年，当时住在苏格兰语中称为拉思梅尔西基[①]的修道院里。他们的所有同伴有的被这场大规模的死亡带离了尘世，有的已流散各地。他们两人也同样染上了这一致命疾病，惨遭折磨。他们中的埃格伯特（我从一位十分值得信赖、可敬的年长神父那里得知这件事，他对我说，埃格伯特曾亲口对他讲述了这个故事）认为自己已经不久于人世了，于是一大早就离开通常作为病人卧室的自己的那个房间[②]，独自坐在一个方便的地方，开始仔细地反省自己过去的生活。当他回忆起自己的罪过时，难过得泪流满面。他由衷地恳求天主，在他有机会更全面地改正自己在少年和童年时代犯下的过失或更充分地行善之前，不要让他就死去。他同时发誓说，他愿意永远过这样一种朝圣生活，以致永不回到自己的出身地，即不列颠岛；而且，除了在规定的时间里进行通常的礼拜外，只要身体虚弱不妨碍他，他每天都要从头至尾地背诵《诗篇》[③]，以温习对天主的颂词；同时，每个星期他还要守斋一天一夜。他流了眼泪，作了祷告并起了誓后就回到屋里，发现他的同伴已经入睡，于是也上床休息。他刚休息了一小会儿，他的同伴醒了过来，望着他说："啊，埃格伯特兄弟，你究竟做了什么事情啦？我希望我们俩一同进入永生，但是现在，你知道你的要求将得到满足。"这是因为，他的同伴通过一个异象得知埃格伯特提出了什么请求，并且得知他的请求得到了满足。长话短说，埃塞尔汉次日晚离去了，而埃格伯特却战胜了疾病的折磨，恢复了

① 无法确知何处。

② 修道院修养所。

③ 经常作为苦行的手段。

健康。他此后又活了许久。在成为主教后，他以配得上他职业的生活为他的教区平添异彩。他行了许多善事后，如自己所希望的那样，在近来即主历729年他九十岁时才到天国去。他过的是尽善尽美的生活：谦卑、温顺、自制、纯朴、公正。因此，他使自己的人民以及他旅居国的人民即皮克特人和苏格兰人获益不浅——他树立生活榜样，孜孜不倦地教诲，威严地惩罚，慷慨地把从富人那里收到的礼物赠送出去。除了履行前面提到过的誓言外，他还履行了其他一些誓言。例如，在大斋期里他一天吃饭绝不超过一餐。吃饭时，他只略进些面包和非常淡的牛奶，而且还有一定的吃法：就是说，他总是提前一天把鲜牛奶装在小瓶子里，过夜后撇除了奶油再把剩下的部分喝下，同时，如我们所说，配少量的面包。就像在圣灵降临节后即复活节过后五十天他开始这样守斋许多天那样，他在圣诞节前也认真地这样守了四十天斋。

第二十八章

图达去世后，威尔弗里德在法兰西，查德在西撒克逊人中被任命为诺森伯里亚主教(665)

其间，国王阿尔奇弗里德派神父威尔弗里德到法兰西王[①]那里，目的是使威尔弗里德能被正式任命为他和他的王室的主教。法兰西王于是把威尔弗里德送到我们曾经提到的，在离开不列颠后被授予巴黎主教职务的阿吉尔伯特那里，请他任命。于是，他在

① 克洛赛尔(Clothaire)二世，西部法兰西的纽斯特里亚的国王。

人称贡比涅的国王庄园里为威尔弗里德举行了隆重的授圣职仪式,当时有好几位主教聚集在那里。在威尔弗里德为接受任命而在海外逗留期间,奥斯维王仿效他的儿子的大胆作法,派了一位行为高尚的圣人到肯特去,让他在那里受命为约克教会的主教。这个人不但精通《圣经》,而且还努力实践他在《圣经》中所学到的应该加以履行的教导。他就是神父查德,也就是我们曾多次提及的最可敬的主教切德的兄弟、人称拉斯廷厄姆的修道院院长。国王还派自己的神父伊德赫德一道前往,他后来在埃格弗里德王当政时被任命为里彭教会主教。但是,他们到达肯特时,发现大主教多斯德迪特已经去世,还没有人被指定接替他的职务。于是便转到威尼在那里任主教的西撒克逊地区,由威尼正式授主教圣职给查德。陪同并协助威尼举行任命仪式的是两个不列颠人(不列颠人,如以前多次所说,在阴历十四至二十之间庆祝主的复活日,与正统的规则相悖[①])。原来,当时在整个不列颠,除威尼外再没有其他按正统方式任命的主教[②]。查德一被正式授予主教圣职,就立即热心地维护正确的教规和纯洁的教条,并且开始一心节制,一意苦读,诚心地谦卑恭顺。为了传播福音,他经常像使徒那样不是骑马而是徒步地拜访各市镇、乡村、小屋和农舍:作为艾丹的门徒之一,他模仿艾丹和自己的兄弟切德,以与他们同样的品行和生活方式努力教育他的会众。威尔弗里德成为主教后也回到了不列颠,通过教授,为英吉利教会引进了许多普世遵循的规则。因此,随着普

---

① 这里用 Secus 表示 contra。这两个主教很可能来自康沃尔(Cornwall)。布莱特第 222 页。

② 还有由荷诺里乌斯任命的邓尼奇主教博尼费斯。参阅第 3 卷第 20 章。

世做法的日益普及，居住在英吉利人中间的苏格兰人，一部分改从普世做法，而另一部分则回国去了。

第二十九章

神父威格哈德被从不列颠派到罗马接受大主教任命；他在罗马去世；不久教皇写来一封信说明此事(667)

这时，最有名望的英吉利王即诺森伯里亚王奥斯维和肯特王埃格伯特，在共同探讨改进英吉利教会现状的办法后(因为，奥斯维虽然在苏格兰人中间长大，但此时已经确切知道罗马教会是普世使徒教会)，经神圣的英吉利教会的同意和挑选，召来一位名叫威格哈德的神父[1]，他是多斯德迪特主教手下的教士，一个善人，配得上当主教。他们把他派到罗马去接受主教任命，其目的是，他在担任大主教后，能够为整个不列颠的英吉利各教会任命普世主教。

但是，到达罗马后的威格哈德还没有来得及被授予主教圣职，就不幸逝世。于是奥斯维收到了寄来不列颠的如下一封信：

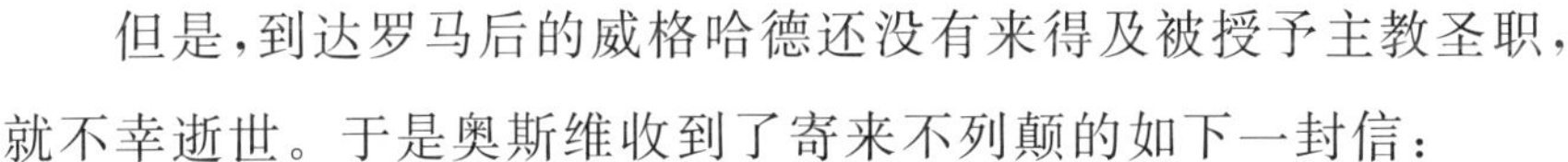

“天主的众仆之仆、主教威塔利安致杰出的陛下，我的儿子撒克逊王奥斯维。[2]

“我收到了陛下满怀希望的来信，拜读后觉得您虔实笃信，对永生追求热烈。鉴于您在主的右手的保护下已经皈依真正的使徒

① 不是修士。

② 657—673 年的教皇。

信仰，我希望您在将来，能够像现在治理着您自己的人民那样，与基督共治。您的人民配得上您这样一位明智并向往着天主荣耀的国王，实在有福：您不仅自己敬拜天主，而且还日夜学习，为的是让您的全体臣民皈依普世使徒信仰，以此换得自己灵魂的赎救。听到这个令人愉快的消息，谁不感到欣喜呢？了解到这些虔诚的德行，谁不欢喜雀跃呢？由此观之，您的国家也已经接受了基督——全能的天主，正如《以赛亚书》[①]中所记载的神圣的先知所启示的那样，'到那一日，耶西的根将立作万民的大旗。列邦必将寻求他'。还有：'诸岛屿啊！当听我言。远方的众民哪，留心而听'；接着他又说：'你做我的仆人，使雅各众支派复兴，使以色列遗留下的人归回，尚为小事，我还要使你作外邦人的光，使我的救恩，远到地极'；他又说：'列王必要见而起立，诸侯必要见而下拜'；紧接着他又说：'我要使你作为人民的中保，复兴国家，分得荒芜的产业。又对那被捆绑的人说，你们出来罢。向黑暗中的人说，你们出现罢'；他又说：'我，主，凭公义召你，必搀扶你的手，保护你，使你做民众的中保，作外邦人的光，开启瞎子的眼目，领被囚的人出牢狱，领坐黑暗的人出监牢'。看见了吧，最杰出的儿子！不仅您，而且所有的国家都将信奉基督——万物的创造者，这一点，通过先知的断言，比白昼更明瞭。因此，陛下您现在作为基督的一名成员，不管在任何时候，在任何问题上，都必须遵从使徒之首的神圣规则。不管是在守复活节问题上，还是在圣彼得和圣保罗所托付的一切事上，都应遵从这些规则。这两位圣徒的信条日夜照耀着教徒

① 《以赛亚书》第 11 章第 10 节；第 49 章第 1、6、7、8 节；第 13 章第 6、7 节。

们的心，犹如自然中的两个光体[1]照亮大地一样。”

他就有关世界各地庆祝同一正确的复活节问题说了一些话后，接着又说：

“最后，是关于您在信中提到的一位善于学习和具备各种主教[2]品质的人选问题，因为与您相距这么遥远，目前一时还找不到；毫无疑问，一旦我找到一位具有这种品性的适当的人选，我将在叮嘱他后，派他到您的国家去。这样，由于他的传教和神圣的启示，他可以按天主的意志把敌人的稗子从全岛上彻底根除掉。陛下您送给神圣的使徒之首的作为永久纪念他的礼物，我已经收到，谨此向陛下您表示感谢。我和基督的教士们一道，不断祈求天主保佑陛下。与此相应的，那个带来这些礼物、已被带离尘世的人[3]被安葬在使徒教堂里；我对他在这里的离世表示深切哀悼。我已经设法使圣人的恩典即圣徒彼得和圣保罗，殉道圣徒劳伦斯，约翰，保罗以及格雷戈里和潘克拉斯[4]的遗物交到您的信使即我这封信的持信人的手中。这些遗物都将一定送到陛下您的手里。此外，我还通过您的信使转送给王后陛下[5]，我的属灵的女儿一个十字架，这十字架上带有从圣彼得和圣保罗的最神圣的链上拆下来的金钥匙。我了解她的虔诚的热情，整个罗马教会和我一道为之如此欣喜，正如她的高尚德行在天主眼里是如此芳香艳丽一样。我因此恳求陛下您按照我的意愿迅速把您的整个岛屿奉献给天主基督：

① 即太阳和月亮。——译者

② 诸位国王是要求教皇为威格哈德祝圣，还是像教皇信中的含意那样，要他找一个合适人物为他祝圣？

③ 威格哈德。

④ 戴克里先大迫害时期（304 年）殉难。

⑤ 肯特的伊恩弗莱德。

毫无疑问，您在这一点上将不乏我主耶稣基督——人类的救世主作为保护人，他将使您一切兴旺，使您发展许多新教徒，使您在那里确立起普世使徒信仰。因为有记载[①]：'你们要先求他的国，和他的义。这些东西都要加给你们了。'毫无疑义，陛下您追求过他的国和他的义，并且实现了自己的愿望，所以，如我所希望，您的所有岛屿都将归您管辖。我因此以慈父般的爱向陛下您致意。我将不断祈求仁慈的天主在所有善行上惠助您和您的百姓，祈求您在来世能够与基督共治。愿上天的恩惠保佑陛下您平安！"

在下卷中我们将有更适当的场合说明究竟谁被找来代替威格哈德接受主教圣职。

第三十章

东撒克逊人在发生致命疾病的时期重新崇拜偶像，但由于他们的主教贾路曼的敦促，他们很快就纠正了错误(665)

约在此时，继我们前面提到过的斯威德赫尔姆之后统治东撒克逊的是西格希尔和塞比两位国王，尽管他们同时又是在麦西亚国王伍尔夫希尔管辖之下。西格希尔和他治下的人民，在这个地区受到上述致命疾病的侵袭后，抛弃了基督教圣礼，走上了背教的道路。原来，只爱现世，不向往来世，甚至根本不相信有来世存在的国王本身、平民和贵族们着手把原已遗弃的庙宇重新修建起来，拜起偶像，好像他们因此能够得到保护从而不得那种致命疾病似的。此

① 《马太福音》第6章第31节。

外，西格希尔的同伴，王国的共同继承人塞比连同他治下的那些人却始终笃信他们已经接受了的基督教。我们在后面会详细地叙述到，塞比在巨大的幸福中结束了自己虔诚的一生。国王伍尔夫希尔获悉那个地区，即那个部分地区的基督教受到亵渎后，为了纠正他们的过错，把整个地区召回到真正的信仰中来，向他们派出了特朗希尔的继承人、主教贾路曼。贾路曼小心谨慎地处理这个问题（告诉我这件事的是一位曾经帮助他传播福音并且在旅途中照料他的神父：他也是虔诚而高尚的人物），他走遍各地，把该地区人民及上述国王重新引导到公义之道上来。于是，那个地区的人民在抛弃并且摧毁了先前建造起来的庙宇和祭台之后，开放了教堂。他们乐意地表明信仰他们曾一度否定过的基督的名，宁可怀着复活的信念在基督里死去，也不愿在偶像的包围中，在不信的污秽里生活。神父们在成功地做完这些事情之后，和他们的导师一道，欢欢喜喜地回到了自己的家园。

上集到此结束

第四卷

第一章

多斯德迪特死后，威格哈德被派往罗马接受主教任命；但他在罗马刚一去世，西奥多便被任命为大主教，并和修道院院长哈德良一道被派往不列颠（664—669）

记载着发生上述日食，紧接着又发生一场瘟疫的那一年，即科尔曼主教在天主教徒一致裁决下回到他的同胞之中的那一年的7月14日，坎特伯雷教会的第六任主教多斯德迪特去世。此外，肯特王厄康伯特也于同月同日去世，把王位传给儿子埃格伯特，埃格伯特接受了王位，并且保持了九年时间。那时，主教职位已空缺了相当长的一段时间[①]后，埃格伯特和诺森伯里亚的奥斯维王共同派精通教会教规的英吉利人、神父威格哈德去罗马（我们在上卷中已简单提到），希望他能被任命为英吉利教会大主教。同时，他们还给教皇送去了大量的金银器皿作为礼物。威格哈德在维塔利安统治罗马教会时抵达罗马，他向该教皇汇报了他此行的原因。过后不久，他及其几乎所有的随从人员都突然染上瘟疫死去。

① 从664年7月至669年5月西奥多抵达坎特伯雷为止。

因此，教皇在与人商量了这件事后，仔细征询他可派谁去出任管理英吉利各教会的大主教。那时，在距坎帕尼亚的那不勒斯不远处有个尼里丹修道院，院长哈德良出生于非洲，他除了在修道院院规和教会教规方面训练有素并且精通拉丁语和希腊语外，还具有精确的圣学知识。教皇把他召来，要他接受英吉利主教职位，前往不列颠。但是，他回答说，他根本不配担任这么高的职务，不过他可以指出一个无论从学识或年龄来说都更适宜担任主教职务的人选。于是，他向教皇推荐了一个名叫安德鲁的修士，他就住在附近的一座女修院里。所有认识他的人都认为他配得上担任主教职务，可是他病体虚弱，无法指派他担任此职。因此，哈德良再次被要求出任主教，但他希望暂缓一段时间，他想也许最终能找到另一个更合适的主教人选。

就在此时，在罗马有一个与哈德良相识的修士，名叫西奥多，出生于奇里乞亚的塔尔苏斯，年龄六十六岁。他通晓圣学和世俗学，精通希腊语和拉丁语，品行兼优，年高望重。哈德良把他推荐给教皇。教皇同意任命他为主教，但首先以下面这些为条件：哈德良必须亲自把他带到不列颠，因为他曾两次到过法兰西的许多地方去完成各种使命，因此对完成这次旅行定有更丰富的经验，而且他还拥有足够多的自己的侍从[①]；此外，作为西奥多的长期的布道助手，哈德良还应该认真注意使西奥多不致按希腊人的做法[②]把任何与真正信仰相悖的东西带入他所管辖的教会。西奥多被任命为副助祭，又过了四个月直到他的头发长全，以便于能把它剃成冠

① 即自己的奴隶，这些人可节省开支。

② 或许是因为关于一志论争论的缘故。布赖特，第220页。

状式，因为在此之前他按东方人的作法[1]留圣保罗发式。他于主历 668 年 3 月 26 日（主日）接受教皇维塔利安的任命，5 月 27 日在修道院院长哈德良陪同下被派往不列颠。他们一道从海路来到马赛，接着又从陆路到阿尔勒，把教皇维塔利安的推荐信交给阿尔勒大主教约翰，他把他们挽留下来，让他们一直住到国王[2]宫殿总管埃布罗恩发给他们安全通行证以确保他们通行无阻。得到通行证后，西奥多启程前往巴黎主教阿吉尔伯特处（我们已提及），并且受到了他的友好款待，留下来住了多时。哈德良自己先去桑斯的主教埃姆那里，接着又去莫城的主教法罗那里，并在他们照料下停留了许久。冬天即将来临，迫使他们安闲地在他们所找到的这个方便处所逗留下来。这时，埃格伯特王从可靠的报信人那里得到消息说，他们[3]要求罗马教皇委派的主教确实正停留在法兰克人的王国里，于是，立即派地方官雷德弗里德去把他接来。雷德弗里德到法兰克后经埃布罗恩同意，把西奥多带到一个名叫昆塔维克[4]的港口。在那里，西奥多因病又滞留了一段时间。他刚一开始康复就启程驶往不列颠。但是，由于埃布罗恩怀疑哈德良负有皇帝[5]对不列颠诸王的某种使命，对他个人当时管辖下的王国[6]不利，因此把哈德良留下。不过，当他确实发现哈德良并不负有而且也不曾担负过这类使命时，就放了他，并允许他跟随西奥多前来。哈德良刚一到达西奥多处，西奥多便把圣彼得修道院（如前所述，

① 他们剃成光头。他们也留蓄胡须。

② 克洛赛尔三世。

③ 奥斯维和埃格伯特。

④ 康什河畔的埃塔普勒（Étaples on the Canche）。

⑤ 当时在叙拉古的君士坦斯二世。

⑥ 法兰克人的王国。

这里通常是埋葬肯特大主教的地方）给他。原来，临行前，教皇曾要求西奥多在他的教省[①]里为哈德良提供一处所在使得他和他的随从能够方便地居住在一起。

第　二　章

西奥多走遍全国，与普世真理保持一致的英吉利各地教会开始学习如何研究《圣经》；普塔接替达米安成为罗切斯特主教（669）

在他被授圣职后的第二年5月27日（主日）这一天，西奥多来到他的教会，此后在职二十一年又三个月零二十六天。他很快走遍了岛上英吉利各部落居住的地方，这是因为人们都欣喜接待他，听他讲道。由于哈德良的陪同及其他在一切方面的协助，他广为传播正确的生活准则和庆祝复活节的规范方式。他是第一位为整个英吉利教会所承认和服从的大主教。如前所述，由于他和哈德良两人不仅有着渊博的圣学知识，而且还有着丰富的世俗知识，因此把一大批学者[②]聚集到了自己周围。美好的知识就像溪水一样每天流淌浇灌那些人的心田：他们除了向听众教授圣学各卷外，还向他们教授诗韵学[③]、天文学和算术[④]。其证据是，至今为止，他们中的一些仍然健在的学者对希腊语和拉丁语的精通程度无异于对他们母语的精通程度。英吉利人来到不列颠后没有出现过比这

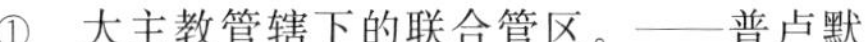

① 大主教管辖下的联合管区。——普卢默

② 阿尔宾纳斯是被提到过的学者之一，上集第5页。

③ 比德自己写了《诗韵学》(*de arte metrica*)。

④ 同历法有关的研究，天文学是研究的一部分。

更为幸福的时代了:他们的国王英勇无比且笃信基督;所有野蛮民族对他们都望而生畏;人人都专注于新近传来的有关天国的佳音;如果有人想学习《圣经》,随时都可以得到名师指导。

此外,以前只是在肯特[1]才为人所知的教堂唱诗的曲子,这时也开始在英吉利各教会里教唱起来。诺森伯里亚各教会的第一个音乐师(前面提到过的詹姆斯[2]除外)是埃迪[3],外号斯蒂芬,是威尔弗里德把他从肯特请去的。威尔弗里德是一位十分可敬的人物,在英吉利历任主教中,他第一个学会把普世生活方式[4]传授给英吉利各教会。

就这样,西奥多巡视了各地,在得便的地方任命主教,并在他们帮助下纠正他所发现的不完美之处。其中,他也责备了查德主教,因为他未举行过适当的接受圣职仪式[5]。对此,查德非常谦卑地回答说:"如果您认识到我未经适当仪式就担任主教职务,那么,我随时心甘情愿地辞去这一职务:我也不认为我是够格的,不过,为了服从命令我只好同意,虽然我无法胜任此职。"西奥多听到如此谦卑的回答后说,查德不应辞掉主教职务。相反,他亲自按普世方式重新为查德举行了任命仪式[6]。此外,多斯德迪特死后,根据要求给坎特伯雷教会任命和派出了一名主教。与此同时,威尔弗里德也被从英吉利派往法兰西接受任命:由于他在西奥多到达之前

① 格雷戈里的传教士们带来了他的唱式,爱尔兰唱式无人知晓。

② 参阅第3卷第20章。

③ 威尔弗里德传记的作者。

④ 但英吉利主教伊撒马尔、托马斯、卜尼法斯、多斯德迪特和达米安均是威尔弗里德的前任。

⑤ 查德被指派为约克主教,由威尼和两个不列颠主教举行祝圣仪式。

⑥ 可能是在查德被任命为麦西亚主教之时。

就已回到不列颠，所以在西奥多到任时，他已在肯特任命了一些神父和助祭。但是，西奥多到达罗切斯特——那里的主教职位因达米安去世长期空缺——后不久，就任命了一个与在世俗事务方面的精明程度相比更精通教规，更安于简朴、诚实的生活的人担任主教，他的名字叫普塔。此人还特别擅长于按罗马风格唱教堂圣歌：这套本领是他从神圣的教皇格雷戈里的门徒那里学来的。

第　三　章

上述查德被让出来担任麦西亚主教；他的生平、去世和安葬(669—672)

当时，伍尔夫希尔是麦西亚国王。他在贾路曼死后，也要求西奥多为他和他的百姓委派一位主教，但西奥多不肯为他们任命一个新主教，而要奥斯维王把查德[1]让出来担任他们的主教。那时，查德正静静地住在拉斯廷厄姆自己的修道院里。威尔弗里德统治着约克教会以及奥斯维王治下的所有诺森伯里亚人和皮克特人教会的主教教区。由于最可敬的主教查德习惯于徒步而不是骑马到各处从事福音事业，因此西奥多要求他在需要长途旅行的时候骑马；当查德因渴望和喜爱这种虔诚的劳苦而坚决拒绝这一要求时，西奥多因为知道他确是一个圣人便亲手把他扶上马背，强迫他骑马前往需要去的地方。如前所述，查德在被任命为麦西亚和林赛的主教之后，仿效古时教父尽善尽美的生活方式，认真地管理这两个地

① 查德是诺森伯里亚人。

区：伍尔夫希尔王还在林赛地区一个人称阿德巴韦[1]即"树林边"的地方划出五十户住家大小的一块地给他，让他建造一座修道院。查德在那座修道院里所确定的一系列修道院生活措施一直延续至今。

他的主教座堂设在人称利奇菲尔德的地方，这里也是他去世和安葬的地方。迄今为止，这一地区历任主教的座堂一直设在这里。实际上，他已在离教堂不远处的一个颇为偏僻的地方为自己建造了一处住所，传经布道之暇，他经常和更少数的几个人，即七八个兄弟在那里祈祷、读经。他在这一地区十分杰出地管理了教会两年半，接着，出于上天审判的决定，《传道书》[2]上所说的"抛石有时，堆聚石头有时"的时刻来临了。原来，天主降下了一场瘟疫落到了他头上，这场瘟疫将通过肉体的死亡，把教会的活石头从地上[3]带到天堂。在这位最可敬的主教的教会里的许多人脱离肉体之后、他自己也快要离开尘世去见主之时，有一天，他恰好只同一个名叫欧文的兄弟一起住在上述住处里，因为他的其他兄弟都因祷告和朝拜的需要回教堂去了。这位欧文是很有功德的修士，他抱着从天上得到酬报的纯真的目的和希望而抛弃了尘世。无论从哪一方面讲，他都配得上让天主以某种特殊方式向他透露奥秘，也配得上使会众对他所说的话深信不疑。原来，他是随埃塞尔思里思王后从东英吉利而来的，原是王后的亲兵首领兼王室总管。随着他的信仰的日益强烈，他决心抛离尘世。他确实做到了，而且不是马马

① 亨伯河畔的巴顿(Barton-on-Humber)；或更有可能的，是林肯郡的巴罗(Barrow)。

② 《传道书》第3章第5节。

③ 从采石场到楼房。参阅《彼得前书》第2章第5节。

虎虎地做到了：他从一切世俗琐事中解脱出来，抛弃了所有财产，身着简朴粗劣的衣裳，手执斧头和短斧，来到了这座可敬的教父的人称拉斯廷厄姆的修道院——他以此表明，他到修道院来是为了劳作而非像有些人那样图安逸。他以实际行动表明了这一点：他不太善于研读《圣经》，但越是这样，他干起粗重活来越是认真、卖力。总之，他是那样虔敬，以至于主教让他和几位兄弟一道陪自己到上述处所去。在那里，他们在室内专心读经，他则在户外做那些看来需要做的事。有一天，他在屋外干同样的活，他的同伴们，如我初时所说，回教堂去了，而主教一人则在祈祷室里读经、做祷告。突然间——欧文事后说——他听到一阵悦耳的歌声和欢笑声从天而降。他说，这歌声和欢笑声先是在东南方向开始，就是说在冬季太阳升起的地区的上方开始，接着慢慢地向他飘来，最后落到主教所在的祈祷室的屋顶上，随后进入室内，注满了整个房间及其四周。他全神贯注地倾听，竭力要记住所听到的一切。就这样似乎过了半个时辰，他又听到那悦耳的歌声以它下降时相同的方式从祈祷室的屋顶升向天空，其美妙悦耳难以言表。他沉思半晌，似乎惊呆了，心里专心估摸着出了什么事。这时，主教打开祈祷室的窗门，像过去常常所做的那样，击掌招呼屋外的人进来见他（如果外面有人的话），于是，欧文立即进去。主教对他说："赶快回教堂去把那七个兄弟叫来，你自己也同他们一道前来。"他们到达后，主教首先告诫他们对自己和一切笃信的人要保持博爱、和睦的美德，而且要不知疲倦地坚持服从从他那里所学、在他身上所见或从以往教父的言行中所悟到的院规。接着，主教告诉他们，他离去的日子即在眼前。"因为"，他说，"那个先前曾光顾过我们的兄弟可爱的宾

客[1]，又在今天光临并召我离开这个世界。因此，你们要回到教堂去，告诉众兄弟，以他们的祈祷把我的离去告知主，并记住通过儆醒、祈祷和善行来避免他们自己的离去——他们离去的时刻尚不可知。"主教说了这些话，还说了一些类似的话，接着为兄弟们祝福。那个唯一听到天国歌声的欧文在兄弟们怀着沉重心情走出去后又走了进来，扑倒在地，哀求道："父啊！我求您让我冒昧提一个问题。"主教回答说："你就尽管提吧！"欧文说："我恳求您告诉我，我所听到的那群欢乐的人们所唱的歌是什么歌——他们从天上降到这祈祷室，不久又飞回天上。"主教回答说："如果你听到那歌声并且知道了天国之客的来临，那么，我就以主的名义命令你：在我去世之前不得告诉任何人。他们正是天使，来召我去领取我一向所喜爱和向往的天国奖赏。他们答应七天之后再来带我去那里。"主教对他所说的话后来都一一应验了：他的身体立刻变得衰弱，而且病情日益加重。到了第七天(诚如天使们所承诺的那样)，在他通过接受耶稣的圣体和血进一步做好离别准备后，他那神圣的灵魂被从肉体的桎梏中释放出来，由众天使引领(我们对此尽可深信不疑)，去享永福。如果他在曾用心等候了多时的死日或者说主日到来之时，竟那样高兴，这是不足怪的。

这是因为，他除了具备节制、谦卑、俭朴、勤于传教和祷告等许多其他美德外，对天主是那么敬畏，一言一行中又总是那么念念不忘自己的末日，正如一位曾经教授过我《圣经》、在查德的修道院里于查德管教下成长的兄弟特朗伯特常说的那样，如果在他读书或做其他事情时突然刮起一阵疾风，他就会立刻祈求主的怜悯，请他

① 死亡天使。

可怜世人；但如果刮来的是一阵更猛的疾风，他就会合上书本，扑倒在地，更起劲地祈祷；如果狂风暴雨持续不断，或者风雨之际雷电交加，惊天动地，他就去教堂，聚精会神地做祷告、唱赞美诗，直到云开日出。他的伙伴们问他为什么要这样做，他回答说："难道你们没有读过'主也在天上打雷。至高者发出声音，他射出箭来，使仇敌四散，多多发出闪电使他们扰乱'？[①] 这是因为，主运动空气，刮起风暴，射出闪电并在天上打雷，以便使地上的生灵对他产生敬畏，使他们心中不忘将来审判，进而打掉他们的傲气，惩罚他们的放肆行为，以此使他们记住那可怕的天地将被焚毁的时刻——那时，他自己将带着强力和威严，乘云而下，审判所有的活人和死人。"所以，他说，"我们应以应有的敬畏和爱来回答他发自天上的警告，以便在他扰乱风云，伸展手臂威胁着将要打下来但尚未出手时，我们能立即祈求他的怜悯，立即敞开心底，彻底摒弃肮脏的罪孽，小心地防备，使自己永远不至于罪有应得地受到打击。"

此外，有关这位主教去世的事，我们前面曾提到过的最可敬的教父埃格伯特所说的话也同上述这位兄弟的透露和报告相吻合。查德年轻时，与他年龄相仿的埃格伯特曾同他一起在爱尔兰过着严格的修道院生活，他们一同节制、祷告并攻读《圣经》。不过，查德后来回到了自己的国家，而埃格伯特却为了主作为朝圣者继续住在那里，直至生命结束。许久后，一位十分神圣和品德高尚的人从不列颠前来拜访埃格伯特，这个人叫海格鲍尔德，是林赛地区的一名修道院院长。像一切圣人所要做的那样，他们谈论起前先教父们的生

① 《诗篇》第 18 篇第 13、14 节。

活并且欣然希望自己也能仿效他们。在谈话中，他们提到了最可敬的主教查德。埃格伯特说："我认识这个岛上的一位至今仍然活着的人，他在查德离开尘世时确曾看见他的兄弟切德的灵魂在一群天使陪同下从天而降，带走他的灵魂，然后回到天国去。"看埃格伯特的意思，这异象究竟是他本人所见还是其他人所见，我们不得而知。不过，既然这样一位高尚的人物说它是真的，我们当然可以相信。

查德在3月2日去世，先是埋葬在圣玛利亚教堂近旁。但后来，当最神圣的使徒之首彼得的教堂在那里建成时，他的遗骸被移到里边。这两处经常出现治病神迹，以显示查德的功德。简言之，不久前，有一位四处乱跑的神经错乱者，一天夜晚来到那里。由于看护人不知情或疏忽，他在那里待了整整一夜。次日清晨，他离开时，竟然神智清楚。使众人惊喜的是，他宣布，他在那里得到主的恩典，从而恢复了理智。现在这个墓穴上盖起了一座小房子似的木头坟，壁上有一个洞。那些前来敬拜的人常把手伸进洞里，从中取出一些尘土。他们把这些尘土放进水里，然后让病畜或病人尝一下，就会立即解除他们的病痛，使他们满意理想地康复。

西奥多任命高尚、庄重的温弗里德接替查德的主教职务，让他像他的前任那样，管辖麦西亚、中英吉利以及林赛地区。当时，伍尔夫希尔仍在世，他是统治这些地区的君王。此外，温弗里德原是他的前任主教的一名教士，在他手下当了多年的助祭。

第 四 章

离开不列颠的科尔曼主教在苏格兰人的土地上建造了两座修道院，一座给苏格兰人，另一座给随行的英吉利人（667）

在此期间，身为苏格兰人的科尔曼主教离开了不列颠，并且带走了他在林迪斯凡岛上所聚集的全体苏格兰人和大约三十名英吉利人，这些人都受过修道院生活的熏陶。主教把一些兄弟留在自己的教会[①]后，首先来到海伊岛——他就是从这个岛上被派往英吉利人中间去传播福音的。此后，他来到位于西部，与爱尔兰有相当一段距离的一个小岛上。该岛在苏格兰语中称为英尼斯波芬德即“白牛犊岛”[②]。他到了那里，建造了一座修道院，把自己带来的从两个民族中聚集来的修士安置在该修道院里。这些修士无法和睦相处：苏格兰人在夏天收割季节即将到来时，往往离开修道院到他们所熟悉的地方去游逛，而在冬天来临之际事实上又回来，要求共享英吉利人所收成和贮存的果实。由于这样，科尔曼为解决这个矛盾，视察了远近各地，终于在爱尔兰岛上找到在苏格兰语称为梅吉奥[③]的适合建造修道院的地方。他从土地的主人——一位伯爵[④]那里买下其中的一小块地用来建造修道院，条件是，住在里面

① 林迪斯凡。

② 或称瓦凯·奥尔拜（Vaccae Albae），即伊尼斯博芬（Inisboffin），在梅奥（Mayo）海岸外。

③ 梅奥。

④ 盎格鲁-撒克逊语中的 gesith，国王的 Comitatus 即战斗部队成员。

的修士还必须为准许他们获得那块地的土地主人向主祷告。在那位伯爵和当地居民的帮助下，修道院很快建成。科尔曼把英吉利人安置在这座修道院里，而把苏格兰人留在上述的岛屿上。确实，这座修道院至今仍为英吉利人所占有：这个通常称为米吉奥的修道院同最初时期相比，规模有了相当大的发展，再加上所有的事情早从那时起已被纳入较为规范的轨道[①]，因而该院聚集了许多来自英吉利的知名修士。他们在会规和恪守会规的院长管理之下，以旧时的高尚的教父们为榜样，依靠自己双手的劳动，过着节制、诚心的生活。

第　五　章

奥斯维王和埃格伯特王之死；大主教西奥多在赫特福德主持召开的宗教会议(673)

主历 670 年[②]即西奥多来到不列颠后的第二年，诺森伯兰国王奥斯维因患重病去世，时年五十八岁。他如此酷爱罗马和使徒会规，以至于(如果他逃脱了他的那场疾病的话)计划到罗马[③]去，在圣地结束自己的生命，并计划请求主教威尔弗里德担任他途中的向导，答应赠送他一笔数目可观的金钱。然而，他却于 2 月 15 日去世，留下他的儿子埃格弗里德当王国的继承人。埃格弗里德三年，西奥多召集一次主教会议[④]，一道参加的还有许多热爱并通

① 罗马复活节和削发式。

② 似乎应是 671 年，普卢默，II. 211。

③ 如其他早期国王所为；他们中有些人成为修士。

④ 第一个根据尼西亚规则举行的英吉利地方宗教会议。布赖特，第 240 页。

晓教父们的正宗会规的教会导师。这些人到齐后，西奥多以主教身份开始教导他们遵循便利于教会和睦与统一的规定。以下是关于这次宗教会议进程的纪录：

“在我们看来，以永远统辖着自己教会的主、天主、我们的救世主耶稣基督的名义，根据古代会规所确立的习惯，召集我们大家开一个会，以便处理教会的紧要事务，似有好处。我们在第一个小纪的 9 月 24 日聚集在一个叫赫鲁特福德[1]的地方。就是说，有我，虽卑微但却被罗马教会任命为坎特伯雷教会主教的西奥多，我们的神父同仁和兄弟，最可敬的东英吉利的主教比西，和我们一道的还有我们的兄弟和神父同仁诺森伯里亚主教威尔弗里德委派的代表；出席会议的还有我们的兄弟和神父同仁，称为罗切斯特的‘肯特城堡’的主教普塔、西撒克逊主教洛西尔、麦西亚地区主教温弗里德。在我们到齐并按次就座[2]后，我说：‘出于对我救世主的敬畏和热爱，我请求你们，亲爱的兄弟们，让我们为了我们的信仰而共同商议。我们的目的是使大家不违背由神圣的、人所公认的教父们所订立的法令。’我还说了类似这些和许多其他有关维护教会博爱和统一的话。当我结束了开场白后，我逐个询问他们是否愿意遵从那些由旧时教父们依教规而订立的规矩。对此，我们所有的主教同仁都表示：‘对于神圣教父的会规中所规定的各项事宜，我们深感满意，而且，我们还衷心乐意地遵守这些规定。’于是，我立刻拿出上述教会法[3]，向他们指出我在其中不同地方作有记号的

① 赫特福德(Hertford)。

② 主教名字的排列顺序不易解释清楚。布赖特，第 241 页。

③ 这是在六世纪初由迪奥尼修斯·埃克西古斯(Dionysius Exiguus)搜编的古代宗教教规集。布赖特，第 243 页。

十个条款，因为我知道这些条款对我们至关重要。我请求他们接受并认真遵行这些条款：

“第一条：‘我们一致在正月[①]十四后的主日守神圣的复活日。’

“第二条：‘任何一个主教都不得干涉另一个主教辖区[②]的事务，他只能满足于对自己教区里的人履行职责。’

“第三条：‘任何主教干扰正式奉献给天主的修道院，或从这些修道院中强行拿走任何东西都是非法的。’

“第四条：‘除非获得他的院长的允许，任何修士不得随意变更地点，即从一座修道院转移到另一座修道院。相反，他们必须遵守在皈依[③]时所发誓遵守的那些命令。’

“第五条：‘离开自己的主教的教士不得随心所欲地到处逛荡；不管他到哪里，如果没有他自己主教的介绍信，任何人都不得接纳。已经受到接纳的教士如果在被召归时拒绝回去，那么接纳者和被接纳者都要受到绝罚。’

“第六条：‘主教和教士在他人的教区旅行时应满足于所得的慷慨大方的款待。没有所在辖区的主教的允许，行使神父的任何职权都是非法的。’

“第七条：‘每年应举行两次宗教会议；但是，出于种种不便，对于我们大家来说，似宜每年召开一次，于8月1日在人称克罗弗索奇[④]的地方举行。’

“第八条：‘任何主教都不得出于野心而把自己置于其他主教

---

① 犹太寺历的正月，即尼散月（绿穗）。见《利未记》第23章第5节。

② Parochia一词早在506年就有教区（parish）的意思，普卢默，II.212。

③ 指抛弃世俗生活。

④ 无法确定何处，很可能在伦敦附近。

之上；相反，每个主教都要承认自己接受圣职的时间和顺序。’

“第九条作了如下笼统的要求：‘主教人数应随教徒人数的增加而增加。’但是，有关这一点，我们没有多说什么。[1]

“第十条是有关婚姻的事：‘不论什么人，只能有一次合法婚姻。任何人不得乱伦，任何人不得抛弃自己的妻子，除非像神圣的福音书上所说的那样，出于私通的原因。休去与之合法结婚的妻子的人，如果要做一个好基督教徒，他就应该保持单身，不再婚娶，要不然，就要与其妻重归于好。’

“我们共同商讨并确定这些条款，目的在于避免我们之间再有人违反这些条款，或在于保证使违反者受到不同惩罚。为此，让每一个人都亲手签署文件，以确认这些所规定的条款，似有好处。我已经把我们这些规定条文口授给书记提提勒斯，请他写成文字并记下上文提及的小纪和月份。因此，不管什么人试图以何种方式触犯这些依据教会法制定出来、经我们同意并亲手签署确认的条文，都得革除神职并处以绝罚。愿天主恩惠保佑我们平安地生活在他的统一的神圣教会里。”

这次宗教会议是在主历673年召开的。肯特王埃格伯特已于当年七月去世，他的兄弟洛西尔继承王位统治了十一年零七个月。此外，据说参加过上述宗教会议的东英吉利主教、高贵而虔诚的比西继承了我们在上文提到过卜尼法斯：卜尼法斯担任了十七年主教后去世，西奥多任命比西接替他的职务。比西虽在世，但是由于身染重病，无法行使主教职权，因此另外两个人——阿奇和巴德温就被挑选出

[1] 在这一点上，西奥多无法说服他管辖下的主教。布赖特，第247页。

来接受主教圣职[1]：从那时起直至现在，那个地区总有两个主教。

第　六　章

温弗里德被革除神职，塞克斯伍尔夫接替了他的主教职务；厄康沃尔德担任东撒克逊人的主教(675)

发生这些事情后不久，麦西亚主教温弗里德由于不服从命令冒犯了大主教西奥多而被他革除了不多几年前接受的主教职务[2]。被西奥多任命接替主教职务的是塞克斯伍尔夫，他在吉尔瓦斯地区建造了一座名叫马德山斯达德[3]的修道院并任院长。但是，被革除神职的温弗里德却回到了自己的阿德巴韦修道院，在那里，他以圣洁的生活方式结束了自己的生命。

当时，即在前已述及的塞比和西格希尔治理东撒克逊人的时候，西奥多任命厄康沃尔德在伦敦城担任他们的主教。这个人的生活和生活方式，据说在担任主教前后，都确实十分高尚，至今甚至还出现的神迹异能也充分表明了这一点：由他的信徒们保存的他生病时常用来拖拉他的马舁床，至今仍在不断地治好患疟疾或被其他病痛折磨的病人：不仅躺在所说的马舁床下面或旁边的病人能被这样治好，而且连从马舁床上削下来的碎片带给病人也经常能使病人迅速痊愈。

这个人在被任命主教前曾建造过两座大修道院：一座给自己，

① 阿奇到邓尼奇，巴德温到埃尔姆汉负责诺福克。——普卢默

② 没有说明具体原因，但有可能与划分管区的事有关。布赖特，第256页。

③ 彼得伯勒(Peterborough)。

一座给他的姐妹埃塞尔伯格①,并为它们确立了良好的院规。他自己的那座修道院建在苏德吉奥纳地区②泰晤士河畔,人称奇罗泰西③即"奇罗岛"的地方。埃塞尔伯格的那座修道院建在东撒克逊地区一处叫因贝雷辛冈④的地方,在那里,她可以成为献身于天主的修女们的院长嬷嬷和保护人。在她管理该院以后,她处处都表现得不愧作为她的兄弟——那位主教的亲姐妹:她不但自己有着正确的生活方式,而且还虔诚地引导她治下的那些人遵行修道院院规。许多来自上天的神迹也充分证明了这一点。

第 七 章

来自天上的亮光指示人们应在巴金修道院里的什么地方埋葬修女们的遗体(? 664)

原来,在这个修道院里出现过许多异能,而为了纪念和教诲后代,许多了解这些异能的人把它们记载和保存了下来:而我们也热心地把其中的一些放进我们的《教会史》。有一个时期,我们曾多次提到的那种灾难⑤席卷各地并袭击了这座修道院里的男修士的住处⑥。每天都有人被带去见主。当灾难也蔓延至男修士与天主

① 不是安纳王的女儿,上集第 363 页。

② 萨里(Surry)。

③ 彻特西(Chertsey)。

④ 即巴金(Barking)。

⑤ 瘟疫。

⑥ 男女混合修道院当时不仅在不列颠有,而且在西班牙和法兰西也有。见梅厄与兰比,第 316 页。

的侍女居住区之间时，这位修道院的嬷嬷就开始在修女院里不断仔细地询问：如果抓走他人的那场毁灭性的灾难也抓走她们的话，那么埋葬她们遗体的坟墓应该选在院里的什么地方，她虽多次询问却无法得到明确回答。最后，她和所有其他修女却终于从上天得到十分肯定的出于天佑的答复。原来，一天夜里，在唱完凌晨的赞美诗①后，基督的侍女们离开小教堂到比她们先离开今世的兄弟们的墓地上去。当她们在那里唱起通常唱的称颂主的赞歌时，忽然看见从天上射来一道亮光，好像一块大布②向她们落下来，这使得她们如此惊喜，结果，还由于敬畏，他们停止了歌唱。而且，不久后，那道来自天上的，连正午的阳光与之相比也似乎显得暗淡的亮光从那个地方移动开来，移到修道院南面即小教堂的西端。它在那里停留了一阵，照射了那块地方后，又升到天空中。这个景象人们看得如此清楚，所以她们毫不怀疑，这道将引领并在天堂迎接基督侍女的灵魂的亮光，已经给她们指明了安葬遗体和等待复活的处所。这道亮光这样耀眼，当时和另一位较年轻的人同被安置在小教堂里的一位年长的男修士于天亮时说，那透过门窗缝隙而射进来的光束似乎比白昼更亮。

第　八　章

该修道院中的一位濒临死亡的小男孩，喊叫着即将跟随他离去的一位修女的名字，另一位即将离去的修女看到了那将照临的

① 天亮前的晨祷。

② 参阅《使徒行传》第10章第11节。

亮光的一小部分(? 664)

该修道院里有一名叫厄西卡的约三岁，不超过三岁的男孩，因年龄幼小，在献身于——天主的修女们的修道院中抚养和接受教育。这位小男孩得了上述瘟疫，临死前一连三次喊出其中一位献身于基督的修女的名字："伊德吉思，伊德吉思，伊德吉思"，好像那位修女就在她身边似的。就这样，他结束了现世的生命，进入永生，而他临死前所喊叫的那位修女，立即在她当时的所在处所染上同一疾病并于同一天被带离这个世界，跟随着喊叫她的那个男孩到天国去。

另外，染上同一疾病并已奄奄一息的另一位天主的侍女，在半夜时分突然向那些侍候她的人嚷叫起来，要求她们把点燃着的蜡烛吹灭。但是，她虽多次嚷叫和祈求却没人理睬，最后她说："我知道，你们以为我似乎神志不清才这么说。不过你们要知道，这次的情况并非如此：我实在地告诉你们，我看见屋里充满亮光，它这么明亮，使得你们的烛光在我看来似乎显得十分暗淡。"看到甚至没有人回答她的这些话，也没有人照她的吩咐去办，她又说："好吧，你们要让它点多久就点多久吧。但你们要清楚地知道，那不是我的光：我的光在黎明时会来到我身边。"接着她开始叙述说，一个当年去世的属天主的人已出现在她面前，告诉她，在黎明来临时她将离开今世到永恒的亮光中去。果然，她在天亮前后突然去世，这完全证实了她所见的异象。

第　九　章

院长嬷嬷去世时上天所显现的迹象

这些发过愿的圣洁的修女们的院长嬷嬷埃塞尔伯格在行将被带离尘世时，一位名叫托特吉思的修女见到了一副奇妙的异象。这位修女当时在这座修道院里已住多年，她一直忠诚而谦卑地细心事奉天主，并且热心地教育、惩戒较为年轻的修女，以帮助那位嬷嬷维持规章制度。使徒所说[①]，这个女人的品德在虚弱中变得完善，她突然身染重病，并且照我们的救世主的仁慈的规定，受了九年痛苦的折磨。显然，这是为了通过长期灾难的磨炼，把混杂在她的美德之中出于无知和疏忽而形成的罪恶的污点统统消融。一天夜里，当曙光初现时，这个女人走出自己的寝室，清清楚楚地看见一个似乎比太阳更明亮的人体，裹在一张细薄布单中，从修女们的寝室里被托了出来并被向上提起。就在她设法弄清究竟是什么东西把她所看到的这个辉煌的身体向上提起时，她注意到，那个身体似乎被一条比金子还亮的带子高高举起，一直举到她再也看不见的高空为止。她思索着这一异象，心想一定是修女之中有人即将去世，而且由于她的善功，甚至将有金带子把她的灵魂举到天堂去。事实果然如此：不出几天，修女们的嬷嬷，由于天主对她的宠爱，终于被带离肉体的桎梏。她所过的生活使每一个了解情况的人都相信，她一离开此生，天国的大门就会立即对她敞开。

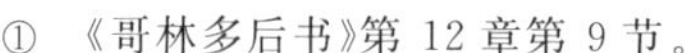

① 《哥林多后书》第 12 章第 9 节。

该修道院里还有一位圣洁的修女，她不仅因在这个世界尊严而高贵，而且对来世的爱使她显得更高贵。这位修女全身瘫痪多年，甚至无法靠自己的力量动弹一下手脚。当她知道可敬的女院长的遗体在落葬前将送到教堂，她要求把她也送到那里，搁在女院长遗体近旁，就像人们在祷告时所做的那样，使她向院长鞠躬。做完这一切后，她对女院长说话，就像女院长还活着的那样祈求她获得仁慈的造物主的怜悯，结束自己所承受的如此长久如此痛苦的折磨。不久，她的请求被应允了：十二天后，她被从肉体中带离，以现世的痛苦，换来了永恒的奖赏。

前所提及的基督侍女托特吉思在女院长死后又拖了三年。她由于我们先前所说的那种疾病，变得极为虚弱，瘦得皮包骨。当她的最后解脱就要来临时，她不仅手脚不能动弹，而且连话都不会说。就这样过了三天三夜，由于突然被一种神示异象所解救，她睁开眼睛并开口说话。她望着上天，对着她所见到的异象，这样说道："您来到我这里，真是太令人高兴了。欢迎您！"说完，她沉默片刻，似乎等待着她所看见并与之说话的那个人作答。接着，她似乎有点生气地补充说："这一点我决不能愉快接受。"再次沉默片刻后，她第三次开了口："如果今天确实不行，那么我祈求您不要拖延太久。"她又像先前那样沉默了片刻，最后这样说："如果实在是这样完全定了而且这一审判是无法变更的话，那么请不要拖延到明晚之后吧！"她说完这些话后，坐在她周围的人问她究竟跟谁说话，她回答说："我在跟我最亲爱的嬷嬷埃塞尔伯格说话。"据此，她们知道，女院长已经亲自来告诉托特吉思，她离开今世的时间快到了：正如她所请求的那样，在过了一天一夜之后，她被同时从疾病和肉

体的束缚中解救出来，进入永获拯救的快乐之中。

第　十　章

一位在这座修道院墓地上进行祷告的失明妇女重见光明

继承埃塞尔伯格女院长职务的是一个名叫希尔迪莉德的献身于天主的侍女。在许多年里，就是说直至年事极高，她都一直异常勤奋地管理着这座修道院：她竭力维护修道院院规，努力提供适合于集体使用的各种物品。由于建造修道院的那块土地太狭窄，她认为应该把埋葬在那里的基督的男女忠仆的骸骨挖掘出来，全都迁移到天主之母的教堂里，埋在一块：在这个地方经常出现天国之光，经常散发出奇异的芳香和出现了其他一些神迹，凡阅读我们从中搜集到这些资料的那本书[①]的人，都可以了解到。

我确实认为，不应该把那本书里所描写的一桩治病奇迹——这桩奇迹发生在这座奉献给天主的修道院里的墓地上——略去不提。原来，在那附近有一位伯爵，[②]他的妻子的眼睛突然间模糊起来，而且病情日益严重，她被它折磨得这么厉害，后来竟连一丝光亮都看不见了。这位夫人在失明的黑暗中度过一段日子后，忽然想起如果有人把她送到那座圣洁的修女们的修道院里，让她在圣徒们的遗物前祈求，或许还能重见光明。她迅速地按照自己的想法去办了：由侍女们领她到就在近处的修道院——她在那里宣称，

① 也许是指一本关于圣埃塞尔伯格生平的书。——普卢默

② 盎格鲁-撒克逊语中的 gesith。

她完全相信会被治好——后，她被带到了墓地。由于她跪在那里祷告一段时间，她被认为配得上让她的请求立刻被俯允。原来，就在她祷告后站立起来但尚未离开的时候，她恢复了梦寐以求的光明的恩典。这位由侍女扶着来到修道院的伯爵夫人，现在却能高兴地自由自在地走回家去。因此，她失去今世的光明，似乎只是为了一个目的：通过治好她的病，她可以证明，基督的圣徒们在天堂中拥有多大光明和多么非凡的恩惠。

第 十 一 章

此地的国王塞比在过修道院生活中结束自己的一生

当时，正如上述那本书还指出的那样，统治着东撒克逊的是我们先前提到过[①]的一个名叫塞比的十分虔诚的人物：他非常热心于宗教活动，热心祷告和施舍；他珍重清静的修道院生活，胜过珍重王国里的所有财富和荣耀。如果不是他固执的妻子拒绝与他分离，他早就会抛弃自己的王国去过那种生活。因此，许多人认为，而且还经常这样说，具备这种品质的人当主教比当国王更合适。这位天国的士兵在位三十年之后，身患重病(他此后因此逝世)。他劝妻子说，虽然他们二人无法再共同享受世上的生活，或者更确切地说，无法再共同为这个世界服务，但尽管如此，他们仍应该全心全意地共同事奉天主。在费尽苦心说服了妻子之后，他前去会见继任厄康沃尔德的伦敦城主教沃尔德希尔。沃尔德希尔在他身边为

① 第 3 卷第 30 章。

他祝了福，并接受了他渴望已久的法衣。此外，塞比还给主教带去了奉献给穷人的一笔数目可观的金钱，而他却什么也没有给自己留下——为了天国，他宁愿在精神上保持清苦。

由于上述疾病日益恶化，他觉察到自己去世的日期已经不远了。这时，出于他所具有的那种君王的高贵勇气，他担心在死亡来临并给他带来痛苦之时，他的一些言语或动作会有损于他的身份。于是，他召来了那位伦敦城主教（当时他自己仍居住在伦敦），请求他说，在他离去时，除了主教和他的两名助祭外，任何人不得在场。主教答应说，他将欣然照国王的话去办。不久，在这位属天主的人入睡后，他见到了一幅惬意的异象，这异象驱走了积压在他心中的上述的忧虑和不安。而且，这一异象还使他得知自己将在何时结束此生：他在事后报告说，他看见三个身穿鲜艳服装的人来到他面前，其中一人坐在他床头，他的两个同伴站在一边询问他们来拜访的这位病人的病情；那个坐在床头的人说，他的灵魂将在一片光明中毫无痛苦地离开躯体，并且还对他宣布，他将在第三天死去。他从异象中所得知的这些事后来都一一应验：第三天，刚过第九时辰，他好像突然进入温柔的睡乡，毫无痛苦地离弃了灵魂。

虽然他们准备了一口石棺来收埋他的遗体，可是，当他们把遗体放进那口石棺时，他们发现他的身体比它长一拃。于是，他们尽量劈凿石棺，使之长出两个指距。但即使这样，尸体仍然放不进去。由于难以把他葬下，他们想，或者再设法弄口棺材，或者，如果有可能的话，弯曲他的膝盖使躯体变短，直至能够把它放进他们现有的棺材里。但是，发生了一件肯定是出于天意的奇迹，使他们无须采用其中的任何一种办法。因为突然间（就在主教上述国王和修士

之子西格哈德——他继父亲之后和他的兄弟斯韦弗雷德共治王国——以及许多人站在一边时），那口棺材变得适合于容下国王的躯体：而且这么刚好，在他头部和棺材顶部之间还可放进一个枕头，而在脚部的身体以下可放进四个指距大小的东西。此外，他被安葬在外邦人的教师[①]的教堂里——国王就是听从了这位教师的善良的教导才知道向往天堂的事情。

第十二章

赫迪接替洛西尔担任西撒克逊人的主教；奎切尔姆接替普塔担任罗切斯特教会主教；格布蒙德接替奎切尔姆任主教；当时在诺森伯里亚担任主教的是哪些人(676)

西撒克逊人的第四任主教是洛西尔：他们的第一任主教是比林纳斯，第二任是阿吉尔伯特，第三任是威尼。森瓦尔死后（洛西尔是在森瓦尔在位时出任主教的），总督们夺取并瓜分了王国，进而掌握了它十年。在他们当政时，主教去世。接替他担任主教职务的是赫迪，他是在伦敦城由西奥多授予圣职的。在赫迪担任主教期间，卡德瓦拉（Cadwalla）制服并驱逐了各总督，夺取了统治权。他在位两年后，也就是在该主教依然统治教会的时候，出于对天上王国的热爱，抛弃了王位去罗马，在那里结束了自己的一生。有关这一点，我们在下文还须作更详尽的记述。

① 《提摩太前书》第2章第7节。（外帮人的教师指使徒保罗。——译者）

此外，主历676年，麦西亚国王埃塞尔雷德[①]率领一支残暴的军队攻入肯特，蹂躏了这个国家。他们对天主毫不敬畏，无情地玷污、亵渎了教堂和修道院。他以同样毁灭性的手段劫掠了罗切斯特城。普塔是罗切斯特的主教，虽然当时不在场。后来，他听到这件事，即他的教堂已遭毁坏，所有财富已被洗劫一空，于是便离开罗切斯特到麦西亚的主教塞克斯伍尔夫那里去，从他手中得到一座教堂和一小块土地，并且就在那里平静地结束了自己的生命，生前一点也不试图恢复自己的主教职位(因为，如前所述，他对教会事务的热心远胜过世俗事务)，相反，他只是一味地在那座教堂[②]里事奉天主，在有需要他的时候，到外面去教唱教堂赞美诗。西奥多把罗切斯特主教职务授予奎切尔姆，以代替普塔。但是，由于缺乏一些必需品，奎切尔姆不久就离任到其他地方，西奥多于是又指定格布蒙德接替奎切尔姆担任主教。

主历678年，即埃格弗里德王八年的八月份，天上出现了一颗彗星，它持续了三个月之久，清晨时分升起，放射出一道长柱子般的耀眼的光芒。这一年，最可敬的主教威尔弗里德[③]由于与这个埃格弗里德王不和，被解除主教职务，另两个人被任命为主教接替他管理诺森伯里亚人：一个是博萨，他管辖德伊勒地区，主教座堂设在约克城；另一个人是伊塔，他管辖贝尼西亚地区，主教座

---

① 后来他自己成为一名修士，任巴德尼修道院院长，《盎格鲁-撒克逊编年史》，704。

② 赫里福德(Hereford)，但是比德只字未提普塔在那里担任主教的事。

③ 比德显然不愿意提及威尔弗里德的管区被瓜分以及他上诉罗马之事。参阅布赖特，第282页。埃格弗里德十分恼火，因为威尔弗里德鼓励他的第一个妻子当修女，而他的第二个妻子则因为威尔弗里德的财富和权力成为他的敌人。这一宫廷争执事件与西奥多试图划分教区的事同时发生。

堂设在赫克瑟姆或林迪斯凡教堂。这两个人都是在调离修道院后被招去擢升为主教的。伊德赫德同他们一道被任命为林赛地区的主教。埃格弗里德是在新近打败并赶跑伍尔夫希尔后征服林赛的。伊德赫德是该地区拥有的仅属于他们自己的第一个主教。它的第二任主教是埃塞尔温,第三任主教是埃德加,第四任主教是至今仍在那里的辛尼伯特;在伊德赫德之前,该地主教是塞克斯伍尔夫,他同时又是麦西亚和中英吉利的主教。因此,他在被赶出林赛地区之后,依然管辖着那另外两个地区。伊德赫德、博萨和伊塔三人是在约克城由大主教西奥多任命的。西奥多在威尔威里德离开三年之后,又在这些人之外任命了两名:一名是在赫克瑟姆教会任职的滕伯特;另一名是特朗文,他服务于当时由英吉利人统治的雷德秀克人地区。[①] 伊塔则继续留在林迪斯凡。由于埃塞尔雷德重新夺回了林赛地区,伊德赫德于是撤了回来,被西奥多安排去管理里彭教会。

第十三章

主教威尔弗里德使南撒克逊地区皈依基督(678—686)

威尔弗里德被解除主教职务后,漫游了许久,漫游了许多地方。他去过罗马,后来又回到不列颠。尽管由于上述国王的不快,他无法回到自己的国家和教区,但是并无法停止他传播福音的职

① 福斯河的北部。

责[①]:他转向了南撒克逊地区。该地区从肯特往南、往西一直伸展至西撒克逊,面积七千海得。[②]当时,西撒克逊人仍陷在异教崇拜之中,于是,他就给他们传播信仰的福音,施行拯救洗礼仪式。那时候,那些人的国王是埃塞尔沃尔奇,不久前在麦西亚地区,他经伍尔夫希尔王劝说并在他出席的情况下接受了洗礼。伍尔夫希尔王把埃塞尔沃尔奇从洗礼水中引领了上来,认他为教子。作为表示,伍尔夫希尔王把西撒克逊人中的两个地方即怀特岛和米恩瓦拉斯[③]送给埃塞尔沃尔奇。因此,在国王的允许下——不,应该说,使国王大为欣喜的是——这位主教在圣水池里给该地的主要大臣和亲兵们施洗。但其他人则由伊帕、帕达、伯格赫尔姆和奥伊迪这几位神父在当时或其后不久给予洗礼。此外,王后伊巴当时已在自己的国家即维卡斯地区接受了洗礼。她是伊恩弗里德的女儿,而伊恩弗里德是伊恩希尔的兄弟。这兄弟俩和他们的百姓都是基督徒。不过,在这之前,整个南撒克逊地区根本就没有听说过天主的名和基督教。

然而,该地区确有一个苏格兰修士,名叫迪库尔,他在一个叫巴桑汉的地方[④]拥有一座小小修道院。该院在树林和大海环抱之中,住在里边的五六个兄弟在谦卑、清贫的生活中事奉着天主。但是,当地没有人仿效他们的生活,也没有人听他们传教。

然而,当威尔弗里德来到这里向当地人民传播福音时,他不仅

① “如人们所说,夜莺在离巢最远的地方唱的歌最美,这位威尔弗里德在离家最远的时候,服侍天主最为兢兢业业”。富勒,§ 97。

② 英国昔日的面积单位,一海得相当于 80—120 英亩不等。——译者

③ 在汉茨(Hants)的东、西米恩(Meon)和米恩斯托克(Meonstoke),这个名字还保存着。

④ 奇切斯特(Chichester)附近的博萨姆(Bosham)。

使人民免遭永罚之苦，而且还把他们从一场现世死亡的大灾大难中解救出来。原来，在他来到该地区的前三年里，那里没有下过一滴雨，所以，严重的饥馑落到了老百姓的头上，使他们遭受到无情的毁灭。简而言之，据说由于饥饿所迫，经常有四五十个人一同来到悬崖或海边，十分可怜地手拉着手纵身往下跳，他们或者跌死或者淹死。然而，就在人们接受基督教洗礼那天，一场沛雨从天缓缓而降。于是大地回春，田野一片葱绿，一个丰收和欣欣向荣的年头回到了人间。人们摒弃了旧时的迷信，摧毁了偶像崇拜，身心都充满了对永生的天主的喜悦之情。他们知道，是他这位真正的天主赐给了他们天恩，使他们身心得益。原来，来到此地的主教当时看到饥馑盛行，还教会他们如何捕鱼摄食，因为在他们周围的那些大海江河里有的是鱼；可是人们除了捕捉鳗鱼外，再也没有捕捉其他鱼类的本领。因此，主教的随从们四处搜集鳗鱼网，然后把它们撒向海里。由于天主的恩惠的帮助，他们捕到了三百条各种各样的鱼。他们把鱼分成三份：一百条给穷人，一百条给渔网的主人，一百条留给自己。凭着给人们带来的这一利益，主教赢得了所有人的衷心爱戴。这些在他的帮助下获得世俗利益的人，听了他的传教，现在开始更加乐意地向往天上的事了。

这时，埃塞尔沃尔奇把八十七海得的土地赠给最可敬的威尔弗里德主教。在那里，主教能够接纳当时正在四处流亡的他的那些随从。这块地在一个叫塞莱修[①]的地方，其拉丁文意思为“小海牛岛”，因为此地除西面外，三面环海；西面与陆地相连处只有一次投石之宽。这种地方在拉丁文中称Peninsula，希腊文中称Cherso-

① 萨塞克斯的塞尔西(Selsey)。

nese[1]。威尔弗里德受领这块地后，便在上面盖起一座修道院，并把居住其中的兄弟们约束于修道院生活之中。这些兄弟中的大部分人是主教当时带来的。人们知道，直到今天，主教的继承人仍然保持着这座修道院：在埃格弗里德王去世的前五年里，威尔弗里德身传言教，履行了该地的主教职务。他功绩卓著，受到众人敬重。由于国王把那块土地和一切财产连同那里的田园、居民都赠送给他，于是他就把基督教传授给那个地方的所有人，并在圣水中为他们施洗。他们中包括二百五十个男女非自由民。通过洗礼，他把这些非自由民全部从魔鬼的桎梏中解救出来；同时，通过恢复他们的自由，他使这些人摆脱了人的奴役。

第　十　四　章[2]

奥斯瓦尔德王的代祷驱走了一场由瘟疫引起的大规模死亡

据说，当时在这座修道院里专门显现了一些上天的恩赐。这是因为，那里刚刚驱走了魔鬼的疟政，基督开始占了上风。我认为把其中的一件事记载下来让人们记住是有好处的。这件事是最可敬的主教阿卡反复讲给我听的，他并且肯定他是从这座修道院里完全值得信赖的兄弟们那里听来的。大约就在此地[3]开始接受基督之时，一场悲惨的大规模死亡袭击了不列颠许多地区。出于天

---

① peninsula 和 chersonese 都是“半岛”的意思。——译者

② 在手写稿中以下各章编号不同。本章在有的手稿中被省略。

③ 萨塞克斯。

主的意志，这场瘟疫也蔓延到上述修道院（当时治理该院的是最虔诚的基督的神父伊帕）。许多人，有些是主教威尔弗里德带来的，另一些是来自同一撒克逊地区的刚刚引领到基督教中的人，也从各个角落被带离了今世。院里的弟兄们觉得似宜守斋三天并谦卑地祈求仁慈的天主怜恤他们：他要么把人们从危险的瘟疫和目前的死亡中拯救出来，要么在他们被带离尘世时把他们的灵魂从永罚中拯救出来。

当时，这座修道院里有一个新近蒙召加入基督教的撒克逊小男孩，他也染上了同样的疾病，已经卧床多时了。当上述守斋和祷告大约守到第二天的第二个时辰时[①]，这个男孩正独自躺在自己的病床上。突然间，出于天主的旨意，最神圣的使徒之首屈尊出现在他面前。这是因为，他十分纯真、温顺，而且诚实笃信地守着他所接受的信仰的圣礼。使徒们温和地向他致意说："孩子，不要害怕使您如此发愁的死亡，因为我们今天就要把你带到天国去。但是，你必须首先等到弥撒仪式结束，等到接受了旅途的食粮——主的体和血，等到从疾病和死亡中被如此拯救出来后被举至天堂的永福之中。因此，你务必把伊帕神父叫到你这里来，告诉他，主已经听到了你们的祷告，并且对你们的虔诚和守斋表示赞赏：在这座修道院及其附属领地上再也不会有一人死于这场瘟疫；相反，属于你们管辖的各地所有的身染这一疾病的人都将从虚弱中站立起来，恢复先前的健康。不过，你是唯一的例外。今天，你将从死亡中被拯救出来并被引领到天堂，到你忠心侍奉的主基督的眼前。天主仁慈地把这些恩惠赐予你们，因为天主所宠爱的虔诚的国王

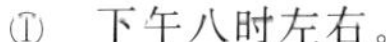

① 下午八时左右。

奥斯瓦尔德代你们做了祷告。他曾以世间王国的权威身份，又以通向永恒天国的基督徒的忠贞不渝，出色地统治了诺森伯里亚人民：就在今天这个日子里，这位国王的肉体在他与异教徒作战时被杀，而他自己却被迅速升到天堂里的灵魂的永福之中，加入天主选民的行列。请他们翻一翻记载着有关埋葬死人的记录本吧！他们会发现，如我们所说，奥斯瓦尔德正是在今天这个日子里被带离尘世的。请他们在这个修道院的所有小教堂里作弥撒以感谢主听到了自己的祷告，或纪念曾一度治理他们国家[1]的奥斯瓦尔德王吧！正因为奥斯瓦尔德王曾一度治理过他们，所以，他就像为自己人民中间的异邦人[2]那样，向主为他们作了谦卑的祷告。当所有的教友都聚集在教堂的时候，请他们接受圣餐吧！让他们结束守斋后吃进适当的食物，重新振作他们的肉体吧！”

当小男孩把听到的所有这番话详细告诉被叫到他跟前的那位神父时，神父仔细询问他，出现在他面前的人究竟怎样打扮，外表如何。他回答说：“他们的装束和面容都很特别，显得极为愉快、美丽。我从来没有见过，也不曾相信会有人那样漂亮、美丽。其中一个像教士那样修了脸，而另一个则留着大胡子。他们说，他们中的一个叫彼得，另一个叫保罗，都是我主救世主耶稣基督的使者，被从天上派来保护这座修道院的。”因此，神父相信了小男孩的话，立即出去，查阅自己的编年史册。他发现奥斯瓦尔德王果然是在那一天被杀害的。于是，他叫来诸位教友，吩咐备好晚餐，准备作弥撒，并且像以往那样领受圣体，时时，他还令人给那个病孩送去

① 诺森伯里亚人。
② 皈依者。——普卢默

奉献给主的一小部分供品。

当天，就在做完这一切之后不久，小男孩去世了。这证实了他从基督使徒那里所听来的话。此外，院里除了他，再也没有其他人被带离尘世，这也证实了他所说的话。这一异象无疑奇迹般地激励了那些可能听到这些故事的人们，使他们在灾难中祈求得到天主的怜悯并采用守斋这一良药。从那时起，不仅在这座修道院而且在其他许多地方，人们每年都在基督的勇士上述国王的生日那天作弥撒，以守这一神圣的日子。

第十五章

格维莎斯的卡德瓦拉王杀害了埃塞尔沃尔奇王，并且大肆残杀、破坏、蹂躏他的地区[①](686)

其间，格维莎斯王室宗亲、年轻勇猛的卡德瓦拉在遭受流放后，突然带着一帮人马过来，杀死了埃塞尔沃尔奇王，并且大肆残杀、破坏，蹂躏这个地区。但是，国王的两个将领[②]伯桑和安德亨很快就将他驱赶出去并从此成了该地区的统治者。但后来，成为格维莎斯国王的卡德瓦拉杀害了前者，又把该地区置于比以前更为残酷的奴役之下。而且，继任卡德瓦拉的英尼王又多年使这个地区遭受同样灾难。正因为这样，这个地区的人民在那段时间里一直没有自己的主教。不过，在他们的第一个主教威尔弗里德再

① 萨塞克斯。

② 盎格鲁-撒克逊语中的 ealdormen。

次被召回家后,[1] 文塔城的所有人都归格维莎斯即西撒克逊主教[2] 管辖。

第十六章

怀特岛接收基督教徒居民;岛上两个王室的男孩接受洗礼后立即被杀(686)

卡德瓦拉取得格维莎斯王国的统治权后,还占领了怀特岛。在这之前,这个岛上的所有人都崇拜偶像。卡德瓦拉打算把岛上的居民尽数残杀光,让自己地区的人民进驻这个岛屿。他曾经发誓(虽据说他尚未在基督里获得重生),如果他能夺取怀特岛,就把四分之一的土地和战利品奉献给主。他果然实践了自己的诺言,把其中四分之一的土地和战利品送给了突然离家碰巧来到该岛的威尔弗里德主教,供他侍奉主。该岛面积,根据英吉利人的计算,有一千二百海得。因此,送给主教的土地就是其中的三百海得。不过,主教却把这部分土地交给他其中的一位叫伯温的教士,即他的外甥管辖,并给他派了一位叫希迪拉的神父,为那些将获拯救的人传播福音和施行生命的洗礼。

这里,我觉得不应该把下述的这件事抹去不提:这岛上居民的第一批果实,王室的两个男孩,即该岛阿沃尔德王的两兄弟,由于信奉基督而得救,因此得到了天主的一种特殊恩惠的冠冕。原来,

① 被召到诺森伯里亚,686 年。

② 温切斯特主教赫迪。

当敌人攻进这个岛屿时,他们逃了出来,被送到相邻的朱特人地区,到了一个叫艾特斯通[①]的地方,以为他们可以隐藏起来,不被征服他们的国王发现,可是,他们被出卖了,而且被下令处死。这件事被一个叫辛尼伯特的修道院院长兼神父听到了〔他的修道院就在离那里不远的鲁特福德[②]即里兹福德〕。他去求见在怀特岛战斗中负了伤、当时正在那里秘密休养的国王,请求他说,如果他一定要把这两个男孩处死,那么就先让他们接受基督教奥秘的教育。国王同意了他的要求。于是,院长就用问答法向他们传授了真理的福音,并在救世主的圣水池里为他们洗礼,使他们确有把握进入永恒的天国。不久,刽子手来到了,他们欣然接受了这种现世的死亡。他们毫不怀疑,通过这一死亡,他们的灵魂将得到永生。在不列颠各地这样接受基督教之后,怀特岛也接受了基督教。但是,由于外人统治所带来的灾难,在丹尼尔即现在的西撒克逊主教之前,没有一个人在这里担任神父和主教。

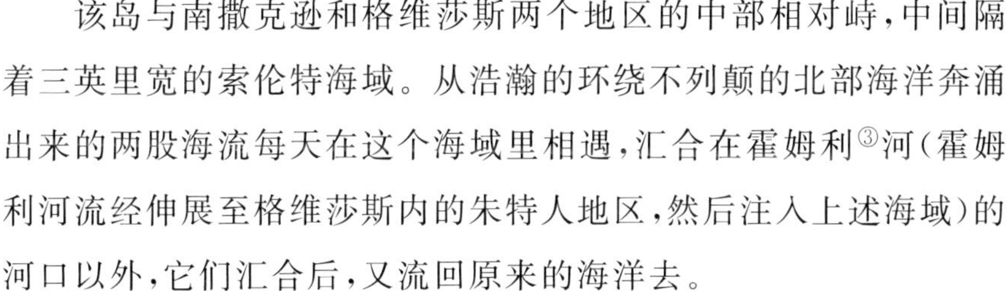

该岛与南撒克逊和格维莎斯两个地区的中部相对峙,中间隔着三英里宽的索伦特海域。从浩瀚的环绕不列颠的北部海洋奔涌出来的两股海流每天在这个海域里相遇,汇合在霍姆利[③]河(霍姆利河流经伸展至格维莎斯内的朱特人地区,然后注入上述海域)的河口以外,它们汇合后,又流回原来的海洋去。

① 靠近南安普敦(Southampton)的斯托纳姆(Stoneham)。

② 汉茨的雷德布里奇(Redbridge)。

③ 汉布尔(Hamble)河。

第十七章

在希思菲尔德平原举行宗教会议，由大主教西奥多主持(680)

此时，西奥多听说，优迪克异教[①]给君士坦丁堡教会的信仰造成了极大的混乱。为了使自己管理下的英吉利各教会不受这一污染，他召开了一个由可敬的主教和许多神学家参加的会议。他认真地逐个询问，究竟他们信哪一种教义。他发现他们一致同意普世信仰：为了教育后代，使他们牢记这件事，他设法把这一致意见写进了宗教会议文件。文件的开头是这样的：

"以我主耶稣基督、救世主的名义，在我们最虔诚的诺森伯里亚王埃格弗里德陛下十年、麦西牙王埃塞尔雷德陛下六年、东英吉利王阿尔德伍尔夫陛下十七年、肯特王洛西尔陛下七年，[②]即第八个小纪的9月17日，承蒙天主的恩惠，不列颠岛和坎特伯雷城大主教西奥多同不列颠岛上其他可敬的主教一道，在一个撒克逊语中称为希思菲尔德的地方，由西奥多主持召开会议，申明正宗信仰，他们的面前摆着神圣的福音书：关于这一正宗信仰，我们的声明与我主耶稣基督成为肉身向那些曾亲身看见他，听到他的声音的门徒们所传授的是一致的，与神圣的教父们[③]的信经中所传授的是一致的，概括地说，与所有神圣的大公会议和普世教会的

① 有关一性论和一志论的异端，参阅布赖特，第220页。

② 这里没有提到韦塞克斯，当时该地区正处在动乱之中。

③ 即尼西亚教父们。

真正神学家们所传授的是一致的。因此,我们共同申明、一致相信天主指示给他们的信条,并据此信条,虔敬地信从上述这些事情。我们同神圣的教父们一样承认圣父、圣子、圣灵三位一体,本体同一和一体三位,就是说,我们承认只有一个天主,天主包括三个同等荣耀的相同的体或三个位。”[①]

在记载了许多类似的表明正宗信仰事宜后,神圣的宗教会议还在这份文件上补充了以下文字:

“我们赞同由神圣的教父们参加的天主所能接受的五次神圣的宗教大会。这些大会是:主历318年在尼西亚[②]召开的,谴责邪恶的阿里乌及其邪说的会议;主历150年在君士坦丁堡[③]召开的谴责马其顿尼和尤多修斯疯狂行为及其邪说的会议;主历200年在以弗所[④]召开的首次谴责最邪恶的聂斯脱利及其邪说的会议;主历630年在卡尔西顿[⑤]召开的谴责优迪克和聂斯脱利及其邪说会议;第五次是小查士丁尼在位时[⑥]在君士坦丁堡召开的第二次谴责西奥多,谴责依巴斯和西奥多雷特[⑦]的函件及其谴责他们反对西里尔邪说的会议。”

一段文字后,又有如下记述:

① Substantia与Οὐσία同义,指的是一种不能分割的实体;subsis entiae是不能混同的两个位。希腊语ὑπόστασις用在希腊神学里兼有这两种意义。参阅普卢默,II.232。

② 325年。

③ 381,382年。马其顿尼和尤多修斯是阿里乌派主教。

④ 431年。

⑤ 451年。

⑥ 553年。

⑦ 聂斯脱利的支持者。

“我们赞同在第八个小纪，最虔诚的君士坦丁大帝[1]在位九年即在最神圣的教皇马丁于罗马城召开的宗教会议[2]。我们像那些人荣耀我主耶稣那样荣耀他，我们不折不扣地，心口如一地谴责他们之所谴责，赞同他们之所赞同：我们像上述圣徒、先知和神学家们声称的那样，赞美没有起始的天主圣父，赞美他唯一的在万世以先为父所生的子，赞美以不可言喻的方式从父子出来的圣灵。和大主教西奥多一道确立普世信仰的我们这些人都签署了自己的名字。”

第十八章

前来不列颠教唱的罗马教廷的领唱约翰

出席这次会议并与其他人一道共同认可[3]普世信仰教会的还有一位可敬的约翰，他是圣彼得教堂的首席领唱、圣马丁修道院院长。他是在新近奉教皇阿加塞之命，由最可敬的院长、别名本尼狄克的比斯科普引路，从罗马来到这里的。有关本尼狄克特的事迹，我们已经说过了[4]：他在威尔河河口建造了一座纪念最神圣的使徒之首的修道院后，和他的同工、助手、后来继承他担任该院院长的切奥尔弗里德一道像过去经常所做的那样来到罗马，受到已故教皇阿加塞的隆重接待。他请求教皇并从他那里得到一份以教皇

① 君士坦丁乌斯四世或君士坦斯二世。这次会议谴责一志论。

② 第一次拉特兰(Lateran)会议，649年。

③ 作为教皇的代表。

④ 不在比德的这本《教会史》而是在他的《修道院长列传》中提及。

权威认可的特许状，以确保他所建立了的修道院的自由。特许状的形式是与切奥尔弗里德所知道的埃格弗里德王的愿望和保证相一致的：他正是在得到国王的允许并接受了国王慷慨赠送的土地之后，才建造了这座修道院的。

他还得到准许，把这位约翰院长带回不列颠，目的是让约翰在他的修道院里教授一年一度歌唱课程——就像在罗马的圣彼得教堂里所做的那样。约翰院长确实像教皇所命令的那样去做了，就是说，他不仅亲口把唱、诵的规则和方式教给院里的领唱者，同时还把一整年中庆祝各节日时所需要做的事情写下来。这些材料至今仍保存在该修道院里，而且还为各地的不少修道院所转抄。约翰不仅教授该修道院里的兄弟们，还教授从该地区[①]的几乎所有修道院成批成批地汇集而来听他讲课的那些有演唱技艺的人。另外，许多人还大胆地请求他亲自到他可教唱的地方去教他们。

除了教授诵读、唱经外，他还担负教皇交给的另一使命：他必须仔细弄清英吉利教会究竟遵行何种信条，并且在回罗马时报告这件事：他新近带来了不久前[②]还保存在罗马的由神圣的教皇马丁主持的由一百零五名主教一致通过的宗教会议的决议[③]，把它交给上述的最虔诚的院长本尼狄克特的修道院抄录。这个决议主要是针对那些宣扬基督里只有一个意志[④]的人：这些人当时严重地扰乱了君士坦丁堡教会的信仰，不过，由于天主的恩典，他们在当时就被觉察并被压制了下去。因此，教皇阿加塞，就像想了解其他

① 诺森伯里亚。

② 三十年前。

③ 即宗教会议的决定。

④ 一志论。

地区教会的状况那样，还想了解不列颠教会的状况，想知道它究竟是否受过异端污染。他把这一任务委托给受命前往不列颠的最可敬的院长约翰。因此，专此目的而在不列颠召开了我们所说的宗教会议并且发现普世信仰在他们所有人的心中未受玷污：他得到了一份会议文件以便带回罗马。

可是，他在回国途中，刚刚渡过海峡，就忽然得病去世。出于对圣马丁的爱（他生前管辖圣马丁修道院），他的朋友们把他的遗体运到图尔，把它隆重地安葬在那里。原来，他在前往不列颠的路上曾经在那个教堂里受过友好款待，那里的兄弟们曾恳求他回罗马时从这里经过，在教堂里歇脚。最后，他从教堂里拿了一些东西，用以帮助他旅行和完成他被委以的工作：虽然他死于途中，但说明英吉利人的普世信仰的那份文件还是被送到了罗马，教皇和其他所有听取或阅读这份文件的人都表示赞赏。

第十九章

王后埃塞尔思里思[①]始终是贞女，她的遗体久埋不腐（672—680）

埃格弗里德王娶了一个名叫埃塞尔思里思的女子为妻，她是我们曾多次提到的那个虔诚得出奇、在思想和行为各方面都十分出众的东英吉利王安纳的女儿。该女子在与埃格弗里德结婚之前，曾婚配给另一个人，即名叫汤德伯特的南吉尔瓦斯的王子。但是，

① 圣埃塞尔雷德（St. Ethelred）或奥德里（Audry）。

汤德伯特则娶她不久就去世了，因此她才改嫁给埃格弗里德王。她与埃格弗里德相处虽达十二年之久，但她始终是一个纯洁和荣耀的贞女，恰如已故的威尔弗里德主教对我所说明的那样：由于我知道有人怀疑这件事的可靠性，因此便询问他。他告诉我说，对于她的贞洁，他可以当可靠的见证人，因为国王曾经许诺（由于他知道王后在这个世界上最崇敬的就是他[①]），如果威尔弗里德能成功劝说她与他结伴，那么，他就会给威尔弗里德大量的土地和金钱。人们绝不应该相信，正如真实的历史记载所表明的那样，过去某时发生的事情到了我们这个时代不会发生：这是出于保证与我们永远同在直到世界末日的那个独一无二的主的恩惠：此外，那个神迹——由于它，那位女人的身体久埋不腐——清楚地表明了，她继续保持着贞洁，未接触过任何男人。

她一再恳求国王准许她抛弃尘世上的烦恼，到修道院去事奉真正的王、唯一的基督。一次她刚一得到许可，就到女院长埃巴的修道院里去。埃巴是国王埃格弗里德的姑亲，她的修道院坐落在科路蒂[②]镇里。王后就在这座修道院里从上述主教威尔弗里德[③]那里接受修女法衣。但是一年后，她自己就在埃尔奇[④]这个地方成为修道院院长——她在埃尔奇建起修道院后，就成为许多献身于天主的修女们的嬷嬷言传身教天国生活。关于她，据说，她入院后从不穿亚麻衣服，只穿毛质衣衫[⑤]；除非在庄严的神圣的节日即

① 威尔弗里德。

② 贝里克郡（Berwickshire）的科尔丁厄姆（Coldingham）。

③ 正因为如此，埃格弗里德对威尔弗里德产生了敌意。

④ 伊利（Ely）。

⑤ 《徒劳的爱》，第5卷第2章：我没有衬衫，我穿粗毛衣衫赎罪。

复活节、圣灵降临周和三王来朝节[①]时，平时很少洗热水澡，即使在洗热水澡时，她也是最后一个开始。她总是亲自和自己的女仆一道先给在场的其他的基督婢女洗净[②]。除非在神圣的或较为要紧的日子里，她每天只吃一顿饭。如果不得重病，她总要从早上的祈祷[③]开始，一直在教堂里祷告到天亮。还有人说，由于有先知之灵，她预言了造成自己死亡的那场瘟疫，并且当着众人的面告诉她们，将有多少人由于这场瘟疫被从她的修道院里带离今世。她是在担任了七年院长后和她的同伴们一道被带去见主的。正如她嘱咐的那样，她被装进一口木棺里，不是埋在其他地方，而是按照她当初去世的顺序，埋葬在她的同伴们中间。

继承埃塞尔思里思担任院长的是她的妹妹塞克斯伯格，她原是肯特王厄康伯特的妻子。埃塞尔思里思葬后十六年，塞克斯伯格院长觉得似宜取出她的遗骨，装进一口新棺材，然后移到教堂里去。她吩咐一些兄弟专此设法找到可以作为棺材的石头。由于埃尔奇的四周都是水和沼泽地，找不到大块石头，于是，他们只好乘船来到一个被遗弃的小城镇里，该镇离埃尔奇不远，英吉利语中称为格兰塔卡斯特[④]。他们很快就在城墙边找到一口用白色大理石造成的十分精致的棺材，一块大理石严严实实地盖在上面。他们由此得知，主使他们不虚此行。于是，他们向主表示了感恩，接着把这口棺材运向修道院。

这位神圣的修女、基督的新娘的遗体在打开坟墓后重见天日。

① 三王来朝节，又称显现节。——译者

② 指洗脚，《约翰福音》第13章第14节。

③ 晨祷。

④ 格兰特切斯特(Grantchester)。

人们发现它依然完美无瑕，好像她是当天刚刚去世或刚刚埋进土里似的：正如主教威尔弗里德和许多其他知情人都可以证实的那样。不过，在她临死前和她被抬出坟墓时都在场的医生辛尼弗里德却时常告诉人们更多的确切事情。他说，她病时，颧骨下肿得很大，“他们叫我把它切开，让里头的毒液排出来。我真的这么做了。在头两天里，她的病势似有好转，许多人因此以为她的病痛可以治好。但是，到了第三天，她的疼痛却加剧了，而且很快地她被带离尘世，变疼痛和死亡为健康和永生。就在过了这么多年之后，人们要把她的遗骨挖出来。他们先在上面搭了个帐篷，所有的修士列在帐篷边唱歌，修女列在另一边唱歌，而女院长则亲自带了几个人到篷里去，拾拣和洗涤她的遗骨。突然间，我们听到里面的女院长大声喊道：‘荣耀属于主的名！’他们立即打开帐篷的门把我叫进去。我看到天主的神圣修女的遗体被抬出墓穴平放在床上，好像熟睡了一样。此外，他们还揭开盖在她的脸上的面纱，给我看我当时动过手术的刀口已经愈合：她埋葬时依然张开的伤口现在已经令人惊讶地变成了小小的伤疤。”此外，穿在她身上的所有亚麻布衣服都完好无损，崭新得就像当天刚刚穿在她的纯洁的身体上一样。据说，在上述肿块以及颧骨和脖子上的疼痛折磨着她的时候，她仍然为此病痛感到极大欣慰，常常说：“我深知我所忍受的脖子上的疼痛是应得的。我记得当我还是一个女孩时，脖子上戴着一串多余的项链。我相信，上天的怜悯因此要我忍受脖子上的疼痛，这样，我就可以从多余的虚荣的罪过中开释出来。因此，现在出现在我脖子上的不是黄金和珍珠，而是红色的肿块及其疼痛。”此外，还出现了这种情况：摸摸她的衣衫，缠身的恶鬼就会被从身上驱走，

其他疾病有时也可以治好。不仅如此，据说用来埋葬她的第一口棺材还治好了一些患有眼疾的人。这些人的头靠着棺材祷告，很快就会使眼里的疼痛消失或使眼睛变得明亮。修女们因此洗涤了她的遗体，给她穿上新的衣裳，然后把她运到教堂，装进找来的棺材。那口棺材至今仍然摆在那里，深受人们敬仰。它奇迹般地恰好容纳下这位修女的遗体，就好像特意为她制作似的。棺材的前端似乎也是特意凿打出来，恰好能容纳下她的头部。

伊利在东英吉利地区，面积约六百海得，而且如前所述，周围都是水和沼泽地，犹如一个岛屿：它因其沼泽地里盛产鳗鱼而得其名。上述基督的婢女希望在这个岛上有一座修道院，因为，如前所述，她自己出生于东英吉利地区。

第二十章

圣女赞歌

看来，把我们几年前所写的一首赞美贞洁的诗同时收进这部历史似乎是很适宜的。这是一首赞颂这位基督的王后和新娘的挽诗[①]——因为她是基督的新娘，所以她的确是一位王后。我们沿用了《圣经》里的习惯写法，在这部历史中，插进了不少大家所熟知的带有韵律和节的诗歌：

---

① 诗歌的每一对句的末尾都重和首行行首的词句，这种诗歌叫“回和”(echoing)或“蛇形”(serpentire)。这些诗句而且是按其开头字母的顺序排列的。(此条注释仅对原诗的拉丁文本而言。——译者)

“呵，天主！呵，仁慈的三位一体！
　　你是万物永恒之主。
呵，仁慈的天主！你是三位中的一位，请
　　恩助我们作成此诗。
让维吉尔去书写武功战史吧，我们
　　吟唱的是太平盛世。
让维吉尔去记述伊尼斯之战吧，我
　　们要讴歌基督恩赐。
我的诗篇纯洁而又神圣，它岂能做
　　描绘劫持海伦之唱。
我这诗篇圣洁无瑕，无聊辞章只会
　　出自那淫荡者笔端。
我欲纵情赞美上苍恩泽，而非血雨
　　腥风的特洛伊之役。
我要高声放歌上苍圣德，因为普天
　　之下无不蒙恩受益。
看哪！天主从天而降，由童贞女
　　玛利亚所生。
看吧，高尚的天主怀着一颗仁爱之心，
　　来为人类赎罪祝福。
一位童贞女生下婴孩，她将成为万民之母。
温柔的童贞玛利亚生下圣子，我们知道
　　她可是天主之门。
在她的欢乐中，有福之人，联合起来。

圣母的声音能令雷电也俯首屈服，
　　贞女们在她里面欢呼雀跃。
她的真善美德使众多的童贞之树枝
　　叶繁茂，茁壮成长。
她的光辉榜样使无数的贞女之花含
　　苞吐蕊，迎风开放。
纯贞的阿加莎[①]曾受毒火烈焰烧灼，
　　可她从未惧怕畏缩。
尤拉莉亚[②](Eulalia)也曾在熔炉中炙烤煎熬，
　　却没显现一丝怯懦。
面对喷血的猛兽，贞女特克拉[③]她勇
　　气倍增，决不后退。
面对凶残的畜生，尤菲米亚[④]的心泰
　　然自若，视死如归。
面对死亡的钢刀，阿格尼丝[⑤]胜似钢
　　浇铁铸，扬眉冷笑。
面对杀人的利刀，塞西莉亚[⑥]自感其
　　乐滔滔，壮志难摇。
她们的美德情操，赢得普天之下有
　　口皆碑，人人传颂。

① 德西厄斯(Decius)大迫害时期西西里的殉教烈女。
② 戴克里先大迫害时期西班牙的殉教烈女。
③ 被希腊教会誉为第一个女殉教者。
④ 第十次大迫害中在比提尼亚(Bithynia)受难。
⑤ 早期罗马的殉教烈女。
⑥ 罗马殉教烈女和音乐保护神。

她们的铮铮铁骨,唤起了全世界对
　　贞女的珍爱和敬重。
尔今,我们的时代又有一位圣洁贞
　　女而变得甘美无忧。
我们的埃塞尔思里思也是光照人间,
　　芳名青史共千秋。
她出身王族世系,父亲一生却以德
　　行和勇武闻名于世。
她昔日华贵,而如今是天主使她愈
　　加高洁,令人仰慕。
在尘世,父王曾使她贵为女王,无
　　边权势,一统人间。
在天堂,天主又为她带来了无限的
　　荣耀,永恒的尊严。
贞女呵,你何须嫁配男人?你已立
　　誓献身上天的基督。
基督就是你唯一的伴侣,你怎么会
　　再去青睐俗子凡夫?
我以为,你将似天上君王之母一般,终
　　成为众生之母。
你还会像那位圣母,为你自己赢得
　　无比的荣耀。
这位天主的新娘曾居王宫十二载,
　　享不尽荣华和富贵。

但她，天主的新娘，却欣然离去，
　　到修道院修身隐退。
在修道院里，她虔诚专注，修得了
　　高尚的贞操与善行。
她的灵魂从那里升入天国，她向上
　　苍奉献了全部身心。
贞女圣洁的肉身早已殓葬入土，历
　　经十六年[①]。
可她的躯体好像初选时般完美无损，
　　不改风韵和容颜。
基督呵，这无疑是你的杰作：她那
　　衣着依然齐齐楚楚。
呵，基督，她那穿戴崭新如故，时
　　光也无法将它剥蚀。
魔鬼的黑蛇[②]居然要躲藏隐匿：您的
　　洁身确实可敬可畏。
缠附黑蛇的病灾瘟疫，邪不压正，
　　也同黑蛇一道循飞。
那妖蛇凶残恶煞，曾在伊甸园诱骗
　　过我们的先母夏娃。
然而歹毒的魔鬼在贞女面前竟魄散

① 她逝世的日期是 10 月 17 日即 AD xvi kal. Novembres。

② 拉丁文中的 Ydros 可能是水蛇的意思，但此处用来代表《创世记》第 3 章中所指的蛇，而恶魔的颜色是黑的。

魂消，似恶犬丧家。

呵，天主的新娘，你知道在人间你
　　是何等尊贵和荣耀。
呵，主的新娘，天堂乐土万般宏福
　　凡事岂可相比较。
你天生快活，在通往天国的路上火
　　炬将照你直至家里。
你只会乐上添乐，瞧哟，新郎基督
　　正趋身前来迎新娘。
琴声伴随你的歌喉多么甜美，恰似
　　一组旋律沁他心扉。
圣诗和着你优雅的歌声，婉如一曲
　　乐章叠句令他陶醉。
坐在天堂王座上的羔羊将和您形影
　　相随，永远在一起[①]。
因为你和羔羊缔结的真诚的爱，任
　　何东西也无法拆离。”

第二十一章

西奥多在埃格弗里德王和埃塞尔雷德王之间调停劝和(679)

埃格弗里德王在他即位的第九年同麦西亚王埃塞尔雷德在特

① 参阅《启示录》第14章第4节。

伦河一带进行了一场残酷的战斗。埃格弗里德王年约十八岁的弟弟埃尔夫温战死沙场，他是交战双方都十分敬重的年轻人，因他的姐姐奥斯思里思又是埃塞尔雷德王王后。当两位高傲的国王及两国的人民之间有可能爆发一场更为激烈的战争，双方的敌对有可能持续下去的时候，天主所宠爱的主教西奥多借助于神的帮助对双方好言相劝，终于彻底平息了一场大规模的危险的冲突。这样，由于双方国王和人民得到抚慰，埃格弗里德王的兄弟之死才没有招致更多人的死亡，而只是向复仇的一方国王付了一笔适当的赔款[1]了事。这两个国王及其治下的人民后来确实在相当长的时间内维持了这一和平关系。

第二十二章

某囚犯的镣铐因有人为他作弥撒而自行松脱

众所周知，就在上述国王埃尔夫温[2]被杀的那场战斗中，发生了一桩引人瞩目的事件。我觉得不应该对此事缄口不言。相反，把它告诉世人将有助于拯救许多人。有一位年轻的名叫伊马的国王的亲兵和其他一些人一样受了重伤，他像死去一般，躺在死人堆中挨过了一天一夜。最后，他突然恢复了呼吸和知觉，坐了起来，尽力包扎好自己的伤口。休息一阵之后，他站起来，开始走动，企望在什么地方找到能够照料自己的朋友。可是，在他走动中间，敌

① 为防止血仇报复而付给被杀害者亲属的赔偿金，按每个被害者估定金额。

② 与埃格弗里德共治。

兵发现了他，并把他抓起来带到他们的领主埃塞尔雷德王的一个家臣[①]那里。当他被问到他的身份时，他不敢承认自己是士兵，只说他是一个穷乡下人，已经结过婚，并且宣称，他这次同乡亲们一道参战是为了给士兵运粮。因此，这个家臣待他很好，还给他治伤。在这位亲兵开始复原的时候，那家臣命令给他上镣，以免他夜里逃跑。但是，镣他不住。原来，给他上镣的人一走，镣铐就松落了。

这是因为，他有一个叫滕纳的亲兄弟，是神父兼修道院院长，修道院所在城市因他而得名，至今仍然叫作滕纳卡斯特[②]：滕纳听说兄弟战死，就到战场上寻找他的尸体。他找到一个各方面酷似伊马的人，就以为真的是他，于是把他运回修道院并为他举行了隆重的葬礼，还常常作弥撒，为他的灵魂忏悔。由于这种弥撒仪式，因此，如我所说，什么人也镣他不住，镣铐一镣上，马上就松落。此间，那位拘留他的家臣对此感到迷惑不解，所以就问他究竟是什么原因使得任何人都无法把他镣在，是不是他碰巧掌握了人们所说的那种"松镣咒语"[③]，因而才无法把他镣住。但他回答说，他根本并未掌握这种法术。"不过"，他说，"我有一位兄弟在家乡[④]当神父，我知道，他以为我被杀死，因此经常为我作弥撒。如果我现在在来世里，那么，他代我所做的祷告将使我的灵魂免除一切痛苦。"他在那位家臣的家里被关了一阵，那些更加严密监视他的人从他的长相、举止和言论中看出他并不是自己所说的那种普通穷人，而

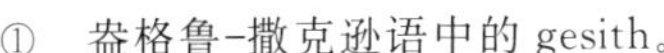

① 盎格鲁-撒克逊语中的 gesith。

② 不清楚指何处，似乎不可能是托斯特(Towcester)。

③ 写下来并随身带着作为护身符。

④ 诺森伯里亚。

是一位很有身份的人物。于是，这位家臣就秘密地召见了他，更为直截了当地查问他的身份，并答应，他绝不会因为他明白道出自己身份而加害于他。伊马于是照办，表明他曾是国王的亲兵。那家臣说："确实，从你的几次回答中我看得出你根本不是乡下人。你确罪该万死，因为我所有的兄弟和亲属都战死了。不过，我不会把你处死，以证明我不违背自己的诺言。"

因此，那位亲兵完全康复后，被他卖给了一个弗里西亚人带往伦敦。但在路上，那个弗里西亚人无论如何也铐不住他。不过，当买下他的那个弗里西亚人认识到他是铐不住的时候（当时押送他的人给他上了许多各种各样的镣铐），他同意他赎身——如果他有能力的话（这位亲兵身上的镣铐在第三时辰后作弥撒的时刻经常松落）。于是这位亲兵发誓说，他要么再回到弗里西亚人身边，要么把赎金寄给他。誓罢，他就到肯特去晋见洛西尔王。洛西尔王是前面提到的王后埃塞尔思里思的姐妹[①]的儿子，而伊马曾一度当过王后的亲兵。他向国王请求后得到赎金，于是按照自己许过的诺言，把它送给自己的主人以赎回自己。

此后，他回到了自己的家乡，见到了自己的兄弟，并原原本本地向他诉说了自己所经历过的不幸以及在不幸中所得到的安慰。他从兄弟的叙述中得知，他身上的镣铐，特别是在他兄弟给他举行神圣的弥撒仪式时松落的。此外，他还知道，由于他兄弟代祷并向天主献上美好的圣体，因此，他在危难之中还得到上天恩赐给他的其他方面的救助。许多人听了他的叙述后，信仰更加热烈，祷告更加虔敬，他们为了拯救已经离开此世的朋友，或施舍，或向天主献

① 塞克斯伯格，下集第107页。

圣体。因为他们知道,这些美好的供品可以有效地使灵魂和身体永获赎救。

告诉我这件事的,是一位亲自从身历其境的那个人那里听来的。因此,在查明核实后,我毫不犹豫地把它写进了我们的《教会史》。

第二十三章

女修道院院长希尔德的生平及去世(614—680)

次年,即主历 680 年 11 月 17 日,基督最虔诚的婢女、前已述及[①]的惠特比修道院院长希尔德在人间行了许多圣事后,于六十六岁时被带离人间去接受天堂生活的奖赏。她的六十六年生涯可平分为两个阶段。前整整三十三年,在俗界,她有着高尚的生活和生活方式;后三十三年她过的是献身于天主的更为高尚的修女生活:她的出身同样高贵,就是说,她是国王爱德文的侄亲赫雷里克的女儿。由于已故的诺森伯里亚第一个大主教波莱纳斯[②]的传教,她和国王一道接受了基督教和基督所立的圣事。她始终保持着对它的真诚信仰,直到理所应得地见到主为止。

在决心抛弃俗界、仅只事奉天主之后,她到东英吉利地区去。原来,她与那里的国王[③]有亲戚关系。她希望从那里,如果能有什

① 第 3 卷第 25 章。

② 第 2 卷第 9 章。

③ 埃塞尔希尔,安纳的继承人,赫里斯维思的丈夫。

么办法的话，摆脱自己的国家，抛弃她曾经拥有的一切到法国去，为了主，在国外的卡尔[①]的修道院里过活，以便将来更安逸地，理所应得地得到永恒的天国：她的姐姐赫里斯维思，即东英吉利王奥尔德伍尔夫的母亲当时也在那里按修道院生活规则行事，正期待着永恒的冠冕。她以姐姐为榜样，按照自己要逗留在国外的誓言，在上述地区整整住了一年。此后，她被主教艾丹召回国内，在威尔河北岸得到一海得土地。在那里，她同少数几个人一道也同样过了一年修女生活。

此后，她成为人称哈特尔浦的修道院院长。该修道院事实上是不久前由基督的虔诚的侍女海乌创建的。据说，海乌是诺森伯兰地区第一个发誓成为修女的妇女，由主教艾丹正式举行祝圣仪式。可是修道院建成后不久，她就离开，到了英吉利人称为盖尔卡盖斯特[②]的卡尔卡里亚城定居下来。被挑选为哈特尔浦修道院院长的基督的侍女希尔德立即照那些有学识的人所能教给她的方法，设法在所有事情上把修道院纳入院规的轨道：由于她聪慧，热爱虔诚的仆职，艾丹主教和其他许多认识她的教徒都深爱她，经常来拜访她，给她以细心指导。

她在管理修道院的几年间，完全致力于完善修道院生活和修道院院规。其间，她还碰巧承担在一个叫做惠特比的地方建立并安置一座修道院的工作。落在她身上的这件事她也认认真真地完成了：她把用来安置早先那座修道院的一整套院规搬过来用于这

① 第3卷第8章。

② 可能是塔德卡斯特(Tadcaster)。

座修道院。确实,她还特别在这里教导人们保持公义、虔诚、贞洁以及其他种种美德,尤其是和睦和博爱:这里以早期教会为榜样,没有贫富之分,一切东西归公,因为没有任何看起来属于私人的财产。此外,她如此聪慧,不但平庸之人在需要时向她求教,而且有时甚至连国王和王子都向她求教。她促使她所管辖下的人们把时间如此合理地花在攻读《圣经》和如此一心一意行公义上,使得那里的许多人看起来都可以轻而易举地胜任教职,就是说,都可以供职祭台。

总之,从那时起,我们已见过出自该修道院的后来成为主教的五个人:博萨、艾特拉、奥夫特弗、约翰和威尔弗里德,他们都是些特别高尚而神圣的人物。第一位,如前所述,被授予约克的主教圣职。第二位,我们必须简短地指出,被任命为多切斯特[①]主教。最后两位必须以后再加以说明:他们中的第一位被任命为赫克瑟姆主教,第二位[②]被任命为约克教会主教。中间一位的情况,让我们说,是这样的:他先在希尔德院长的两个修道院里刻苦研读《圣经》,最后,为了使自己尽善尽美[③],他到了肯特已故大主教西奥多那里。在学习了一段时间的宗教经典后,他设法到了罗马。这在当时被认为是一件很有功德的事。他从罗马回不列颠后,去了维卡斯地区,当时统治该地区的是奥斯里克王。他在那里停留了许久,传播信仰的福音,并且为见到他和听他讲道的人树立了生活榜

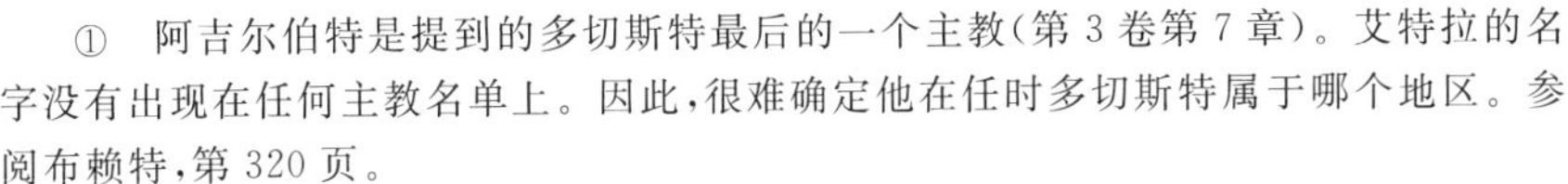

① 阿吉尔伯特是提到的多切斯特最后的一个主教(第3卷第7章)。艾特拉的名字没有出现在任何主教名单上。因此,很难确定他在任时多切斯特属于哪个地区。参阅布赖特,第320页。

② 小威尔弗里德或威尔弗里德二世。

③ 希尔德站在苏格兰教派一边,第3卷第25章。

样。当时，那个地区的主教是博塞尔，他因病势太重无法担负起主教职责，因此上述的这人被一致推选出来接替他担任主教。在埃塞尔雷德王的命令下，他由已故的当时担任中英吉利主教[①]的威尔弗里德举行任命仪式，因为当时，大主教西奥多已去世[②]，还没有人被任命接替他的职务。在这之前不久，即在上述属天主的人博塞尔之前，一个名叫塔特弗里德的坚定、博学、才华横溢的人也被从那个女院长的修道院里挑选出来担任主教，管理维卡斯地区，可是他在正式受命之前就因得病而过早去世。

所有认识上述基督的侍女、院长希尔德的人都称她为嬷嬷，以表明她的慈悲和虔诚。她不仅在自己的修道院里为与她一道的人们树立了生活典型，而且还为那些耳闻其辛劳和善美，来自远方的许多人举行拯救和赎罪仪式。这是因为，希尔德的母亲布雷吉斯维德在希尔德还是幼女时所作的一个梦应该得到应验。当时，布雷古斯维德的丈夫赫里里克遭流放，住在不列颠王塞迪克的管区（他就是在那里被毒死的）。一次，她似乎梦见他突然被抓走。尽管她千方百计地搜寻，仍然不见他的踪影。但是，在她忙忙碌碌寻找一阵之后，她忽然在她的衣袍下面发现一条珍贵的项链。就在她对此留神思考之际，这串项链似乎发射出一阵光芒，这光芒如此耀眼，使得整个不列颠都充满了它的明亮的恩典。这一梦境后来显然在我们所记述的她的女儿身上应验。希尔德的一生，不仅对她自己而且对许多愿过好生活的人来说，都是典型的光辉业绩。

但是，在她治理该修道院多年之后，我们仁慈的拯救者所意欲

① 莱斯特(Leicester)主教，692—705年。

② 他死于690年。

的是，她的神圣的灵魂应该接受肉体的长期软弱的磨炼，从而使她像使徒那样，在人的软弱上显得完全[①]：她身患热病，开始受高烧折磨，而且这折磨持续达六年之久。在这整个时期，她不但一刻不停地对她的创造者表示感恩，而且还继续集体或个别地教授她所管理的羊群：她以身作则，告诫她们所有的人不仅在主赐予健康身体时要合理地事奉他，而且在遭受世间不幸或身体患病时也要虔诚地向主表示感恩。第七年，她已经到了病入膏肓的地步，最后的日子已经来临。约在鸡鸣时分，她在接受了临终圣体后，把院里基督的侍女们召集到跟前，劝导她们在自己人中间，不，应该说和所有人之间保持福音书上所说的那种和睦。她还没说完她的忠告，就愉快地死了。不，用主的话说，她是从死亡进入生命。

那天夜里，在哈克内斯[②]修道院即另一座由她同年建造的相隔很远的修道院里，全能的主通过一个清晰的异象惠告了她的死亡。该修道院里有一个叫贝古的修女，她作为贞女献身于主已有三十多年，在修道院生活中事奉着主。当时，她在修女的寝室里休息，忽然听到从空中传来了熟悉的钟声，这是在她们中有人被召离尘世时用来唤醒和召集她们的。她睁开眼睛（她自己这么想），发现屋顶已被掀开，满屋子里都充满了从上面照下来的亮光。她仔细留心着这亮光，看见上述天主的侍女的灵魂由天使们引领、陪同，在那亮光中被携带上天。她从睡中惊醒，发现其他姐妹仍然睡在她周围，于是意识到自己是在梦里或心灵的异象中看见那一切的。由于极度恐惧，她立即起身奔向那位当时替代希尔德管理修道院

① 《哥林多后书》第12章第9节。

② 靠近惠特比。

的名叫弗里吉思的修女，她痛哭着，泪水满面，并且长叹着告诉她，她们的嬷嬷、院长希尔德已经离开此世，由天使们陪同，在她所看见的奇异的巨大的亮光中升天，进入永远光明的大门，成为一名天国臣民。弗里吉思听到这一切后，叫醒所有的修女，把她们召集到教堂里，吩咐她们为她们嬷嬷的灵魂祷告和唱赞美诗。在夜里剩下的时间里，她们就这样勤勉地祷告和歌唱着。天明时分，希尔德去世所在地的修士带来了她离去了的消息。修女们对此回答说，她们早就知道这件事了，接着又原原本本地向他们讲述了她们是在什么时候和怎样知道这件事的：从叙述中知道，她们从异象中得知院长去世之时，正是她离开尘世的时刻。正是通过这两件由天主安排的凑巧同时发生的事使得一个人在看见她离开今世时，另一个人得知她进入灵魂的永生！而且，这两个修道院相距约十三英里！

此外还传说，就在上述基督的侍女去世的所在地即那座修道院里，有一位发誓献身于天主而且对院长极为崇敬的修女也于同一天晚上在异象中见到了院长的离世：她一见到希尔德的灵魂与天使们一道升上天堂，就立刻把这件事清楚地告诉那些同她在一起的基督的侍女们，并且甚至在其他人得知院长的死讯之前[1]就把她们叫起来，为院长的灵魂祷告。天亮时，这件事的前后经过就被迅速传遍全院。原来，这位修女当时和其他一些基督的侍女一道住在修道院的最外边，而这个地方是新来见习修道院生活的修女们住的——她们要一直住到学会规程并被正式接纳为修道院成员[2]为止。

---

① 前面说过，修女们都被院长叫去了。

② 成为宣誓修女。

第二十四章

天主赐给她的修道院里的一位修士唱诗的才能

在这位女院长的修道院里，有一位修士因特别得到天主的一种恩惠，因而名声大噪。原来，他经常创作宗教的和虔诚的诗歌[①]，不管圣书里的什么话，只要他通过别人解释而掌握了的，他就能在片刻之后，用自己的语言即英吉利语把它写成优美动人的诗歌。这些诗歌不断在许多人的心底里激起对尘世的蔑视和对天堂生活的向往。确实，在他之后的许多英吉利人也曾试图创作宗教诗歌，但没有一人可以与他相提并论，因为他不是从凡人那里或借助于凡人学得诗歌的创作艺术[②]，而是在天主的帮助下自如地获得这种本领的。因此他从来不会去创作那些轻浮虚荣的诗歌，而只会创作那些适合于从自己虔诚之口发出来的与宗教有关的诗歌；他一直长期过世俗生活，直至年岁颇大也还未有时间学诗歌。所以，有时在桌席[③]上人们为了助兴而一致同意轮流作诗时，他总是在竖琴送到之前离席，晚饭吃了一半时就跑回自己家去。

有一次，他离了席，走出那座举行晚宴的房子，到了当晚指定他看管的牲畜栏里。到时候，他就寝入睡。在梦中，有人站在面前，向他表示祝愿，然后指名道姓地对他说："凯德蒙，给我作首诗

① 我们只从比德这里了解到这个故事及凯德蒙（Caedmon）这个名字。传给我们的大量的诗歌都注明是他创作的，但是，现代评论认为它们并非出自一人的手笔。

② 参阅《加拉太书》第1章第1节。

③ 阿尔弗雷德王把它译成"喝啤酒"。

歌！”他回答说：“我不会作，正因如此，我才离开酒宴到这个牲畜栏里来。”“不过”，与他说话的那人坚持说，“你非得作首给我听听不可！”“我该作什么歌呢？”他说。那人答道：“就作首关于万物开端的诗歌吧。”于是，凯德蒙就立即唱起自己从未听过的赞美造物主天主的诗歌来。诗的大意是：“我们应该赞颂天国的创造者，应该赞颂造物主的威力和圣言，赞颂荣耀的圣父的圣行。他作为永恒的天主，是一切奇迹的创造者。他作为人类全能的庇护者，首先为人类子民创造出天作为他们的屋顶，接着又创造出地[①]。”这段文字仅仅表达了大意，并未逐字逐句地记载下他在睡梦中所作的那首诗。因为诗歌，即便是不那么好的诗歌，要把它从一种语言逐字逐句地翻译成另一种语言而不失其杰出和优雅是不可能的。他醒来后完全记住了他在睡中所作的这首诗，接着又根据原诗的韵律加上一些配得上天主的诗句。

第二天，他去拜见他的上司即该镇的长官，向他显示了他所获得的这一天赋。他被带到女院长那里后，受命在许多博识的学者面前叙述自己所做的梦，并且复诵了那首诗，以便让他们判断一下他所叙述的究竟是怎么一回事。在他们所有人看来，似乎是，主赐予了他一种天恩。接着，他们给他背诵了一段神圣的故事，即一段《圣经》，吩咐他说，如果他能，就把它写成诗歌。他领了任务后离开修道院，第二天回来时已经把他们要求他改写的那段话改编成非常美妙的诗歌。因此，从他身上领悟出天主恩惠的女院长当即开导他抛弃世俗习惯，发誓当修士。他照办后，院长安排他与她院里的那些兄弟们在一起并且命令给他开正式圣史课。不过，他对自

① 这首诗有两种不同的撒克逊文版本。普卢默，ii. 251。

己的所闻所学总是进行再思索，如同灵巧的牲畜咀嚼食物一样，在进行咀嚼之后再把它变成优美的诗句。他用优美的旋律唱起这些诗歌，反使他的导师们变成了听众。他唱出了创世、创人，唱出了所有《创世记》中的故事，唱出了以色列人出埃及及其进入希望之乡，唱出了《圣经》里的许多其他故事，唱出主的降生、受难、复活、升天、圣灵降临以及使徒的教诲等等。此外，他还创作许多诗歌描写未来审判之恐怖，地狱痛苦之可怕以及天国之甜蜜。他的另外一些诗歌是关于天恩和天罚的。在所有这些诗歌里，他都竭力激发人们脱离丑恶、热心从善。这是因为，他十分虔诚谦卑地遵从一切规章制度，对一切违反规章制度的人深恶痛绝。正因为如此，他同样美好地结束了自己的生命。

原来，在临终前的十四天，他身患重病，不过他非常有节制始终能够说话和走路。当时，病人或即将去世的人通常是被送到附近的一座房子里去。因此，就在他将离开尘世的那天天黑时刻，他要求照料他的人在那座房子里为他准备一个休息的地方。那人对他的要求深感惊讶，因为他丝毫不像一个要去世的病人。尽管这样，他仍然照他的吩咐去办。他们俩躺在那里，不但自己两人一道，而且还和先到这座房子里的那些人一道愉快地谈天说地。过半夜后，他问他们是否有圣餐。他们回答说："你要什么圣餐？你的死期还远着呢！你跟我们谈笑风生，就像健康人一样。""可是"，他说，"请你们一定要把圣餐给我拿来。"他拿到圣餐后，问他们是否对他心平气和，没有任何抱怨和敌意。他们都回答说，他们持友好温和态度，丝毫也不生他的气。他们接着要求他对他们也一样心平气和。他立刻回答说："我对所有天主的仆人都心

平气和，我亲爱的孩子们。”他以神圣的旅途食品武装自己后立即做好进入来生的准备。他问现在离兄弟们起来，向主唱晚祷的赞美诗的时刻还有多久。他们回答说：“不久了。”他对此说道：“那好，让我们等待那个时刻吧！”他画了神圣的十字，头着枕头小睡了过去，就这样静静地结束了自己的一生。因此，正像他以纯朴之心和平静之虔诚事奉着主那样，他也同样以平静的死亡离开尘世从而能够来到主的眼前。他的那张曾唱出多少美妙的赞美造物主诗句的口，也通过他画十字和把他自己灵魂托付给主的过程，在天主赞歌中结束了自己的最后诗句。从我们所讲述的这些事迹中似乎可以看出，他事先知道自己将要去世。

第二十五章

在科路蒂城的修道院毁于大火之前，一位属天主的人见到异象

约在此时，前已述及的人称科尔丁厄姆的修女院由于疏忽，毁于一场火灾。然而，所有了解这件事的人都可以清楚地看出，这场灾祸是由于住在院里的那些人特别是那些似乎算是长辈的人行为丑恶而招致的。不过，那些该受责罚的人并不乏天主的仁慈的警告——通过这一警告他们也许能改邪归正，就像尼尼微人那样通过守斋、祷告和泪水使公正的审判官不至于惩罚他们那样。

原来，在这座修道院里有一个叫亚当南[①]的苏格兰人，他祷

① 不是艾奥纳的修道院院长，第5卷第15章。

告、节欲，过着对天主十分虔诚的生活：除了主日和安息日后的第五天外，他平日里不吃也不喝，还经常整夜整夜地在祷告中儆醒。开始时，他过这种严格的苦行生活，是出于改正他的堕落生活方式的需要，但久而久之，这种需要变成了习惯。

这是因为他年轻时犯过大罪。而每当他想起这件事时，他又总是提心吊胆，唯恐自己因而受到严厉审判官的惩罚。于是，他向一位神父求助，希望能从他那里学得拯救办法。他向神父认罪，请他指教如何逃避那种即将到来的天罚。神父听了他的罪恶之后说："受了重伤应用大药重治。因此，你必须尽你所能地守斋、祷告和唱赞美诗，使得你在来到天主面前忏悔之后，能理所应该地得到他的怜悯。"可是，由于负罪感使他痛苦不堪，又由于他急于从加在他身上的内在的罪恶的桎梏中解脱，因此，他对神父说："我年轻力壮，您为了使我在主的日子里得救，叫我忍受的不管什么样的巨大痛苦，我都能轻而易举地忍受。即使您叫我整夜站着祷告，整个星期节制，我也办得到。"神父说："整个星期不吃东西很难，不过，每次连续守斋两三天就够了。你先这么办吧，我很快就会再来看你，那时我会更详细地告诉你该怎么办，该苦修多久。"说完，那神父向他规定了具体的苦修办法，接着就离开了。由于一件偶然的事情，神父回到了他的出生地爱尔兰，没有像先前所许诺的那样重新来看他。然而，这位年轻人还是记住神父的训令和自己的诺言，完全沉浸在悔罪的泪水、神圣的儆醒和节制之中，而且如前所述，在一星期中，他只在安息日后的第五天和主日进食，其他的日子连续守斋。在他听说他的神父去了爱尔兰并在那里去世以后，他仍然继续坚持他当时所同意采取的上述的节制办法：起先，他这样

做是出于对天主的敬畏而对自己的罪过感到内疚，而现在他继续不知疲倦地做这件事，是因为出于对天主的爱而产生的等待奖赏的喜悦之情。

他就这样勤勉地长期坚持了下来。一天，他碰巧同院里的其中一位兄弟到离修道院颇有一段距离的一个地方去。旅行结束后，他们向修道院返回：在他们走近修道院，望见院里的那些庄严美丽的房子时，这位属天主的人突然忧形于色，掉下了眼泪。他的同伴看到后，问他究竟是为什么。他回答说："一场凶猛的大火将很快地把你所看到的全部房子，不管是公房还是私宅，统统化为灰烬。"他的同伴一回到修道院，就马上设法把听来的这件事告诉女院长埃巴。女院长对这种预言自然深感不安。她把亚当南叫到自己面前，仔细询问他这件事，想知道他是怎样得知的。亚当南对她说："不久前的一个晚上，在我专心儆醒和背诵赞美诗的时候，我突然看见一位陌生人站在我面前，不禁大吃一惊。他叫我别害怕，并且亲切地对我说：'你在夜里该歇息的时刻不去睡觉而继续儆醒、祷告，你做得对。'我对此回答说：'我知道自己极需继续这种美好的儆醒并为自己的罪过不停地祈求主的宽恕。''你说的对'，这个人接着说，'你和许多人确有必要以善行来赎罪。他们在停止世俗事务和劳苦时，应该更加不遗余力地为追求永远的幸福而劳动。但是，很少有人这样做：我刚才从头至尾地走遍整个修道院，看了所有的房间和床铺，发现除你以外没有其他人在为自己的灵魂健康而忙碌。相反，一句话，所有的人，不管男女，要么睡懒觉，要么醒着犯罪：那些用来祷告和诵读的小房子现在已变成了吃、喝、聊天和其他诱人犯罪的场所。立誓献身于天主的那些修女也一样，她们把自己的所发的愿看得无足轻重，一有空闲就忙于织制漂亮的衣

裳，把自己打扮得有失身份，像个新娘子，或者，穿着这些衣服去追求院外陌生男子的爱。正因为这样，上天理所当然地随时会用大火来严厉报复这个地方以及居住在它里边的人。’”女院长问道：“既然你知道这件事为什么不及早告诉我？”他说：“我出于对您的敬重没敢告诉您，免得您为此过分操心。不过，您可以放心，您在世时，这天祸不会发生。”这个异象传出去让人知道后，住在院里的人们毕竟有所畏惧了几天，他们停止放荡并有所悔改。可是，这位女院长[①]去世后，他们重蹈覆辙，而且越来越放肆。就在他们说着“平安稳妥”[②]的时候，上述实施报复的惩罚突然击落到他们头上。

这件事的前后经过是我的神父同仁，当时住在该院的最可敬的艾德吉尔斯告诉我的。此后，由于那场毁灭，住在那里的许多人不得不离开，他也因此长期住在我们的修道院里，直至去世。我认为把这些事写进我们的《历史》是有益处的。我们可以以此警告读者，主可以做出什么样的事情，他在劝导这些人类子民时会变得多么可怕，免得在我们满足于肉体的诱惑而对天主的审判无所顾忌时，他突然对我们施加惩罚，或在他的义愤中打击我们，使我们遭受现世的损失，或给我们更多的磨难：把我们带走，投进永恒的地狱。

第二十六章

国王埃格弗里德和洛西尔之死

① 埃巴，即圣埃巴(Ebbe)，681 年时仍然健在。

② 《帖撒罗尼迦前书》第 5 章第 3 节。

主历684年，诺森伯里亚王埃格弗里德派大将伯特[①]率兵攻进爱尔兰，残酷摧残那些对英吉利人一直十分友好的毫无恶意的百姓；他们甚至连教堂和修道院也不放过。不过，岛上的居民们竭尽全力地进行了以牙还牙的斗争。他们祈求仁慈天主的帮助，不断诅咒[②]敌人，恳求上天为他们报仇雪恨。虽然这样诅咒不能任意支配天国，但是人们相信，主确实在不久后，施行了报复，惩罚了那些犯了罪的，因凶残暴戾而该受诅咒的敌人。原来，在次年，这个国王不顾朋友们的极力劝阻，特别是不顾新近刚被任命为主教的已故的卡思伯特的极力劝阻，莽撞地率领着一支军队进攻和践踏皮克特人地区。皮克特人佯装溃逃，把他引入一条死谷[③]，在那里杀死了埃格弗里德，歼灭了他率领的大部分军队。埃格弗里德死时四十岁，那一天是他即位后的第十五年的5月20日。确实，正如我所指出的那样，他的朋友们曾一开始就力阻他发动这场战争。但是，这位国王既然在前一年已经拒绝听从最可敬的教父埃格伯特所提出的不要进攻对他毫无危害的苏格兰[④]的告诫，作为对他这个罪孽的报应，他现在当然也不会听从那些想把他从自我毁灭的境地里拯救出来的人们的劝告。

从此，英吉利人称雄的希望和能力开始"流走了，倒退了"[⑤]。原来，皮克特人收复了被英吉利人所占领的先前属于他们的土地，在

① 伯特雷德(Bertred)，第5卷第24章。

② 参阅上集第220页。

③ 指内奇坦斯米尔之战(Battle of Nechtansmere)，靠近福弗尔(Forfar)的邓尼陈(Tunnichen)。

④ 指爱尔兰，在比德著作里一贯如此。

⑤ 维吉尔：《埃涅阿斯纪》卷二第169行(参阅杨周翰译本，人民文学出版社，1984年出版。——译者)。

不列颠的苏格兰人也收复了他们的失地，而且部分不列颠人也从英吉利人手里夺回了自由（这种自由他们至今为止差不多享受了四十六年），许多英吉利人或死于剑下，或沦为非自由人，或逃离皮克特人的土地。其中，有一位他们的主教，最可敬的属天主的人特朗文，也带着阿伯康修道院里的他的那帮人撤离了出来。该修道院坐落在英吉利人地区，不过离那条把英吉利人和皮克特人地区隔开的海峡不远。他尽量把同伴们推荐给外地许多修道院的朋友，然后选择了我们多次述及的上帝的众仆和众侍女的修道院即惠特比修道院定居下来。在那里，他和少数几个同伴长期过着不仅对自己很有助益而且对其他许多人也很有助益的严格的修士生活。他后来死在那里，以适合其生平和地位的荣耀埋葬在圣彼得教堂里。当时管理那座修道院的是国王的血亲、修女埃尔弗莱德和她的母亲即我们提到过[①]的伊恩弗莱德。不过，这位忠诚于天主的导师在主教来修道院后发觉，主教不仅使她的生活过得很舒心，而且还有效地帮助了她的治理工作。埃格弗里德之后，继承他王位的是通晓《圣经》的奥尔德弗里德。据说他是埃格弗里德的兄弟[②]，奥斯维王之子。他体面地恢复了被毁坏的国土，尽管王国的疆域现在已经小于从前了。

同年，即主历 685 年 2 月 6 日，肯特王洛西尔在继任其兄埃格伯特统治了十二年之后去世（埃格伯特担任了几年国王）。原来，洛西尔是在同南撒克逊人的一场战争中负了伤医治无效而死去的。这些南撒克逊人是由埃格伯特的儿子埃德里克集结起来反洛

① 第 3 卷第 24 章。

② 非婚生。

西尔王的。洛西尔之后，埃德里克统治了一年零六个月。他死后，有一段时间，王国在那些身份有争议或非王室后代的国王手中濒临灭亡[①]。一直到合法的国王威克特雷德即埃格伯特的儿子确立王位后，他的臣民们才由于他的虔诚和努力而从外邦人的蹂躏下解放出来。

第二十七章

属主的人卡思伯特被任命为主教；当他还是个修士时，他是如何生活和教导别人的

就在那一年，即他结束自己一生的那一年，埃格弗里德，如前所述[②]，使神圣而又可敬的卡思伯特被任命为林迪斯凡教会的主教。卡思伯特曾多年住在那个叫作法恩的小小岛上，过着身心两方面都很有节制的幽寂生活。这个岛屿远在大海中，离所说的教堂约九英里。确实，他从幼年起就一直热烈向往修道院生活。可是，直到成年他才名副其实地成为修士。他先是进梅尔罗斯修道院。该院坐落在特威德河的河岸上，当时由最温良、最真诚的院长伊塔治理。前面说过[③]，他在以后被任命为林迪斯凡和赫克瑟姆教会的主教。该院当时的院长[④]是博伊西尔，他是一位品格高尚的神父，富有先知之灵。卡思伯特曾是他的一名谦恭的学生，从

① 由于卡德瓦拉的侵略所致。

② 在比德所著的圣人传记中提到。

③ 第3卷第26章。

④ 即 Prior(原文为 Proust。——译者)。

他那里学到了《圣经》知识和各种各样典型的美德。

这个人去见主后，卡思伯特担任了该院院长。他以自己院长的权威和模范作用教育和带动了许多人，使他们过上正规生活。他不仅在修道院里根据教规树立生活典型，进行劝诫，而且还努力促使远近百姓脱离愚昧的生活方式习惯，从而爱上天堂之乐。原来，当时确有不少人做了不义之事，从而玷污自己所信仰的基督教；另有一些人在发生那种致命疾病的时期把曾经传授给他们的基督教奥秘视为一钱不值，转而求助于错误的偶像崇拜的魔术，仿佛他们可以用咒语、护身符或其他诸如此类的魔鬼秘术来阻挡造物主天主降下的天罚似的。为了使走上邪道的这两种人重新走上正道，卡思伯特经常走出修道院，有时骑马，但更多的时候是步行，到周围的乡里去，向走上邪道的那些人宣传真道——这也是博伊西尔在世时常做的事：那时候，一旦有教士或神父来到一个乡里，英吉利人总会按照他的吩咐，蜂拥而至，聆听他宣讲福音。他们愿意听那些该说的道理，更愿意把所能听到和所懂的道理付诸实践。而且卡思伯特如此擅长演说，如此喜欢说服人家相信他一开始所说的话，他的天使般的脸如此容光焕发，使得在场的人都不敢对他隐瞒心中的秘密；他们在忏悔中坦率承认自己的所作所为，因为，毫无疑问，这些人懂得，这些事情无论如何也瞒不过他。他们听从他的吩咐，用宝贵的悔过自新之果扫除掉自己所承认的那些错误。此外，卡思伯特最常去的地方，最常传教的乡村小房，坐落在老远的令其他人望而却步的高山峻岭之中。这些地方带有高地人的野蛮，而且贫困不堪，使得导师们畏缩不前。但是，他却欣然担负起这种神圣的工作，不遗余力地细心教导那里的人们；他经常离开修

道院，整个星期，有时甚至两三个星期乃至一整个月不回来；他在那些山地里，不但以其高尚的榜样，而且还通过传教，把可怜的乡下人召到天上的事情中。

正因为这样，当这位可敬的主的仆人在梅尔罗斯的修道院里住了多年而且通过不少有力迹象使自己光耀四方的时候，该修道院最可敬的院长调他到林迪斯凡岛[①]去，目的是让他以院长的权威及其模范行为向那里兄弟们宣传如何遵守规章制度[②]。这是因为，最可敬的神父伊塔当时就是作为那里的院长治理林迪斯凡的，而且还因为从旧时起，那里的院长总是和修士住在一起，尽管修士们也是在主教管治之下。原来，那里的第一任主教艾丹是带了修士去的，他自己当时也是修士，就是他，在那里确立并开始了修道院生活。人们知道，此事甚至在以前，在最神圣的教父奥古斯丁住肯特时就已做过了：如前所述，当时最可敬的教皇格雷戈里在写给奥古斯丁的信中是这样说的："但是，亲爱的兄弟，作为受过修道院教规熏陶的您，同您的兄弟分开住是不合适的。正因为这样，您在由于天主所为而刚被引领到基督里的英吉利教会中，应该确立教父们在教会萌芽时期所过的那种生活方式：他们中间没有人把他们拥有的任何东西称为己有——一切财产都属公有。"[③]

① 664 年。

② 他得面对不少阻力，布赖特，第 274 页。

③ 上集第 119 页（也许是编者疏忽，这里引号中的内容与上集 119 页中被摘引的内容不尽相同，所以两处的汉译也不同。——译者）。

第二十八章

隐居修道的卡思伯特通过祷告，从干枯的石头地里掘得清泉；他自己动手耕种，虽播种误时却获得丰收

卡思伯特随着对宗教生活的越来越虔诚而变得日益完美，最后，如前所述[①]，也过起了沉思冥想的隐士生活。不过，由于多年来我们已经写过不少有关他的生平和异能的英雄故事诗和散文，因此，我们在这里只需重复如下的事就足够了：他在要去那个岛屿之前，曾对兄弟们表示说："如果天主的恩惠允许我留在那里，使我能够靠自己双手劳动养活自己，我一定愉快地住下去。但是，如果天主不允许，那么我一定服从天主的旨意，很快就回到你们中间来。"这个岛屿一片荒芜，缺水缺粮又缺柴，而且由于污鬼出没，不宜任何人居住。但是，由于这位属天主的人的祷告，这里无论从哪一方面上说，都适宜居住了，因为卡思伯特一到这里，污鬼便闻风而逃。在赶走敌人之后，他整理出一块狭窄住地，在周围筑了一道围墙，又在众兄弟的帮助下在里面造起必要的房屋，即一座小教堂和一座普通住房。接着他命令兄弟们在住地上挖一口井：可是那里，地面坚硬，而且长满石头，看来根本无望找到泉脉。然而，就在井挖好后的第二天，由于这位天主仆人的虔诚祷告，他们发现已经出了满满的一口井水。直到今天，那口井仍然为到那里的人们提供充足的上天的恩惠。此外，他还要来了用于耕种的铁器和麦种。

① 这一卷的其余部分大多取自比德自己所写的《圣卡思伯特传》。

他整好了地，适时地播了种，但是直到夏天，不要说麦穗，就是连一片麦叶也没长出来。因此，当兄弟们照例来拜访他的时候，他吩咐他们给他带来大麦种，看看那块地的土性或上天施赠者是否有意让那一种作物长得好一些。他拿到大麦种后，就把它播种在原先那块地里，尽管早已误了农时，毫无希望获得收成，但不久后却出现了大丰收，给了这位属天主的人所希望的靠自己劳动所获得的补给。

就这样，他只身一人在那里事奉了天主多年(环绕他住地的围墙很高，除了他所向往进入的天堂外，其余一概看不见)。有一次，在阿尔涅河畔一个叫艾德图伊菲尔迪[①](意思近于“双津”)的地方，召开了由已故大主教西奥多主持、有埃格弗里德王出席的大型宗教会议。会上，卡思伯特被他们一致挑选为林迪斯凡教会的主教。然而，尽管有许多信使给他送去了许多信件，他仍然决意不离开那块隐居地。最后，上述国王亲自带上最神圣的主教特朗文和其他一些教徒及权威人士来到这个岛，许多林迪斯凡岛上的兄弟也专程随国王他们一道前来。这些兄弟都跪下来，为了主而求他，并且是流着泪水恳求他，直到使他泪水盈眶，才硬把他从恬静的隐居地拉到了宗教会场。虽然他很不愿意地到了那里，但是其他所有人员的一致意见和愿望终于使他不得不把轭加在自己的颈脖上，接受了主教职务。这主要是因为主的仆人博伊西尔所说的话迫使他这样做。博伊西尔曾凭着先知之灵预言了卡思伯特的一切遭遇，其中还预言了卡思伯特将成为主教。不过，正式的任命仪式并没有立即举行，而是推迟到随即到来的那个冬天之后。那一天，正

① 诺森伯里亚的特怀福德(Twyford)。

是隆重庆祝复活节的庄严日子。到约克来参加他的授职仪式的有上述国王埃格弗里德，还有以已故大主教西奥多为首的七个主教。卡思伯特最初是被挑选出来接替被革除主教职务的滕伯特[①]担任赫克瑟姆教会主教的，但是由于卡思伯特宁愿去治理自己一度居住在那里的林迪斯凡教会，所以允许他到林迪斯凡教会任职，而让原先被任命为赫克瑟姆教会主教的伊塔回到赫克瑟姆教会似乎是适当的。

卡思伯特担任主教后，效仿圣徒以强力之作使这一职务大放异彩：他以不断的祷告保护他所管辖的人民，以忠言引导他们做天上的事。他率先在行动上作出榜样，表明他所教诲的那些该做的事——这是教导者最行之有效的办法。因为首先，他心中燃烧着一股神爱之火，因有着忍耐的美德而克制；他祷告勤勉专心，对所有前来寻求安慰的人都以礼相待——无论何时他对软弱的弟兄进行劝告，他都把它看作一种祷告，因为他知道，说过"你要爱主——你的天主"的耶稣基督还说过"你要爱人"[②]。他还以节欲和生活严谨著称。他时常以悔悟的美德使他超越，超越到心中唯有天上的事。最后，当他向天主献上美好的供品时，他不是怀着激昂的声调，而是带着从心底里涌出来的泪水向主祷告的。

他担任主教两年后，又回到他在岛上的隐居地。这是因为，有一则神谕警告他说，他的死期将至，或者更恰切地说，进入那唯一的该称为生命的时刻就要来临：这件事，他当时曾以惯常的简单方式向一些人吐露过，不过他所用的是隐约的，但到后来应是十分

① 原因不明。不过，可参阅第4卷第6章所谈到的温弗里德被革职的经过。

② 《马可福音》第12章第30、31节。

明白的措辞。然而，对另一些人，他甚至明白地告诉他们这件事。

第二十九章

卡思伯特主教向一位名叫赫伯特的隐士预言：他的死期将至

原来，有一位在生活方面值得人们敬重的神父赫伯特，与这位属天主的人已结成长久的属灵的友谊。他在那个巨大湖泊——德文特河发源地——中的岛屿[①]上过着幽寂的生活，年年都来拜访卡思伯特，聆听他关于永获拯救的教诲。这位神父听说卡思伯特来到卡莱尔城，于是就像以往那样前去拜访他，希望在听取他的忠告之后能够更热切地向往天上的事。他们如痴如醉地谈论着天堂生活中的圣餐酒，其中，主教还对赫伯特说："记住，赫伯特兄弟，你有什么问题，现在请都提出来；有什么话请都说出来：我们分别后，就再也无法在此世用肉眼相见了。因我深知，我离解脱的日子不远了，脱离这帐篷的时候快到了[②]。"赫伯特一听，立即双脚跪下，一边叹气流泪，一边说："我求您，看在主的分上别把我撇下。相反，您要记住您的最忠实的同伴，一定要代我向仁慈的天主祷告，让我们一齐升上天堂，去观看我们在人间所共同事奉的主的恩惠：您知道，我一直按照您的吩咐去努力生活。一旦我出于无知或意志薄弱而犯了过失，我就立即遵从您的意愿力图迅速纠正。"主教仔细倾听了他的要求，片刻之间，他的心灵深处确信他对主的请求已经

① 德文特河（Derwent Water）的圣赫伯特岛（St. Hertbert Island）。

② 《彼得后书》第1章第14节。

得到了满足。于是他说:“起来吧,我的兄弟,不要哭,为上天已仁慈地答应了我们的请求而高兴吧!”

此后发生的事证实了这个预言和天主的许诺。因为,在他们分别之后,他们再也没有见过相互的躯体,但他们的灵魂却在同一天即3月20日离开各自的躯体,接着又很快地相会,幸福地见面了,然后,他们由天使们引路进入天国。不过,赫伯特比卡思伯特先在久病的火焰中受到熔炼。据信,由于主的这种仁慈的安排,神圣的卡思伯特所具有而他所缺乏的美德都会在长久的惩罚性的疾病的痛苦中灌注他身上,这样,在他与代他祷告的前辈变得同样善美之后,正如他理应与卡思伯特同时离开各自的躯体一样,他也配得上被迎进同样的永福的所在地。

最可敬的教父是在法恩岛上去世的。他恳求兄弟们把他同样埋葬在他长期为主而战的地方。但是最后,他还是被迫同意他们的要求,应允他们把他运到林迪斯凡岛,埋在那里的教堂里。此后,这个教会的主教教职由可敬的威尔弗里德照管。一年后,由他挑选的另外一个人被正式任命为主教接替卡思伯特。

后来被任命的这个就是伊德伯特,他以遵从圣诫、通晓《圣经》,特别是以施舍扬名:每年,他根据《律法书》,不但把自己的十分之一的牲畜,而且还把自己的十分之一的粮食、水果以及部分服饰送给穷人。

第三十章

埋葬了十一年的卡思伯特,遗体不朽;他的主教职务的继承人

不久也离开尘世

为了进一步表明这位属主的人卡思伯特在死后过着怎样荣耀的生活（他生前的高尚而虔诚的生活已由许多神迹显示了出来），天主有意在他埋葬十一年之后使兄弟们想起，应该取出他的遗骨，装进一口新棺材，然后把它放在原来的地方，不过是放在地面上，以示更大的适当的敬意。他们原以为他的遗骨会全已干枯，身体的其他部分会像通常的尸体那样已经耗尽，化为尘土。他们把自己的打算详细地告诉了主教伊德伯特，主教同意他们的意向，并且吩咐他们记住在卡思伯特的葬礼纪念日做这件事。他们照办了：坟墓掘开时，他们发现他的身体完好无损，好像活着似的，四肢关节柔软，与其说是具死尸，不如说更像一个睡着的活人。他身上的衣服看起来非但没有任何瑕疵，而且像刚做的一样，崭新鲜艳得出奇。兄弟们见到此情此状，十分惊恐，慌忙跑去报告主教。当时，主教恰巧独自一人在一个离教堂有一段距离的四面环海、时值涨潮的地方。原来，他通常是在那里守大斋节的。在主诞辰前的四十天里，他要一直在那里过着专心祷告、不断流泪、一意节制的生活：他的可敬的前任卡思伯特主教在前往法恩岛之前，有时也在那里独自为主而战。

此外，他们还带给了他穿戴在卡思伯特圣体上的部分衣服。他十分感激地把它作为礼物收下来，而且还高兴地听他们讲述所见到的奇迹：他还深情地吻了吻那部分衣服，就像它仍然穿在教父身上似的，接着，他说："给遗体穿上新衣裳，换下你们所带来的这部分衣服，然后把他放进你们预备好的棺材里。我坚信，由于这一

神迹的恩惠而变得神圣的这个地方，绝不会长期空着。如果有人从我主、一切幸福的创造者和赐予者那里获准在那里安息，该是多么幸福啊！”主教淌着泪水，十分悲伤地，带着颤抖的语调说完了这些和许多类似的话。教友们按照他的吩咐，给遗体穿上新衣服，然后把它装进一口新棺材，放在圣殿的地面上。

此后不久，天主所宠爱的主教伊德伯特身染重病，病情日益严重和发展。不久，在5月6日这一天，他也去见主了。他的遗体就埋葬在神圣的教父卡思伯特原来的墓穴里，墓穴上安放着装有上述教父的不朽遗体的棺材。这个地方有时也出现治好病人的神迹，这充分显示了他们两人的功德。其中的一些神迹，我们为了纪念在有关他的生平的一书中曾作过记载。不过，我们觉得，把我们新近碰巧听到的一些神迹补充到这本《历史》中也是便当的。

第三十一章

一个偏瘫患者在他的墓旁治好了疾病

该修道院里有一个至今依然健在的名叫巴杜登的兄弟，他曾长期担任过接待来客的工作。所有的兄弟和去过那里的客人都可以证明，他是一位虔诚笃信的人物。他恭恭敬敬地尽职尽责，只求得到上天的酬报。一天，他在海里洗完了一些客房里用的披风即斗篷后回来，刚走到半路，突然得病；他跌倒在地上后躺了一阵，最后才勉强站起来。可是，就在他站起来的那一刻，他发现半边身体从头到脚完全瘫痪了。于是只好拄着拐杖，艰难地走回家。他的病情渐渐加重，夜晚来临时，发作得很厉害，以致到第二天，他几乎起不来，也无法自己走动。在病中，他想到一个好主意，这就是，想方设法到教堂里最可敬的教父卡思伯特的墓地上去，在那里跪下双膝，谦卑地祈求仁慈的上天解除他的这种疾病，如果解除疾病对他有益处的话；而如果天主仁慈地规定他继续忍受磨炼，那么，他将耐心、从容地接受加在他身上的痛苦。于是，他按照自己的想法，用拐杖支撑着虚弱的躯体走进教堂。他拜倒在那位属天主的人的遗体跟前，虔诚、热切地祷告说，通过他帮助，主会怜悯他。祷告时，他进入一种似乎是沉睡的状态（正像他事后经常告诉人们的那样），他觉得好像有一只宽厚的手掌抚摸着他头上的患病处；接着又从头到脚，往下抚摸被疾病严重折磨的那部分身体。渐渐地，疼痛消失了，身体也接着康复。过后，他很快醒过来，站起身子时已经成为一个完好的人了。他再一次为自己的健康而向主表示感恩，然后回来，让兄弟们看看发生在他身上的事。在众人的喜悦之中，他又开始了以往曾认真履行过的职责。而且在经历了这场大难的磨炼之后，他似乎干得更出色了。

不仅如此，献身于天主的卡思伯特不管生前还是死后所穿戴的衣裳，也都不乏治病的恩惠。任何人，只要他读到那本有关他的生平与异能的书，就可以从中了解这一切。

第三十二章

卡思伯特的遗物不久前又治好了一位眼疾患者

在这里，我不能把一件事略过不提。这是一位兄弟不久前对我说的三年前通过卡思伯特的遗物发生在他身上的故事。此事发生在戴克[①]河畔的一座修道院里，该院因戴克河而得名，当时的院长是虔诚的斯威德伯特。院里的一位年轻人，眼皮上长了一个讨厌的瘤，而且越长越大，看起来有可能使他失去这只眼睛。医生为了减轻他的痛苦，给他的眼睛敷上了各种各样的止痛膏药，但都无济于事。有人主张把它割掉，另一些人却不同意，怕会招致更大的危险。这位兄弟就这样在痛苦中度过许久。没有一个凡人能帮助排除他失去眼睛的危险。相反，危险日益严重。就在这时，通过天主仁慈的恩惠，最神圣的教父卡思伯特的遗物却突然治好了他的眼疾。原来，他的兄弟们发现卡思伯特的遗体久埋不腐，就拿了其中的一部分头发，以便作为遗物，送给那些要求得到它的朋友或者用来显示神迹。

这些遗物的一小部分，由该院的其中一位神父保管，他的名字是思瑞德雷德，现在任该院院长。有一天，他到教堂去，打开圣物匣，把其中的一部分遗物送给要求得到它的一位朋友。当时那患眼疾的年轻人碰巧在场。神父把他所要给的那部分遗物给了他的朋友之后，叫年轻人把剩下的部分放回匣子里去。年轻人拿到神圣的头发，出于一时侥幸的内心冲动，赶紧把它放在自己那疼痛的眼皮上，按了一会儿，试图以此来制止或减缓毒瘤的生长。接着他照吩咐把它再放进匣子。他相信他所触碰过的这位属天主的人的头发，会很快治好他的眼睛。果然，他信准了：当时，如他常常所说，是那天的第二个时辰，但是，到接近那天的第六个时辰，在他按

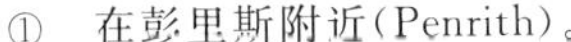

① 在彭里斯附近(Penrith)。

当日的要求考虑着自己的事务和忙碌着其他事情时，他意外地触碰了自己的眼睛，发现它，连同眼皮和其他地方完全恢复了正常，好像从来就没有长过瘤或受过任何损害似的。

第 五 卷

第 一 章

卡思伯特的继承人，隐居修士埃塞尔沃尔德通过祷告为在海上处在危境的教友们平息了一场风暴

可敬的埃塞尔沃尔德多年来在一个叫里彭的修道院里以其名副其实的行为，使他所担任的神职变得崇高神圣。他继承卡思伯特，过着卡思伯特被任命为主教前在法恩岛上所过的那种孤寂的生活。为了使人们更清楚地了解他的功德及其生活方式，我给大家详述一桩他所行的神迹。告诉我这桩神迹的，是其中一位兄弟古德弗里德：正是为了他一帮人而且正是在他们身上，埃塞尔沃尔德行了这一神迹。古德弗里德是一位可敬的基督的仆人和神父，当时掌管着他成长的地方——林迪斯凡教会，后来成为一名修道院院长。他说：

"我和另外两个兄弟前往法恩岛以求同最可敬的教父埃塞尔沃尔德交谈。我们在结束令我们慰藉的谈话，并请他为我们祝福之后就踏上了回家的征途。我们到海中时突然发现，我们借以航行的平静被打破了，一场如此巨大而可怕的风暴降临在我们头上，使得我们的帆和桨都不灵了，看来唯有死路一条。我们与大海和狂风作了一番长久搏斗，但是毫无结果。最后，我们回过头来往后眺望，希望能有什么办法返回到当初出发的岛上去。我们发现在我们的周围同样是风暴，因此心里再也不存任何逃脱的希望。我们再抬头远眺，只见在那个法恩岛上，天主十分宠爱的教父埃塞尔沃尔德离开了屋宇，正注视着我们的航向。原来，他一听到风暴怒吼，大海咆哮的声音就走了出来，想知道我们怎么样了。当他见到我们拼命挣扎，陷入绝境时，就跪下为我们的生命和安全向我主耶稣基督之父祷告。他刚一结束他的祷告，就把汹涌的大海平息了：随着风暴的完全停止，我们被一股惠风送过平静的大海，到了陆地。当我们登上陆地并把小船拉到海浪不能波及的地方时，刚刚为了我们而平息了一阵的风暴重又爆发，而且猛刮了一整天。这就使我们清楚地知道，其间的一小阵平静是上天听到那位属天主的人的祷告后为拯救我们而赐给的。"

这位属天主的人在法恩岛上居住了十二年，随后在那里去世。不过，他是被埋葬在林迪斯凡岛上圣彼得教堂里，埋葬在上述各位主教的遗体近旁的。这些事情事实上发生在国王奥尔德弗里德年间，他在他的兄弟埃格弗里德之后统治了诺森伯里亚十九年。

第　二　章

主教约翰的祝福治愈了一个满头疥癣的哑巴

这位国王执政初期，神圣的约翰在主教伊塔去世后担任了赫克瑟姆教会的主教。熟悉约翰的人，特别是伯桑，会经常向人民报告有关他的许多非凡的神迹。伯桑曾是他的执事,但现在是因德劳达[1]修道院即“德伊勒树林里”修道院院长。他深受人们敬重,诚实可靠。我们认为把其中一些神迹记载下来是有所助益的。

在离赫克瑟姆教堂不远,即不到一英里半的地方,有一所僻静的住宅,周围是小树林和一道壕沟。流经那里的泰恩河把它与教堂隔开。住宅里有一间祈祷室和天使长圣米迦勒的教堂[2]。这位属天主的人经常一有时间和机会就与一些同伴在这里居住,在宁静中致力于祷告和研读,尤其在大斋节更是如此。有一次,在大斋节临近之际,他又来这里居住。他令周围的人去找一个受到严重残疾或贫困折磨的可怜人来,以便让他在这一段日子里与他们住在一起,接受他们的施舍。

当时,附近的乡村里有一个年轻哑巴,从来不会说一个字,而且,他的头上满是疥癣和痂结,所以除了头边上的粗发依稀可见外,头顶上连一根发都长不了。由于他经常到主教那里接受主教的接济,主教跟他很熟。主教令人把他带来,在那座住所的围地里盖起一座小茅屋让他居住,使他能够天天接受他们的接济。在大斋节过后一个星期的主日里,主教召见了这位可怜人。他来后,主教叫他伸出舌头让他看,然后托住他的下颌,朝舌头画了个神圣的十字。在这样画了十字,为它祝福后,他叫那位年轻人把舌头缩回口里说话。他说:“给我说 Gae(这个词在英语里表示肯定和同意,与 Yea 的意思一样)。”那位年轻人的舌头一下子变得灵活起来,他说了要求他所说的那个字。接着主教又开始教他各字母的

① 贝弗利(Beverley)。

② 根据盎格鲁-撒克逊文本。——普卢默

名。他说“念 A”，那位年轻人就跟着念“A”，他说“念 B”，那位年轻人就跟着念“B”。在他跟着主教念完字母后，主教又教他一些音节和单词的发音。当他准确无误地发完这些音节和单词后，主教又教他说整句整句的话。他也照办了。那天，他说到天黑，又说到天亮（只要醒着就说）。正如在场的人所叙述的那样，他向别人说了他在前一天无法说出的秘密的思想和愿望。他就像那个生来跛脚的人，在使徒彼得和约翰[①]使他恢复健壮后，就跳起来，站着，又行走，同他们进了殿，走着，跳着，赞美主，显然是为了自己能够双脚走路而欣喜——在以前那么长的时间里，他一直缺乏这个恩典。主教因为治好他感到十分高兴，又令医生用心治好他的头癣。

医生听从主教的话给年轻人治病，借助于主教的祝福和祷告，他的皮肤病也好了，头发长到靠近眼睛的地方。因此，以前丑陋可怜的哑巴现在却眉清目秀，说话流畅，长了满头悦目的卷发。尽管主教留他和自己的人住在一起，但他因为有了健康的身体而如此高兴，宁可回家去住。

第　三　章

他的祷告治愈了一名患病少女

伯桑还给我讲述了主教约翰所行的另一个神迹。在最可敬的威尔弗里德经长期流放恢复了赫克瑟姆教会的主教职务时，约翰

① 《使徒行传》第 3 章第 8 节。

被调往约克继任已故的神圣而谦恭的博萨的职位。一次，他来到韦塔顿[1]的一个修女院，该院当时的女院长是赫里伯格。他说，“我们到达那里时，受到了众人热情款待。过后，女院长对我们说，院里有一修女，即她的亲生女儿，正受着一场重病折磨。原来，她的手臂最近放过血，在放血的过程中[2]，她突然感到一阵疼痛，这疼痛越来越剧烈，使她受伤的手臂十分难受，最后竟肿大得一个人用两只手都合不拢。她躺在床上忍受着难熬的痛苦，看来危在旦夕。女院长因此请求主教进去看望她，屈就为她祝福。因她相信，如果主教为她祝福，或者触摸她，她一定会很快开始康复。他问这位少女何时放的血，结果知道她是在月初四放的，于是说：‘在初四放血实在是太笨拙太粗心大意了：我记得已故的大主教西奥多说过，在这时候放血是极其危险的，因为这正是逐渐变得满月和满潮的时间。既然这位少女将叩见死神，我又能做些什么呢？’但是，女院长为了自己所钟爱的女儿极力恳求他（原来，她打算让她女儿接替她担任院长），最后终于说服他进去看望病中的少女。他因此把我带进去，走到那位修女跟前。如我所说，她躺在床上，痛苦不堪，手臂肿大得无法弯曲。主教站在那里为他祈祷、祝福后就离开了。接着，到时候，当我们正在用餐时，有人进来把我叫了出去。他对我说：‘昆伯格——这是那位少女的名字——希望你尽快去见她。’我于是立即赶去。一进房间，我发现她容光焕发，如健康人一般。我坐在她身旁后，她说，‘我们要点什么来喝吗？’我回答说，‘好极

---

① 即沃顿(Watton)，在德里菲尔德(Drifield)与贝弗利之间。

② 在盎格鲁-撒克逊文版中，这里的意思是“在放血过程中”(这里的英文原文是looked to。——译者)。

了，我十分愿意。如果你能喝，我真高兴。'酒送来后我们就对饮起来。她详细地对我说：'主教为我祈祷祝福后刚一离开，我就开始康复了。虽然我现在尚未完全恢复气力，但是我全身的疼痛都消失了，原先痛得最厉害的手臂也不痛了，就好像主教把疼痛带走似的——虽然我的手臂似乎还未完全消肿。'接着当我们离开的时候，可怕的肿胀随着疼痛从躯体上被赶走也就迅速逃走了[①]。这位从死亡和痛苦中被拯救出来的少女于是和侍候她的其他人一道赞美上帝和救世主，作为报答。"

第　四　章

他用圣水治愈了一位乡绅[②]的妻子

这位院长还讲述了上述主教所行的另一个相似的神迹。他说："一位名叫普奇的亲兵在离我们修道院不远，即大约两英里的地方有一座庄园。[③]差不多有四十天时间，他的妻子病得很厉害，因此在三个星期里，身体虚弱得连把她搀扶到卧室外都没办法。碰巧的是，这位属天主的人当时被这位乡绅请到那里去为教堂举行奉献仪式。仪式过后，乡绅请他到家里吃饭。主教推辞不去，说他有任务在身，必须回到不远处的修道院里去。但是那位乡绅极力恳求他，还许愿说，只要主教那天肯赏脸到他家吃饭，他就一定

① 参阅第 3 卷第 12 章和《路加福音》第 4 章第 39 节中的这种把疾病拟人化的办法。

② 根据盎格鲁-撒克逊文版中 thane 一词的意思。

③ 南伯顿，亦即现在的毕晓普伯顿(Bishop Burton)。

解囊施舍穷人。我也像乡绅那样请求他，答应说，如果他肯去乡绅家吃饭并表示祝福的话，我也一定为救济穷人而施舍。我们恳求了许久，主教才答应了。于是，我们一道进去就餐。他叫与我同去的其中一位兄弟给卧床的女人送去为献堂教堂仪式而祝圣过的圣水，令他叫她喝下，并且用它来洗涤被告知的她身上最疼痛的部位。刚做完这一切，这个女人就从床上起来，完全康复。她觉得她不但消除了长期的积疾，而且完全恢复了她早已失去的气力。她向主教和我们奉上酒来。在整个用餐过程中，她始终都像最初那样，频频向我们在座的这些人奉酒。她就跟神圣的彼得的岳母[①]那样，在害热病甚重之后，经主用手一按，就恢复了健康和气力，起来服侍他们。”

第 五 章

他的祷告又救活了一位乡绅的仆人

又有一次，一个名叫艾迪的乡绅请主教去为一座教堂[②]举行献堂仪式。他在履行了所要求的职责后，被这位亲兵请去看他的其中一位身患重病的仆人。这个仆人四肢瘫痪，看来濒临死亡，当时，连他死后收埋他用的棺材都已准备好了。而且，这位乡绅也同样痛哭流涕，恳切希望主教进去为这个仆人祷告，因为这仆人的生死对他至关紧要。他确信如果主教肯把手按在仆人的身上为他祝

① 《路加福音》第 4 章第 39 节。

② 北伯顿(North Burton)，即现在的切里伯顿(Cherry Burton)。

福，那么他一定会迅速恢复健康。于是主教走了进去，他发现——使在场的人悲伤的是——病人已奄奄一息，紧挨着他的身旁，停放着那口准备收埋他的棺材。他为他祈祷祝福，离开时说了人们为安慰病人时所说的话"祝你早日康复！"过后，就在他们吃饭的时候，仆人传话给主人，要人给他送去一杯酒，因为他渴了。乡绅因仆人能喝酒而感到由衷的喜悦，于是给他送去主教祝过福的一杯酒。仆人一喝下那杯酒，立刻从床上起来，消除了疾病造成的虚弱，自己穿上衣服从卧室里出来，进去向主教和客人们致意，并说他也很有胃口与他们一道吃喝。他们令他坐下与他们一道就餐，为他康复到如此地步而感到高兴。他坐了下来，就像其中的一位客人那样，吃饭、喝酒、作乐。此后，他保持着他所获得的这种健康状况又活了多年。上述这位院长说，这个神迹出现时他不在场，但是他是从当时在场的人那里听来的。

第　六　章

他的祷告和祝福使自己的一位跌倒负伤的教士起死回生

基督的仆人赫里鲍尔德经常讲述的一桩神迹也不能在此略过不提。这个神迹是主教在他身上展现的。他现在是泰恩河河口上那座修道院的院长，而当时是主教所管辖的一名教士。他说："就像人们所能正确判断的那样，我觉得他在生活方式的各个方面都无愧于主教的称号。我之所以对此深信不疑，是因为我十分了解他。不过，在评判人们心地的法官的眼里，这位主教究竟多么杰出，我可以用其他许多人，尤其是我本身的经历来说明：他的祷告和祝福从某种意义上说，把我从死亡的门口拉回到生命之道上来。事情是这样的。我在快活的年轻时代与他的教士们一同生活并被安置在学堂里读书识字和修学歌吟，然而并没有完全克制住因幼稚的诱惑而产生的那种狂思乱想。有一天，我们和他一道旅行，碰巧来到了一条适合于纵马奔驰的宽敞平坦的大道上。那些跟随他的年轻人，特别是那些凡夫俗子，请求主教准许他们奔驰，赛出马力高低。然而起初，主教不答应，说他们的要求是愚蠢的。但最后，由于经不起那么多人的恳求，于是就说：'你们如果愿意，那好。不过，赫里鲍尔德绝对不能参赛。'我于是一直哀求他也允许我同他们一道比赛，因我相信主教送给我的那匹马是一匹良驹，不过，无法说动他。

“但是，由于他们多次纵马从我和主教的眼前奔驰而过，我也终于被放荡的灵魂征服，抑制不住自己，不顾主教极力劝阻，听任自己与他们一道娱乐，放开马来，参加了他们的比赛。这时，我听到主教在后面深深地叹道：'你这种骑法太使我伤心了！'尽管我听到这些话，我还是继续违抗他的意愿向前飞奔。眨眼之间，就在我的那匹烈马跃过路上的一个坑时，我被摔倒在地。我立即像要死的人那样失去知觉，一动也不动了。原来，在一小块绿草皮下面藏着一块跟路面差不多高的石头——在这片平地上再也找不到第二块这样的石头。我碰巧，或者应该说，由于天主为惩罚我违抗命令而作出的安排，头手向下地栽到那块石头上（跌下时，我把一只手垫在头下），摔破了拇指，摔裂了头。正如我说过的那样，我真像个死人。由于不能动弹我，因此他们在那里搭起一个帐篷让我躺在里

面。当时正值那一天的第七个时辰①。此后我死人般静静地待到天黑才开始恢复知觉，由同伴们抬到家里。接着又整整躺了一夜，一句话也不能说。此外，由于跌落时体内受震剧烈，我还口吐鲜血。不过，主教由于特别疼爱我，所以对我所受的不幸和致命伤深感不安。那天晚上，他一反以往习惯，不跟他的教士们睡在一起，而是像我完全可以想象的那样，独自一人整夜儆醒，祈求仁慈的上天保佑我。一大早，他走进我的房间，对我做祷告，然后叫我的名字。当我犹如从沉睡中醒过来的时候，他问我知不知道跟我说话的是谁。我因此睁开眼睛说，'知道。您是我敬爱的主教。'他说：'你能活下去吗？'我回答说：'如果主愿意的话，通过您的祷告我可以活下去。'

"他把手按在我头上，口中重复着祝福的话，接着又回去祷告了。过一会儿，他再次来看我时，我已经坐了起来，能够说话了。他出于神授的灵感——这一点马上会变得十分明显——问我是否确切知道自己已经接受了洗礼。我回答说，我清楚地知道我已经在赐福水中受过洗，以赦免自己的罪过。我还说出了我知道为我施洗的那个神父的名字。但是他说：'如果是这个神父为你施洗，那么你没有施洗好。②因为我认识他，他被任命为神父后由于头脑迟钝，不能学，不能教，不能为人施洗。正由于这样，我亲自下令，不但不许他胆敢行使他无法按照规则行使的职权，而且还要他完全放弃这种职权。'说罢，他立即开始启导我。当他向我的脸上吹气③的时候，我马上觉得好多了。此外，他叫来外科医师令他把我

① 午后一时。

② 教皇扎卡赖亚斯(Zacharias)持与此相反的观点，普卢默，II. 277。

③ 施洗礼时驱魔的一种习惯做法。布赖特，第 306 页。

破裂的头颅固定缝合起来。经他祝福，我恢复得很快，快得第二天就能上马与他一道旅行到另一个地方去。过后不久，在我完全康复之后，我正式在生命之水中施了洗礼。”

约翰连续担任主教三十三年，之后升上天国，于主历721年埋葬在他自己的修道院，即德拉伍德修道院中一个名叫圣彼得的附属小教堂里。原来，在他因日益年迈无法统治他的主教教区时，他任命他的神父威尔弗里德[①]为约克教会主教，自己则离开，到了上述的那座修道院。在那里，他以神圣的生活方式结束了自己的一生。

第　七　章

西撒克逊王卡德瓦拉去罗马接受洗礼；他的继承人，虔诚的英尼前往圣徒教堂

奥尔德弗里德王三年，西撒克逊王卡德瓦拉在强有力地统治了他的王国两年之后，为了主，为了希望得到永恒王国，放弃了他的权力去罗马，希望取得在圣徒教堂的洗礼圣水中受洗的殊荣。他知道，只要这样，天堂生活的大门就向人类开放。此外，他还希望在他受洗之后，他可以很快地被从肉体中解救出来，去享受永福。由于主的帮助，他如愿以偿，实现了这两个希望。原来，他在塞吉厄斯任教皇时来到罗马，于主历689年复活节前的神圣的安息日接受了洗礼；就在他还穿着白罩袍的时候他突然得病，于四月二十日

① 即威尔弗里德二世或小威尔弗里德。

被从自己的躯体中解救出来，成为天堂里有福人的王国的一员。塞吉厄斯教皇在他洗礼时给他起名为彼得，通过名字的联想，使他能够与最神圣的使徒之首结为一体——正是他对使徒之首的虔诚的爱，把他从地极引领到使徒之首的圣体旁边，而且也正是在使徒之首的教堂里埋葬着他的遗体。根据教皇的命令，在他的坟墓上刻写了墓志铭，其目的是使世世代代牢记刻写在上面的他的这些献身精神，使读者和听众在他的典型事迹鼓舞下激发自己的宗教热情。墓志铭这样写道：

“一切疆土、财富、王权、建立万
　　世基业的一腔夙愿，
所有战功、战利品和降将，连同
　　城堡、军营与家园；
先辈的全部威名，自己毕生为荣
　　宗耀祖的惨淡经营，
勇武的卡德瓦拉国王因爱天主，
　　却愿将此统统抛尽；
这位国王香客自信终将得见彼得，
　　瞻仰彼得的圣室，
自信将从彼得那纯洁的泉盘，获
　　取拯救生命的流水；
在那里尽情沐浴着辉煌灿烂、华
　　光四射的耀眼光芒，
那亮光好似一泓生命的源流，在
　　普天之下处处荡漾；

他心绪激越、满腔渴望，为着追
　　求另一次永生之命，
决心痛改往昔的凶蛮与乖戾，并
　　矢志彻底更姓埋名；
洗心革面带来了胜利喜讯：塞吉
　　厄斯教皇亲自下令，
他被赐名彼得，教皇成为他的教
　　父，两人携手同行；
他从获得新生的泉盘中站起，依
　　旧身裹洁白的袍衣，
经过基督圣水恩泽的沐浴，他便
　　从此降生天国乐地；
呵，国王的信仰多么奇异！然而
　　天主的怜悯和仁慈，
更令人惊叹不已，因为谁也不知
　　道天主的最终裁决；
从不列颠的地角到罗马，千里迢
　　迢，但他一路无恙，
跨越国界，漂洋过海，朝圣途中
　　历尽艰辛和危难；
他终于目睹罗姆勒斯的罗马城廓，
　　彼得的神圣殿室，
他举目凝视，虔诚专注，获得一
　　份神秘礼物的恩赐；

为了饲育基督的羊群，他接收到
　　了一只白色的羔羊，
他的躯体静卧在这墓穴之中，灵
　　魂却在天国里翱翔；
人们足可以这样感想，他宁愿舍
　　弃人间的国王之尊，
人世天国相易，失却什么赢得什
　　么，得失自成公论。

“这里埋葬着大约三十岁的撒克逊王卡德瓦拉，又名彼得。葬期：第二个小纪，教皇塞厄吉斯二年，最虔诚的奥古斯都，查士丁尼皇帝陛下任执政官的第四年的4月20日。”

卡德瓦拉赴罗马之际，他的一位血亲英尼继承了他的王位。英尼统治该国三十七年后在格雷戈里任教皇期间也跟卡德瓦拉一样，让出王国，把她交给较年轻的人治理，自己则前往圣徒教堂。他希望像朝圣者那样到圣地一带周游一番，以便理所应得地使天堂中的圣人更乐意迎接他。当时，许多英吉利人，无论是男是女，是名门子弟还是平民百姓，是属灵的还是俗人，都竞相采取这种做法。

第　八　章

西奥多去世后，伯特沃尔德接替他担任大主教；他任命了许多主教，包括任命博学的托拜厄斯为罗切斯特教会主教

卡德瓦拉在罗马去世的第二年，即主历690年，八十八岁的年事已高、日子满足的已故大主教西奥多去世。正如他经常向朋友们所讲述的那样，他早就得到天启，自己要活到这么大岁数。他连续担任二十二年大主教，被埋葬在圣彼得教堂里——坎特伯雷所有的主教都埋葬在这里。对于他和与他地位相当的人，可以公正而确切地说："他们的躯体在安息，他们的名字将永垂不朽。"[①] 对此，我们可以简短地说，在他担任大主教期间，英吉利教会的属灵的事业得到空前大发展。至于他的人品、生平、年岁和去世，那些到过他的坟墓前的人都可以清楚地从刻有三十四行英雄诗[②] 的墓志铭上看出来。墓志铭的前几行是这样写的：

"有一位神圣主教的躯体在这里的
墓穴之中安眠长宿，
西奥多——是希腊的人民刚刚给予
他的又一新鲜名字；
他是至高无上，功德卓著的主教，
品行高尚的神父，
因为人人知道，是他将纯洁的信
条传授给他的教徒。"

但最后几行是这样写的：

"当九月的月亮将整整十九个的白
昼和夜晚送走之时，
他的灵魂便从我们尘土造就的躯

① 参阅《德训书》(Ecclus)第44章第14节。

② 参阅上集第51页。

壳牢笼中挣脱而出；
向着布满上帝恩泽的天国，向那
新的生活疾速飞去，
在繁星璀璨的苍穹之上，他同天
使臣民们幸福团聚。”

继承西奥多任大主教的是伯特沃尔德。他是紧靠延雷德河北面河口的拉库尔夫[①]修道院院长。此人下苦功于《圣经》，全面接受过教规和修道院院规的教育，然而根本无法与他的前任同日而语。他是在威克特雷德和斯韦布哈德任肯特王[②]时即主历692年7月1日被选为主教的，不过是在次年的一个主日即6月29日由法兰西大主教戈德温正式任命[③]，于8月31日主日这一天到任就职的。在他任命的许多主教中有托拜厄斯，接任已故的罗彻斯特教会主教格布蒙德。托拜厄斯学过拉丁文、希腊文和撒克逊文，在其他许多方面的造诣也很深。

第　九　章

圣人埃格伯特本来可以愉快地到日耳曼去传教，但却没去成；威特伯特确到过日耳曼，但却因为一事无成，只好回到他的出发地爱尔兰

① 肯特的里卡尔弗(Reculver)。

② 显然是两人共治肯特。

③ 里昂的大主教693—713年；没有说明伯特沃尔德祝圣就职仪式为什么推迟三年(按原文和书后的主教一览表只推迟一年。——译者)。

那时候，基督的仆人和神父[1]，可敬的埃格伯特——我十分敬佩地提到了他的名字——如前所述，为了获取天国住在爱尔兰岛上，过着朝圣者般的生活。他打算造益众人，就是说，他打算担负起使徒那样的工作，通过布讲福音书，把《圣经》传播到其中的一些未曾听说过它的民族中去。他知道，在日耳曼有许多这样的民族。众所周知，现在住在不列颠的英吉利人，即撒克逊人就是从这些民族中繁衍出来的。正因为如此，他们的邻族不列颠人至今仍然讹称他们为日耳曼人。这些民族分别是弗里松人、鲁吉人[2]、丹麦人、匈奴、古撒克逊人和博鲁克图亚人[3]。同住在这些地方的还有许多其他民族，仍然守着异教礼节。埃格伯特这位基督的战士决心在航绕不列颠后到日耳曼去看看他能否把他们中的任何民族从撒旦手中拯救出来，引向基督。假如他无法做到这一点，他计划到罗马谒见圣徒及基督的殉道者教堂。

可是来自上天的启示和天主的所为使得他无法实现任何这些计划。原来，就在他选好身强力壮的陪同人员以及那些知识渊博行为高尚适合于传播《圣经》的人员、准备好对他们的航行似乎所需的一切的时候，有一天清晨，来了其中一位兄弟。这位兄弟在不列颠时曾是天主所宠爱的神父博伊西尔的门徒和仆人，而博伊西尔曾是我们先前提到过的伊塔院长管辖下的梅尔罗斯修道院院长。这位兄弟给埃格伯特讲述了前一天晚上出现在他面前的异象。他说："唱完了晨祷的赞美诗后，我躺在床上小睡了过去。这

① 或主教，普卢默，II，285。

② Rugii，塔西佗《日耳曼尼亚志》，第43节。吕根岛上依然保留着这一名字（参阅马雍译本，商务印书馆，1959年出版。——译者）。

③ 威斯特伐利亚（Westphalia）的布鲁克特人（Bructeri）。

时,我先前的主人和抚育人博伊西尔出现在我的面前,问我是否认得他。我说,'认得,因为您是博伊西尔。'他接着说,'我此行的目的是把主、救世主的答复带给埃格伯特。不过应该通过你向他转达。告诉他,他无法实现计划中的旅行了。因为上帝的旨意是,他应该去教导哥伦巴的那些修道院。'"哥伦巴第一个把基督教教授给居住在过北面山脉的皮克特人,也是海伊岛上那座修道院的创始人。该修道院长期以来深受苏格兰人和皮克特人敬重。[①]现在有些人称哥伦巴为"哥伦塞里(Columcille)",他们是把 Cell 和 Columba 两个字结合起来。埃格伯特听完了异象中所说的那些话,命令前来报告的那位兄弟不要告诉任何人,以免被证明那或许只是一个幻象罢了。然而他自己却在暗自思量,唯恐它确实是真的。尽管如此,他还是继续准备他计划中的为教导那些民族所进行的旅行。

但几天以后,上述的兄弟又一次来见他。他说,那天晚上晨祷以后,博伊西尔再次在异象中出现在他面前,说,"为什么你只是轻描淡写地对埃格伯特转达我要你传给他的话呢?你现在去对他说,不管他愿意与否,他必须到哥伦巴的修道院去,因那里的人们走偏了方向,他必须设法使他们走上正道。"埃格伯特听完后再次命令他不许外传。尽管他现在如此确信这个异象是真的,他仍毅然继续进行上述他计划中的与教友们一道进行的旅行。他们把这一长途旅行中的一切必需品都装上了船只,等待来顺风。几天后的一个夜晚,突然刮起了一场猛烈的风暴,浪头把船只掀到岸上,船上的物品损失不少。但是,埃格伯特的物品和他的随员都安然

① 参阅第 3 卷第 4 章。

无恙。事后，他说了一句好像先知所说的那样的话[①]，“这场大风只是因我的缘故”，决定取消这次旅行，心甘情愿地待在家里。

然而，他的一位以蔑视尘世、学识渊博而著称的同事威特伯特（因为他曾作为朝圣者在爱尔兰过了多年尽善尽美的隐士生活）乘船到弗里斯兰，向当地人民及其国王拉思博德连续传播了两年的拯救福音。但是，他在那些粗野的会众中间所进行的巨大劳动毫无成果，于是又回到了自己深爱的朝圣地，以惯常的寂静献身于主。既然他无法使外族人皈依基督教，他就研究如何树立善美的生活榜样才能更好地造益于自己的同胞。

第 十 章

在弗里斯兰传教的威尔布罗德[②]使许多人皈依基督；他的两位名叫休厄尔德的同伴以身殉道

属主的人埃格伯特见到，为了神圣教会的其他一些利益，他自己只好不去向异教徒传教而留下来（天主的一则神谕预先告知了他这一点），而威特伯特虽然到了那些地方却一无所获，尽管如此，他还是毅然派了些愿受苦献身于神的人去那里传播福音。其中，杰出的威尔布罗德因其神父职务和德行而成为这一批人物的首领。他们一行十二人到达那里之后转到法兰克公爵丕平处[③]，

① 《约拿书》第1章第12节。

② 诺森伯里亚人，生于657年，在里彭长大，在爱尔兰十二年后于690年到大陆传教

③ 当时的宫相，法兰克人实际上的统治者。

受到他的友好款待。因为他新近刚刚夺取了邻近[①]的弗里斯兰，赶走了国王拉思博德[②]，所以他就把他们派到那里去传教，他还以国王的名义下令，不准任何人妨碍他们传教，而且对于那些乐意接受基督教的人将给予慷慨的奖赏。因此，在天主恩惠的帮助下他们在短时间内使许多崇拜偶像的人皈依了基督教。

另外两个因期望进入永恒王国而长期旅居爱尔兰的英吉利神父也以这些人为榜样，来到了古撒克逊人地区，希望通过传教也许能在那里为基督赢得一些臣民。这两个人就像他们同样虔诚那样，有着同样的名字。原来他们都叫休厄尔德。不过，由于头发颜色差异，他们中的一个叫"黑休厄尔德"，另一个叫"白休厄尔德"。两人都一样对宗教充满了爱，但黑休厄尔德对《圣经》更为精通。他们到达该地区以后，进入一个地方官[③]的迎宾馆，要求他把他们带去见他的总督上司，因为，他们有特别使命和紧要事情必须向他详细报告。原来，上述的这些古撒克逊人没有国王，统治国家的而是各个总督，一旦战争爆发，他们就抽签，谁中了签，谁在战争中就担当首领，大家都得服从。但是战争一结束，各个总督就又平起平坐了。这位地方官因此款待了他们，答应满足他们的要求，送他们去见他的总督上司，并且留他们在自己家里住了几天。

由于他们不断地祷告和吟唱赞美诗，用圣杯圣桌而不是用祭台每天向天主奉献上补偿受难者的供品，这些野蛮人发现，原来他

① 最靠近法兰克人的地方。

② 拉思博德已同意接受洗礼，但当他被告知他的祖先是在地狱里的时候，他从圣水池中退出。

③ 根据盎格鲁-撒克逊文版(原文为 reeve。——译者)。

们信奉另一种宗教。这些人怀疑，如果他们到总督那里，与总督面谈，他们会使他放弃原来所信奉的神祇转而相信新的基督教信仰，这样，慢慢地，整个国家将被迫以新崇拜代替旧崇拜。因此，这些人突然抓住他们，把他们处死：白休厄尔德迅速死于剑下，但是黑休厄尔德却受到长时间的痛苦折磨，被可怕地肢解而死。他们被害之后，尸体被扔进了莱茵河。不过，他们所求见的总督听到这件事后极为震怒，因为要到他那里的两位异乡人居然受到了阻挠。他派人杀死了所有的村民，放火烧了那座村庄。上述那两位神父，上帝的仆从是在10月3日遇害的。

他们的殉道也不乏来自上天的神迹的证明。原来，他们的尸体被异教徒扔进河里（如上所述）以后，竟然逆流而上，被河水卷到四十英里外他们同伴的所在地，而且每天晚上都有一股巨大的直冲云霄的光柱照耀着他们碰巧所到的地方。那些杀害他们的异教徒也亲眼见到了这一景象。此外，他们中的一个在一天晚上通过异象出现在一位同伴的面前。这位同伴的名字叫蒂尔蒙，如世人所断定那样，他品质高尚，声名远扬，原是乡绅[①]，后成为修士。蒂尔蒙得到他的指示说，可以在见到那股直通天地的光柱的地方找到尸体。他真的这么办了：尸体找到后，人们以配得上殉道者的荣耀埋葬了他们。至今，那个地区的人民仍然以恰如其分的敬重庄严地纪念这两位殉道者遇害的日子，或者更确切地说，守他们的尸体被发现的日子。最后，当最荣耀的法兰克公爵丕平得知此事时，派人把尸体运到他那里，把它们非常隆重地安葬在莱茵河河畔的

① 根据盎格鲁-撒克逊文版。

科隆城的教堂[①]里。此外，还普遍传说，在他们遇难的地方冒出一股泉水，直到如今，那里还涌流着，让人受到它的恩惠。

第　十　一　章

可敬的斯威德伯特和威尔布罗德分别在不列颠和罗马被任命为弗里斯兰的主教

威尔布罗德在他们初到弗里斯兰时一得知国王允许他们在当地传教，就立即赶往罗马（当时统治教廷的是塞吉尔斯），为的是得到塞吉尔斯的祝福和允许，从而开始他渴望已久的向异教徒传播福音的事业。同时，他还希望从教皇那里得到圣徒及基督殉道者的遗物，以便当他在所传教的国家里摧毁了偶像，建造起教堂的时候能够尽快地把圣徒的遗物放进去。在此之后，他可以为放着不同圣徒遗物的教堂分别举行纪念各有关圣徒的奉献仪式。此外，他还想从那里了解或得到这项巨大工作中必须了解或需要的东西。这一切要求实现后，他返回传教去了。

当时在弗里斯兰兢兢业业从事传播福音事业的他的兄弟们在自己中间选派了一位举止庄重、内心谦逊的人，名叫斯威德伯特，去受命担任他们的主教。他专此被派往不列颠后，最可敬的主教威尔弗里德应他们的要求，任命了他（他其时碰巧正遭流放，离开了自己的国家，住在麦西亚沿岸）。这是因为当时肯特没有任何主教——西奥多已去世，而他的继承人伯特沃尔德已跨海去受命还

① 圣库尼伯特(St. Cunibert)教堂。

没有返回到自己的教座。

上述的斯威德伯特在被任命为主教后迅速离开不列颠到博鲁克图亚人中间去，通过传教把他们中的许多人引导到正道上来。但是不久后，博鲁克图亚人被古撒克逊人征服，信仰福音的人也被驱散到各处而主教本身和其他一些人投奔了丕平。在其夫人布莉思丽德[①]的恳求下，丕平把莱茵河的一个岛上的住地给了他。该岛的名字在他们的语言里是"海岸上"[②]。在那里，斯威德伯特建造了一座修道院。他在院里过了一段苦行生活之后结束了自己的日子。[③]这座修道院目前仍为他的继承人所有。

他们来到弗里斯兰传教数年后，丕平在众人的一致同意下派可敬的威尔布罗德到罗马[④]（塞吉厄斯当时仍是教皇），希望他能被任命为上述弗里斯兰人的大主教。主历696年，丕平的要求得到了满足，而且，威尔布罗德是在神圣的殉道者塞西莉亚教堂里于她的殉难日里正式受命的，上述教皇为他取名为克莱蒙：接着很快地，他在到罗马后的第十四天就被送回到他的主教座堂去。

此外，丕平在他的著名的城堡里给了他一个设立主教座堂的地方。那些国家的人用一个古老的名字"威尔塔伯勒"称呼这个城堡，它就是人们所谓的"威尔茨之城"，但在法语里，它叫做特雷耶克坦。[⑤]这里建起一座教堂后，最可敬的主教广泛传播信仰的福音，召回了许多有过错的人，并且还在那些地区建造了许多教堂和一

① 通常叫做普列克特鲁德（Plectrude）。

② 现在的恺撒斯韦特（Kaiserswerth）。

③ 713年。

④ 第二次去罗马。

⑤ 乌得勒支（Utrecht）；教堂是圣救主教堂（St. Saviour's）。

些修道院。原来,他不久后就在那些跟他一道前来或者在他之后前来传教的人中间任命了一批人担任那些地区的主教。这些人中有不少人已经在主里睡了。但是威尔布罗德,又称克莱蒙本身仍然健在[①],并因他所享受的日子(现在是他任主教的第三十六个年头!)而受到敬重。在为圣战进行了各种各样艰苦卓绝的努力之后,他现在正一心盼望着在上天得到酬报。

第十二章

诺森伯兰地区一个死而复活的人讲述了他所见的许多既可怕又值得向往的事

这时候[②],在不列颠出现了一个值得记忆的跟以往所出现的[③]不无共同之处的神迹。原来,为了把活人们从灵魂的死亡中激励起来,一个纯然死去一时的人躯体再生,讲述了他见过的许多引人瞩目的事。我认为把其中的一些事情在这里简要叙述一下是适合的。当时,在诺森伯兰沿岸一个叫因坎恩宁古姆[④]的地方,有一户主及其家人共同过着虔诚的生活。他生了病,而且病情日益加重,终于被带到了极限,在天黑时刻去世。但是,他却在黎明时刻复活,突然坐了起来。正如在惊恐之际的人们那样,围在尸体边痛哭

① 731年。

② 奥尔德弗里德去世(705)前的一些时候。

③ 正如早在公元二世纪的《托马斯伪传》(*Apocryphal Acts of Thomas*)和《彼得启示录》(*Apocalypse of Peter*)中就叙述到的神迹那样。——普卢默

④ 即坎宁安(Cumninghame),在苏格兰边界上,或称切斯特勒斯特里特(Chester-le-Street)。

的人都吓跑了，只有最深爱着他的妻子留了下来(虽然她也浑身颤抖不已)。他安慰她说："别害怕，我现在确实已从统治我的死亡中站立起来，得准重新活在人们之间，不过不是像以前那样活着。从今以后我将有着完全不同的生活方式。"说完，他立即站起来到小村里的教堂去，一直祷告到天明。接着他即着手把自己的财物分成三份：一份给妻子，一份给儿子，而把给自己留下的一份当即分给穷人。不久，他抛弃了一切世俗忧虑，到梅尔罗斯修道院去。这座修道院几乎处在特威德河的河湾弯道中。他在那里削发后，住到院长给他提供的一个单独住所里。他一直在那里那样自勉自责，禁欲节食直至去世，因此，即使他口里不说，他的生活也可以证明，他曾见过许多别人无法知道的或可怕或惬意的事情。

他曾这样向人们叙述他曾目睹的一切："在我前面引路的那个人穿着鲜艳的衣裳，脸上容光焕发。在我看来，我们好像是静静地，朝着夏日升起的地方[①]走去。我们走着走着，来到一个长不可测的巨大深谷。它在我们的左手旁，一边是吓人的烈火，另一边是同样难以忍受、四处横飞的狂雹寒雪。两边都挤满了人的灵魂，似乎有一股强烈的风暴把他们从这边吹到那边，又从那边吹到这边。这是因为，当不堪忍受的巨热烤得他们无法忍受时，他们就可怜地跳到酷寒之中；当他们冻得受不了时，就只好又跳回到腾腾的烈火中受煎熬。由于我到处见到的尽是这些无数丑恶的精灵不停地可怜地跳来跳去，受着折磨，因此我猜想，这里也许就是我经常听说的使人遭受无法忍受的折磨的地狱了。那位在我前面的向导对我的想法回答说：'不对，别这么想。因为，这不是你所想象的地狱。'

① 即朝着东北方向走去。

“但是，就在他继续一步一步地领着我往前走，就在我对面前的可怕的景象感到心惊肉跳的时候，我们的前方突然失去了亮光，到处一片黑暗。我们走进时，周围漆黑得除了向导闪光的身子和衣服外，什么东西都看不见。我们向前‘在孤寂的黑夜里，穿过朦胧暗影[①]’，突然发现前面有一团团[②]可怕的火焰，仿佛是从某个大坑里冒上来，接着又堕下。当我被带到那里时，那个向导突然不见了，把我孤零零地撇在黑暗和可怕的景象之中。不过，随着上述那些火焰不停地时而向上冲到空中时而往下降落堕进深渊[③]，我发现每个向上冲起的火焰的顶端都充满了人的灵魂，就像火星一样有时跟着烟气被高高地抛起，有时随着烟气的消失又被扔进下面的深渊。此外，周围的黑暗之中还充满了随烟气爆发出来的令人无法忍受的浓烈恶臭。我惊恐地在那里站了略长一段时间，不知该做些什么，该往哪里走，也不知道最终结局将会怎样。突然，我听到背后传来了一阵可怕的凄惨的哭喊声，夹杂着一阵笑声，就像一群野蛮粗鲁的人在嘲弄俘虏一般。当这声音越来越响，最后完全传到我这里时，我发现一群魔鬼正把五个痛苦哀号的人的灵魂拖进那个黑暗之中，他们一边拖曳着，一边发出得意的狂笑。这些人中，我清楚地认得，有一个是削发教士，一个是俗人、一个是女人。魔鬼们一边揍骂着他们，一边往火炕中走去。他们越往下，我越分不清哪是人的哭吼声，哪是魔鬼的狞笑声。不过，我还是能听到那

① 维吉尔：《埃涅阿斯纪》卷六第268节（参阅杨周翰译本，人民文学出版社1984年出版）。——译者

② gusts（原文为 round flaws）。——译者

③ 即 dungeon，取深渊、深奥之意。约翰逊博士（Dr. Johnson）曾被称为“大智”（A dungeon of wit）。

混杂的声音。其间，一些黑精灵从冒火的深渊中跳将出来，跑向我，把我团团围住。他们瞪着眼，嘴里和鼻孔里喷出恶臭的火焰，使我透不过气来。他们拿着火红的钳子威胁着要夹我，但是他们除了大胆吓唬外却没敢碰我。敌人和漆黑从四面八方紧紧围住我，我这边瞧瞧，那边看看，希望或许有人从什么地方出来解救我。这时，在我的背后，就在我走过的路上，一个星星在黑暗中一闪一闪地出现。那星星向我走来，越变越大。它刚一接近，就把那些企图用钳子捉拿我的可恨的精灵们赶得四散逃跑。

“原来，上前把这些精灵赶走的正是我刚才的向导。他迅速地转到右边的路上，接着领着我好像是朝着冬日升起的地方[①]走去。一刹那之间，他领我走出了黑暗，到了一片光亮的天地。我跟着他在光里走，看见我们的眼前矗立着一道巨大长城，它向两边的远处延伸，无边无际，高不可测。我一时十分茫然，不知何故我们要往这道长城走去，因为我看见它既没门又没洞，又没往上的路。当我们走到城墙那里，不知怎的一下子站到它的顶上去了。眼前是一片宽广悦目的田野，田野里充满了从盛开着的清新的鲜花中散发出来的香味，奇妙的芳香把渗透在我身体上下的那个黑暗熔炉所散发出来的恶臭一扫而光。此外，那里到处沐浴着悦人的光，比白天还明，比正午的阳光还亮。田野里到处是身着白色服装的人们的聚会，到处是兴高采烈地坐在那里的人群。当向导领着我穿过这些有福的居民群时，我心里想，也许这就是我经常听到人们宣讲的天国吧。他对我这种想法回答道：‘不对，这不是你所想象的天国。’

① 东南方向。

“我们继续往前走，并且穿过了有福的灵魂的休息地，看见前面有一片比刚才所见的还要明亮得多的光，还听见从中传来音乐师演唱的一阵悦耳的歌声。那股扑鼻而来的奇妙的香气，使得我们刚才闻过的以为是最甜美的香气，全然乏味。同样的，刚才所见的花田上美妙的光与现在这里的光相比，也显得黯然失色。正当我巴望我们会走进那片令人欢快的地方时，我的向导忽然站住不动，接着迅速转身，带着我从原路回去。

“在返回的路上，当我们走到那些身着白衣的灵魂们的欢乐住处时，向导问我：‘你知道你所见到的这一切是什么吗？’我回答说：‘不知道。’他说：‘你见过的那个充满烈火和刺骨严寒的可怕深渊，正是灵魂受审查受磨炼的地方[①]。他们在生前不认罪，不改邪归正，到临死时终于求助于忏悔，就这样离开了自己的躯体。不过，由于他们在死时认罪忏悔，他们仍然在审判之日全部来到天国。此外，还有许多甚至是在审判日到来之前由活人的祷告、施舍、守斋特别是作弥撒拯救出来的。还有，你见过的那个往上喷射火焰、恶臭冲天的深坑正是地狱的入口，谁要是掉了进去，就永远别想把他救上来。那片鲜花盛开的田野——在那里，你见到一群兴高采烈、生气勃勃的白色的年轻人——正是迎接他们灵魂的地方：他们的灵魂在行善中离开躯体，但没有完美到理应直接登上天国的程度。但是，尽管如此，他们在审判日都能得以见到基督和天国的欢乐：那些言行和思想都尽善尽美的人，一离开躯体就直接升入天国。紧靠着这块地的，是你听到悦耳歌声和闻到奇妙芳香的灿烂的地方。至于你，因为你必须重回躯体，重新活在人们中间，

① 即炼狱。

所以如果能仔细地审度自己的行为，正直而真诚地说话生活，你在死后也一定会在你所见到的这群快乐有福的灵魂中得到一个住处：有一阵子我走开，把你留在那里，目的是想看看你会怎么啦。'他这么一说，我很厌恶重回躯体。毫无疑问，这是因为我被所见到的那个甜蜜美妙的地方及里面的人群迷住了。尽管这样，我还是不敢向向导提出任何问题。然而，就在我冥思遐想之际，我发现，我不知怎的又活在人们中间。"

这个属天主的人不是随便把他所见的这一切及其他事情告诉给那些懒懒散散和马马虎虎过日子的人；他只把自己的经历告诉那些要么因担心受苦而惊慌，要么被永福的希望所陶醉的人——这些人会乐意地从他的话中吸取虔诚的养分。长话短说。当时他所在的附属修道院地区住着一个名叫赫姆吉尔斯的修士。他担任了神职，而且是一位出类拔萃的神职人员，以其善举给神职平添异彩。他仍然健在，在爱尔兰岛上过着孤寂的生活，以粗面包和冷水支撑晚年。这位修士经常去拜访上述那位人士，向他提许多问题，从而了解到他在脱离肉体之后见到什么，所见到的又是什么样子。正是通过这位修士的报告，我们才知道刚刚所叙述过的这些事。此外，他还把他所见的异象说给广闻博识的奥尔德弗里德王[①]听。奥尔德弗里德听起来津津有味，于是根据他的愿望把他安置在上述修道院里让他削发成为正式修士。国王到那些地区时经常去那里听他讲述那些事。这座修道院当时的院长是过着虔诚、庄重生活的神父埃塞尔沃尔德。不过，他现在是林迪斯凡教会的主教，其

① 诺森伯里亚王。

一举一动也无愧于这一职务。

这位修士住在修道院里的一个较为僻静的处所，以便在不断的祷告中，更自由地专心事奉他的造物主。因为此地正好坐落在河岸上，所以，他经常涉水入河，甚至还经常潜到流水里，渴望以此磨炼自己的肉体。他经常尽他所能，长时间静立水中，不断祷告或唱赞美诗。河水漫到他的臀部，不时还漫到他的脖子。他回到岸上后，从来不设法换下又冷又湿的衣服，而是继续穿着它，直到身上的热气把它烘干为止。冬天来临时，半碎的冰块在他身旁落下（有时他自己把冰块砸破，以便得到一个立足和潜水的地方），见到他的人说："德赖塞尔姆兄弟（人们总是这样称呼他），你能受得了这样的寒冷，真是令人费解。"因为他简朴而庄重，所以他的回答也很简单："比这更冷的我都见过了。"他们又说："你愿过这样严峻而克制的生活，真是不可思议。"他回答说："比这更严峻的生活我都见过了。"就这样，在他被从今世召离之前，他为了自己一直渴望和向往的天上幸福，坚持每天守斋克制年迈的身体并以自己的言论和生活方式拯救了许多人。

第十三章

与此相反，另一个人临死时见到了魔鬼送来一本记载着他全部罪过的书

但是，与此相反，麦西亚地区的一个人所见到的异象和他所说的话虽使许多人受益却于自己无助（然而他的生活方式并非同样如此)。原来,在埃塞尔雷德的后任森雷德时期[①],这个俗人成为亲兵[②]。他处理各种外部事务勤快能干,颇得国王赏识,但他忽视了人的内心,也使国王感到同样不快。因此,国王经常令他忏悔改过,摒弃可恨的罪行,免得他因突然死去而失去自新的时间。但是,尽管不断受到警告,他还是把拯救的话语当作耳边风,答应说以后再补赎。在此期间,他突然患病卧床,陷入剧烈痛苦之中。因钟爱他而前来探病的国王劝他说,即使在临死之前他仍然可以为自己放荡的生活而赎罪。但他回答说,他不愿意在此时认罪,而要等到恢复健康后再悔罪,免得同伴们责怪他在健康时不屑一做的事现在却由于怕死而愿意做了。当时,他按自己的本意把话说得坚定无比,可是后来事实证明,他不过是可怜地被魔鬼的诈术引上邪路而已。

在他的病情愈加严重的时候,国王再次来探望他,继续好言相劝,而他却禁不住悲哀地大叫:“现在你还能有什么指望呢?你为什么还来这里呢?因为,你再也不会给我带来什么好处,也帮不了我什么忙了。”国王回答说:“别这么说,要清醒、理智点。”他说:“我并不糊涂,但我明白无误地亲眼见到了我自己的毁灭。”“这是怎么说?”国王问。“刚才”,他说,“有两个非常英俊的年轻人来到这座房子里,坐在我的身旁。他们一个坐在靠头的一边,一个坐在靠脚的一边。其中一人拿出一本虽别致但篇幅很小的书给我读。我看了一下,发现里头写着我有生以来所做的一切好事。这些好事实在是寥寥无几,微不足道。后来,他们从我手中拿走那本书,一声不吭。

① 704—709 年。

② 盎格鲁-撒克逊文版中的 king's thane(国王的亲兵)。

接着突然来了一群邪恶丑陋的精灵，他们包围了房子，把屋里也几乎坐满了。由于脸色乌黑阴沉、高高坐在上面，因而看起来似乎是领头的那个精灵拿出一本令人望而生畏、无比巨大又重得几乎无法支撑的书，命令他的一个卫兵拿过来给我读。读后，我发现，我所犯下任何可恨的罪过，不管是言行上的错误，还是脑子里的闪念，都清清楚楚地用可怕的文字记载下来。他对那两位身着白衣坐在我身旁的漂亮年轻人说："既然你们知道这个家伙是属于我们的，你们还坐在这里干什么？"他们说："言之有理；你们把他带走，处以最高的责罚吧。"说完，他们就不见了。两个手拿犁头、长得十分丑恶的精灵站了起来，一个往我的头部，一个往我的脚部猛击。他们的打击随着剧烈的疼痛慢慢地往我的体内涌来，一旦两头的打击相遇，我就要死去，魔鬼随时会把我抓走，拖到地牢里。"

这个可怜人就这样绝望地说着说着，过不久死去了。现在身不自主正受到永罚的他确实在徒劳地忏悔。他本来可以在短时间内作这种忏悔从而得到宽恕，但他却拒绝了。关于这个人，很清楚，正如最神圣的教皇格雷戈里所确切描写的那样，他见到的那些异象并不是为自己：那些异象对他毫无用处。他见到的这些异象是为其他人，这些人了解了他的下场后，可能不敢在尚有机会悔罪时拖延赎罪时间，以致在突然死去时来不及忏悔。此外，上天还安排他看了由善良和邪恶的灵魂送来的两本书，目的是使我们记住，我们的行为和灵魂并非随风散落，相反，它们都被保留下来，让最高审判官审查。到了最后，总是要通过友好的天使或敌对的精灵向我们展现这一切的。然而，至于为什么先是天使送来一本白色的书，接着是魔鬼送来一本黑色的账簿，天使送来的是一本小小的书，而魔鬼送来的书却是本不知有多大的簿子,我们应该注意到,他在童年时曾行些善,但是他在青年时的淫荡行为却像乌云般地把那些善事遮蔽了。但是,如果情况与此相反:他在青年时努力改正了自己在童年时的过错,在天主面前以自己优良的品行掩盖以往的过错,那么他就有可能被送进《诗篇》里所说的那些人的社会。对于那些人,《诗篇》这样说:“得赦免其过,遮盖其罪的,这人是有福的。”[①]因为是可敬的佩克塞尔姆[②]主教把此事的始末告诉我,所以,我认为把它简要地叙述出来,以拯救那些目览或耳闻[③]这件事的人是有助益的。

第十四章

另一个人在临死时同样见到了指定给他的在地狱里的受罪地点

此外,我本身还认识(我多么希望我不曾认识!)一个兄弟。他身居著名修道院,但却因其生活方式而臭名昭著。如果他的名字值得一提的话,我倒是可以说出来。确实,他的兄弟们和修道院里的头领们常不断训斥他,警告他,要他过比较规矩的生活。但是,由于他是十分高明的木匠,会替他们做些必要的俗事,所以,尽管他不听从他们的劝告,他们还是对他采取了容忍的态度。可是,他沉迷于酗酒和其他放荡的生活,习惯终日待在工棚里,而不愿到

① 《诗篇》第32篇第1节。

② 加洛韦(Galloway)的怀特恩(Whitern)主教。

③ 假如在修道院餐厅里朗读的话。——普卢默

教堂和兄弟们一道歌唱、祷告和听讲生命的福音。因此，他的遭遇，正像一些人常说的那样，不愿意谦卑地进教堂的门，到头来却要被迫受罪进地狱的门：在他患了病到了极限时，他把兄弟们叫到跟前，就像已经被定了罪似的悲哀地对他们宣布说，他已经见到敞开着的地狱，见到被淹在地牢深处的撒旦，见到被扔进他身旁的复仇烈火中的该亚法以及那帮杀害基督的暴民。“就在他们的隔壁，我这个可怜的人啊，”他说，“见到了一个为我准备好的永远沉沦的地方。”听到这些话，兄弟们赶紧诚恳劝告他说，即使到了这个地步，他仍然应该在自己尚存于肉体之中时忏悔。他绝望地说：“我来不及改变我的生活了，因为我见到对我的审判已经通过了。”

说完这些话，他就死去了，没有接受拯救旅途的预备。他的尸体被埋在修道院的最边远的角落里，没有人敢为他祷告、作弥撒或唱赞美歌。看！天主把光明与黑暗分得多么清楚。随时准备为真理而牺牲的第一个殉道圣徒司提芬看见了天开[1]，见到了天主的荣耀和站在他右边的耶稣。为了能更愉快地死去，他在生前把全部心神都贯注在他死后的所在地。相反，这位思想糊涂、行为盲目的木匠在死亡来临时见到的却是敞开的地狱，正在受罪的魔鬼及其追随者们。这位不幸的人还见到了自己在这帮人中的牢狱，这样他就会因拯救无望而死得更悲惨。然而，由于他的受罪，他就可能把灵魂拯救的机会留给那些耳闻这一切的活人。这事于不久前发生在贝尼西亚地区，四方传播，远近皆知，促使许多人为自己的邪恶行为赎罪，不敢延误。但愿它对于此后读到这本历史的人也有同样效果。

① 《使徒行传》第7章第56节。

第十五章

亚当南及时传教，使许多苏格兰人的教会接受了普世复活节；他还写了一本关于圣地的书

当时，爱尔兰①的一大部分苏格兰人和不列颠②的一些不列颠人由于主的恩赐，采用了正确的守复活节的教会时间。事情是这样的。海伊岛上的神父和院长亚当南③因公从国内派往英吉利王奥尔德弗里德处。他在英吉利逗留期间，看到了基督教会的正统典礼。此外，许多比亚当南知识更为渊博的人④也热情地规劝他，不要胆敢和为数甚少，居住在世界上最边远角落的同胞们一道过违背教会普世习俗的生活，不管是在守复活节方面或是在守任何其他教令方面。因此，他改变了看法，而且改变得这么多：比起他和他的同胞所遵从的习俗，他更喜爱他在英吉利教会中的所见所闻。之所以如此，是因为他聪慧，高尚，《圣经》知识渊博。

他回国后，竭力引导他海伊岛上的人民或那些在海伊岛修道院管辖下⑤的人民接受他在英吉利所学到的、他所诚心诚意接受的真道，但未能达到目的。他乘船到爱尔兰传教，苦口婆心地向当地人民说明合法的复活节时间。他说服了许多人和几乎所有不在海伊人管辖下的那些人纠正了旧时的错误，与普世习俗保持了统

① 北爱尔兰。

② 威尔士以外的地方。——普卢默

③ 圣哥伦巴传记的作者，奥纳第九任修道院长。

④ 切奥尔弗里德即为一例。当时十四岁的比德可能见过亚当南。

⑤ 关于联合修道院，参阅上集第343页。

一，教会了他们守合法的复活节时间。在爱尔兰庆祝了正统的复活节后，他回到了自己的岛上，立即向自己的修道院宣传复活节时间的普世守法，但是仍然无法达到目的。碰巧，他在这一年未结束时就离开了尘世[①]。这样一位热爱统一与和睦的人物在复活节再次来临之前就被带离今世，获得永生，从而幸免了一场他将不得不与那些不愿意跟从他坚持真理的人所进行的更为激烈的争辩，这真是神恩的特别安排。

同样这个人写了一本关于圣地的书[②]，使不少读者获益匪浅。此书是根据法国主教阿库尔夫的演讲和解释写成的。阿库尔夫是一位法兰西主教，为了瞻仰圣地曾去过耶路撒冷。他走遍了希望之乡后又到大马士革、君士坦丁堡、亚历山德里亚和许多海岛。在他乘船归国途中，一场大风暴把他刮到不列颠西岸。他经受了各种磨难后，见到了上述这位基督的仆人亚当南。在亚当南那里，人们发现他精通《圣经》，熟悉各处圣地。他们热情地款待他，热心地倾听他的演讲和评述：阿库尔夫所说明的他在圣地上见到的任何值得纪念的东西，亚当南都立即设法记录下来。他写成了一本书，这本书，如前所述，对许多人，特别是对那些远离先教父和使徒居住的圣地，只能从书本上学到一些有关知识的人很有助益。而且，亚当南把这本书交给了国王奥尔德弗里德。由于他的慷慨，这本书被传给许多地位较为低下的人去读。国王还给这位作者送去许多美好礼物作为奖赏并送他回国。我认为从中搜集一些材料把它放进我们这部《历史》对读者有所助益。

① 703或704年。

② 比德自己写了一本题为《圣地》(*De Locis Sanctis*)的书。

第十六章

他在这本书中叙述的事情涉及我主的诞生、受难和复活的地方

有关主的诞生地他这样写道：

“大卫城伯利恒坐落在一个山谷环绕的狭窄的山岭里，东西长一英里。沿着平坦的顶部的边缘有一条没有塔楼的矮城墙。在它的东部角落，有一个似乎是天然形成的洞穴。洞穴的外面部分据说是主的降生地，里面部分称为‘主之马槽’。洞内的地方，特别是据说是主的降生地的上面，全部覆盖着珍贵的大理石，洞的上面是圣玛利亚大教堂。”

他还同样写到主的受难和复活的地方。他这样写道：

“你从北面进入耶路撒冷后，依照街道的排列顺序，看到的第一个圣地必是称为“殉道”堂的君士坦丁教堂。皇帝君士坦丁之所以建造这座高贵堂皇、气势宏伟的大教堂，据说是因为他的母亲海伦娜在那个地方发现了主的十字架。从那里往西走，你会见到各各他教堂。那里的一块石头上曾经放着钉着主的身体的十字架，而现在则放着一个大银十字架，架上挂着一个带灯的巨型黄铜轮。就在主的十字架立着的那个地方的下面，凿了一个岩洞，洞里的祭台上放着献给死去的高尚的人们的祭品，而他们的遗体则停放在街上。这座教堂的西面，也是一座教堂，称阿纳斯塔西斯，即那座圆形的主的复活大堂。它由十二根柱子支撑，外面围着三道墙，墙与墙之间有一段宽大的距离。在中间那道墙的三个地方，即南面、北面和西面，各有一个祭台。这座教堂有八道门，即八个穿过面对面三道墙的进口，其中四个向东南，另四个向东。教堂正中，圆形的主的纪念碑是从岩石中凿出来的，一个人站在里面可以用手摸到顶部。它的东面有一入口，由那块巨石顶着。直到今天，里面仍然保留着铁器的印记；在外面，大理石一直覆盖到屋顶顶部，顶部镀金，放着一个巨形金十字架。纪念碑的北部是七英尺长、离地三掌之高，从同一块岩石中凿出来的主的墓地。它的入口在南端，那里点着十二盏灯，日夜长明。其中四盏在墓内，八盏在墓上的右方。纪念碑口的那块巨石，现已裂成两半。小的一半被放在纪念碑的入口，凿成祭台，而大的一半放在教堂的东边，也成了一个四方形的祭台，上面盖着亚麻布单。纪念碑和墓地的颜色似乎是由红白两色糅合而成。

第十七章

他还提到主升天的地方以及祖先的墓地

关于主升天的地方，上述作者是这样描述的：

“橄榄山与锡安山一般高，但比它宽比它长。那里除了葡萄和橄榄外，很少有其他的树，山坡上还长满了大麦小麦。原来，橄榄山虽非灌木丛[①]之地，但它的土质却有利于花草的生长。山顶上主升

① 字典里找不到 brucosus 这个词，而 brocia，bruscia 的意思是“灌木丛”。参阅 brush。（此处英文原文为 scrubby。——译者）

天的地方矗立着一座圆形大教堂，它的三条走廊围成一圈，廊上有遮盖拱顶；房子内部不能建造遮盖拱顶，因为主的圣体从那里经过。它的东边有一个带有狭窄顶盖的祭台，中间留有主的最后的脚印，上面他升天的地方敞开着。虽然信徒们每天都从这里取走土，但它仍然保持着原样，似乎留着主的脚印。近处有一个黄铜轮，高至人的脖子；黄铜轮的西边有一开口，它上面用滑轮吊着一盏日夜长明的大灯。教堂的西面有八个窗户，对面用绳索吊着同样数目的灯，灯光透过玻璃照射到耶路撒冷。据说，见到这些灯光的人会产生惊恐、兴奋和痛苦的感觉。每年在主升天的日子里，作完弥撒之后，那些来教堂的人总要被一股自上而下的大风刮倒在地。”

有关希伯伦城和祖先们的纪念碑的位置，他这样写道：

“希伯伦一度是大卫王国的首府城市，而现在能够看出这一点的仅是当时的废墟。在它东边不到一弗隆处的一个山谷里有一个山洞。一堵用凿过的石头砌起来的围墙环绕着山谷中祖先们的坟墓。坟墓的头部朝北，每座坟墓上都覆盖着一块凿过的那种教堂石头。三个祖先①的坟墓是白色的。亚当的坟墓较为简陋暗淡，坐落在北边其他坟墓附近的那道墙的最远处。另外，还有三座较小较简陋的女人②的纪念碑。

“马姆里为一小山，坐落在北面离这些墓地一英里远的地方，到处长满了花草。山顶上有一块颇大的平地。在平地的北面，亚伯拉罕的橡树，即那根有两人高的残干，被围在一座教堂里。”

---

① 即亚伯拉罕(Abraham)、以撒(Issac)和雅各(Jacob)。

② 即撒拉(Sarah)、利百加(Rebecca)和利亚(Leah)。

我认为，为了使读者受益，忠实地，然而却更为简短、更为紧凑地把上述作者的这本书中的情节记入我们的《历史》中是适宜的。如果有人想进一步了解这本书，那么，他可以去读原著，也可以读我们新近改写的小册子①。

第十八章

南撒克逊人接纳伊德伯特和埃奥拉为主教，西撒克逊人接纳丹尼尔和奥尔德赫尔姆为主教；奥尔德赫尔姆的著作

主历 705 年，诺森伯兰王奥尔德弗里德在他统治的第二十年但还未满二十年的时候去世。他年方八岁左右的儿子奥斯雷德继承了王位，统治了十一年②。他即位初期，西撒克逊人的主教赫迪离世去过天堂生活：他善良、正直，在履行主教和导师职责时更多地依靠心中对美德的热爱而不是他所学到的东西。简而言之，最可敬的主教佩克塞尔姆（他曾和他的继承人奥尔德赫尔姆长期在一起，当时只是一名修士，担任助祭。有关他的事迹，我们须在下文中的适当地方提到）常常告诉人们说，在赫迪去世的地方，出现了许多治病神迹，以报答他的高贵品质。他还说，那个地区的人们曾经常从那里取走土放到水里，供病人病畜用，少许喝点或被撒上这些水的许多人、畜都治愈了疾病。正因为如此，由于人们经常取

① 《圣地》（*De Locis Sanctis*），此书未列入本书第 24 章比德自己的著作目录中。

② 被描写成一个狠毒的少年。

走圣土，那里形成了一个大坑。

他死后，那个地方分成两个主教区[①]。一个归丹尼尔，他至今仍在管辖着。另一个归奥尔德赫尔姆，那里的人民他辛勤治理了四年。这两个人都擅长教务，精通《圣经》。简单地说，当奥尔德赫尔姆还是个神父，任“梅杜夫城”[②]修道院院长的时候，就根据自己国家宗教会议的命令写了一本十分出色的书，抨击不列颠人不在正确时间守复活节，抨击他们所做的其他许多不利于维护教会和睦与纯洁的错事。读了这本书后，许多归西撒克逊人管辖的不列颠人转而庆祝普世的主的复活节。他还写了一本极为出色的论贞洁的书。他模仿塞杜里乌斯[③]，用两种体裁，即六步韵的诗文和散文写成了这部书。他还写了其他一些书，因为他各方面的学问都很渊博；他有优美的写作风格[④]，他对世俗文学和神学方面的卓识令人赞叹不已。他逝世后，福瑟尔被任命接替他的主教职务。福瑟尔对《圣经》也很精通，至今仍然健在。

在这些人[⑤]担任主教职务期间，宗教会议决定，当时属于丹尼尔管辖的温切斯特教区的南撒克逊地区也应设有教座，有自己的主教。被正式任命为他们第一个主教的是已故的威尔弗里德主教的人称塞尔西的修道院院长伊德伯特。他死后，由埃奥拉继任。

① 温切斯特和舍伯恩。

② 这个名字（Maiduf）以另外一种形式出现在滕尼森（Tennyson）的 Voyage of Maeldune 中，系爱尔兰语。有关爱尔兰语在不列颠南部的影响的又一例子，试比较 Dieul at Selsey，第四卷第 13 章。现代名字马姆斯伯里可能是这个爱尔兰名字和 Aldhelm 两者的结合，普卢默，II. 311。

③ 塞杜里乌斯的《御者的复活节》。

④ 奥尔德赫尔姆的夸张，喜欢用不寻常字眼和外来词汇，布赖特，第 269 页。

⑤ 可能指奥尔德赫尔姆和福瑟尔，或奥尔德赫尔姆和丹尼尔；也有可能是丹尼尔和福瑟尔。

数年后，埃奥拉被带离此生，主教的位置因而空缺至今。

第 十 九 章

麦西亚王森雷德和东撒克逊王奥法在罗马当修士时去世；主教威尔弗里德的生平和去世

奥斯雷德王四年，一度[①]非常荣耀地统治了麦西亚的森雷德更加荣耀地放弃了自己的王位：他在君士坦丁任教皇期间[②]到罗马削发为修士，死前一直坚持在使徒教堂里祷告、守斋和施舍。继承他的王位的是埃塞尔雷德的儿子切奥尔雷德[③]，而埃塞尔雷德是森雷德的前任。与他同去罗马的还有前面已提及的东撒克逊王西格希尔的儿子奥法。他青春年少，貌美悦人，他的全体人民都渴望他能留下来担任他们的国王[④]。但是，他出于同样的发自内心的虔诚，为了基督和福音放弃了自己的妻子、土地、亲友和国家，以便在此生能得到百倍于这些的东西，在来世获得永生[⑤]。因此，在他们来到罗马的圣地以后，他就削了发。在以修士生活度过余年后，他满足了长期的愿望，来到天堂里圣徒们的视域之中。

就在这些国王离开不列颠那一年，大名鼎鼎的主教威尔弗里德于担任主教四十五年之后，在一个名叫昂德尔的地方结束了最

① 约五年。

② 708—715 年。

③ 卒于 716 年。

④ 奥法当时是否在位无法肯定。

⑤ 《马太福音》第 19 章第 29 节。

后的日子。他的遗体收殓入棺后被运回到他自己的名叫里彭的修道院，并以配得上这样一位高贵主教的所有荣耀埋葬在圣彼得教堂里。关于他的生平事迹，让我们简单地介绍一下他所做的事情，也可以说是回到我们先前的叙述。当他还是个孩童的时候，他就有天生的超出他年龄的善良和温顺，因此在各方面显得如此谦虚、谨慎。正因为这样，他理所当然地博得了长辈的喜爱和尊重，使他们就像爱护他们中间的任何人那样爱护他。十四岁那年[①]，他选择了修士生活而不是世俗生活。他把这一选择告诉父亲后(因其母已去世)，父亲对他这种由上天激励而产生的强烈愿望惠予热情支持，并嘱咐他要坚持不懈地实现自己的美好目标。因此，他来到了林迪斯凡岛，在专心侍候修士们的同时勤奋地学习和实践修道院生活所要求的全部贞洁和虔诚。由于他天赋高，他很快地就学会了《诗篇》和其他一些书。他虽未削发，但是他所具备的那些不平凡的谦恭和温顺的美德远远超过了一般的已削发的修士。正因为如此，他理所当然地得到了长辈和同辈的喜爱和敬重。由于他是一个判断力强的年轻人，他在修道院里事奉天主的几年中逐渐认识到，苏格兰人所教诲的美德之道远不是完美的。他决心去罗马见识一下教区神父和信徒在罗马教会所遵行的礼仪。他把自己的打算告诉兄弟们后，他们都极力称赞，并说服他按照自己的决定去做。因此，他立即去见伊恩弗莱德王后，因为她熟悉他，正是由于她的建议和推荐，他才被接纳进修道院的。他向王后详细说明了自己想去参观圣徒教堂的愿望。这位年轻人良好的目标使王后大

① 648年。

为高兴，她把他送到在肯特的她舅舅[①]的儿子厄肯伯特王那里，要求他把这位年轻人隆重地送往罗马。当时，在那里担任大主教的是荷诺里乌斯，他是最神圣的教皇格雷戈里的其中一名信徒，熟谙教会事务。这位精力充沛的年轻人在停留那里期间勤奋地学习他所见到的一切。这时另一个名叫比斯科普，别号本尼狄克的年轻的英吉利贵族由于同样希望去罗马，碰巧到达那里。关于这个人，我们已经提到过[②]。

国王把威尔弗里德交给本尼狄克一行，并命他把他安全带到罗马[③]。他们到达里昂后，该城的主教达尔芬纳斯[④]把威尔弗里德留住了，而本尼狄克则继续兼程前往罗马。威尔弗里德被留下来是因为达尔芬纳斯十分欣赏这位年轻人聪慧的谈吐，堂堂的仪表，敏捷的行动，成熟而稳健的思想。同时，正因为这样，威尔弗里德在里昂期间达尔芬纳斯还给了他及他一行人大量的生活必需品。此外，他还提议，只要威尔弗里德愿意，就让他管理相当大的一部分法兰西土地，把自己兄弟的一个女儿嫁给他，并永远把他看成自己的义子。但是，威尔弗里德在感谢达尔芬纳斯向仅是异乡之客的他所惠予的好意之后，回答说，他已下定决心走另外一种生活道路，正因为这样，他才背井离乡前往罗马。

主教听完他的话后，派了一个向导带他上路，并给他准备了大量的旅途上的必需品。他恳求他在归国途中别忘了住到他家里。不过，威尔弗里德到罗马后，总是按照自己最初下定的决心，日夜

① 伊德鲍尔德，伊恩弗莱德母亲的兄弟。

② 参阅《修道院长列传》。

③ 653年。

④ 安纳蒙杜斯(Annemundus)是里昂的大主教，达尔芬纳斯是他的兄弟。

专心祷告，思考着教会的事情。其间，他结识了一个非常博学的圣人，即助祭长兼教皇顾问博尼费斯。在他的指导下，他系统地学习了四卷福音书，掌握了复活节时间的正确推算方法。他还从这位导师的授课中学到了在自己的国家里无法学到的许多其他有利于教会教规的事情。他愉快地在那里学习了几个月后回到法兰西达尔芬纳斯处，与他共住三年，其后由他削发。达尔芬纳斯极其喜爱他，喜爱得甚至想要使他成为自己的继承人。但由于达尔芬纳斯被残杀，这个想法没有实现，而威尔弗里德却保存了性命，成了自己国家，即英吉利的主教。原来，王后鲍尔德希尔德[①]曾指派一群人去处死主教。当时，他的教士威尔弗里德不顾主教的反对跟随他到刑场，希望与他同死。但是，当刽子手知道他是异乡人，一个英吉利人时，就饶了他，不愿将他与他的主教一同处死。

于是威尔弗里德回到了不列颠，与国王阿尔奇弗里德[②]交上朋友。其时，阿尔奇弗里德已学会永远遵从和热爱普世的教会规则。由于他见到威尔弗里德属普世教会，就立刻把斯坦福[③]的一块十户住家大小的地送给他，过后不久又把里彭一个三十户住家大小的修道院送给他。那块地事实上是不久前国王送给遵循苏格兰习俗的那些人修建修道院用的。但后来，由于这些人在面临抉择时，宁可离开那里，也不愿意接受普世复活节和其他符合罗马和使徒教会做法的正统礼仪，因此国王就把它给了威尔弗里德：他发

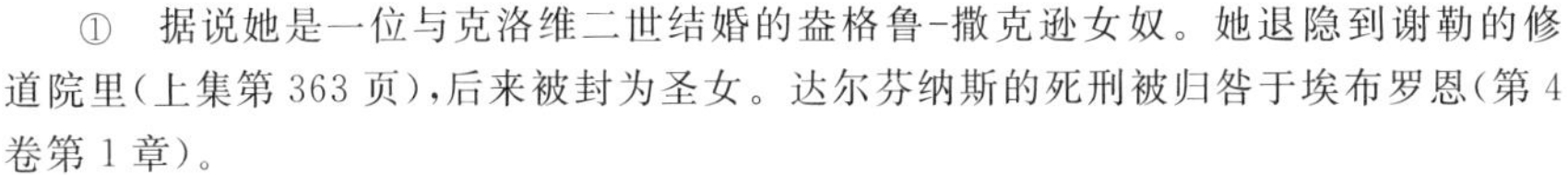

① 据说她是一位与克洛维二世结婚的盎格鲁-撒克逊女奴。她退隐到谢勒的修道院里（上集第363页），后来被封为圣女。达尔芬纳斯的死刑被归咎于埃布罗恩（第4卷第1章）。

② 德伊勒王。

③ 林肯郡或德文特河畔约克郡的斯坦福。

现威尔弗里德接受了更为规范的教规和习俗的教育。

这时候，上文提到的格维莎斯主教阿吉尔伯特奉上述国王命令在这座修道院里任命威尔弗里德为神父：国王希望这样一位博学和虔诚的人物应该明确地被授予神父职务，长期当他的宫廷导师。不久，在我们已述及的苏格兰派别被揭露和消除之后，国王接受父亲奥斯维劝告并征得他的同意派他去法兰西，请求任命他为自己的主教。当时，威尔弗里德三十岁左右，阿吉尔伯特正担任巴黎城主教[①]。阿吉尔伯特和其他十一个主教聚集在一起，极其隆重地为威尔弗里德举行授圣职仪式。不过，还在威尔弗里德逗留海外期间，奥斯维王命令授予神圣的查德（前已提及）约克教会主教的圣职[②]。查德卓越地治理了该教会三年，随即离开，去管理他的在拉斯廷厄姆的修道院，而威尔弗里德则成了整个诺森伯利亚地区的主教。

后来，在埃格弗里德王当政期间，他被解除了主教职务[③]，接替他被授主教圣职的是我们前面提到过的其他人[④]。他在乘船去罗马向教皇申诉的途中，被一股强烈的西风刮往弗里西亚[⑤]。当地的异族人及其国王奥尔德吉尔斯盛情地款待他，因此他向他们宣传基督，向他们中的成千上万人教授真理的福音，在救世主的圣水池中为他们洗涤罪恶的污垢。他第一个在那里开始福音传播工

① 阿吉尔伯特664年在惠特比（第3卷第7章），所以666年前不可能是巴黎的主教。布赖特，第190页。

② 第3卷第28章。

③ 参阅第4卷第12章。

④ 博萨和伊塔。

⑤ 《埃迪的生平》一书说，威尔弗里德计划去弗里西亚。在法兰西，埃布罗恩是他的敌人。

作，他所开拓的事业后来由最可敬的基督的主教威尔布罗德竭尽全力地完成了。威尔弗里德在那里与新的天主的臣民们愉快地度过了一个冬天，然后继续前往罗马。在教皇阿加塞和其他许多主教出席的情况下，他的案子经过了反复争论。最后，他们一致裁定，威尔弗里德是无辜被控的，他配得上当主教。

其间，教皇阿加塞在罗马召开了有一百二十五名主教参加的宗教会议，反对那些断言在我们救世主的身上只有一种意志和行为①的人。他并且命令召来威尔弗里德，向在场的主教声明他的信仰以及他所在的岛屿和地区的信仰。当人们发现他和他的同胞信奉普世信仰时，他们欣然把这件事写进上述会议的决议中。这件事是这样记载的："天主所宠爱的约克城主教威尔弗里德向罗马教会提出申诉，教会宣告他不曾犯有被正式指控和未被正式指控的罪状。他和一百二十五名主教一道坐在审判员席上，代表不列颠北部地区、爱尔兰以及居住着英吉利人、不列颠人、苏格兰人和皮克特人的诸岛屿申明真正的普世信仰并亲自署名确认这一点。"

此后，他回到不列颠②，使南撒克逊地区放弃偶像崇拜的礼仪，皈依了基督教③。他还向怀特岛派出了宣传福音的教牧人员。在埃格弗里德后任即奥尔德弗里德二年，国王亲自邀请他重新出任主教④。但五年后他再次受到指控，上述国王和一些主教解除了他的职务。他来到罗马，获准在指控人面前为自己辩护，由教皇

① 《一志论》，布赖特，第 220 页。

② 他被埃格弗里德囚禁九个月。释放后先去麦西亚，后去韦塞克斯，但均遭驱逐。

③ 第 4 卷第 13 章。

④ 由西奥多出面交涉。不过威尔弗里德管辖的区域比以前小了，因为卡思伯特是林迪斯凡的主教，继而在 687 年约翰又成为赫克瑟姆的主教。布赖特，第 362 页。

约翰和许多主教进行裁决。结果他们一致断定指控人在某种程度上有意捏造罪名。教皇写信给英吉利国王埃塞尔雷德和奥尔德弗里德，要求他们负责恢复威尔德弗里德的主教职务，因为他受到了不公正的责难。

威尔弗里德本人在罗马时，如前所述，与主教们一道参加了那次由已故教皇阿加塞召开的宗教会议。会议的教令，后来进行了宣读，使他得到进一步开释。按讼事规定，教皇吩咐把该会议的教令在贵族和许多人面前宣读一些日子。当读到"天主所宠爱的约克城主教威尔德弗里德向罗马教会提出申诉，教会宣告他不曾犯有被正式指控和未被正式指控的罪状"以及前面提到的那些内容时，听众惊愕，朗读者也停了下来。人们开始互相询问谁是威尔弗里德。教皇的顾问博尼费斯和许多其他在教皇阿加塞时代见过他的人回答说，他就是受到自己同胞的指控，不久前来罗马由教廷给予裁决的那个主教。他们说："他许久前因受到类似指控来过罗马。在仔细听取和审议了双方的诉讼和争议后，已故教皇阿加塞断定说，他被错误地剥夺了主教的职务。教皇十分尊重他，以致命令他作为一个信纯心正的人出席他正在召开的主教会议。"听完这些话后教皇和所有在场的人都说，绝不应该责难一个担任了近四十年主教的大权威，相反，他在从被指控的种种罪名中开释出来后应再次荣耀地重返自己国家。

在返回不列颠途中，威尔弗里德突然得病。他来到法兰西沿岸时，病情越来越重，虚弱得无法骑马，只好躺在担架上让仆人抬着。就这样，他被抬到了法兰西的莫城，在那里躺了四天四夜，如同死去一般，只有一丝非常微弱的呼吸表明他还活着。他就这样

不吃不喝持续了四天，既说不出又听不见。最后，在第五天天亮时刻，他坐了起来，如同从沉睡中醒来。他睁开眼睛，发现前面围着一大群兄弟在哭泣和歌唱。他微微叹了一口气，问神父阿卡在哪里。于是阿卡立即被叫了进来。他见到主教病势好转，能够开口说话，立即跪了下来，与所有在场的兄弟一道向天主表示感恩。他们坐了一会儿，十分敬畏地谈起上天的审判问题。接着，主教命其余人暂且退出一段时间，然后对阿卡神父这样说道："直到此刻，我面前还显现一个可怕的异象，现在我把它告诉你，你在天主决定如何处置我之前须保守秘密：我见到面前站着一个明显身着白衣的人，他说，他是天使长米加勒。'我被派到这里来，'他说，'是为了把你从死亡中召回：由于你的门徒和兄弟们的祷告和恸哭，又由于主的圣母玛利亚的代祷，主给予了你生命。因此我对你宣布，你将康复，但是必须做好准备，因为四年后我将再次来见你。不过，当你回到自己国家的时候，你将收回你损失的大部分财产，然后在宁静中结束自己的一生'。"主教就这样恢复了健康，大家都非常高兴，向天主表示了感恩。接着他继续上路回到了不列颠。

宣读了他带回的教皇的信件之后，大主教伯特沃尔德和一度担任国王而当时已是修道院院长[①]的埃塞尔雷德迅速地站到他一边。埃塞尔雷德叫来了由他安排接替他王位的森雷德与威尔弗里德见面，要他成为主教的朋友。森雷德同意了。但是诺森伯里亚王奥尔德弗里德却不屑接见威尔弗里德。不久，奥尔德弗里德去世。因此，就在他的儿子奥斯雷德执政期间，在不久前于尼德河畔召开的一次宗教会议上，双方经过了一番争论之后，威尔弗里德经与

① 巴德尼(Bardney)修道院院长。

会者一致同意，最后再次被接受为他的教会的主教[①]。所以，在四年时间里，即到他去世前为止，他一直过着平静的生活。他死在卡思鲍尔德院长管辖下的他自己的建在昂德尔地区的修道院里。他死后，他的兄弟们亲手把他抬到他的第一个人称里彭的修道院里，然后，如前已说明的那样，把他埋葬在圣彼得教堂里紧靠着南面祭台的地方。他的墓志铭写着：

“德行高尚的威尔弗里德主教在这
　　座坟墓里安息长住，
出于圣洁的爱，他将这座殿宇奉
　　献给他的主—基督；
人们将用彼得的神圣名字，将它
　　命名为圣彼得教堂，
万物的主宰—基督，已将上苍的
　　钥匙交托彼得藏放；
激情使主教用金子装饰殿宇，在
　　里边挂起紫色袍冠，
铸造了金光四射的十字架，并将
　　它高悬于祭台之上；
他的纪念品也在这里安放，一个
　　个大字闪耀着华光，
他将四部福音书依次摆列，好让
　　众人都能逐一瞻仰；
他还精制一方红金匣子，作为珍

① 赫克瑟姆教会而不是约克教会，因约翰被调至约克。

藏这些圣书的书囊，
隆重庄严的复活节时序，是他亲
手制定而成的遗产；
他遵循普世教的正统教规，才有
了这一成功的壮举，
教父们创立清规戒律，他使教规
精神得以发扬延续；
他为人们指明正道，扫除思想的
谬误与无端的疑虑，
在这座圣洁的屋宇，他曾聚集过
众多的修士和僧侣；
严守教父们立下的规矩，孜孜不
倦传播警世的教诲：
在国内，在海外，他几经劫难风
险，饱餐人间艰危；
蒙受无尽颠簸，长年累月过去，
他却虔诚笃行依旧，
他执忠主教职守，始终如一，无
愧那十五个春秋；
他虽长辞人世，但在天国却
分享着无穷的宏福，
基督保佑，他的羊群终将
随他获得自己的归宿。”

第二十章

阿尔宾纳斯继承了虔诚的哈德良院长；阿卡继承威尔弗里德任主教

上述教父去世后的第二年，即奥斯雷德王五年，已故主教西奥多传扬福音的同道，最可敬的教父、院长哈德良去世。他的遗体埋葬在他自己修道院内的天主之母的教堂里。这是他与西奥多一道受教皇维塔利安派遣后的第四十一年，然而是他们到达不列颠后第三十九年里的事。用来表明他和西奥多两人在学问和其他方面的证据是，继承他担任院长的他的门徒阿尔宾纳斯由于在学习《圣经》方面受到如此良好的教育，因而除了能很好地掌握希腊语外，还能像掌握本族语即英语那样掌握拉丁语。

然而，接替威尔弗里德担任赫克瑟姆教会主教的是威尔弗里德的神父阿卡[①]。无论在凡人还是在天主的心目中，阿卡都是一位富有勇气、行为高尚的人物。他也扩建了自己的教堂，把它奉献给圣徒安德烈，并用各种各样秀丽悦目的物品来装饰它：正如他目前还在继续做的那样，他努力从各处搜集圣徒和基督殉道者的遗物，以便分别建造起敬拜他们的祭台，而为此目的，他在教堂里专门建造了小教堂。此外，他不遗余力地搜集他们的受难史及其他教会著作，并建立了一个很有价值，规模颇大的图书室。他热心准备了圣餐杯、灯具及其他用于装饰天主殿堂的物品。他请来了一

① 731年他从这个教会被逐。他是比德的好友。

位名叫马班的，由已故教皇格雷戈里的门徒在肯特的继承人培养出来的高明乐师来教他和他的教士们奏唱，并留用他达十二年之久：这样，他不但能教会他们当时还不会唱的教堂音乐，而且还能恢复那些一度知名的由于长期使用或疏忽而走了样的歌曲的原貌。原来，主教阿卡本身不仅精通《圣经》，坚定信仰普世基督教，熟谙基督教教规，而且还是一位熟练的音乐师。他始终如一，直到他虔诚的忠贞得到酬报为止。这是因为，他从小就在天主所宠爱的约克主教、最神圣的博萨属下的教士们中抚养长大，接受他们的教育；此后，为了更大的收益，他投奔威尔弗里德主教，毕生为其服务，直至他去世为止。他还和威尔弗里德一同去过罗马，在那里学到了本国无法学习到的对神圣教会的各项宗教仪式很有助益的知识。

第二十一章

院长切奥尔弗里德派建筑工人去为皮克特人的国王建造教堂，同时还送给他一封有关普世复活节和削发式的信件

当时，住在不列颠北部沿海地区的皮克特人的国王奈顿[1]通过不断学习教会著作，放弃了他和他的国家曾一直坚持的在守复活节问题上的错误，与他的所有臣民一道守普世的主复活的时间。为了能更有权威，更容易地做到这一点，他求助于英吉利人。他知道，长期以来，英吉利人一直是以神圣的罗马和使徒教会为榜样来

① 即内奇坦(Nechtan)。

构设自己宗教的：他向坐落在威尔河河口、泰恩河附近在一个叫贾罗的地方的圣彼得-圣保罗修道院院长，可敬的切奥尔弗里德（他继承我们前面提到过的本尼狄克，极其荣耀地治理这个修道院）派去使节，希望从他那里接到劝告信，以便更有力地批驳那些胆敢不照正确时间守复活节的人，而且还希望了解作为教士标志的发型和削发仪式：他不认为自己对这些问题已经十分了解。此外，他还要求切奥尔弗里德给他派去上等工匠[①]，以罗马建筑风格在他国家里用石头建造一座教堂，并允诺奉献这座教堂以纪念神圣的使徒之首。他还表示，不懂得罗马语言、与罗马人远隔千山万水的他和他的人民将永远根据自己所能了解到的神圣罗马和使徒教会的习俗来遵从它。最可敬的院长切奥尔弗里德仔细地倾听了国王的诚挚的愿望和要求，不但照他的要求给他派去了工匠，而且还给他寄去了如下一封信[②]：

“院长切奥尔弗里德在主里向最杰出最荣耀的国王奈坦致意。

“您，笃信天主的国王曾虔诚热切地希望从我们这里了解庆祝神圣复活节的普世作法。我们已按照您的要求，十分愿意而迅速地根据教廷的教导，尽力向您说明。这是因为，我们深知，人间君王所全力学习、倡导和服从的真理乃是上天赐予神圣教会的礼物，而且还因为，这个世界上的一个作家曾无比正确地指出，如果君王们相信哲学，或哲学家们掌握了君权，那么这个世界就会被治理得十分合理[③]。如果这个世界上有人真正理解今世的哲学，对有关

① 参阅梅特兰的《欧洲中世纪》中的金匠，No. VI。

② 但似乎是比德所写。——普卢默

③ 柏拉图，《理想国》，473D。

今世的现状能够作出如此相宜的选择，那么作为天国臣民然而只是尘世上过客的人更应该加倍诚心地希望和祈求：世上权势越大的人越应该服从统治万物的审判官的命令，越应该以自己的榜样和权威教育他们治下的人民与他们一道服从审判官的命令。

"《圣经》中有三条规则为我们规定了庆祝复活节的时间，这三条是任何人都无权改变的。其中的两条规则是由天主在《摩西五经》中制定的，另一条是通过主的受难和复活补充在福音书里的：《摩西五经》规定，应在正月的第三星期，即正月十五至二十一这一段时间里守逾越节。在福音书外，使徒惯例还有如下补充：在这第三周，我们必须守候主日，在这一天庆祝复活节的开始。任何正确遵守这个三重规则的人都会毫无疑问地正确计算复活节时间。但是，如果您愿意更精辟更完整地了解每一个细节，您可以在《出埃及记》[1]里找到。里面规定，当以色列人被救出埃及的时候，必须守第一个逾越节，'主晓谕摩西、亚伦说"要以本月为正月，为一年之首。你们吩咐以色列全会众说，本月初十日，各人要按着父家取羊羔，一家一只。"'紧接着，它又写道，'要留到本月十四日，在黄昏的时候以色列全会众把羊羔宰了。'这些话清楚表明，在守逾越节的问题上，十四日是提到了，但是它并没有提到必须在这一天守逾越节，而只是说，当十四日晚终于来临时，即在第三星期的开端，亦即第十五日月亮出现在天空的时候，才能命令宰杀羊羔。很清楚，就是在这个出现十五月亮的晚上，埃及人被杀，以色列人从长期的奴役中被救赎。主说'你们要吃无酵饼七日'。[2]这些话同样规定，

① 《出埃及记》第 12 章第 1—3 节。

② 《出埃及记》第 12 章第 15—17 节。

正月里的整个第三星期都必须保持庄严。但是我们不应该认为，这七天是十四日至二十日。他接着补充说：‘头一日要把酵从你们各家中除去，因为从头一日起到第七日为止，凡吃有酵之饼的，必从以色列中剪除，’等等。最后他说：‘因为我正当这日把你们的军队从埃及地领出来。’

“他说他将在吃无酵饼的第一日把他们的军队领出埃及。但是很清楚，他们不是在宰杀羔羊的十四日晚，即被正确地称为逾越节的那一天被领出埃及，而是在十五日被领出埃及的：这一点很明确地写在《民数记》[1]里，‘正月十五日，就是逾越节的次日，以色列人从兰塞起行，在一切埃及人眼前，昂然无惧地出去。’由此可见，无酵节七天（在其中的头一天，主的臣民们被领出埃及），正如我说过的那样，应从第三周的头一天算起，即从正月十五算起，算至当月的二十一日为止。而且，十四日是被单独记在逾越节名下，不算在这七天内的，正如紧接着的在《出埃及记》[2]中所明确指出的那样。在说完了‘因为我正当这日把你们的军队从埃及地领出来’之后，他立即补充说：‘所以你们要守这日，作为世世代代永远的定例。从正月十四日晚上，直到二十一日晚上，你们要吃无酵饼。在你们各家中，七日之内不可有酵’：谁不明白，如果把十四日算在内，从十四日到二十一日就是八天而不是七天了。但是，如果我们从十四日晚算起，算至二十一日晚（正像认真研究了《圣经》之后所能得出的正确结论那样），我们就会看得很清楚，由于十四日晚是这样接着复活节开端的，所以整个神圣的庄严时期仅包括七天七

---

① 《民数记》第 33 章第 3 节。

② 《出埃及记》第 12 章第 17—19 节。

夜。因此，我们的决定证明是正确的：我们的决定是，应在一年正月中的第三周守复活节——它确实是在第三周里庆祝的，因为它在十四日晚开始，二十一日晚结束。

“但是，在我们逾越节的羔羊基督已经被杀献祭[①]，使得主日(古人称之为安息日后的一天或第一天)被确定为欢庆他复活的庄严的日子后，使徒们历来便是这样地把这个主日包括进复活节的：他们绝不在《律法书》中贬低或抹杀逾越节。相反，他们规定，根据《律法书》戒律，人们应该等待一年中的正月，等待该月中第十四日及该日晚。如果这一日碰巧是安息日，各人要从各自家中取出羊羔，在夜晚时把它宰杀。就是说，组成一个普世教会的世界各地的教会必须为了除去世人罪孽的纯洁羔羊的肉和血的奥秘备好酒和面包。在以适当的庄严仪式选读完《圣经》，做完祷告，举行了复活节仪式后，应该把这些东西奉献给主，以期获得赎救。因为，就是在这个晚上，羔羊的鲜血把以色列人救出埃及。也就是在这个晚上，由于基督的复活把天主所有的臣民救出永灭。但是在主日的黎明时刻，他们必须庆祝复活节的首日。因为在这一天，主仁慈地向他的门徒们显示了使他们感到万分欣慰的荣耀的复活。这就是《利未记》[②]中写明的无酵节的第一天：‘正月十四日黄昏的时候，是主的逾越节。这月十五日，是向主守的无酵节。你们要吃无酵饼七日。第一日当有圣会。’

“因此，如果有可能，正月十五，即第十五月亮日总是主日的话，那么我们就能与天主古代的臣民们在同一时刻庆祝复活节(虽

① 《哥林多前书》第5章第7节。

② 《利未记》第23章第5—7节。

然其内在意义有着本质的不同)，就像我们是怀着同一信仰来庆祝这一节日那样。然而，因为周日和月日并不平行，神圣的彼得在罗马所宣传的、他的翻译和福音传播者马可在亚历山德里亚所确认的使徒惯例规定，正月十四晚来临之后，我们必须等候当月十五至二十一日中的主日：不管这主日是其中的哪一天，必须在这一天守好复活节，因为它必定是人们奉命所守的无酵节七天中的一天。所以，我们的复活节[①]只能是正月的第三周，既不会是前一周，也不会是后一周。不过，它或是整周，即根据《律法书》所规定的无酵节的整整七天，或是其中的几天：即使它只是其中的一天，即《圣经》中所极力推举[②]的第七天，'第七日是圣会，什么劳碌的工都不可作'，任何人也不能责备我们，说我们本应该在《律法书》所规定的正月第三周守复活节主日而我们却没有做到(我们所守的复活节主日是以福音书为依据的)。

"由于天主教徒所坚持的这个守复活节的理由是明白无误的，因此，那些敢于无缘无故地打破《律法书》所规定的界限，提前或推后庆祝复活节的人所犯的错误是多么荒谬也是十分明显的：认为必须在正月十四至二十日期间守复活节的人毫无理由地把《律法书》所规定的复活节时间提前了，因为，尽管他们是在十三日晚开始进行神圣夜晚的祈祷的，他们似乎是把那一天定为复活节的第一天，而这一点在《摩西五经》的诫命中是找不到的。很明显，由于他们拒绝在正月二十一守主的复活节，因此，他们把《摩西五经》中多次力荐应该作为比其他所有节日都更为重大的节日来纪念的

① 即复活节周。

② 《利未记》第23章第8节。

那一天完全排除在他们的庄严仪式之外了。因此,他们是根据错误的规程来确定复活节节日的。有时候,他们的复活节在第二周就完全结束了,而第三周的第七天从来不会是复活节日。那些认为应该在经常提及的那个月的十六至二十二日这一段时间里守复活节的人也同样错误地背离了正确的道路,虽然他们是从另一方面来背离的:就像避免了在希拉岩礁的失事却沉船于卡里布迪斯的旋涡里似的。这是因为,由于他们倡导复活节应始于正月十六即始于十五日晚,所以,毫无疑问,他们完全把当月十四排除在庄严仪式之外了,而这一天正是《律法书》首先推举要庆祝的。因此,他们很少谈及十五日晚:正是在这天晚上,天主的臣民们被从埃及的奴役中拯救了出来,正是在这天晚上,主用自己的鲜血把世界从黑暗的罪恶中拯救了出来,也正是在这一天晚上,他被埋葬了,从而给我们带来了死后得享有福的安宁的希望。

"同样的那些人,当他们把主的复活节定在二月二十二日的时候,也该由于他们错误受责罚。无论如何,他们公开践踏和违反了《律法书》所规定的复活节界限,因为他们从那天晚上开始复活节(根据《摩西五经》,他们当在这天晚上清理和结束复活节),把那天定为复活节的第一天,而这一天,即第四周的第一天,在《律法书》中根本没有提到。这两种人不仅在确定和推算月日,而且有时在确定哪一月是正月方面都是受蒙蔽的。这封信所能包含和应该包含的内容无法全面涉及有关这个问题的争论。我在此只谈一点:人们只要知道春天里昼夜平分时刻,便可以根据阴历,准确地推算出哪一月应为正月,哪一月应为最后一月。根据所有东方人,特别是根据在计算方面领先于所有其他导师的埃及人的意见,

昼夜平分的时刻通常出现在四月一日前第十二天。这一点我们也可以通过观察计时的方法来证明。昼夜平分时刻前出现的月圆日子即十四或十五日，属于旧年的最后一个月，因而不宜守复活节。但是，我们必须知道，古人无疑习惯于在昼夜平分时刻出现的或过后出现的月圆时刻（由于是正月的月圆），守逾越节，而我们则应在这一月圆后的主日守复活节。《创世记》中所说的理由毫无疑问进一步说明了，情况必须是如此[①]：'天主造了两个大光体，大的管昼，小的管夜，'或另有一种翻译[②]，'较大的光体升起时为昼，较小的光体升起时为夜。'因此，首先，从正东升起的太阳确定了春天昼夜平分的时间。接着，在太阳落山的傍晚时刻，圆月也从正东升起开始了自己的行程。故必须按同样的规程观测每年的阴历正月：正月的月圆时刻不像初时所断定的那样在昼夜平分时刻之前，而在昼夜平分的那一天或其后的日子。但是，如果月圆出现在昼夜平分时的仅仅前一天，上述的理由证明，不能把这个时间归属于新年的正月，而应把它归属于旧年的最后一个月。出于这一点考虑，不宜在这个日子里庆祝复活节。

"也许您还想了解一下我们奉命在正月即称为'新生的一月'里守复活节的神秘理由。由于我们是怀着灵魂得到重生热心天上的事的感情来庆祝主的复活以及我们被拯救的奥秘，所以我们奉命在这个月的第三周庆祝这件事，理由是，根据《摩西五经》约定，基督本身是在世界第三日为了我们而仁慈地作为逾越节献祭之羔羊。由于他在受难献身后的第三天复活，他要把这一天称为主日，

① 《创世记》第1章第16节。

② 旧拉丁文版。

并要我们每年在那一日庆祝他从死亡中复活的复活节：因为，如果我们怀着信、望和爱努力和他一道逾越，即越过这个世界通往圣父的话，那么，我们也只有以这种方式才能真正守他的这个庄严的节日。春天昼夜平分时过后，我们奉命守候复活节月的月圆：首先，太阳使昼比夜长，接着，月亮渐渐地向世界露出它光亮的全部圆面。这是因为，首先'必有公义的日头出现，其光线有医治之能[①]'，就是说，主耶稣以自己复活的胜利战胜了全部的死亡的黑暗，在升上天堂之后，向下派出圣灵，以内在的恩惠的光华照满他通常以月亮名字为象征的教会。我们被拯救的先后顺序，先知显然见到了，他说：'头阳升起，月亮停在她的居所。'[②]

"所以，那些坚持认为复活节圆月可以在昼夜平分时之前出现的人在庆祝最伟大的奥秘的问题上违背了《圣经》的教导。这些人跟相信没有基督恩惠的引领也会被拯救的那些人[③]持同样立场：那些人胆敢鼓吹，虽然真正的灵光从来未以死亡和复活驱走世上的黑暗，人们仍然可以有完美的公义。因此，可以下结论说，在春风的太阳升起，以及紧跟其后的正月月圆之后，即当月十四这一日完全过去之后（根据《摩西五经》，我们必须遵循这一切），我们仍要在第三周（根据福音书的告诫）守候主日的到来，最后庆祝我们神圣的复活节日。我们以此表明，我们不和古人一道庆祝摆脱埃及人的奴役，而是怀着忠贞的信和爱庆祝整个世界的得到救赎。这种救赎在拯救天主古代的臣民的过程中给予预示，而在基督复活

① 《玛拉基书》第4章第2节。
② 《哈巴谷书》第3章第11节，根据旧拉丁文版。——普卢默
③ 贝拉基派。

时全部完成。这样,我们可以表明,我们也对自己必定复活的希望感到欣喜——我们相信我们将在同一主日里复活。

“我们向您说明的这个必须采用的复活节的算法以十九年为一周期。这种算法,如前所述,早在使徒时代就被教会,特别是被罗马和埃及所遵守。不过,由于优西比乌(他的外号来自神圣的殉道者帕姆菲路斯)的努力,这种算法已更趋规程化。由于可以有规则地推算出哪一天是阴历十四,原先由亚历山德里亚教皇通过各教会送去的规定可以轻易地为所有人所理解。根据西奥多修斯的要求,亚历山大的主教西奥菲勒斯促使这种复活节的推算法使用了一百年。他的继承人西里尔也同样制定了每十九年为一周期跨九十五年的五个推算表。西里尔以后的迪克尼修斯·埃克西古斯也以类似的方式和规程另加九十五年,甚至一直持续到我们这个时代。现在,这些推算表已经快要过时,但是,我们现有众多计算家,甚至在不列颠的各教会也有许多人能够运用他们所记忆的埃及人的旧定律轻而易举地推算出复活节的周期,要算多远就算多远。如果他们愿意,他们甚至可以推算五百三十二年之久。这些年之后,太阳与月亮,月与周之间的关系将会出现跟以前同样的周期性的反复。然而,有鉴于此,我们不给您送去上述未来的周期时间表:您仅要求我们告诉您有关复活节时间的理由,这说明您已经掌握了足够的那一类普世复活节周期表。

“但是,在按照您的要求简明扼要地说明了这些有关复活节的事情后,我劝您也应该准备削发。这是教会认为与基督教相适应而予以接受的仪式。有关这一点,您也希望我写信给您。确实,我们知道,使徒们不是按照同一格式削发,而普世教会尽管对天主抱

有相同的信、望和爱，也未在世界上采用同一种削发形式。简而言之，让我们回顾一下我们以前的时代，即祖先们的时代。约伯这个忍耐的典范，在灾祸降临到头上的时候剃了头[①]，但是到幸运之时他表明习惯于留头发。可是约瑟这位同样真正杰出的节制、谦恭、虔诚和其他所有美德的导师和实践者据说是在出监时剃头[②]。因此很清楚，他在被监禁时通常没有削发。请看，这两位属神的人虽然内心同样充满德行的恩惠，而外表风格却如此不同。

“但是，虽然我可以大胆声称，削发式不同并不损害那些对天主有纯洁信仰、对邻人有真诚博爱的人，特别是因为，我们从未读过普世教父之间在削发问题上，像在复活节问题上或信义问题上那样，有过什么分歧，然而我可以正确地说，在罗马教会以及一般人的各种各样的削发式中，没有一种能够比那个人头上的发式更值得我们仿效和采用。主在那个人承认他是基督时，对那个人说[③]：‘你是彼得，我要把我的教会建造在这磐石山上。阴间的门不能胜过它。我要把天国的钥匙给你。’我还相信，在各种各样的削发式中，没有一种能够比另外一个人的发式更可怕，更值得信徒的鄙视了。当这个人想收买圣灵的恩惠时，上述的那位彼得对他说[④]：‘愿你的银子和你一同灭亡罢。因你以为天主的恩赐是可以用钱买的。你在这道上，无分无关。’确实，我们把头发削成冠冕形不只是因为彼得削成这种模样[⑤]，还因为彼得这样削发是为了纪念

① 《约伯记》第1章第20节。

② 《创世记》第41章第14节。

③ 《马太福音》第16章第18、19节。

④ 《使徒行传》第8章第20、21节。

⑤ 冠冕形削发式始于五世纪晚期，较热心采用这一发式的人把与之竞争的发式归咎于西门·马古斯(Simon Magus)。布赖特，第84页。

主的受难。所以，同样希望通过这一受难而被拯救的我们也在自己的头上，即在身体的最高部分跟主一样带上同样受难的标记：由于全教会（因为主之死使之成为一个教会并赋予它生命）都习惯在胸前佩戴他的神圣的十字架以便在它不断保护下免受魔鬼的危害，并在它的告诫之下懂得肉体及其所有罪恶和欲念应该钉在十字架上，所以，他们这些为了主而被要求以节制的绳索加倍约束自己的或起誓成为修士或担任教职的教士也应该像主在受难时在自己头上戴上荆棘冠以便能够带上我们罪恶的荆棘和蒺藜（即带走并去掉我们的罪恶）那样，通过削发，在各自的头上留下冠冕式的发型。这样，他们甚至还能以自己的空缺的头部表明，他们甚至乐意为主承受讥笑和各种各样的侮辱：他们可以以此证明，他们追求的是永恒生命的冠冕，这是天主许诺给那些爱他之人的，而为了获得这冠冕，他们不顾世上的任何祸福。至于其他的，据说是魔术师西门所使用的那种发式，我要问，哪一个基督徒看见后不会感到惊愕，不会正确地把它与他的魔术一道唾弃呢？这种发式的最外面部分看起来确实像冠冕，然而，一旦你走近观察它的后部，你就会发现那种看起来冠冕似的发式原来根本就不是冠冕式的。因此，我们完全可以认为，这样的一种发式不适合于基督徒，只适合于西门他们。今生中，在那些糊涂的人看来，西门他们确配得上永恒冠冕的荣耀，然而在来世中他们不仅无望得到冠冕，而且（更严重地）会受到永罚。

“然而，我并不想使您认为，我如此详尽地谈论这个问题，好像我是认为如此削发的人，即使在信仰和行为方面都自愿与普世宗教保持统一，也该受到责难。不，我不这样认为。我可以大胆地肯定：他们中的许多人是神圣的，是配得上天主的。亚当南院长，哥伦巴信徒中的一位杰出神父，就是其中一个这样的人。有一次，他受本国派遣来见奥尔德弗里德王，他的言行、举止处处表明他出奇地聪明、谦恭和虔诚。他还同时表达了要拜访我们修道院的愿望。与他谈话间[①]，我说：'请问兄弟，既然您相信您在走向无边的生命的冠冕，为什么您头上削得是与您信仰不相容的有边的冠式发型呢？如果您想成为圣彼得的同事，为什么您要采用彼得所鄙视和责骂过的那个人的削发式呢？为什么甚至至今您还不表明您是尽心热爱您希望与之一道过永恒快乐生活的那个人的发式呢？'‘请您一定记住，我亲爱的兄弟，’他回答说，‘虽然我遵从我国的习惯采用西门削发式，但我从心底里极度憎恶和反对他的不信从。我尽我的微弱的能力所追求的是寸步不离地紧跟最神圣的使徒之首。’对此，我回答说：‘我相信这确是真的。但是，如果您在外表保持您知道是使徒彼得的风格，那么您就证明，在您的秘密心底里，您相信他的一切。因为我认为，凭您的聪明，您可以毫不费劲地认识到，把您的面容（现已奉献给天主）和他的面容区别开来（您从心底里极度憎恶他，讨厌见到他可怕的面部）。另一方面，由于您愿意仿效和听从您希望能作为您在天主面前辩护者的那个人，所以您模仿他的外部风格似乎是合适的。’

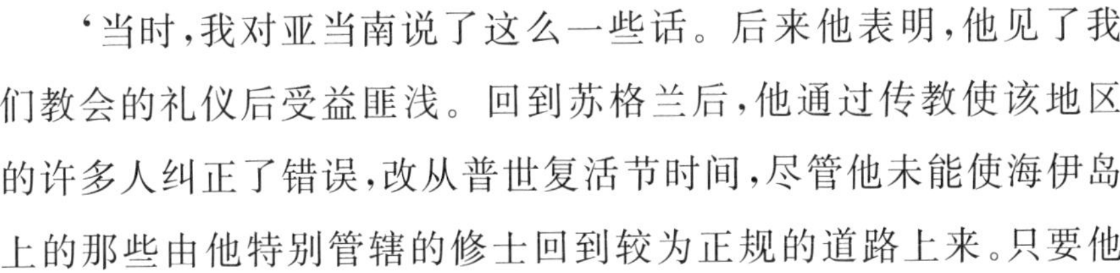

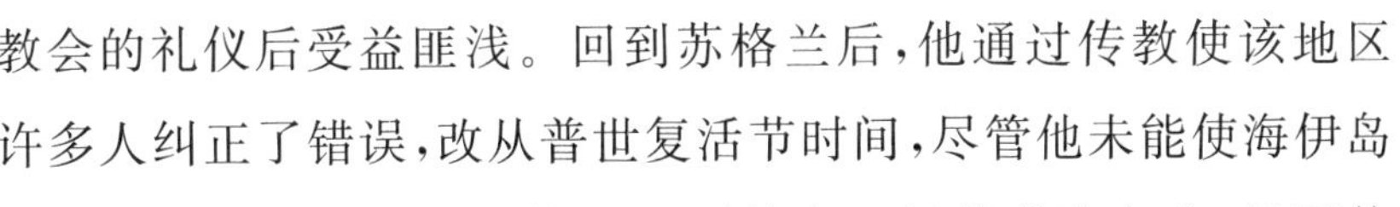

‘当时，我对亚当南说了这么一些话。后来他表明，他见了我们教会的礼仪后受益匪浅。回到苏格兰后，他通过传教使该地区的许多人纠正了错误，改从普世复活节时间，尽管他未能使海伊岛上的那些由他特别管辖的修士回到较为正规的道路上来。只要他

① 参见上集第342页。（可能指下集第281页。——译者）

当时的权力够大，他也会考虑去纠正那种削发式的。

“此外，我还要劝告您，我的国王陛下，您应竭力明智地与万王之王，万主之主授权您治理的国家一道，在所有问题上，遵守那些与普世使徒教会的统一相适应的规则。因为，在您统治了现世的王国之后，最神圣的使徒之首将亲自向您，您的臣民以及神的其他选民敞开天国之门。亲爱的基督里的儿子，愿永世的君王的恩惠保佑您，为了我们大家的安宁，使您治运长久。”

这封信在国王奈顿和许多有学问的人的面前进行宣读，并由能够理解这封信的人仔细翻译成国王的本族语。据说，国王听后，对信中的忠告感到十分高兴，高兴地从坐在他周围的显贵们之间站立起来，双膝跪下，为自己被惠予这样一份来自英吉利的礼物向神表示感恩。“真的”，他说，“以前我也知道这是庆祝复活节的正确作法，但现在，我才如此清楚地知道守这个时间的理由。这使我想到，过去我对这些事情懂得太少了。我要因此向在座的各位公开郑重宣布，从今以后，我将永远和我的人民一道守这个复活节时间。我命令在我王国里的所有教士都采用在我听起来十分合理的削发式。”他毫不迟疑地以君王的权威履行他所说的这些话：复活节的十九年周期表被很快地送到皮克特人的各地去复制、学习和贯彻；错误的八十四年周期表在各地被全部取消；所有的祭台前帮忙的仆人和修士都削冠冕式发型。这个国家在实行了很好的变革之后，举国欢欣，因为可以说，他们变成了最神圣的使徒之首彼得的新的门徒，并将在他的庇护[①]下平安生活。

① 作为主保圣人。——普卢默

第二十二章

海伊岛上的修士及其管辖下的修道院，经埃格伯特传教，开始守正统复活节

此后不久，居住在海伊岛上的苏格兰修士及其管辖下的那些修道院，在主的关怀下，开始守正统的复活节习俗和削发式：主历716年[1]，即奥斯雷德被杀、森雷德接受诺森伯里亚王位的那一年，天主所深爱的，我多次提到并再次荣耀地提到的教父和神父[2]埃格伯特从爱尔兰来到他们之间，受到他们热情而隆重的接待。他是一个特别谦和的导师，对于自己所倡导的一切又能竭力实践，因此人人都乐意听他的话。他的经常而虔诚的宣传终于改变了他们的教父在旧时所建立的传统，而对于他们的教父，我们可以用得上使徒说的话[3]，他们对天主有热心，但不是按着真知识。他教导他们依照普世通行的使徒的样子把头发削成无缺口的冠冕式[4]，以保持头部尊严。这些显然是仁慈的上天所作的奇妙安排：由于这个民族自由地不怀嫉妒之心地大胆与英吉利人交流有关天主的知识，因此，此后通过英吉利人的帮助他们也会掌握自己先前所缺乏的在某些方面的完美的生活原则。相反，不向英吉利人吐露他们所具有的基督教知识的不列颠人在英吉利人相信并全面接受了普世

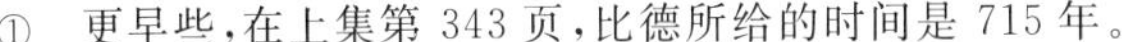

① 更早些，在上集第343页，比德所给的时间是715年。

② 或主教。

③ 《罗马书》第10章第2节。

④ 冠冕形发式。

信仰规则的教育的时候，仍然坚持其根深蒂固的错误，偏离正轨，不削冠冕形发式，在基督教会里独行其是地举行基督的神圣仪式。

海伊岛的修士们在邓卡德院长时期，即在他们派艾丹主教去英吉利传教后约八十年，经埃格伯特教导，接受了普世的生活习俗。此外，埃格伯特这位属主的人可以说是以一种新的闪光的恩惠——使它加入教会，给教会带来安宁——在上述他奉献给基督的岛上留居了十三年。主历 729 年（这一年，是在 4 月 24 日守复活节的），就在他举行了纪念我主复活的神圣的弥撒仪式之后，他自己也于当日离世去见主。就这样，他不再享受他与那些在他促使下皈依于统一恩惠的兄弟们所共同开始享受的那个最高节日的欢乐，而与主、使徒们和其他所有天国臣民们同在了，或者应该说，他开始永远不停地庆祝那个最高节日了。此外，在这里，天主安排的佑助十分奇妙：这位可敬的人是在复活节离开此世去见圣父的，而过去这个地方从来不在这一天庆祝复活节[①]。兄弟们因此为了自己终于懂得确切的普世复活节时间而感到欣喜，为曾经使他们走上正路的教父到主那里充当他们的庇护人而感到高兴，而他也感到快乐，因他守在肉体里这么久，直至见到了他的会众和他一道接受和遵守他们过去一直廻避的这一复活节日。这位最可敬的神父在确信他们已经悔改之后，欢欢喜喜地仰望主的日子：既看见了就快乐[②]。

① 凯尔特人以前一直拒绝在 4 月 21 日之后庆祝复活节。

② 《约翰福音》第 8 章第 56 节。

第二十三章

英吉利，或整个不列颠现时的状况

主历725年，即继承森雷德的诺森伯利亚王奥斯里克七年的4月23日，埃格伯特的儿子、肯特王威特雷德去世，留下了三个儿子，即他统治了三十四年半的王国继承人：埃塞尔伯特、伊德伯特和阿尔里克。次年，罗切斯特教会的主教托拜厄斯去世。如前所述，托拜厄斯无疑是一位学识渊博的人物，因为，他是两位已故大师即大主教西奥多和院长哈德良的门徒。正因为这样，他才像我们所说过的那样，除了熟悉各种教会和普通文献外，还像通晓本族语那样，不但精通拉丁语，而且还精通希腊语。他被埋葬在圣徒保罗的小教堂里。这座小教堂是他在圣安德烈教堂里为自己建造的墓地。继任他担任主教的奥尔德伍尔夫，由大主教伯特沃尔德举行授圣职仪式。

主历729年，太阳附近出现两颗彗星，使目击者大为吃惊：其中一颗出现在太阳升起之前的凌晨，另一颗出现在太阳落山后的夜晚，这两颗星似乎预示着不仅在西方而且在东方都将出现可怕的毁灭性灾难。或者，如果你愿意说的话，一颗预报白天的来临，另一颗预报夜晚的到来，表明不管是白天还是黑夜，灾难总在人们的头上盘旋。此外，它们朝北拖着一条火焰，好像随时要放火燃烧一切似的。它们在二月份出现，持续约两周时间。当时，撒拉逊人就像痛苦的瘟疫可鄙地摧残、蹂躏了法兰西。过后不久，他们自己也

由于不信而在那个国家受到公正的报应[①]。这一年，如前所述，神圣的属主的人埃格伯特在复活节这一天去见主。不久，在复活节刚过后的5月9日，诺森伯利亚的国王奥斯里克离世。死前，他任命他的前任森雷德王的兄弟切奥尔乌尔夫作为他统治了十一年之久的王国的继承人。在切奥尔乌尔夫执政初期及他执政的整个过程中，充满了这么多的严重的持续的骚扰，使得我们尚不知道就这些骚扰写些什么，它们各自的结局又是怎样[②]。

主历731年，大主教伯特沃尔德由于年迈而衰竭，在担任了他的职务三十七年六个月又十四天之后于1月13日[③]去世。同年，原布留敦修道院神父、来自麦西亚地区的塔特温接替他担任大主教。而且，他是于6月10日主日这一天在坎特伯雷城由可敬的温切斯特主教丹尼尔、伦敦主教英格沃尔德、利奇菲尔德主教奥尔德温以及罗切斯特主教奥尔德伍尔夫举行授圣职仪式的。他以虔诚、明智著称并通晓《圣经》。

所以在目前，塔特温和奥尔德伍尔夫是肯特诸教会的主教，英格沃尔德是东撒克逊地区的主教，奥尔德伯特和哈杜拉克是东英吉利地区的主教[④]，丹尼尔和福瑟尔是西撒克逊地区的主教，奥尔德温是麦西亚地区主教，沃尔斯托德[⑤]是居住在塞文河西部那边的那些人民的主教，威尔弗里德[⑥]是维卡斯地区的主教，辛尼伯

① 732年查尔·马特(Charles Martel)在图尔战役中击败撒拉逊人，比德肯定是在731年完成这部《历史》后加上这句话的。

② 731年切奥尔乌尔夫被擒，接着被削发，后来又恢复了王位。

③ 根据罗马历，他去世的时间是1月9日。

④ 邓尼奇和埃尔姆汉的主教。

⑤ 赫里福德的主教。

⑥ 有别于约克的威尔弗里德二世，见下。

特[1]是林迪斯法拉斯地区的主教。怀特岛的主教职权由温切斯特城的主教丹尼尔行使。至今有几年没有主教的南撒克逊地区求于西撒克逊地区的主教行使主教职权。所有这些地区,以及远至亨伯河的南部其他各地区及其各自的国王都在麦西亚王埃塞尔鲍尔德[2]管辖之下。

但是,在以切奥尔乌尔夫为王的诺森伯利亚地区有四人担任主教职务:威尔弗里德[3]任约克教会主教,埃塞尔沃尔德是林迪斯凡教会的主教,阿卡[4]是赫克瑟姆教会主教,佩塞尔姆是怀特恩教会主教——因怀特恩的基督徒人数剧增,该地区也已被辟为教区,佩塞尔姆被任命为它的第一任主教。

此外,皮克特人目前和英吉利人和平相处,并为能与普世教会保持和睦,能与之一样相信同一真理感到欣喜。住在不列颠的苏格兰人也满足于守住自己的边界,对英吉利人不图谋不轨。不列颠人,虽然主要由于私怨而对英吉利人不满并以错误和卑劣的做法抵制整个普世教会规定的复活节,但是,由于上天和凡人的力量足以遏制他们,所以他们无法达到上述的两个目的:他们虽然在一些土地上有统治权,但在许多土地上却被英吉利人统治。

由于出现了令人愉快的和睦与安宁的景象[5],许多诺森伯利亚人,包括贵族和平民,都刀枪入库,急于使自己和自己的子女削发并起誓成为修士而不愿再从事征战了。这种习惯会造成什么结

① 林赛的主教。

② 他不算盎格鲁-撒克逊诸王的盟主之一,第二卷第5章。

③ 威尔弗里德二世。

④ 于731年被解除主教职务。

⑤ 当时无外敌却有内患。

果，下一代将能看出来。

这就是英吉利人来到不列颠后大约第二百八十五年，然而是主历731年不列颠的整个状况。让人间在主的永恒欢欣雀跃；由于不列颠有信仰天主的欢乐，让众海岛感到欣喜并为缅怀神圣的主而唱起赞美诗吧！

第二十四章

按年代顺序扼要重述整部著作中的大事；有关作者本身的概况

然而，为方便记忆起见，我以为扼要总结一下已经作了较为详尽叙述的各个不同时期的事件是适宜的。

主降生前60年，盖乌斯·尤利乌斯·恺撒作为第一个罗马人以武力进攻不列颠并打了胜仗，然而，他并不能获取这个王国。

主历46年，克劳迪乌斯作为第二个罗马人来到不列颠，征服了岛上的大部，并把奥克足群岛纳入罗马帝国的版图。

主历167年，埃路塞成为罗马教皇，他极为荣耀地统治了教会十五年。不列颠王卢修斯写了一封信给他，要求成为基督徒。他的这一要求得到了满足。

主历189年，塞维路斯成为皇帝，此后统治了十七年。他建造了一条接连两个海岸，围绕不列颠的土堤。

主历381年，在不列颠成为皇帝的马克西姆斯跨海进入高卢，杀死格拉齐安。

主历 400 年，罗马被哥特人攻占，从此结束了罗马人在不列颠的统治。

主历 430 年，教皇塞莱斯丁派遣帕拉迪乌斯到信奉基督的苏格兰人中间任他们第一个主教。

主历 449 年，马西安和瓦伦泰尼安同时成为皇帝，共治七年。其间，英吉利人应不列颠人的要求来到不列颠。

主历 538 年 2 月 16 日出现日食，从第一时辰持续到第三时辰。

主历 540 年 6 月 20 日出现日食。天上的星星在第三时辰出现，持续了差不多半个时辰之久。

主历 547 年，艾达执政，开创了诺森伯里亚王朝，继而统治了十二年。

主历 565 年，哥伦巴神父从苏格兰到不列颠教导皮克特人，并在海伊岛建造了一座修道院。

主历 596 年，教皇格雷戈里派遣奥古斯丁和一些修士到不列颠，向英吉利人传播《圣经》福音。

主历 597 年，上面述及的那位导师到达不列颠。这是英吉利人到达不列颠后第一百五十年的事。

主历601年，教皇格雷戈里给已经在不列颠成为主教的奥古斯丁送去披肩，并给他派去包括波莱纳斯在内的更多的福音传播者。

主历 603 年，在德格沙斯坦发生一场战斗。

主历 604 年，东撒克逊人接受基督教，当时萨伯特为国王，梅利图斯为主教。

主历 605 年，格雷戈里去世。

主历 616 年，肯特王埃塞尔伯特去世。

主历 625 年，波莱纳斯由大主教贾斯图斯任命为诺森伯利亚主教

主历 626 年，爱德文王的女儿伊恩弗莱德和另外十二人于圣灵降临节前夕接受洗礼。

主历 627 年，爱德文王及其王国人民于复活节接受洗礼。

主历 633 年，波莱纳斯在爱德文王被杀后回到肯特。

主历 640 年，肯特王伊德鲍尔德去世。

主历 642 年，奥斯瓦尔德王被杀。

主历 644 年，一度是约克城主教当时是罗切斯特城主教的波莱纳斯去见主。

主历 651 年，奥斯温王被杀，艾丹主教去世。

主历 653 年，皮达王治下的中英吉利人接受了基督教奥秘的教育。

主历 655 年，彭达被杀，麦西牙人成为基督教徒。

主历 644 年，出现日食。肯特王厄康伯特去世。科尔曼和苏格兰人回到自己人民之中。发生一场大瘟疫。查德和威尔弗里德成为诺森伯利亚大主教。

主历 668 年，西奥多被任命为主教。

主历 670 年，诺森伯里亚王奥斯维去世。

主历 673 年，肯特王埃格伯特去世。在赫特福德举行了有国王埃格弗里德参加、由大主教西奥多主持的宗教会议。这次会起了很大作用，定出了十条教规。

主历 675 年，统治了十七年的麦西亚王伍尔夫希尔去世，把王

位留给他的兄弟埃塞尔雷德。

主历 676 年，埃塞尔雷德蹂躏了肯特。

主历 678 年，出现一颗彗星；主教威尔弗里德被埃格弗里德王革职，博萨、伊塔和伊德赫德被授主教职接替他。

主历 679 年，阿尔夫温被杀。

主历 680 年，在希思菲尔德平原召开一次由西奥多主持的有关普世信仰的宗教会议，出席会议的有来自罗马的修道院院长约翰。同年，惠特比女修道院院长希尔德去世。

主历 685 年，诺森伯里亚王埃格弗里德被杀。同年，肯特王洛西尔去世。

主历 688 年，西撒克逊王卡德沃尔德从不列颠去罗马。

主历 690 年，大主教西奥多去世。

主历 697 年，奥斯思里思王后被自己的一些贵族，即麦西亚的贵族谋害。

主历 698 年，诺森伯里亚王的将领伯特雷德被皮克特人杀害。

主历 704 年，统治了麦西亚王国三十一年的埃塞尔雷德王成为修士，把王国交给森雷德。

主历 705 年，诺森伯利亚王奥尔德弗里德去世。

主历 709 年，麦西亚王森雷德执政五年后赴罗马。

主历 711 年，地方官伯特弗里思与皮克特人之间爆发了一场战斗。

主历 716 年，诺森伯里亚王奥斯雷德被杀，麦西亚王切奥尔雷德去世。海伊岛的修士在埃格伯特这位属主的人的引导下，开始守普世复活节并采用正确的教会削发式。

主历725年，肯特王威特雷德去世。

主历729年，出现彗星，神圣的埃格伯特去世。同年，奥斯里克去世。

主历731年，大主教伯特沃尔德去世。同年，即麦西亚王埃塞尔鲍尔德十五年，塔特温被授予坎特伯雷教会第九任大主教圣职。

以上这些是我从先人的著作中学到的、从长者口中听到的、本人所知道的有关不列颠，特别是英吉利的教会史资料，在主的帮助下，由我、比德、基督的仆人、韦穆和贾罗的圣彼得-圣保罗修道院的神父，编撰成书。

我出生于该修道院的所在地，七岁时由我的亲属托付给最可敬的院长本尼狄克抚养，后又转到切奥尔弗里德手中。此后，我的一生都在该修道院里度过，致力于《圣经》的研究。我在遵守教规，坚持每日在教堂所进行的唱诗之余，一直把学习、教授和写作当作自己的乐趣。

此外，我在十九岁时成为助祭，三十岁时成为神父。这两个职务都是在我的院长切奥尔弗里德命令下由最可敬的主教约翰授予我的。

从担任神父起至五十九岁止，我都一直在为自己也为我的兄弟们的需要专心攻读《圣经》，简要地记录和搜集可敬的教父们所写的作品。此外，我还用说明释义的方式写了如下著作：

论《创世记》初，至以撒的出生和以实玛利被逐，四卷。

有关会幕、圣杯和神父的圣衣，三卷。

论《撒母耳记上》，即至扫罗之死为止，三卷。

关于圣殿的建造、寓言评注及其他，两卷。

还有论《列王纪》,三十个问题。

《论〈所罗门箴言〉》,三卷。

《论〈雅歌〉》,七卷。

论《以赛亚书》、《但以理书》、《十二小先知书》、《耶利米书》的一部分以及神圣的哲罗姆的论文中选摘出来的部分章节。

《论〈以斯拉记〉〈尼西米记〉》,三卷。

《论〈哈巴谷书〉》,一卷。

论《多俾亚传》,一本有关基督及其教会的寓言评注书。类似的还有有关《摩西五经》、《约书亚记》、《士师记》的论文章节。

论《列王纪》和《历代志》。

论《约伯记》。

论《箴言篇》、《传道书》和《雅歌》。

论先知以赛亚、以斯拉和尼希米。

《论〈马可福音〉》,四卷。

《论〈路加福音〉》,六卷。

有关福音书的讲道集,两卷。

圣奥古斯丁著作中说明使徒的材料,我都仔细地按顺序列出。

《论〈使徒行传〉》,两卷。

《论七封大书信》,每封一卷。

《论圣约翰的〈启示录〉》,三卷。

类似的还有关于《新约全书》中除《福音书》外的各章。

类似的一本写给不同人的书信集。其中一封有关世界六日,一封有关以色列子民们的滞留地,一封有关以赛亚的话:“(他们)并要囚在监牢里,多日之后便被讨罪。”一封有关闰年的原因,一封

有关阿纳托里乌斯提出的昼夜平分问题。

还有圣人列传；我把波莱纳斯写的有关忏悔者圣费利克斯的生平和遇难的一本韵文译成散文。

圣阿纳斯塔修斯的生平和受难一书从希腊文滥译过来，经某些劣手修改为更为拙劣。我已尽我所能地照原意修改。

我先是以英雄诗体，后以散文形式写了《神圣的教父卡思伯特的生平》一书，卡思伯特既是主教又是修士。

这座修道院——我愉快地在此事奉仁慈的天主——的院长史包括了本尼狄克、切奥尔弗里德、瓦特伯特的事迹，两卷。

我们这一岛屿和国家的《教会史》，五卷。

有关殉道圣徒诞辰的殉道者列传。在这本书中我尽力列出我所知道的殉道圣徒，不仅记载了他们在哪一天，而且记载了他们怎样斗争以及在谁的审判下战胜了世界。

一本用不同韵律写成的《赞美诗集》。

一本用英雄诗体即哀歌体写成的《警句集》。

论事物的本质，论时令；一个专题一卷。

另一本类似的论时令的较大部著作。

一本按字母顺序排列的《拼字法》。

一本《诗歌艺术》，后面另附一本《修辞与比喻》，这是一本讨论隐含在《圣经》里的修辞表达法的书。

我祈求你，仁慈的耶稣，你出于仁爱让我尽情地吸取了你的知识的福音，你也一定会出于慈爱允许我有一天见到你——智慧的源泉，并且永远站在你的面前。

在主的帮助下，《英吉利教会史》的第五卷到此结束。

修道院长列传和给埃格伯特的信

韦穆和贾罗修道院各位神圣院长：本尼狄克、切奥尔弗里德、埃奥斯特温、西格弗里德和瓦特伯特的生平——由该院神父和修士比德依次列出

1. 比斯科普[①]，取名本尼狄克，是基督的忠仆。他在天恩的赞助下在威尔河河口北面的一块由可敬的十分虔诚的国王埃格弗里德捐助给他的土地上建造了一座纪念最神圣的使徒之首彼得的修道院。他以建造该修道院时的虔诚之心治理了该院十六年。其间他经历了无数艰苦的旅行，多次身染疾病。我可以用神圣的教皇格雷戈里在称颂一位院长——他的姓与比斯科普的名相同——的生平时所说过的话[②]来描写比斯科普。他说："他过着可敬的生活，有本尼迪克这个恩惠和名字[③]。他甚至从幼年起，就有着一颗成年人的心：他在生活方式方面远比自己年纪老成，从未追求过任何享乐。"他出身于一个高贵的英吉利世家，然而，由于他有一颗同样高贵的心，所以被举至天堂，理所应得地永远与天使们为伴。简而言之，在他二十五岁当国王奥斯维的亲兵时，他从国王那里接受

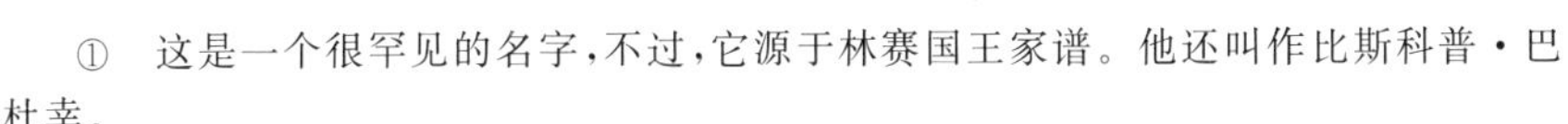

① 这是一个很罕见的名字，不过，它源于林赛国王家谱。他还叫作比斯科普·巴杜幸。

② 《对话》(*Dialagi*)第二卷的开头部分。

③ 本尼迪克(Benedict)原意是"祝福"。——译者

了一份与他职务相称的土地作为赠礼，但是，为了得到一种永恒的财产，他不屑于接受这种终究会毁灭的财产。他蔑视人间争斗及从中得到的终将消亡的酬报，以便在为真正君王而进行的圣战中，能于天城里被惠予永恒的王国。他为了基督和福音抛弃了家庭、亲属和国家，以便能得到百倍于这些东西的酬报并能获得永生。他拒绝接受肉体婚姻的约束，以便带着荣耀的贞洁在天国中白璧无瑕地跟随耶稣。他不愿以肉体生出终有一死的孩子。这是因为，根据基督的预先安排，他必须通过属灵的教育为基督培养天堂生活中永生的儿子。

2. 所以，他离开自己的家园到罗马[①]，同时怀着一直激励着他的那种爱，亲自参观和敬拜安放着圣徒遗体的地方。他不久后回国。此后一直热爱、敬重并尽他所能地向人们宣扬他在罗马见过的教会生活规则。当时，上文所说的奥斯维王之子阿尔奇弗里德也想去参观罗马，以便在圣徒教堂里敬拜。于是，他便带着比斯科普一道前往。但是他的父亲把他从半路上召回，促使他留在自己王国里。尽管这样，比斯科普这位高尚的年轻人还是很快完成了已经开始的旅程，在我们前面提到过的[②]已故教皇维塔利安当政时期兼程赶到罗马。在这一次，正如在前一次的访问中，他尽情享受了美好知识的乐趣。几个月后，他离开罗马到勒兰岛[③]，在那里削了发，加入修士行列。有了起誓当修士的标记之后，他以应有的谨慎遵守一切规纪。然而，在学习了两年与修道院生活有关的

① 653年与威尔弗里德一道前往。

② 这一点肯定是某个注释者加上去的，因为《教会史》是在这篇文章之后才写的。维塔利安于657—672年当政。

③ 在戛纳以外的一组岛屿中。

知识之后，对神圣的使徒之首彼得的敬爱之心再次激发了他，使他决心重访那座因他的遗体而变得神圣的城市。

3. 不久，一艘商船的到来使他实现了这一愿望[①]。当时肯特王埃格伯特从不列颠派出一名叫威格哈德[②]的被选为担任主教职务的人。此人从住在肯特的神圣的教皇格雷戈里的门徒那里通学了各种教会习俗。埃格伯特希望他在罗马被任命为主教，这样在有了一个本国的讲本族语[③]的主教之后，他和他的人民就能够在他的指导下更完整地领会基督教福音或基督教奥秘：这样，他们便不要通过翻译，而是直接地从他们自己亲族成员的口中和手中接受这些东西。但是，这位威格哈德来到罗马后还未接受到主教职务就跟同行的全部随从死于一场落在他们身上的疾病。在这种情况下，不愿看到信徒的虔诚使命因使节的去世而得不到适当结果的教皇征求了意见，从自己人中挑选出一位他可派到不列颠担任大主教的人。此人就是西奥多。他精通教会哲学，又同样精通世俗事务，而且通晓希腊和拉丁两种语言。教皇还给他派了一名同事和顾问——与西奥多同样虔诚、同样坚定的院长哈德良：由于他发现可敬的本尼狄克会是一位谨慎勤勉、虔诚而显要的人物，就把他任命的主教和全部随从托付给他，嘱咐他放弃为基督而过的朝圣生活，为更重要的利益回到自己的同胞中去，给他们带回他们急切想要的真理的导师：他可以充当这位导师在前往不列颠的路上及其后在不列颠传教的向导和翻译。本尼狄克听从了教皇的吩

① 第三次赴罗马。

② 《教会史》第三卷第29章。

③ 这似乎暗示，来自罗马的神父们没有学会当地的语言，或者只学得半通不通。

咐。他们来到肯特[1]，受到热情接待：西奥多登上大主教教座，本尼狄克开始治理圣彼得修道院，而上述的哈德良则立刻被任命为该院院长。

4. 本尼狄克治理该院两年后，第三次[2]奔赴罗马。这次罗马之行与以往几次一样成功。他带回了神学各门书籍。这些书中，有些是他花钱买的，有些则是朋友赠送的。归国途中他到维埃纳，从朋友那里要回他曾托付给他们他所买的那些书。于是，他在登上不列颠后，便打算去见西撒克逊王森瓦尔：他先前曾经从同国王的友谊中得到好处，受到国王的支持。但是，恰在那时，由于森瓦尔不幸去世，本尼狄克最后只好回到自己的人民中间，回到他的出生地，进入特兰沙姆伯里亚地区的国王埃格弗里德的宫廷。他向埃格弗里德叙述了他年轻时离家出走后所做的一切事情；他公开表明他发自心底的对宗教的热情；他向国王吐露了他在罗马和罗马附近学习到的教会和修道院习俗，给他看了他带回的全部神学书籍以及圣徒和基督殉道士的宝贵遗物。他从国王的眼中看出国王的欣赏和赞同的神色：不久，国王从自己的地产中划出七十海得地给他，吩咐他建造一座纪念教会的教牧之首的修道院。在序言中，我提到，这座修道院于埃格弗里德王四年，即第二个小纪里的主历 674 年在威尔河河口北面的一个地方建成。

5. 该修道院落成后不到一年，本尼狄克跨海到法兰西，经多方寻求，找到了一些石匠，然后把他们带来，要他们按照他一贯喜爱的罗马风格用石头为他建造一座教堂。出于对圣彼得的爱，他

① 669 年。

② 实际上是第四次，但从不列颠出发算第三次。

在从事这项纪念彼得的工作中显示出的热情是如此之高，以致在一年时间里，教堂就奠完了基，盖好了屋顶，神圣的弥撒也可以在里面举行了。此外，在工程即将完工之际，他派信使到法兰西，要他们带回玻璃制作工匠（当时不列颠尚不曾有的一种工匠），给教堂、附属小教堂和教堂的高窗镶上玻璃。就这样，来了一批玻璃制作工匠，他们不仅按照要求完成了这项工作，而且还使英吉利人因此了解和学会了这一工艺。毫无疑问，这一工艺十分适用于装配教堂的各种灯具和各种器皿的使用。除此之外，这位虔诚的买主还负责从海外弄到国内无法买到的各种各样东西，即适用于祭台祭奠和教堂圣事的圣杯、祭衣。

6. 而且，为了使他的教堂能够从罗马范围内获得甚至在法兰西也得不到的装饰品和著作，这位辛勤的管家在根据教规安顿了他的修道院之后第四次[①]赴罗马。结束时，他带回比以往任何一次都更加丰富的属灵的物品。因为，第一，他带回了大量的各种各样的书籍。第二，他获得了不少对许多英吉利教堂有用的恩惠——圣徒和基督殉道士的遗物。第三，在他请求下，教皇阿加塞[②]允许他把圣彼得教堂的领唱、圣马丁修道院院长、罗马导师约翰[③]带回到不列颠的英吉利人中，当他的修道院的导师，因而就把符合罗马习惯的教堂吟咏、歌唱及教会圣事制度介绍到他的修道院里。约翰到达那里后，不仅把他在罗马所学到的东西口授给他的学习教会事务的门徒们，同时还留下大量的著作。为了纪念他，

① 第四次从不列颠出发。

② 678 年成为教皇。

③ 下集第 99 页。

这些著作至今仍保存在上述修道院的图书室里。第四，本尼狄克带回了一件宝贵的礼物，这就是可敬的教皇阿加塞写的一封特许信。这封信是经他请求并得到埃格弗里德王准许和同意后才拿到的[①]。有了这封信，他建造的这座修道院可以永远免受外界侵扰，保持绝对安全。第五，他带回了一些布置他所建造的圣彼得教堂的圣像：天主之母童贞玛利亚和十二使徒的画像，他可以贴在连接墙壁的大板上，横贯于上述教堂的拱顶；描绘福音书里故事的画像用来装饰教堂南面的墙壁；描绘圣约翰《启示录》中异象的画像可以以同样方式用来装饰教堂北面的墙壁，其目的是使走进教堂的人，不管往哪个方向看，即使不识字也可以看望基督和他的圣人们的慈容（虽然它们只是画像），或者使他们更清楚地感觉到主的化身所带来的祝福，或者使他们似乎亲眼见到最后审判的危险，因而不忘更加严格地反躬自省。

7. 由于可敬的本尼狄克的德行、勤勉和虔诚使埃格弗里德王大为欣喜，又由于他见到他的第一次赠礼得到完善处理，结出硕果累累，于是国王便打算扩大他给他的用于建造修道院的赠地，给他增加四十海得。一年后，本尼狄克往那里送了十七名修士，委任切奥尔弗里德为他们的神父和院长。这座圣保罗修道院[②]是根据埃格弗里德王的建议，或者应该说，甚至是根据国王的命令只有在下列条件下才允许他建造的：两处必须保持安宁和睦，永远友好亲善，就如，打个比方，身离不开用以呼吸的首，首离开身则失去生命。所以，任何人都不准图谋分裂以两个使徒之首的兄弟情谊联

① 可能由于与威尔弗里德的分歧。

② 即在贾罗的修道院。

结起来的这两处修道院。本尼狄克指定的院长切奥尔弗里德从建院早期起就是本尼狄克在各方面的最热诚的助手。他曾和本尼狄克在便当时同去过罗马，在那里敬拜和接受必要的指示。当时，本尼狄克还挑选了圣彼得修道院的神父埃奥斯特温为院长，让他管辖修道院，其目的是，在他这位亲爱的战友勇敢地帮助下，对他一人来说过重的负担可以得到减轻。大家不要为一个修道院同时有两个院长感到奇怪。需要两个院长的理由是，本尼狄克经常为修道院事务而外出旅行，他经常到海外去，回来又不定期：历史上也有记载，最神圣的使徒彼得出于需要连续指定两个从属于他的主教在罗马管理教会[①]。神圣的教皇格雷戈里对我们讲过的那位本尼狄克大院长本身也在他认为方便的时候指定了十二位院长管理他的门徒。他这样做并没有削弱兄弟之爱，相反，更加深了这种爱。

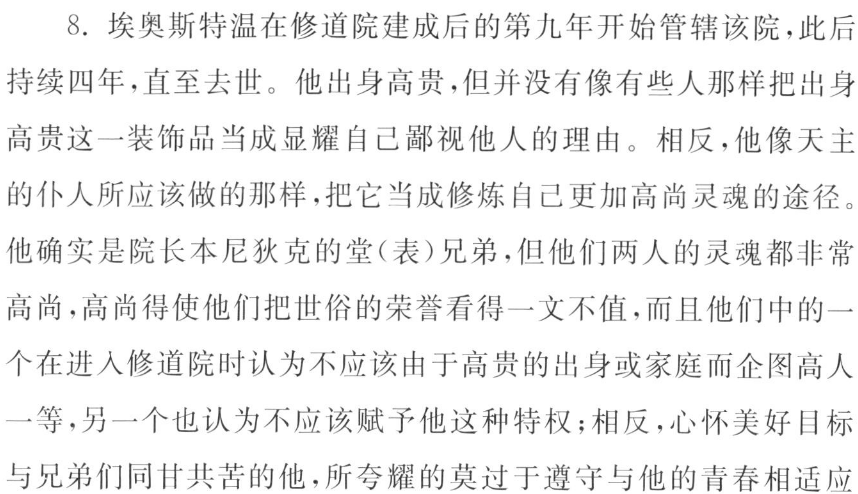

8. 埃奥斯特温在修道院建成后的第九年开始管辖该院，此后持续四年，直至去世。他出身高贵，但并没有像有些人那样把出身高贵这一装饰品当成显耀自己鄙视他人的理由。相反，他像天主的仆人所应该做的那样，把它当成修炼自己更加高尚灵魂的途径。他确实是院长本尼狄克的堂（表）兄弟，但他们两人的灵魂都非常高尚，高尚得使他们把世俗的荣誉看得一文不值，而且他们中的一个在进入修道院时认为不应该由于高贵的出身或家庭而企图高人一等，另一个也认为不应该赋予他这种特权；相反，心怀美好目标与兄弟们同甘共苦的他，所夸耀的莫过于遵守与他的青春相适应

① 分别在 68 年和 80 年指定了林纳斯（Linus）和克莱特斯（Cletus）或安恩克莱特斯（Anencletus）。

的所有方面的规章制度。虽然他曾是埃格弗里德王的亲兵，但是他把世俗的一切烦恼永远置于脑后，撇下手中的武器，只从事属灵的战争；他一贯谦卑，和其他兄弟完全一样，乐于和他们一道脱粒、扬簸、挤羊奶牛奶，卑顺而愉快地参加烤制面包、剪修花圃、做饭以及其他所有修道院里的工作。而且，在他任院长管辖整个修道院后，他仍然根据一位贤明人士的劝告，一如既往地对待所有的人。这位人士说："他们拥你为君王；不要高傲，要成为他们中普通一员，对所有人都要温柔、谦恭、仁慈。"[①]确实，他在他认为便当的时候，会用院规遏止犯罪的人，但是，他出于天然的慈爱，总是表明他宁可尽力劝告他们不要犯罪，免得使自己罪过的阴影遮盖住院长容颜的光辉。他为了照管修道院的事务到什么地方时，如果发现兄弟们在工作，就会往往立即投身进去，与他们一道干：他或是扶犁耕田，或是抡锤打铁，或是摇动风扇簸扬谷物糠皮，或是做其他类似的事：他是一位身体健壮，说话和气、心境愉快、待人慷慨和仪表堂堂的年轻人。他与其他兄弟吃同样食物，总是住同样房子，睡在他当院长前睡过的普通房间里：甚至在身患疾病，明显面临死亡之际，他仍然在兄弟们的宿舍里躺了两天：在他逝世前的最后五天里，他才让自己住到一个较为僻静的地方去。一天，他从屋里出来，坐在露天里，把所有兄弟叫到跟前。当兄弟们流着泪为这位这么好的教父和牧人的离去而感到悲痛时，他出于天生的慈爱一一吻了他们，赐他们平安。他在3月7日的夜里去世，当时所有的兄弟都在忙着唱早祷的赞美诗。他二十四岁进修道院，在那里住了十二年。他担任神父七年，其中四年他花在治理修道院。

① 《德训书》(*Ecclus*)第32章第一节。

就这样，他“离开他尘土造就的躯体准备死去”[①]，进入天国。

9. 说了这些作为可敬的埃奥斯特温生平的引子后，让我们言归正传。本尼狄克刚一指定埃奥斯特温担任圣彼得修道院院长、切奥尔弗里德担任圣保罗修道院院长，又第五次奔赴罗马，接着又像以往那样满载而归，带回了无数有益于教会的礼物，即大量圣书和一批数量不少于先前的圣像：在这一次，他同样带回了描绘我主历史的一组绘画，他可以用这些绘画围贴他建造在大修道院[②]里的整个圣母堂；他还展示了显示新旧约统一的绘画，用以装饰圣保罗教堂和修道院，这些绘画安排得十分巧妙。例如，他把一幅以撒背着即将用来燔祭他的木柴的画和一幅主背着他即将在上面受难的十字架的画挂在一起，紧靠着它的上方。他还把被十字架举起的人子的画与摩西在荒漠中举起蛇的画放在一起。除了其他东西外，他还带回了两件极为精制的丝披肩：他后来以这两件丝披肩向阿尔弗里德王（他归来时发现埃格弗里德王已被杀）和他的顾问买了威尔河南面靠近河口的三海得土地。

10. 但是，就在他带回这些佳音时，他却获悉了国内的许多不幸消息：他临行时指定的院长，可敬的神父埃奥斯特温和他管辖下的不少兄弟由于当时一场凶猛的瘟疫已离开此世。然而，也有使他感到安慰的事，因为他得知他的院长同仁切奥尔弗里德和兄弟们已迅速从该院里挑选了助祭西格弗里德接替埃奥斯特温的职务。西格弗里德性格温和的程度就跟他受人敬重的程度一样。他

① 参阅维吉尔：《埃涅阿斯纪》卷 VI 第 732 行。（参阅杨周翰译本，人民文学出版社 1984 年出版。——译者）

② 韦穆修道院。

饱学《圣经》，具有杰出的品德，而且被赋予奇异的恩典——节制，尽管由于疾病，他在保护脑力方面受到了严重的妨碍，在捍卫纯洁的心灵方面受到了可恶的不治之症——肺病的严重干扰。

11. 不久后，本尼狄克本身也开始遭受疾病的折磨：为了同时让忍耐的美德来证明他们对宗教的热心，仁慈的天主使他二人身染现世疾病而卧床不起，目的是，他可以在死亡战胜疾病后，以安息——天堂的安宁和光明，使他们复苏：西格弗里德在受尽体内疾病的长期折磨（如前所述）后结束了自己的日子，而本尼狄克也由于三年的日渐瘫痪而变得如此虚弱：他的下身完全瘫痪，只留着上部（上部一瘫痪，人就死去）实践他的忍耐的美德。他们两人在病痛之中依然不断地向他们的造物主感恩，终日赞美天主，鼓励他们的兄弟。本尼狄克努力督促常来看望他的兄弟们遵守他所制定的院规，他说："你们不要以为我是盲目地为你们制定这么一些条例的：在我多次往返的长途旅行中，我游历了十七个修道院，我把其中看到的最好的东西记下来，传授予你们，让你们遵守，以便从中得益。"他吩咐细心照料好那个放着他从罗马带回的大量书籍（这些书籍对于指导教会工作是必不可少的）的值得自豪的图书室，吩咐不应该由于疏忽造成损坏和书籍的失散。此外，他还多次命令前来探病的兄弟，在选择院长时，任何人都不该把家族，而该把正直的生活和正确的教义作为依据。他说："让我告诉你们真心话吧。比较一下两种灾难，一是我建这座修道院的地方永远沦为荒丘（如果天主允许的话），二是我的一个大家都知道不走真道的同胞兄弟接替我作为院长管理这座修道院，那么，我认为这第一种灾难要比第二种灾难容易忍受得多。所以，我的兄弟们，你们应该永

远谨慎，任何时候也不要因某人的家庭而挑选他当神父，也永远不要挑选外部来的人当神父，相反，你们要根据一度是我们院长，伟大的本尼狄克的规矩，根据特许状的规定，在你们全体人员当中选出大家一致同意的人来。这个人必须因为他的高尚的生活和贤明的教义而显示出比别人更适合、更配得上这一使命，必须是你们以博爱精神作出调查判断后公推为最好的，然后，你们召来主教，请他们给予习惯的祝福，认可他为你们的院长。因为，”他说，“那些通过肉体结合产生肉身子女的人必须为肉体和世俗的财富找到肉身和世俗的继承人；但是那些以传播福音的属灵种子而得到属灵子女的人在任何方面，在做任何事情时，都必须把灵命放在首位。应该把被赐予较多属灵恩惠的人看成属灵子女中的长子，就像世俗的父母总是认第一个出生的儿子为后代之首，在分配遗产时总是给予优先考虑一样。”

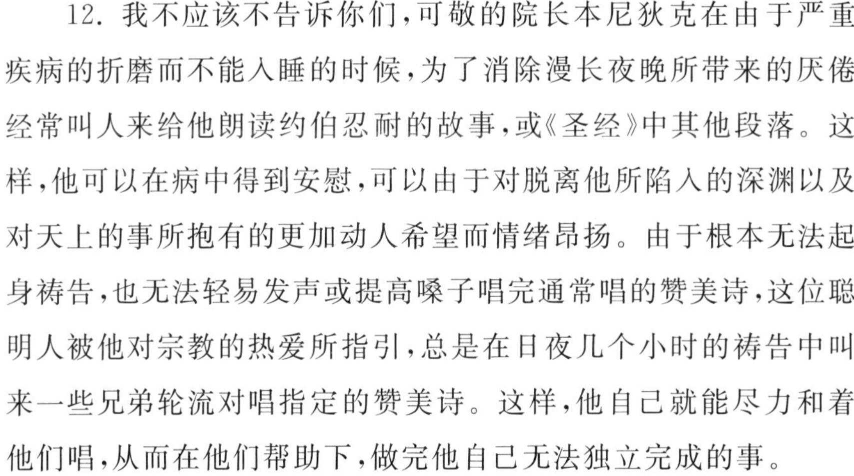

12. 我不应该不告诉你们，可敬的院长本尼狄克在由于严重疾病的折磨而不能入睡的时候，为了消除漫长夜晚所带来的厌倦经常叫人来给他朗读约伯忍耐的故事，或《圣经》中其他段落。这样，他可以在病中得到安慰，可以由于对脱离他所陷入的深渊以及对天上的事所抱有的更加动人希望而情绪昂扬。由于根本无法起身祷告，也无法轻易发声或提高嗓子唱完通常唱的赞美诗，这位聪明人被他对宗教的热爱所指引，总是在日夜几个小时的祷告中叫来一些兄弟轮流对唱指定的赞美诗。这样，他自己就能尽力和着他们唱，从而在他们帮助下，做完他自己无法独立完成的事。

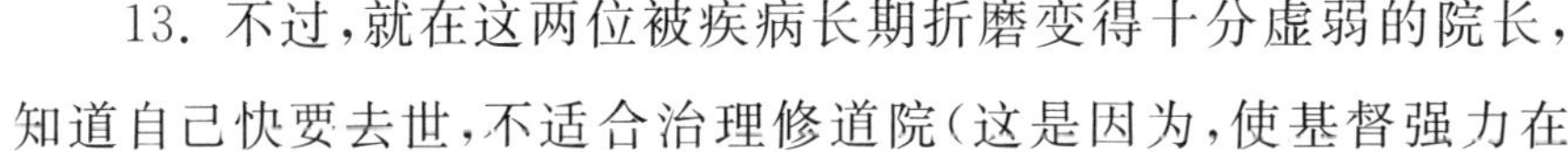

13. 不过，就在这两位被疾病长期折磨变得十分虚弱的院长，知道自己快要去世，不适合治理修道院（这是因为，使基督强力在

他们心中变得完美的病痛是那么剧烈)了的时候,有一天,他们两人都想在临离此生前见一次面,谈一次话。西格弗里德被用担架抬到本尼狄克病床所在房间。服侍人员把他们并排放在一起,两人头靠一个枕头(令人悲哀的情景)。虽然他们的脸紧紧地靠在一块,但他们仍然没有力量靠近、亲吻。甚至只有在兄弟们的帮助下他们才做到了这一点。接着,本尼狄克在征求了西格弗里德和所有兄弟的有益意见后,召见了他已指定担任圣保罗修道院院长的切奥尔弗里德。与其说他们是有血缘关系的亲属,不如说他们因为具有了相同美德而成了亲属①。在所有其他人都同意并都认为十分合适的情况下,本尼狄克任命他为同时管理两座修道院的神父。因为他认为,保持两处和睦和统一的最好办法是让它们常年只有一个神父兼管辖者。他经常以以色列王国为例来说明这个问题:当她在一个而且只有一个本民族的领导者统治下的时候,任何外国都无法把她从自己的国土上赶走,任何人也无法损害她,但是到了后来,由于她先前的罪过,人们变得敌对起来,由于相互争斗造成了分裂,先前的稳定不复存在,最后逐渐走向灭亡。他还嘱咐他们永远牢记福音书中的箴言:“凡一国自相纷争,就成为荒场。”②

第二卷

14. 发生这些事情后两个月,天主所宠爱的可敬的院长西格

① 故本尼狄克、埃奥斯特温和切奥尔弗里德相互之间是亲戚,出身高贵。

② 《马太福音》第12章第25节。

弗里德在经历了现世的水火磨难之后，首先被带入安息，得以复苏。他走进了他在天国中的家，从他纯洁的口中所发出的誓言，不断地赞美主。再过四个多月，本尼狄克这个战胜了罪恶的人，荣耀的公义的工人，终于被疾病所征服，结束了一生。"冬天的疾风使黑夜寒冷"，[1]但是，对于圣人来说，永恒的幸福、安宁和光明的白昼将很快到来。兄弟们集中在教堂里一夜不睡，在祷告和唱赞美诗中度过黑暗时刻：他们以不停的天主颂歌来减轻他们由于神父的离去而造成的痛苦。其他人在本尼狄克的病房里：这里，身体虚弱但神志清醒的本尼狄克正在寻找从死亡到生命的通路。这一整个夜晚，正如其他夜晚一样，有一个神父朗读福音书以减轻他的痛苦。由于他离开的时刻就在眼前，人们给了他圣餐——主的圣体和血，作为旅途食品。就这样，这个神圣的灵魂在经历了这场长时间的然而是有益的烈火的审查考验，脱离了肉体这个泥炉[2]，获得拯救，飞至天堂幸福的荣耀之中。本尼狄克的离去十分顺当，魔鬼根本无法妨碍和阻挠。这一点可以由当时正在为他而唱的诗篇来证明：傍晚时，匆匆聚集到教堂的兄弟们从头至尾地唱诗篇，当时正唱到第八十二篇，题目是"主啊，谁能够比得上你？"整篇的大意是，基督名字的仇敌，不管是凡人还是鬼灵都老在千方百计地破坏和摧毁基督的教会和每一个信徒，但是，他们非但达不到目的，反而会恐慌、失望和遭受永灭，因为他们的力量被主削弱；没有人能够比得上主，唯有他才是全球的最高者。因此，在他灵魂离开躯体的时刻恰好唱到这一诗篇的事实被正确理解为上天的安排。

① 引文出处不明。

② 《诗篇》第十二篇第6节。

在主的帮助下，任何仇敌是无法战胜他的。这位信徒在他建立修道院后的第十六年的1月12日在主里睡了，被埋葬在圣彼得教堂里。这样，在他去世后，他的躯体躺在离彼得的遗物和祭台不远的地方。彼得是他生前一贯敬重的人物，就是他，为本尼狄克打开进入天国的大门：如前所述，本尼狄克治理修道院十六年。在前八年中，他没有指定第二个院长帮助治理。在后八年中，可敬而神圣的埃奥斯特温、西格弗里德和切奥尔弗里德三人以院长的头衔、权威和职务帮助了他。第一位帮了四年，第二位三年，第三位一年。

15. 第三位，即切奥尔弗里德是一位在各样事上勤勉用功、才思敏捷、处事果断、眼光敏锐、热心虔诚的人物。如以前同样所述，他先是在本尼狄克的指示和帮助下拓建了圣保罗修道院，并且治理该院七年。此后的二十八年，他又贤明地治理了这两座修道院，或者更确切地说，治理了一座建在两处的圣彼得-圣保罗修道院。他的前任所开拓的杰出的公义事业，切奥尔弗里德也同样竭力去完成：他除了给修道院提供所需要的东西（他从长期的管理中懂得，这些东西是必须提供的）外，还建造了许多小教堂；他大量添置了教堂和祭台器皿以及各种各样的祭衣；他还同样努力地把本尼狄克所及时开创的两处修道院的图书室扩大了一倍：原先他从罗马带回一套旧译《圣经》，现在他又增加了三套《圣经》[①]新译本，其中一套，他在晚年回罗马时和其他东西一道，随身带着作为礼物，但是另外两套他赠给了这两座修道院。此外，他还以本尼狄克在罗马购买的一部做工十分精细的《宇宙志学者》手稿从精通《圣经》的

① 从《查士丁尼法典》移用至包括新、旧约的《圣经》诸卷。新译本是哲罗姆的拉丁译本（原文为 pandects——译者）。

奥尔德弗里德王那里换来了弗雷斯卡河[①]边的一块八海得土地，作为圣保罗修道院的财产。这种换法是本尼狄克在世时同上述奥尔德弗里德王估算好的，只是在他去世前无法兑现。但是稍后，在奥斯雷德时期，切奥尔弗里德又拿这块土地再贴上适当的一笔钱，换取了被当地人叫做“萨姆布斯村里”[②]的一块二十海得的土地，因为这块地被认为更靠近上述修道院。他在已故教皇塞厄吉斯当政时期向罗马派了一些修士，从他那里获得了如教皇阿加塞许给本尼狄克特的那种保护修道院的特权。这封特许状带回不列颠后，在宗教会议上公开，不仅由高贵的奥尔德弗里德王而且还由在场的主教们签字认可，就像第一封特许状，众所周知，在宗教会议上由当时的国王和主教们公开认可一样。就在奥尔德弗里德王在位期间，热心于圣彼得修道院（当时的院长是切奥尔弗里德）事业、年老虔诚的基督的仆人威特梅尔把奥尔德弗里德王赠送给他的在一个人称多尔顿[③]村的十海得土地永久地送给了该修道院。威特梅尔除了通晓《圣经》外，还通晓各种世俗学问。

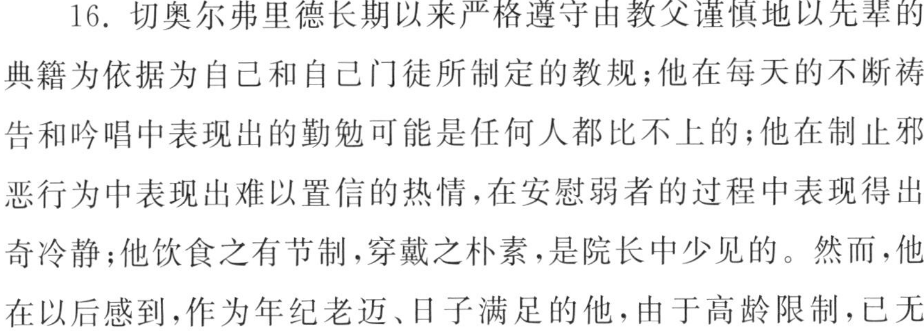

16. 切奥尔弗里德长期以来严格遵守由教父谨慎地以先辈的典籍为依据为自己和自己门徒所制定的教规；他在每天的不断祷告和吟唱中表现出的勤勉可能是任何人都比不上的；他在制止邪恶行为中表现出难以置信的热情，在安慰弱者的过程中表现得出奇冷静；他饮食之有节制，穿戴之朴素，是院长中少见的。然而，他在以后感到，作为年纪老迈、日子满足的他，由于高龄限制，已无

① 不明。

② 也许在旺斯贝克河河口。

③ 多尔顿和道顿都是森德兰附近的地方。

法再以言教或身教要求他管辖下的人进行适当的宗教活动，于是，经过长时间的再三思索后，他觉得最好应该嘱咐兄弟们根据他们的特许状和神圣的院长本尼狄克特的规矩从他们中选出一位更合适的人当他们的神父，而他自己则决心重访他年轻时与本尼狄克特一道游历过的在罗马的圣徒们的圣地，其目的是，他在死前能有一段时间从世俗的烦恼中摆脱出来，能自由地单独过安宁生活，同时，兄弟们有了更年轻的院长，也会相应地更加完美地保持符合他们生活准则的风俗习惯。

17. 虽然开始时人人都反对他的决定，并且跪在他面前流泪哭泣，苦苦哀求，他仍然坚持自己的意见。他如此急于出发，以致在向兄弟们公布自己意图后的第三天就匆匆启程。因为他担心，正如后来事实所证明的那样，他会在到达罗马之前去世；同时他还希望以此避免尊敬他的朋友们和要人们对他的行动加以阻拦，避免一些人给他钱而他又设法立即报答。因为他的一贯做法是，如果有人送给他礼物，他就要立刻或者过了一段适当的时间后予以同样的报答。就这样，在 6 月 4 日星期中第五天的早晨，就在天主之母童贞玛利亚教堂和圣彼得教堂里的所有在场的人做完了弥撒，领过圣餐之后，他准备出发。人们全都集中在圣彼得教堂里。切奥尔弗里德亲自点香后在祭台前祷告。他站在梯阶上，手里拿着香，祝所有人平安：他们从那里走过，进入兄弟们宿舍对面的殉道圣徒劳伦斯小教堂，听得出，他们的祷告声中夹杂着啼哭声。他向他们进行了最后的道别，告诫他们要保持互亲互爱，要根据福音书纠正犯罪的人。他赐予那些可能犯了罪的人以宽恕和祝愿的恩惠，请求所有人为他祈祷，并请求他们与他言归于好，如果他曾过

分严厉地批评过什么人的话。他们到达岸边后，他再一次亲吻那些流着眼泪的兄弟们，祝他们平安。做完祷告后，他与随从人员一同登上了船。教会的助祭们也在船上，手里拿着点燃着的蜡烛和一个金十字架。他渡过河，对十字架表示了敬意，然后骑上马走了，在他的两处修道院里留下了大约六百名兄弟。

18. 他和他的随从离去后，兄弟们回到了教堂。他们流着泪祷告，把他们和他们的财产托付给天主。不久，在唱完了第三个时辰的赞美诗后，他们再次集合，考虑该怎么办。他们决定从速祷告、唱赞美诗和守斋，以此向天主祈求一位神父。他们通过在场的一些圣保罗修道院的兄弟以及一些自己人把决心转告给圣保罗修道院的修士即他们的兄弟。他们也表示同意。于是，两处修道院完全一致地向主表达了共同的心声。最后，在第三天，当圣灵降灵节的主日来临时，圣彼得修道院的所有修士和不少圣保罗修道院的长者们又集合在一处开会。所有的人都表达了同样的看法，一致挑选瓦特伯特担任院长。瓦特伯特不仅从小在该院学习，接受院规教育，而且还精熟写作、阅读、歌唱和教授的技巧。他在已故教皇塞厄吉斯执政期间也赴过罗马，在那里住了许久，学习、抄写和带回他认为自己所需要的全部东西。此外，他还在这之前担任了十二年的神父。在被上述两座修道院的所有兄弟一致推举为院长后，他立即带了一些兄弟来见当时正在等待渡海船只的院长切奥尔弗里德。人们告诉切奥尔弗里德是谁当选了院长。他回答说，“感谢天主。”他认可了选举结果，并从瓦特伯特手中接受了一封送交教皇格雷戈里的推荐信。我们认为把其中的几段摘录在这本著作中是适宜的。

19.“最尊敬的在万主之主里的阁下，十分神圣的教皇格雷戈里——瓦特伯特，您的卑顺之仆人，萨克森的最神圣的使徒之首彼得修道院院长，祝您在主里永远健康。

“我和神圣的兄弟们——他们在这里希望与我一道承受基督的十分舒适的轭以便使灵魂得到安息——不断感谢天主的判决，因为，它惠指了您，这位推选出来的荣耀的具有特殊气质的人管理我们时代的整个教会，其目的是，通过您身上所充满的真理和信仰之光，他能把他的慈爱之光投射到所有那些地位较为低下的人们的身上。现在，最尊敬的基督里的神父和阁下，我们向您，神圣的阁下，推荐可敬的老前辈，我们敬爱的神父、院长切奥尔弗里德——他是我们修道院宁静生活中灵魂自由和灵魂安宁的养育者和保护者。首先，我们感谢神圣和不可分割的三位一体。因为，尽管他的离开使我们感到极度悲痛，使我们哀叹、悲伤和流泪，但是，他获得了他长期以来所渴望的休息所带来的神圣的欢乐：因为，即使在他年迈体弱之际，他仍然一心一意地想方设法去这些圣徒教堂——他愉快地记得他在年轻时看见过、拜访过和敬拜过这些教堂。在经历了四十余载的长期劳苦和担任院长管理那两座修道院所带来的连续烦恼之后，似乎是出于对美德的无可比拟的热爱，他重新被天堂生活方式所召唤，于极端年迈甚至面临死亡之际，为了基督而再次开始朝拜圣地，这样，灵魂熔炉中熊熊燃烧的忏悔之火就会更加迅速地烧掉先前世俗烦恼之刺。其次，我们要进一步请求您，我们的神父，仔细地给他举行我们被认为没有资格举行的怜悯的葬礼，因为我们确信，虽然他的身体在您那边，但是您、我都将从他的藏在躯体里或从肉体桎梏里被释放出来的那种敬畏天主的灵

魂里得到一个能够在仁慈的天主面前为我们的罪过代祷和辩护的强有力人物。"接下去就是信件的其他内容。

20. 瓦特伯特一到家,主教阿卡就被召来。他赐予通常的祝福,确认瓦特伯特为院长。瓦特伯特明智地发挥了年轻人的勤奋为修道院重新获得无数恩典。其中特别使人欣喜、受人欢迎的是,他取出埋葬在圣彼得教堂入口处门廊里的院长埃奥斯特温的遗骨以及埋葬在圣殿外南面一度是他导师的院长西格弗里德的遗骨,把它们放置在同一个盒子里,中间用隔板隔开,然后埋葬在该教堂里神圣教父本尼狄克的旁边。瓦特伯特是在西格弗里德的诞辰纪念日,即 8 月 22 日这一天做了这件事的。这一天,出于奇妙的天主保佑,可敬的基督的仆人,我们前面提到过的威特梅尔去世。就在埋葬着上述院长们的地方,埋葬着他们的门徒——这位威特梅尔。

21. 但是,基督的仆人切奥尔弗里德,如前所述,却在兼程前往圣徒教堂的途中身染疾病,尚未到达目的地就结束了自己的最后日子:他约在那天的第三时辰到达朗格勒,同一天的第十时辰就去见主了。第二天,他被隆重地安葬在孪生殉道圣徒的教堂里。不仅他的八十多位英吉利随从,而且连当地的居民都在葬礼中悲伤恸哭,为一位如此可敬的老人未能实现自己的愿望而痛苦。确实,当人们看到切奥尔弗里德的一些随从在没有神父的情况下继续业已开始的路程;一些随从放弃了去罗马的打算,宁可回去报告切奥尔弗里德的葬礼;而另外一些人出于对他们神父的永久的爱,宁可留在语言不通的人们中间,守着他的坟墓。这个时候,是很难抑制得住自己眼泪的。

22. 切奥尔弗里德七十四岁时逝世。他担任四十七年神父，三十五年院长，或者应该说四十三年院长，因为确实，从本尼狄克第一次开始建造纪念最神圣的使徒之首的修道院起，切奥尔弗里德就一直和他在一起，帮助他，并和他一道担任修道院生活的导师。从他离开修道院直至逝世的那天，即从6月4日至9月25日的一百一十四天中，高龄、疾病和奔波都丝毫没有影响他遵守旧时规定的严格惯例。他除了例常的祷告外，每天还在适当的时间里唱两次祷文。甚至在他体虚得无法骑马，不得不躺在马舁床上的时候，他除了在海上的一天和去世前的三天外，每天在做完弥撒之后仍然要向天主献上救赎的圣饼。

23. 主历716年9月25日，星期中的第六天，第九时辰过后，切奥尔弗里德在属于上述城市的地里去世了。次日，他被埋葬在该城南面第一块里程碑处的孪生兄弟的修道院里。参加葬礼的许多人中，不仅有他的英吉利随从，而且还有上述修道院的兄弟和该城的居民。他们人人都唱赞美诗。这些殉道孪生兄弟（他们的修道院和教堂是切奥尔弗里德的埋葬地）是斯普西皮斯[①]、埃路西普斯和梅路西普斯。他们三人同时出生，又同时与他们的祖母利奥尼拉在信奉同一个教会的信仰中得到重生。他们在自己身后留下了一座配得上那块地的殉道纪念碑。愿他们仁慈地帮助我们的教父和我们这些卑下的人——代我们祷告并且保佑我们。

① 可能是斯普西普斯（Speusipus），见索引。——译者

可敬的比德给埃格伯特主教的信

1. 比德，基督的仆从向最敬爱的主教埃格伯特[①]致意。

我记得去年[②]，我与您在您的修道院里逗留学习的时候您曾说过，今年您去那里时再邀我去共同学习和商讨。如果天主的意志允许我们做到这一点的话，我便没必要写这封信给您了：因为在面对面的单独会谈中，我定会更加自由地把想说的或认为要说的都说出来。但是，如您所知，虽然一场天祸——身体疾病妨碍了这场会晤，我出于要对您的慈爱进行报答的兄弟之忠诚，仍然要以写信的方式尽量进行您我之间无法进行的面对面交谈。我以主的名义祈求您，不要怀疑这封信的字里行间流露出一种故意装出的傲慢，相反，我祈求您理解，这些字里行间提供了出于谦卑和爱的服务。

2. 因此，基督里的敬爱的主教，我劝阁下您注意以神圣的言传和身教来保持所有尊严的创造者、属灵恩典的施赠者惠予您的神圣尊严。因为，身教和言传这两种美德缺一不可：过善美生活的人不应该忽视言传，负有导师的公正职责的主教也绝不能忽视实

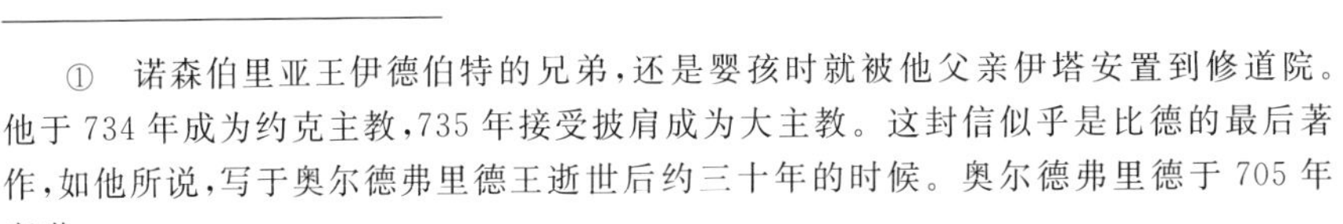

① 诺森伯里亚王伊德伯特的兄弟，还是婴孩时就被他父亲伊塔安置到修道院。他于 734 年成为约克主教，735 年接受披肩成为大主教。这封信似乎是比德的最后著作，如他所说，写于奥尔德弗里德王逝世后约三十年的时候。奥尔德弗里德于 705 年逝世。

② 733 年。

践良善的美德。但是，对于真正做好这两件事的仆人，他可以确有把握地等待他的主带着感激之情向他走来并且希望很快地听到主的话[①]："好，你这又良善又忠心的仆人，你在不多的事上有忠心，我要把许多事派给你管理。可以进来享受你主的快乐。"但是，如果一个人做了天主不允许做的事情，即，担任主教却没有正正当当地过活，以努力改邪归正，又没有以惩罚和警告纠正他管辖下的人民[②]，那么当他的主在他所不期望的时刻来到他面前的时候，他的结局该是怎么样，福音书里对无用的仆人所说的话已经宣布得再明白不过了[③]："把他丢在外面黑暗里。在那里必要哀哭切齿了。"

3. 最重要的是，我恳求您，神圣的教父，以主教应有的风格，切忌闲语、诬蔑和其他一切伤人恶语。相反，您应该把心、口用在讲道和研读《圣经》上，特别是要用在阅读圣保罗给提摩太和提多的信件以及最神圣的教皇格雷戈里的著作上——格雷戈里不管是在他的《司牧训话》一书中，还是在他的福音书布道中都仔细地论述了管理者的生活及其犯罪行为。这样，您的一贯富有智趣的谈话，就会远远超越一般大众式的谈话，从而更配得上让天主听到。因为，正如祭台上的圣杯不应当由于卑劣粗俗的滥用而被玷污一样，受命在祭台前奉献主的圣餐的人如果在举行圣餐仪式时供奉了主，而在他一离开教堂的时候就用刚刚讲过圣洁语言的口和做过圣事的手讲起蠢话做起蠢事，进行有罪于主的活动，那实在是极端错误和可悲的。

① 《马太福音》第 25 章第 21 节。

② 教区里的俗人。

③ 《马太福音》第 25 章第 30 节。

4. 除了攻读圣书外，与那些以虔诚的态度事奉基督的人们来往，也非常有助于保持言语和行为的纯洁。因此，如果在哪个时候，我的语言开始变得龌龊，心灵开始变得肮脏，我的忠实的伙伴就会立刻伸出手来把我救起，免得我堕落。由于这样地留心自己对所有天主的仆人都是很有利的，所以，一个具有那种身份的人除了更应该加倍注意自己的身份外，还应该热情地维护交给他管理的教会。据他所说①："除了这外面的事，还有为众教会挂心的事，天天压在我身上。有谁软弱我不软弱呢？有谁跌倒我不焦急呢？"我这样说并不意味着我似乎认为您违背了这一点，而是因为经常听到人们在说，某些主教是这样事奉基督的：连他们周围没有一个虔诚和节欲的人物；相反，在他们周围的人个个沉湎于玩笑戏谑、狂欢滥饮、传播流言飞语和其他放荡的生活。这些人以酒宴填饱肚子而不是用神圣的祭品丰富自己的心灵。如果您在什么地方发现这样的人，我要您用自己神圣的权威使他们改过，并且劝说他们通过自己无愧于天主的行为以及相称的忠告，在日常生活方式方面提供可能有助于别人并且有助于推进他们作为主教所从事的属灵工作的证据：读一下《使徒行传》，您就会从神圣的路加的报告中发现，使徒保罗和巴拿巴带什么样的同伴，他们每到一地做什么样的事情：他们一进城，到一处集会就竭力到处宣讲和传播《圣经》。这一点，我亲爱的朋友，我希望您也能在您有能力的地方做到：正是为了履行这个职责，主才选了您；正是为了在我主耶稣、权柄之王的有力帮助下大力宣传福音书，您才被授予圣职。如果您每到一地就立刻把当地居民召集起来，劝导他们，同时像圣战中真正头领

① 《哥林多后书》第11章第28、29节。

一样，和您的随从一道在过高尚生活方面成为他们的楷模，那么，您是会正确做到这一点的。

5. 因为您所管辖的教区的范围太广，即使花费整整一年时间，您也不可能独自一人走遍全区逐村逐户地布讲《圣经》，所以您在这项神圣的事业中十分需要许多帮手，就是说，通过任命神父和指定导师。这些人在每一个村庄将帮助您宣讲《圣经》，举行神圣的奥秘仪式，特别是在需要的时候帮助您举行神圣的洗礼仪式。在向人们宣传的过程中，我认为最重要的是，您必须不遗余力地使《使徒信经》[①]和福音圣经里教给我们的《主祷文》所阐明的普世信仰在您所管辖的人们的记忆中深深扎下根来。确实，人们不会怀疑，那些被教过拉丁文的人对这些道理已经十分熟悉了。但是您必须使那些没有学问即只懂本族语的人用自己的语言理解和不断重复这些道理。不仅对俗人，即那些仍然立足于尘世生活的人，而且对那些不懂拉丁文的修士和教士，这一点都必须做到。因为，用这种办法，全体信徒将学会他们应该怎样信，怎样以坚定的信仰武装和增强自己，阻挡不洁精灵的进攻；用这种办法，所有崇拜天主的信徒将会明白他们必将从仁慈的天主那里主要求得什么。正因为如此，我自己也经常把译成英语的《使徒信经》和《主祷文》[②]送给没有学问的神父。为此，神圣的主教安布罗斯[③]在谈到基督教的时候建议说，所有的信徒必须在早祷时背诵《信经》字句，他们必须拥有某种属灵的解毒剂，清除掉恶毒狡诈的魔鬼日夜向他们投

① σύμβολον，基督教军队的士兵用来相互识别的口令或标记。——普卢默

② 现在仍然保存有盎格鲁-撒克逊的《信经》和《主祷文》，但不是以诺森伯利亚方言写成的。

③ 《论贞洁》(*De Virginibus*)，iii. 4，20。

放的毒药。而且，我们自己也已通过双膝下跪，不断祈求的习惯，学会了更经常地重复《主祷文》。

6. 因此，正如我向您指出的那样，假如您在管理和牧养基督羔羊中以牧人的权威做好这些事，那么此后您从众牧之牧那里接受到您所积累起来的天上奖赏将是无法估量的：在我们国家的主教中，如果从事这项最神圣工作的杰出人物越少，那么，一个人由于自己的卓越工作而获得的奖赏也将越丰厚：这样的一个人被父爱所激励，通过不断重复《信经》和《主祷文》，点燃了天主臣民之心，使他们变得明达事理，有爱，有望，有信，并努力寻求《信经》和《主祷文》中所重述的上天的恩典。相反，如果一个人在完成主授予他的任务中漫不经心，那么他今后将和邪恶和懒散的仆从同付由于对工作不曾尽力所应付的赔偿。特别是，如果他曾胆大妄为地要求并从那些他认为不宜赐予上天慷慨恩惠的人物那里得过现世的好处，那么情况更是如此。因为主在派出他的门徒传播福音的时候说："随走随传，说天国近了。"[①] 接着他又补充说："你们白白的得来，也要白白的舍去。腰袋里不要带金银铜钱。"如果他吩咐他们白白地传播福音，不从他们传教的人那里接受金银或任何现世的好处，那么，我问，对于违背他的旨意的那些人将会有什么灾祸临头呢？

7. 想一想那些人所犯下的严重罪过吧：他们一心一意只追求从会众那里得到世俗好处，从来不花什么气力去传教，去劝告，去谴责从而使他们获得永恒的拯救。仔细而慎重地斟酌斟酌这一点吧，我亲爱的主教。因为我们曾听说，且众人都说，我们国家有

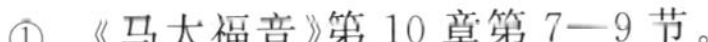

① 《马太福音》第 10 章第 7—9 节。

许多村舍坐落在无法到达的深山和丛林掩蔽的山谷中，这些地方多年未见一个该向他们传教或赐予他们一些天恩的主教。但是，他们中没有一个能幸免向主教纳贡[①]。这些地方不仅没有主教为受过洗的人们行按手礼施行坚振，而且没有教师向他们宣传真正的信仰，教他们如何区分是非。因此，有些主教不但不是白白地传福音或白白地为信徒行按手礼，而且（更严重的是），还从会众那里接受主不允许拿的金钱，无视他所命令进行的传播福音的工作：虽然我们读过，天主所宠爱的大祭司撒母耳的行为，有众人为证，是与此水火不相容的[②]。他说："我从幼年直到今日，都在你们前面行。我在这里。你们要在主和他的受膏者面前，给我作见证，我夺过谁的牛，抢过谁的驴，欺负过谁，虐待过谁，从谁手里受过贿赂因而眼瞎呢。若有，我必偿还。"众人说："你未曾欺负我们，虐待我们，也未曾从谁手里受过什么。"由于他的清白和公义的美德，人们认为他可无愧地算为天主臣民的其中一个最重要的领袖和神父，而且，正如诗篇作者[③]所说的那样，他在祷告时也无愧于天主听到他的话和他听到天主的话："在他的祭司中有摩西和亚伦，在求告他名的人中有撒母耳，他们求告主，他就应允他们。他在云柱中对他们说话。"

8. 如果我们相信并承认，行按手礼——圣灵是通过行按手礼被接受的给信徒带来某些益处，那么相反地，很显然，没有受过按手礼的人是得不到这些益处的。这些人得不到这些益处，有谁还

① 比德没有说明是什么样的贡税。英尼法中提到，圣马丁节时强制收缴赋税。——普卢默

② 《撒母耳记上》第12章第3,4节。

③ 《诗篇》第99篇第6、7节。

比那些答应成为他们的管理者然而又忽略或无法履行对他们实行灵魂管理职责的主教要更加毫无疑问地对此事负责呢？引起所有这一切邪恶行为的莫过于贪财这一原因。那位使徒在代表基督谴责贪财时说[①]："贪财是万恶之根，"他又说[②]，"贪婪的不能承受神的国么。"这是因为，如果一个主教在贪欲的驱使下以主教头衔管起他在一年之内无论如何也无法遍访，无论如何也宣讲不完的那么多人，那么很显然，他将给自己以及那些他因擢升为徒有虚名的主教而管辖的人们酿成彻底毁灭的危险。

9. 亲爱的主教，在向阁下您极其简短地说完这些有关我们国家所惨遭的灾难之后，我祈求您尽力而为，把您所清楚看到的那些最腐败的行径扭转过来，使之符合生活准则。因为，您在这项公义的劳苦中，如我所相信的那样，有切奥尔乌尔夫王这位热情帮手。他出于灌注于心中的对宗教的热爱，一定会怀着坚定的目标毫不犹豫地竭力推进一切与神圣的教规有关联的工作。特别是，他一定会亲自促使您——他自己敬爱的亲属[③]所开拓的美好事业的成功。因此，我要您谨慎地规劝他在您任内努力促使我们国家过上比以往更为正常的教会生活。想要更好地做到这一点，我看没有别的办法，只能像那位立法者那样，为我们的人民任命更多的主教。那位立法者在无法忍受以色列人相互竞争的局面时，借助于上天指导，为自己挑选和任命了七十名长老，以便在他们的帮助和指导下，更轻松地承担起赋予他的重担。谁看不出，把如此一副管

① 《提摩太前书》第 6 章第 10 节。

② 《哥林多前书》第 6 章第 10 节。

③ 堂(表)兄弟。

理教会的重担这样分配一下，由一些人轻而易举地来分担比一个人硬撑着他无法承受的重担，不知要好多少！而且，神圣的教皇格雷戈里在写给最神圣的大主教奥古斯丁的一封有关我国人民信守基督教问题的信[①]中（当时我国人民尚未接受基督教）也规定，一旦他们接受了基督教，必须立即任命十二名主教，并由约克的主教任大主教，从罗马教会那里领受他的披肩。既然您，神圣的教父，将借上述天主所宠爱的十分虔诚的国王的帮助，努力认真地任命满十二名主教以便通过增加导师人数使基督教会在与我们神圣的宗教崇拜有关的各方面进一步完备，我确能真正感到满意。不管怎样，我们知道，由于先前国王的疏忽和他们极端愚蠢的准许，现在很难找到可以设立新的主教座堂的空地。

10. 因此我认为，如果能召开一个较为大型的会议，征得它的同意，通过国王和主教制定出法令，找出一些可以设立主教座堂[②]的属于修道院管辖的地区，是很有用处的。为了防止院长和修士们竭力抵制和反对这样一种法令，可以允许他们在自己当中选出一人当主教，其职权范围除所在修道院外，还包括属于同一教区的所有附属地区：或者，如果所在修道院找不到可以任命为主教的合适人选，那么，根据教规条令，仍然应该由他们通过调查确定本教区内可被任命为主教的人选。如果在主的帮助下，您照我们所说明的那样办了，那么，您就会，如我们所想象那样，根据罗马教会的教令，很容易找出约克教会的大主教人选[③]。如果为了维持主

① 《教会史》第一卷第29章。

② 北方建立的教座与修道院有联系。——普卢默

③ 这说明比德写这封信时，埃格伯特还不是约克大主教。

教区，这样的修道院必须有更大的土地或更多的财产，那么，我们知道，有许多尽管算在修道院的名下，但是没有丝毫修道院生活气息的地方可以用来达到这一目的：我可以以宗教会议的权威把其中的一些收回，变淫荡为纯洁，变虚荣为诚实，变贪婪为自制和诚心，把它们用于加强将要新确立的主教座堂。

11. 因为有许多类似的大块大块的地，如人们经常所说，既不能为天主所用又不能为凡人所用，就是说，由于在这些土地上既没有符合天主旨意的修士生活，又没有世俗权威的士兵和武士保卫我们国家免受蛮族[1]侵略，所以，如果有人适应目前的需要在这些地方设立主教座堂，那么，他不但不应该被认为犯了逾越罪，相反，应该被认为是做了善事，因为，怎么能够把好君王的公正审判纠正某些君王的不公正审判，把贤明神父用严肃的语言消除和压倒不正派的搬弄笔墨之辈的胡言乱语说成是犯罪呢？以神圣的历史为例，从大卫和所罗门起直至最后的西底家王的犹大列王时代表明，他们中的一些人是虔诚的，但更多的人是堕落的。他们互相更替，在一个时期邪恶的后任抛弃了良善前任的法令，而在另一个时期，正义理所当然地在圣灵的帮助下，通过神圣的先知和神父又奋力克服了不公正前任的有害行为。据神圣的以赛亚所下的命令[2]："解下轭上的索，使被欺压的得自由，折断一切的轭。"阁下，您也应该以此为榜样，在我国虔诚国王的帮助下，彻底撕碎先前君王的一切不虔诚不公正的法令和特许状，做出不管对天主还是对今世来说都有利于我们地区的规定，免得在我们这一代宗教消亡，对内心

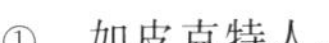

① 如皮克特人。

② 《以赛亚书》第58章第6节。

监督者的爱和敬畏也随之消失；免得我们国家军队人数减少因而无人保卫海疆免受蛮族侵略：尽管提起这件事有些难为情，但您自己知道得很清楚，这些对修道院生活一无所知的人以修道院的名义管辖了这么许多地方，使得贵族子弟或退役兵士的子弟再也拿不到一块地。这样，他们成年后，仍然无所事事，也没结婚，且毫无节制之意。正因为这样，他们中的一些人漂洋过海离开他们本来应该为之战斗的故土，一些不图圣洁的人甚至陷入更无耻、更加罪恶的境地，他们使自己沉迷于纵欲、私通，甚至连献身于天主的修女也不放过。

12. 但是，另外的一些人所犯的罪恶更大。虽然这些人是俗人，不习惯于修士生活的规矩，对这些规矩也不喜欢，但是，他们送钱给国王，并以创建修道院为借口为自己买下了他们能够更加自由纵欲的地方。除此以外，他们还获得了指定给他们的国王敕令，把这些土地变成世袭财产[①]。他们甚至设法得到特许状(似乎这些特许状确实配得上天主)，并由主教、院长和世俗当权人认可。就这样，他们攫取了土地或村庄，从此既不事奉天主，又不服务凡人；他们是俗人却凌驾于院里修士之上，他们所服从的只是自己的欲望。不，他们纠集的不是什么修士，而是一些犯了教规被逐出正统修道院后碰巧被他们发现到处浪荡的人，或者是一些能够被他们自己从住处里引诱出来的人[②]，或者，不管怎么样，是这些人的追随者。他们可以设法使这些人接受削发并答应按照院规服从自己 。这些乌七八糟的人聚集在他们建造的屋子里。(可惊骇，可憎

① 参阅《修道院长列传》，第 11 节。

② 叛逃修士。

恶的是)[1],那些此时与妻子在一块从事生男育女之事的人,彼刻又从床上起来在修道院里忙于必要的事务。不仅如此,他们还同样无耻地,如他们自己所说,为妻子寻找地方建造修道院。这些女人,尽管只是俗人,还是同样愚蠢地允许自己成为基督侍女的管理人。对于这些人,正好用得上一句普通谚语:黄蜂虽然也会建巢,但它们储存的是毒汁而不是蜂蜜。

13. 这样,在奥尔德弗里德王被带离,不再管理人间事务后约三十年,我们地区一直受到这种堕落的疯狂行为的干扰。因此,从那时起,几乎没有一个地方官在当权时期不为自己提供这样一个修道院,不让自己的妻子陷入类似的有害的犯罪活动。这种恶习仍在蔓延,国王的亲兵和仆从们也十分大胆地仿效。由于等级制度败坏,于是便冒出了许多自称为院长的地方官、国王的亲兵或仆从。这些人是俗人,但通过耳闻(如果不是亲身经历的话),倒也可能了解到一些修道院生活的细末,不过,他们丝毫不具备指导修道院生活的气质或专业才能。的确,如您所知,这样的人出于一时兴致而接受削发。他们依照自己的意见,不是使自己从俗人仅仅变成修士,而是使自己从俗人一跃变成修道院院长。但是,对于这些既没有知识,又不热爱上述美德的人,还有什么比福音书所发的责骂更能恰切地应用在他们身上呢[2]?"若是瞎子领瞎子,两个人都要掉在坑里。"如果主教本身不同意不助长这种邪恶行为,那么,这种盲目性可以用院规限制和阻止,并用主教和宗教会议的权威把它清除出神圣教会:这些主教不但不努力用合理的法令取代此

① 《耶利米书》第5章第30节。

② 《马太福音》第15章第14节。

类不合理的法令，而且却像我们所说的那样，热心地亲手签字表示认可：同样的贪婪促使他们认可了罪恶的协议，而他们的认可驱使买主建立了此类修道院。

如果不是我知道您对这些事完全了如指掌，我在这封信里还会告诉您更多的有关这些和类似的使我们地区惨遭折磨的违法事件。我写了这些事并不是好像为了使您确信您原先不知道的事情，而是为了以友好的忠告，使您警惕，以便以您所能把握的热情和谨慎纠正您所清楚了解的这些弊端。

14. 我一次又一次恳求在主里的您，热情地保护好交给您看管的羊群，使他们免受恶狼袭击。记住，您不是被指派为佣工，而是被指派为牧人的，您须细心喂养好大牧人的羔羊来证明您对他的爱，并且随时准备在必要的时候像神圣的使徒之首那样，为羔羊献出自己的生命。我恳求您意识到这一点，免得在上述使徒之首和信徒的其他首领们在审判日向基督交出他们牧工的果实时，你的一部分羔羊被理所当然地放到最高审判官的左手边的羊群里，遭受永罚之苦。但是，我祝愿您被理所应得地列在以赛亚所说的人们之中。他说[1]："至小的族要加增千倍，微弱的国必成为强盛。"您的职责就是认真弄清在您教区内的各修道院中，哪些做对了，哪些做错了：不允许把不了解或无视教规的院长，或卑鄙的修女院院长强加在基督众仆或众侍女头上；还有，不允许枉自尊大不守规矩、不服管教的会众起来反对他们属灵导师的命令。之所以要这样，特别是因为，人们都相传，你们这些主教经常说，调查各修道院的所作所为，不属国王的职责范围，也不是世上任何君王的事，而

① 《以赛亚书》第 60 章第 22 节。

是你们自己的事，除非这些修道院里有人直接冒犯了君王本人。您的职责，我说，是留心在奉献给天主的这些地方不让魔鬼掌权，免得论争而不是和睦，倾轧而不是坦诚，酗酒而不是节制，私通和谋杀而不是贞操和博爱强言占领这些地方。您还要留心做到，您中间的任何人不会理应受到盘问，不被这样说："我见恶人埋葬，归入坟墓。他们在世时在圣地，而且在城中被称赞，似乎他们是行公义之人。"①

15. 同时您还要仔细留心那些仍然过着尘世生活的人。正如我在信的开头已预先提醒您的那样，您要记住向他们提供足够的指导正当生活方式的导师，使他们学会：该积哪些功德使天主称心；想使天主称心的该避免行哪些恶事；该怎样一心一意地事奉天主；该怎样在祷告中虔诚地与仁慈的天主亲近；该怎样经常细心地佩戴主的十字架保护自己和自己的一切，免得中了不洁精灵的不断变换的诡计；各基督教徒根据惯例每天接受主的圣体和血该是一桩多么有益的事——您知道，这个惯例是包括意大利、法兰西、非洲、希腊以及整个东方在内的基督教会所严格遵从的。这种对天主表示虔诚和尊崇形式由于他们导师的疏忽，早被弃之不用，对我们地区中几乎所有的俗人好像完全陌生，以致连他们中间的似乎比较虔诚的人除了在主的诞生节、主显节和复活节外也未敢在神圣的奥秘中接受圣体，尽管有许多过着贞洁生活的单纯的男女小孩，男女青年和男女老人会毫无疑义地在每一个主日以及圣徒和神圣殉道者的生日里，像您自己见过的在罗马圣徒教堂里所做的那样，参加天国奥秘仪式。的确，如果有人向他们说明节制的办

① 《传道书》第 8 章第 10 节。

法和传授贞洁的生活美德，那么，甚至连结过婚的人也会正确而乐意地这样做。

16. 神圣的主教，考虑到您的爱，也考虑到公众利益，我谨慎而简要地对您叙述了这些事，以表达我对您的热情忠告和巨大期望：您应竭力把我们的国家从长期的错误中拯救出来，热心地把她引导到更加稳当更加正确的生活道路上来。如果有人，不管他担任何种职务，地位多高，胆敢阻碍您顺利开展工作，您一定要，尽管这样，牢记您将要得到的天国奖赏，始终坚持您的神圣而高尚的目标。因为我知道，有些人，特别是那些自己感到已经卷入我们要您避免的那些恶行中的人会极力抵制我们的忠告。但是，您必须记住使徒的回答[①]："我们应当顺从天主的命，胜过听人的命"，因为天主命令[②]"你们要变卖所有的，周济人"他还说，"无论什么人，若不撇下一切所有的，就不能作我的门徒。"但是，在某些人中已经形成了一种新风气，他们声称自己是天主的仆人，他们不但不变卖自己的东西，而且还攫取自己不曾有的财产。一个要致力事奉天主的人保留他在世俗生活中拥有的财富，或是在过更为神圣的生活的借口下，积聚他原来不曾有的财富，这是多么厚颜无耻！这样说还因为，使徒的判决是众所周知的：当亚拿尼亚和撒非喇图谋这件事时，使徒们判处他们死刑并立即执行，以惩罚他们的罪恶，而不用苦行或赎罪的办法促其改正。可是，这两个人还不是想攫取别人的财富，而只是保留了未经同意让他们保留的自己的财富。因此很清楚，一个人，特别是像他们那样，在教规监督下事奉天主的时

① 《使徒行传》第 5 章第 29 节。

② 《路加福音》第 12 章第 33 节。

候谋取金钱，这跟使徒们的想法有多大差距：[①]“你们贫穷的人有福了。因为天国是你们的，”而这些人，不管怎样，则是从反面的例子中受到教育：“你们富足的人有祸了。因为你们受过你们的安慰。”或者，难道我们可以认为当使徒写下“不要自欺”，警告[②]我们时，他自己却在自欺下写了谎言吗？紧接的是“贪婪的，醉酒的，辱骂的，勒索的都不能承受的天国。”还有[③]“因为你们知道，无论是淫乱的，是污秽的，或是有贪心的——就与崇拜偶像一样——在基督和天主的国里都不得承受产业”。因此，既然使徒公开称贪婪为偶像崇拜，我们又怎能把那些虽有国王命令但仍然不愿意给贪婪的恶行签字认可或者动手除去这些愚蠢的签字和文件的人叫做自欺呢？

17. 真正令人不可思议的，是那些对上天无所敬畏的人所表现出来的莽蠢，或者应该说，可怜又可鄙的盲目。这些人竟然到处废除和藐视使徒们和先知们在圣灵的启迪下写出来的东西。而另一方面，他们又避免销毁和纠正他们自己及同类人在贪婪和奢侈驱使下所写的文字，好像这些文字是神圣的，是出于天命似的。这些人，如果我没说错的话，就像那些异教徒，不屑崇拜天主而敬畏、崇拜、爱慕、乞求根据自己想象为自己制作出来的神。当法利赛人喜欢自己的传统[④]胜过喜欢天主的律法时，我主训斥他们说：[⑤]“你们为什么因着自己的遗传犯天主的诫命呢？”这句话可以完全理所

① 《路加福音》第 6 章第 20、24 节。

② 《哥林多前书》第 6 章第 9、10 节。

③ 《以弗所书》第 5 章第 5 节。

④ δευτέρωσις，希腊教父们用这一字来翻译希伯来语中的 Mischna，用以指文字传统。——普卢默

⑤ 《马太福音》第 15 章第 3 节。

当然地用来训斥这些人。如果他们进而弄到旨在保护他们欲念的特许状，并且得到显贵人物的签字认可，我请求您千万别忘了主的诫命[①]："凡栽种的物，若不是我天父栽种的，必要拔出来。"确实，神圣的主教，我很想从您那里知道（因为主宣告说[②]"引到灭亡，那门是宽的，路是大的，进去的人也多。引到永生，那门是窄的，路是小的，找着的人也少"），对于那些众所周知终日走大门走大路，甚至连在最小的事情上也不愿意为了得到天国的奖赏而竭力克制身心享受的人，你有什么把握使他们获得永生和救赎呢？或许除非我们相信，人们看到他们在每日纵欲享乐中向穷人施舍，因而能够得到赦免（虽然那手和将手递给天主的良心应该加以净化和免受罪恶污染）；或许除非我们至少希望这些人死后，其他人会以他们生前已证明他们配不上的奉献神圣供品的奥秘仪式救赎他们[③]，或许，贪欲罪对他们来说似乎只是微不足道的。让我更详细地讨论这件事。正是贪婪使富有先知之灵的巴兰无法继承圣人的遗产，使亚干因卷入可诅咒的脏事遭受玷污和毁灭，使扫罗被剥夺了王位，使基哈西失去了作为合理酬报的预言能力，并使他和他的子孙长期遭受麻风病之苦，使犹大·以色加略失去了荣耀的使徒身份，使我们前面提到过的亚拿尼亚和撒非喇失去了与修士为伍[④]的资格并受到肉体死亡的惩罚。再谈显赫一些的人和事吧！正是贪婪，使天使们从天堂被赶了下来，使我们的第一代祖先从充满永恒快乐的伊甸乐园中被赶了出来。如果您愿意知道的话，贪婪就是冥

① 《马太福音》第 15 章第 13 节。

② 《马太福音》第 7 章第 13、14 节。

③ 为死人举行的弥撒仪式。

④ 《使徒行传》第 4 章第 32 节中所提到的那种"公用"被认为是修道院式的。

府里的那只三头狗，神话中称之为“塞贝路斯”。使徒约翰在告诫人们不要被这只凶狗咬住时说[①]：“亲爱的朋友，不要爱世界，和世界上的事。人若爱世界，爱父的心就不在他里面了。因为凡世界上的事，就像肉体的情欲，眼目的情欲，并今生的骄傲，都不是从父来的，乃是从世界来的。”这就是我们所说的反对贪欲毒害的一些话。但是，如果我以同样的方式谈醉酒、狂欢、淫乱和诸如此类的祸害，这封信就会过分冗长了。

为了安全地照管好他的羊群，愿大牧人的恩惠永远保佑您平安，在基督里深受宠爱的主教。写于 11 月 15 日，第三小纪。

① 《约翰一书》第 2 章第 15、16 节。

国王一览表

一、肯特

埃塞尔伯特	约 560
伊德鲍尔德	616
厄康伯特	640
埃格伯特	664
洛西尔	673
埃德里克	685
[无国王]	686
威特雷德	690
伊德伯特	725

二、韦塞克斯

齐奥林	560
辛尼吉尔斯	611
森瓦尔奇	643
塞克斯伯格	672
埃斯克温	674
森特怀恩	676
卡德瓦拉	685
英尼	688

三、埃塞克斯

萨伯特	约 600
“矮个儿”西格伯特	约 617
“良善的”西格伯特	653 年前
斯威德赫尔姆	约 657
塞比和西格希尔	664
西格哈德和斯韦弗雷德	694
奥法	约 709

四、诺森伯里亚

埃塞尔弗里思	593
爱德文	617
伊恩弗里德(伯尼西亚) 奥斯里克(德伊勒)	633
奥斯瓦尔德	634
奥斯维(伯尼西亚) 奥斯温(德伊勒)	641
奥斯维	651
埃格弗里德	671
奥尔德弗里德	685
伊德伍尔夫	705
奥斯雷德	706
森雷德	716
奥斯里克	718
切奥尔伍尔夫	729

五、东盎格鲁

雷德沃尔德	593
厄普沃尔德	617
“博学的”西格伯特	631
埃格里克	634
安纳	636
埃塞尔希尔	654
埃塞尔沃尔德	655
奥尔德伍尔夫	663
阿尔夫沃尔德	713

六、麦西亚

凯尔	606
彭达	626
皮达(隶属于诺森伯里亚的奥斯维)	655
伍尔夫希尔	658
埃塞尔雷德	675
森雷德	704
切奥尔雷德	709
埃塞尔鲍尔德	716

七、萨塞克斯

埃塞尔沃尔奇	约 660

历任主教一览表

一、坎特伯雷

奥古斯丁	597
劳伦斯	605
梅里图斯	619
贾斯图斯	624
荷诺里乌斯	627
多斯德迪特	655
西奥多	668
伯特沃尔德	693
塔特温	731

二、伦敦

梅里图斯	604
切德(东撒克逊主教)	653
威尼	666
厄康沃尔德	675
沃尔德希尔	约 693
英格沃尔德	约 704

三、罗切斯特

贾斯图斯	604
罗马努斯	624
波莱纳斯	633
伊撒马尔	644
达米安	655
普塔	669
奎切尔姆	676
格布蒙德	678
托拜厄斯	693
奥尔德伍尔夫	729

四、约克

波莱纳斯		625
查德	受职	665—666
	免职	669
威尔弗里德	受职	664
	在职	669
博萨		678
威尔弗里德,复职		686
博萨(再任)		697
约翰		706
威尔弗里德二世		714?
埃格伯特		732

五、邓尼奇

费利克斯	631

托马斯	647
博尼费斯	652
比西	669
阿奇	673
奥尔德伯特	不详

六、林迪斯凡

艾丹	635
菲南	651
科尔曼	661
图达	664
伊塔	678
卡思伯特	685
伊德伯特	688
伊德弗里德	698
埃塞尔沃尔德	724

七、多切斯特或温切斯特

比林纳斯(多)	635
阿吉尔伯特(多)	650
威尼(温)	662
洛西尔(多)	670
赫迪(温)	676
文特拉(多)	约 679
丹尼尔(温)	705

八、利奇菲尔德

迪乌马	656
切拉奇	658
特朗希尔	659
贾路曼	662
查德	669
温弗里德	672
塞克斯伍尔夫	675
赫达	691
奥尔德温	721

九、埃尔姆汉

巴德温	673
哈杜拉克	不详

十、赫里福德

普塔(也许)	676
托希尔	至 727
沃尔斯托德	至 736

十一、赫克瑟姆

伊塔(兼林迪斯凡)	678
特朗伯特	681
伊塔(再任)	685
约翰	687
威尔弗里德	706
阿卡(被逐)	731

十二、西德纳切斯特(即林赛)

伊德赫德	678
埃塞尔温	680
埃德加	706 前
辛尼伯特	732 卒

十三、伍斯特

博塞尔	680
奥夫特弗	692
埃格温	693—694
威尔弗里德	717

十四、莱斯特

卡思温	680
［主教座堂由威尔弗里德管辖］	691

十五、塞尔西

威尔弗里德	681—682
伊德伯特	709
埃奥拉	不详
［空缺多年］	
西格弗里德	723

十六、舍伯恩

奥尔德赫尔姆	705
福瑟尔	709

十七、怀特恩，坎迪达-卡萨

佩克塞尔姆	约 730

索　　引

（索引中的页码为原书页码，在各页天眉的钉口处）

编 后 记

《英吉利教会史》原版是比德用拉丁文写成的。我们是从J. E. 金(J. E. King)以托马斯·特普尔顿(Thomas Stapleton)1565年的英译本为基础重译的英译本译出的。因为内容是英国成立前的基督教初期历史,所以译文的难度较大。译文经过福建师范大学许崇信教授审订;有关西方古代史方面又请教了北京师范学院戚国淦教授;发稿前又请中国社会科学院宗教研究所的汪美秀同志就宗教史上的习惯译法等对全文作了校正,译文质量有了一定保证。中译稿虽经多次校阅,但仍不免有误,请读者不吝指正。

本书作者所引《圣经》均为《通俗拉丁文本圣经》,故与《新旧约全书》章节不同,希读者注意。

1989年5月

图书在版编目(CIP)数据

英吉利教会史/(英)比德著;陈维振,周清民译.—北京:商务印书馆,2017
(汉译世界学术名著丛书:120年纪念版:珍藏本)
ISBN 978-7-100-14422-3

Ⅰ.①英… Ⅱ.①比… ②陈… ③周… Ⅲ.①罗马公教—基督教史—英国—古代 Ⅳ.①B979.561

中国版本图书馆CIP数据核字(2017)第151664号

汉译世界学术名著丛书
(120年纪念版·珍藏本)
英吉利教会史
〔英〕比德 著
陈维振 周清民 译

商务印书馆出版
(北京王府井大街36号 邮政编码100710)
商务印书馆发行
北京中科印刷有限公司印刷
ISBN 978-7-100-14422-3

2017年12月第1版 开本710×1000 1/16
2017年12月北京第1次印刷 印张30¾
定价:150.00元